Geschichte der Kirchen

Herbert Gutschera / Joachim Maier / Jörg Thierfelder

Geschichte der Kirchen

Ein ökumenisches Sachbuch mit Bildern

Matthias-Grünewald-Verlag Mainz
Quell Verlag Stuttgart

Die Deutsche Bibliothek - CIP-Einheitsaufnahme

Gutschera, Herbert
Geschichte der Kirchen: Ein ökumenisches Sachbuch mit Bildern / Herbert Gutschera ; Joachim Maier ; Jörg Thierfelder.– Mainz : Matthias-Grünewald-Verl. ; Stuttgart : Quell-Verl., 1992
ISBN 3-7867-1607-2 (Matthias-Grünewald-Verl.)
ISBN 3-7918-1611-X (Quell-Verl.)
NE: Maier, Joachim:; Thierfelder, Jörg:

Umschlag: Peter Offenberg Grafik
DTP: Jörg Eckart
Satz: Textservice Zink, Heiligkreuzsteinach
Druck und Bindung: Clausen & Bosse, Leck

Inhalt

Vorwort

Dieses Buch spricht nur von *einem* Thema, nämlich vom vielfältigen Zeugnis des *einen* christlichen Glaubens in der Geschichte. Der Glaube an Jesus Christus wurde in zweitausend Jahren Kirchengeschichte immer wieder neu befragt und hat sich dabei jeweils neu bewährt. Deshalb kommt in den Kapiteln dieses Buches immer wieder die Bibel als „Ur-Kunde" des Glaubens zur Sprache. Menschen, die nach dem Evangelium leben wollten, gaben auf die Herausforderungen ihrer Zeit unterschiedliche Antworten:

In der *Antike* mußten die Christen ihre Auferstehungshoffnung gegen andere Heilslehren glaubwürdig *bezeugen.* Dies geschah weithin gegen eine heidnische Mehrheit und teilweise unter Einsatz des eigenen Lebens.

Im *Mittelalter* galt es, sich in der „Welt" einzurichten und dabei die ursprüngliche Botschaft zu *bewahren.* In diesen Jahrhunderten fallen dunkle Schatten auf die Geschichte der christlichen Kirchen. Aber immer wieder suchten einzelne und ganze Gruppen neu nach Wegen, um das „Vermächtnis des Ursprungs" zeitgemäß zu übertragen und zu leben. Ein Ergebnis dieser Bemühungen ist auch die Reformation.

Das Aufblühen der modernen Wissenschaften am Beginn der *Neuzeit* nötigte die Christen, ihren Glauben erneut zu *begründen*: In einer Welt, die den Menschen mit seiner Vernunft in den Mittelpunkt des Denkens rückte, war neu zu (er)klären, was das Bekenntnis zu Gott für ein humanes Leben heute beiträgt.

Keine dieser Antworten genügt für sich allein. Zusammen können sie aber für die weltweite (= Ökumene) Herausforderung der Kirchen in der Gegenwart hilfreich sein. Denn gefordert ist immer dieses Dreifache des Glaubens: ihn glaubwürdig zu *bezeugen*, getreu zu *bewahren* und ehrlich zu *begründen.* Mit diesem Programm vermögen Christen mitzuhelfen, Menschen zu ihrem wahren Menschsein zu *befreien.*

Dieser urbiblische Beitrag der modernen Freiheitsgeschichte war nie unumstritten. Das wollen die fünfundzwanzig Kapitel dieses Buches verdeutlichen: Licht und Schatten, Glanz und Elend der Geschichte machen die vielen Kirchen der einen Kirche Jesu Christi zugleich liebens- und leidenswert. So - scheint uns - erlebt auch Gott seine Geschichte mit den Menschen. ER begleitet sie auf ihrem Weg in der Nachfolge des Kreuzes. Im Zeichen dieses Kreuzes, so auch auf dem Umschlag des Buches, leuchtet SEINE Solidarität mit den Kirchen und ihrer Geschiche auf. Es verbindet zugleich die Gegenwart der Kirchen mit ihrer *Herkunft* und *Zukunft*.

Die Geschichte der Kirchen kann nur *ökumenisch* verstanden werden. Zu dieser zentralen Perspektive gehört auch das Verhältnis zwischen Christen und Juden. Von ihm ist deshalb vielfach die Rede. Weitere durchgehende Perspektiven sind die Volksfrömmigkeit und Theologie, das Verhältnis zwischen Kirche und Staat, ökonomische und politische Bewegungen.

Dieses Buch wendet sich sowohl an interessierte Laien als auch an Religionslehrer, sowohl an Schüler und Studierende als auch an Mitarbeiter in der kirchlichen Erwachsenenbildung. Ihnen soll an ausgewählten, bedeutsamen Kapiteln und Fragestellungen auf wissenschaftlicher Grundlage ein Zugang zur Kirchengeschichte vermittelt werden. Repräsentative Texte und ausgesuchte Bilder dienen als „Quelle der Erkenntnis“. Dennoch werden manche Fragen offen bleiben. Die Kirchengeschichte kennt keine abgeschlossenen Kapitel. Vielmehr wird immer wieder deutlich, daß die „Geschichte der Kirchen“ die Geschichte *aller* Christen ist.

Ostern 1992 *Herbert Gutschera, Joachim Maier, Jörg Thierfelder*

I. Aufbruch zur Nachfolge: Die Anfänge der Kirche

„Jesus ja – Kirche nein!" – mit diesem Schlagwort versuchen immer wieder Menschen, die von den Kirchen enttäuscht wurden, ihre persönliche Beziehung zu Jesus und durch ihn ihren Glauben an Gott zu erhalten. Sie hoffen, durch die Trennung zwischen Jesus und Kirche von allen scheinbaren und echten Zwängen frei zu werden, die die Kirchen auch heute noch den Menschen auferlegen. Tatsächlich haben die Kirchen zu allen Zeiten auch schwere Fehler gemacht. Sie erlagen nicht nur einmal der Gefahr, die Menschen lieber an sich zu binden, statt sie in der gemeinsamen Nachfolge Jesu zu begleiten. So entstanden und hielten sich viele Mißverständnisse. Sie sind aber nicht einfach mit der Behauptung zu lösen, Jesus und Kirche hätten nichts miteinander zu tun. Zwar lehrt heute niemand mehr, Jesus habe zu seinen Lebzeiten regelrecht eine „Kirche" gegründet. Andererseits wird aber auch der bleibende Zusammenhang zwischen Jesus und der Kirche kaum geleugnet. Man spricht eher vom „kirchenstiftenden" Reden und Handeln Jesu. Das kann man zusammenfassen als *Ruf zur Nachfolge*, zu der Jesus vom Anfang seines öffentlichen Wirkens an aufgefordert hat.

Wer sich ihm anschließt, dem sagt Jesus die Teilhabe an der rettenden und heilenden Kraft Gottes zu. Wer ihm nachfolgt und an ihn

Jesus ruft den Zöllner Matthäus in seine Nachfolge. Buchmalerei aus dem 11. Jh. (Codex des Egbert von Trier)

glaubt, für den ist Gottes Herrschaft schon angebrochen. So entstehen viele, oft nur kleine Gemeinschaften von Menschen, die neu an Gottes Herrschaft glauben, weil Jesus sie tröstete, heilte oder gar dem sicheren Tod entriß. Zwar steht die Vollendung der hiermit begonnenen Zeit des Heils und Glücks noch aus; aber Jesus hat durch sein Handeln alles Geschehen auf das endgültige Kommen Gottes bleibend ausgerichtet. Für die Kirchen muß dies heißen: Sie können sich in der Nachfolge Jesu als vom Heil Gottes getragen und geborgen wissen – sie müssen sich aber zugleich auch in allen Epochen ihrer Vorläufigkeit und Unvollkommenheit bewußt bleiben und auf endgültige Erfüllung hoffen. Diese grundsätzlich offene, vorläufige Situation kennzeichnet auch den Anfang der Kirche nach Ostern: Es gibt kein festgelegtes Programm. Die *Einheit* der Kirche in der Nachfolge ist von Anfang an gekennzeichnet durch *Vielfalt*!

Ostern und die Urgemeinde von Jerusalem

Am Beginn christlicher Glaubensgeschichte steht ein ungewöhnlicher Wandel in der inneren Verfassung jener jüdischen Frauen und Männer, die Jesu öffentliches Wirken aus der Nähe miterlebt hatten. In seinem schmachvollen Tod am Kreuz sahen sie zunächst das Scheitern aller Hoffnungen, die „schier restlose Kapitulation in der Katastrophe" (O. Köhler). Aus Angst vor weiterer Verfolgung flohen sie in ihre galiläische Heimat. Die Erfahrung aber, daß Gott den Hingerichteten nicht im Tod belassen, sondern auferweckt hat, veränderte sie vollständig. Sie kehrten nach Jerusalem zurück und erwarteten dort die Wiederkehr ihres Herrn. Durch die Sendung des Geistes an Pfingsten wurde ihr Glaube an den Auferstandenen weiter gestärkt. Jetzt erst übernahmen sie eigentlich die Aufgabe, die Jesus ihnen schon früher gestellt hatte: Geht hinaus und lehrt! Jetzt sind sie von Jesus und seinem Geist Gesandte: *Apostel.* In ihrem Glauben und ihrer Bereitschaft, diesen Glauben weiterzusagen, liegt der eigentliche Beginn der Kirche. So wurde die erste christliche Gemeinde in Jerusalem zur Keimzelle für die sich durch die Mission ausbreitende Kirche. Der Anfang in Jerusalem macht die Stadt zu einem bleibenden Bild der erhofften Vollendung christlicher Glaubensgeschichte. Diese Hoffnung verbindet die Kirchen zugleich mit dem Judentum.

In der Urgemeinde von Jerusalem spielten vor allem Petrus und Johannes eine bedeutende Rolle. Hinzu kam aber der sog. „Herrenbruder" Jakobus, der nicht zum Zwölferkreis zählte. Sie galten als die *Drei*

Säulen der Gemeinde. In ihrer Frühzeit scheint dennoch Petrus der Leiter der Gemeinde gewesen zu sein: Er gilt als erster Zeuge der Auferstehung Jesu; bei der Nachwahl des Matthias ergreift er das Wort und leitet die Versammlung; an Pfingsten, dem jüdischen Wochen- oder Erntefest, tritt er vor die Öffentlichkeit und bezeugt die Auferweckung Jesu. Während der ersten Verfolgung unter Herodes Agrippa I. (41-44), der Johannes und sein Bruder Jakobus, die beiden Zebedäussöhne, zum Opfer fielen, ging die Gemeindeleitung an den Herrenbruder Jakobus über. Er hat der Gemeinde in Jerusalem das eigentliche Gepräge gegeben. Offenbar war er auch schon vor dem Weggang des Petrus, der sich zunehmend der Missionsarbeit unter den Juden widmete, in Jerusalem eine Autorität. Weil er die religiösen Vorschriften der Juden (z.B. Speise- und Reinheitsgebote) beachtete, blieb er bei ihnen anerkannt und vorerst vor Verfolgung bewahrt. Erst um das Jahr 62 warf man ihm vor, er mißachte das jüdische „Gesetz". Er wurde angeblich von der Zinne des Tempels gestoßen und mit einem Knüppel erschlagen.

Schon wenige Jahre später erfüllte sich das Schicksal der Jerusalemer Gemeinde. Während des jüdischen Aufstandes gegen die Römer (66-73) wichen die Christen ins Ostjordanland aus. Sie entgingen dadurch der drohenden Vernichtung, zugleich verloren sie aber auch ihre Vorrangstellung. Wichtiger war, daß in Jerusalem der christliche Glaube grundlegend formuliert wurde. Dies führte vorerst nicht zu einer sichtbaren Abgrenzung gegenüber dem Judentum. Die Jerusalemer Christen hielten sich, wie Jakobus selbst, an die jüdischen Gepflogenheiten: Sie besuchten den Tempel und die Synagoge, beteten und fasteten nach jüdischer Sitte und beachteten die Vorschriften. Aber die Gemeinde entwickelte ein eigenes Bekenntnis, das sie deutlich vom zeitgenössischen Judentum unterschied:

Die Urgemeinde hat Jesus sicher als *unser Herr* angesprochen. Diese Anrede galt auch dem Auferweckten. Ihn erwartete man als endgültigen Heilbringer.

Die Urgemeinde bekannte Jesus als den *Messias*. Sie wollte damit den Sendungsanspruch Jesu untermauern und ausdrücken, daß Gott Jesus auch nach seiner Kreuzigung nicht verworfen hat. Die Urgemeinde feierte von Anfang an das Abendmahl als Mahl des Brotbrechens in den Häusern und erwartete dabei die Gegenwart des erhöhten Herrn.

Der Glaube an den Gekreuzigten brachte schließlich ein ausgeprägtes Selbstbewußtsein hervor. Die Christen aus dem Judentum bezeichneten sich als die *Heiligen*, die *Erwählten*, die *Gemeinde Gottes*, vielleicht auch schon als die *Kirche des Christus Jesus*. Sie wollten damit betonen, daß sie das *wahre Israel*, das *Volk Gottes* seien.

Dem besonderen Bewußtsein entsprach ein eigener Ritus zur Aufnahme in diese Gemeinschaft der Christen: Taufe auf den Namen Jesu Christi zur Vergebung der Sünden (Apg 2,38).

Diese Grundzüge christlichen Glaubens wurden auch in den Gemeinden außerhalb Palästinas anerkannt.

Antiochia – eine „zweite“ Urgemeinde

Neben Jerusalem hat es schon früh auch Christengemeinden in Galiläa und Judäa, in Samaria und Syrien gegeben. Saulus kam ja nach Damaskus, um dort Christen zu verfolgen. In Jerusalem gab es „gesetzesfreie“ Judenchristen, die verfolgt wurden (z.B. im Anschluß an die Steinigung des Stephanus, vgl. Apg 7,59f). Sie flohen und wurden zu Missionaren. Unter anderem gründeten sie die Gemeinde von Antiochia in Syrien. Sie verkündeten nicht mehr nur den Juden, sondern auch den Griechen, die als *Heiden* galten, das Evangelium. Es entstand die erste „gesetzesfreie“ Heidenkirche, deren Mitglieder hier auch zuerst mit einem neuen Namen bezeichnet wurden: Man nannte sie *Christianer*. Durch die Verkündigung des Evangeliums an *Heiden* – damit meint das Neue Testament allgemein die Nichtjuden – war eine wichtige Vorentscheidung für die christliche Mission gefallen: Ohne diese Öffnung, die insbesondere das Verdienst des Judenchristen Paulus aus Tarsus in Zilizien (Kleinasien) ist, wäre die Gemeinschaft der Jesusanhänger und der an Christus Glaubenden wohl eine jüdische Sondergemeinschaft geblieben.

Die Bedeutung der antiochenischen Urgemeinde liegt vor allem in folgenden Leistungen:

Sie öffnete den *Heiden* den unmittelbaren Zugang zum christlichen Glauben ohne den „Umweg“ der Bekehrung zum Judentum und der Beachtung seiner Gesetze.

In ihr wurde das Christentum zuerst als eine neue Religion aufgefaßt, die sich nicht nur vom Judentum unterschied, sondern auch von den Religionsgemeinschaften in der hellenistischen Welt des Mittelmeerraumes.

In Antiochia wurden die kirchliche Verfassung und ihre Ordnungen wesentlich fortgebildet .

Paulus, der „Apostel der Völker“. Der Apostelkonvent

Obwohl Paulus nicht zum sog. „Zwölfer-Kreis“ zählte, wurde er bedeutender als die meisten der Zwölf, Petrus ausgenommen. Paulus entstammte einer jüdischen Familie aus der Diaspora („Zerstreuung“, d.h. jüdische Gemeinden außerhalb Palästinas): aus Tarsus in der römischen Provinz Zilizien in Kleinasien. Er studierte in Jerusalem bei einem bedeutenden Rabbi und war zeit seines Lebens stolz auf seine jüdische Herkunft (Apg 22,3). Nach seiner Bekehrung vor Damaskus suchte er zunächst keinen Kontakt zur Jerusalemer Urgemeinde. Er ging zuerst nach Arabien und kehrte später nach Damaskus zurück. Nach weiteren drei Jahren (vgl. Gal 1,17f) zog er nach Jerusalem, wo er Petrus und Jakobus, den Herrenbruder, kennenlernte. Er hat sich von ihnen aber weder eine Bestätigung seines Missionsauftrages geholt, noch kam es zu Auseinandersetzungen. Es war vielmehr Barnabas, ein Judenchrist, der von Jerusalem nach Antiochia geschickt wurde und Paulus in die Mission rief. Gemeinsam predigten sie Juden und Heiden das Evangelium, ohne von den Heiden zu verlangen, sich beschneiden zu lassen und die jüdischen Speise- und Reinheitsvorschriften (= das „Gesetz“) zu beachten. Das aber hielten gesetzestreue Judenchristen, die nach Antiochia kamen, für notwendig.

Der Konflikt wurde schließlich auf dem Apostelkonvent in Jerusalem ausgetragen. Diese Zusammenkunft fand 17 Jahre nach der Bekehrung des Paulus statt, wahrscheinlich im Jahre 48. Paulus reiste in Begleitung des Judenchristen Barnabas und des Heidenchristen Titus an. Er legte den Jerusalemer Autoritäten (Jakobus, Petrus, Johannes) seine an die Heiden gerichtete Evangeliumsverkündigung dar. Diese erkannten die gesetzesfreie Heidenmission an und reichten Barnabas und Paulus die Hand zur Gemeinschaft. Man vereinbarte eine Teilung der Missionsaufgabe: Barnabas und Paulus zu den Heiden, die Jerusalemer zu den Juden. Der Zusammenhalt zwischen den von Paulus gegründeten Gemeinden und der Jerusalemer „Mutter“ sollte durch eine Kollekte für die Armen in Jerusalem aufrechterhalten bleiben.

Ein Zwischenfall stellte diese Einheit zwischen Juden- und Heidenchristen schon wenig später auf die Probe: Petrus hatte bei einem Besuch in Antiochia zunächst ohne Bedenken am Tisch bei den Heidenchristen gesessen. Als aber Leute des Jakobus aus Jerusalem hinzukamen und ihn auf die jüdischen Essensvorschriften aufmerksam machten, zog er sich zurück. Daraufhin trat ihm Paulus „Auge in Auge entgegen, weil er im Unrecht war“ (Gal 2,11), und hielt ihm die Wahrheit des Evangeliums vor: Der Mensch wird vor Gott gerecht durch

Petrus und Paulus. Steinrelief im Museum von Aquileja (4./5. Jh. n. Chr.)
Zwei Kontrahenten gehen aufeinander los. Links Petrus mit Ringbart und Haarkranz, rechts Paulus mit offener Stirn und Spitzbart (beides die nach 313 bleibenden Typen). Ernst, Strenge, ja Zorn ist den Gesichtern abzulesen. Die Köpfe der beiden sind dicht aufeinandergerückt. Paulus hat die Rechte – zur Faust geballt – wie abwehrend über die linke Schulter gelegt. Entschlossenheit liegt in der Geste.

den *Glauben* an Jesus Christus, nicht durch das Gesetz und die von ihm geforderten Werke.

Paulus sagt in seinem Bericht über diesen Zwischenfall nichts davon, daß er Petrus und die anderen hätte umstimmen können. Offenbar hat nicht er sich durchgesetzt, sondern die anderen, die zum Nachgeben gegenüber den strengen Judenchristen bereit waren. Wie sich das Verhältnis zwischen Petrus und Paulus weiter entwickelt hat, wissen wir nicht.

Man sollte die Reaktion des Paulus in diesem Konflikt nicht falsch einschätzen. Es ging ihm keineswegs um eine antijüdische Demonstration, im Gegenteil. Er konnte sich nicht mit einer Trennung der Gemeinden nach dem Motto „hie Judenchristen – da Heidenchristen" zufriedengeben. Er wollte vielmehr die Gemeinschaft von Christen aus Juden *und* Heiden. Hinter diesem Anliegen verbirgt sich ein theologisches Programm des Paulus. Für ihn ist der Tod Jesu am Kreuz ein Sühne- und Erlösungstod für *alle* Menschen. Deshalb kann der Glaube an Jesus, den Christus, nicht mehr weiter an jüdische Vorschriften und „Gesetze" gebunden bleiben. *Deshalb* predigte Paulus das „gesetzesfreie", universale Evangelium.

Schon vor dem Apostelkonvent hatte Paulus auf Reisen in Kleinasien das Evangelium verkündet. Aber erst nach den geschilderten Auseinandersetzungen wurde er zu dem Missionar, der die (Mittelmeer-) Welt durchquerte. Jetzt, auf seiner zweiten Reise, ging er von Kleinasien hinüber nach Griechenland und gründete Gemeinden in Philippi, Thessalonich und Korinth. Auch in Athen soll er durch seine Predigt auf dem Areopag, dem Gerichtsplatz, Aufsehen erregt haben (Apg 17,22-34). Eine Gemeindegründung ist hier nicht gelungen. Nur wenige schlossen sich ihm an. Die dritte Missionsreise führte Paulus zur damals sehr berühmten kleinasiatischen Stadt Ephesus. Hier blieb er ca. zweieinhalb Jahre. Nach einem Zwischenaufenthalt in Mazedonien ging er noch einmal nach Jerusalem, um die *Kollekte* von seinen Reisen für die *Armen* der Urgemeinde zu überbringen. Noch immer gab es in Jerusalem erhebliche Vorbehalte gegen die gesetzesfreie Predigt des Paulus. Er wurde nicht mit offenen Armen empfangen. Einige Juden beschuldigten ihn, einen Nicht-Juden mit in den Tempel genommen zu haben. Sie zeigten ihn als Gesetzesbrecher an, und die römische Besatzungsmacht nahm ihn fest. Da Paulus sich an das Gericht des Kaisers in Rom wandte, wurde er dorthin gebracht und lebte in der Stadt zwei Jahre in leichterer Haft, die ihm auch die Predigt ermöglichte. Wahrscheinlich schon im Jahre 60 starb Paulus unter Nero als Zeuge für seinen Glauben den Märtyrertod.

Leben in den Gemeinden

Aus den Briefen des Paulus, seiner Schüler und anderer Mitarbeiter in der Mission läßt sich ein vielfältiges Bild vom Leben in den Gemeinden zeichnen. An erster Stelle sind hier die *Feier des Herrenmahls* und die *Taufspendung* zu nennen. Der *Gottesdienst* lehnte sich mancherorts an das Vorbild des Synagogengottesdienstes an, an anderen Stellen nahm er eine freie Gestalt an. In Liedern und Hymnen besangen die Christen die Offenbarung Gottes in Jesus Christus und bekannten ihren Glauben. Einige Beispiele: 1Kor 15,3-5: ältestes Bekenntnis der Auferweckung Jesu; Phil 2,6-11: der Christushymnus besingt die Menschwerdung und Erhöhung Jesu; Kol 1,15-20: ein auf Christus bezogener Schöpfungshymnus.

Die Zusammenkünfte der Christen konnten bald nicht mehr in den Synagogen stattfinden. Zu sehr schmerzte das unterschiedliche Bekenntnis zwischen Juden und Christen. So traf man sich in Wohnungen und Privathäusern. Ursprünglich gehörte zu dieser Feier (meist gegen Abend) eine richtige Sättigungsmahlzeit (Agape), der sich die Eucharistiefeier anschloß. Aus dieser Praxis ist uns auch der älteste „Einsetzungsbericht“ des Abendmahles überliefert (1Kor 11,23ff).

Die 1921 entdeckte und anschließend ausgegrabene Hauskirche von Dura Europos am oberen Euphrat vermittelt einen anschaulichen Eindruck vom Mittelpunkt einer christlichen Gemeinde aus der ersten Hälfte des 3. Jahrhunderts. Aus zwei kleinen Räumen machte man einen großen Versammlungsraum mit breiter Türe zum Innenhof. Daneben wurde in dem Haus noch ein Taufraum eingerichtet. An der Stirnseite dieses Raumes überwölbte ein Baldachin über zwei Säulen einen Steintrog: das Taufbecken. Dieser Raum war mit Fresken ausgeschmückt. Eine Längswand zeigte wahrscheinlich eine Reihe von Wunderdarstellungen.

Der *Taufakt* war in der frühen Kirche viel weittragender als heute, weil er den Beginn eines neuen Lebens auch nach außen verlangte. Die meisten Neugetauften mußten sich neue Berufe wählen, weil sie in ihrer bisherigen Beschäftigung mit dem heidnischen Kult in Berührung kamen. Nach dem ältesten Zeugnis einer Taufordnung vom Anfang des 2. Jahrhunderts war die Taufspendung sehr einfach: Nach einem vorbereitenden Fasten wurde die Taufe durch ein dreimaliges Untertauchen des Täuflings vollzogen. Aus der vorbereitenden Fastenzeit wurde das sogenannte *Katechumenat*: Die Taufbewerber wurden in den Grundsätzen der christlichen Lehre „unterwiesen“ und schrittweise zum Gottesdienst und dann zur Taufe zugelassen. Wieweit die Apostel bei ihrer Missionsarbeit vor der Taufe ebenfalls eine Wartezeit vorsahen, ist schwer zu sagen; immerhin zeigen aber auch die Texte der Apostelgeschichte, daß der Taufe echte Buße und Umkehr vorausgehen mußten.

In der *Gemeindeverfassung* gab es in der frühen Kirche verschiedene Modelle. Die judenchristlichen Gemeinden in Jerusalem und anderswo glichen ihre Verfassung dem jüdischen Brauch an: Sie wurden von einem Kreis von Ältesten (= Presbytern) geleitet. Bischöfe und Diakone kamen hier nicht vor (vgl. 1Petr, Jak, Offb). Umgekehrt ist in den Paulusbriefen keine Rede von Presbytern. Die von Paulus gegründeten Gemeinden kennen zunächst keine Gemeindeorganisation im eigentlichen Sinn. Sie richteten die für das Gemeindeleben notwendigen Dienste und Leitungsaufgaben selbständig ein; sie betrachteten sich als geistliche Einheit (*Leib Christi*), deren Glieder unterschiedliche, aber gleichwertige Aufgaben entsprechend ihren Fähigkeiten und Begabungen (*Charismen*) wahrnahmen. Da gab es „Propheten“ und Lehrer, andere hatten die Gabe, Kranke zu heilen und Wunder zu wirken (1Kor 12). Nur einmal, am Beginn des Briefes an die Philipper, spricht Paulus von

„Vorstehern und Dienern" (= Bischöfe und Diakone). Trotzdem ist hier kein Vorstadium des Bischofsamtes im Blick.

Erst im *nachapostolischen Zeitalter* (= letzte Jahrzehnte des 1. Jahrhunderts bis Mitte des 2. Jahrhunderts) gab es eine neue Stufe der Verfassungsentwicklung. An die Seite der bei Paulus üblichen Propheten und Lehrer traten die Bischöfe (Episkopen) und Diakone. Ihre wichtigste Aufgabe wurde der liturgische Dienst und die Feier der Eucharistie. Dennoch hatte sich damit noch nicht *das Amt eines Bischofs* in den Gemeinden herausgebildet. Auch die römische Gemeinde kannte diesen monarchischen Episkopat zunächst nicht. Aber schon Ignatius von Antiochien (um 110 n. Chr.) setzte sich dafür ein: Nur *ein* Bischof könne die Gemeinde leiten. Diese besondere Stellung begründete Ignatius mit der Urbild-Abbild-Theorie. Danach nehme der Bischof für und in der Gemeinde die Stelle Gottes ein und sei sein Abbild. Im ersten Brief des römischen Bischofs Klemens an die Korinther (um 96 n. Chr.) wurde auch schon der Gedanke der *apostolischen Sukzession* formuliert: Die Apostel hätten Nachfolger eingesetzt, die für sich nun die gleiche Autorität beanspruchen können wie jene.

Der Bischof

Alle sollt ihr dem Bischof gehorchen wie Jesus Christus dem Vater, und auch dem Presbyterium wie den Aposteln ... Keiner tue ohne den Bischof etwas, das die Kirche angeht. Nur jene Eucharistie gelte als die gesetzmäßige, die unter dem Bischof vollzogen wird oder durch den von ihm Beauftragten. Wo immer der Bischof sich zeigt, da sei auch das Volk, so wie da, wo Jesus Christus ist, auch die katholische Kirche ist. Ohne den Bischof darf man nicht taufen noch das Liebesmahl feiern. (Ignatius von Antiochien an die Smyrnäer)[1]

Die Zugehörigkeit zu dem *einen Leib Christi*, die Paulus so sehr betonte, führte dazu, daß in den von ihm gegründeten Gemeinden auch traditionelle soziale Schranken überwunden wurden. Zu den Gemeinden gehörten Juden und Heiden, Männer und Frauen, Herren und Sklaven. Unterschiede, die in der Welt die Menschen trennten, galten nicht mehr. Die übliche Aufteilung der Gesellschaft in *Oben* und *Unten* wurde umgekehrt: Gott erwählte die Machtlosen, die Verachteten, die *Nichtse* unedler Herkunft (1 Kor 1,26-31). Die Mächtigen und Reichen hatten in der Gemeinde keine besonderen Vorrechte. Dies übte auf die Umgebung der Gemeinden große Anziehungskraft aus.

Auch für die *Rolle der Frau* hatte die christliche Botschaft eine befreiende Wirkung. Sie konnte sich auf vielfältige Weise an der Mission, am Gemeindeaufbau und im Gottesdienst beteiligen. Ihre Aufgabe war nicht auf die *Sozialtätigkeit* in der Gemeinde beschränkt. Das ergab sich aus der hausgemeindlichen Struktur der frühen Gemeinden. Das Haus galt als Domäne der Frau. Nun konnte sie sich hier weitergehend engagieren. So werden im Neuen Testament auch mehrfach Frauen erwähnt:

Das judenchristliche Ehepaar Aquila und *Prisca* (Priszilla) kam aus Rom nach Korinth. Prisca scheint in der Missionsarbeit dort wichtiger als ihr Mann gewesen zu sein. Später gingen sie mit Paulus nach Ephesus, wo sich die Gemeinde in ihrem Haus versammelte (Apg 18,2). Sie waren des Wortes mächtig, kannten sich in der Lehre aus und wußten auch anspruchsvollen Gesprächspartnern gerecht zu werden. Da sie mit Paulus sehr lange zusammen waren, darf vermutet werden, daß er sich mit ihnen auch in theologischen Fragen austauschte (Röm 16,3f).

Nympha erscheint als Leiterin einer Hausgemeinde (Kol 4,15).

Phoebe wirkte in der Hafenstadt von Korinth, Kenchreä, als Diakonin (Röm 16,1).

Chloë in Korinth sammelt eine ganze Gruppe von Anhängern um sich (1 Kor 1,11).

Junia wird von Paulus gar als *Apostolin*, als geistbegabte Wandermissionarin angesprochen (Röm 16,7).

In der Tradition und auch in manchen modernen Bibelübersetzungen werden Nympha und Junia allerdings mit männlichen Namen angegeben: Nymphas und Junias.

Eine schwere Hypothek: Die zunehmende Entfremdung gegenüber dem Judentum

Paulus hat den sich zuspitzenden Familienstreit zwischen Christen und Juden schmerzlich am eigenen Leib erfahren. Aber er hat, nach allem, was er über Gesetz und Rechtfertigung aus dem Glauben schreibt, das Judentum nie verworfen. Im Brief an die Römer warnte er die Christen eindringlich vor jeder Überheblichkeit gegenüber dem Judentum. Niemand solle sich rühmen, weil er zu Christus gehöre. *„Bedenke: nicht du trägst die Wurzel, sondern die Wurzel trägt dich!“* (Röm 11,18). Sind mit diesem Bild der Wurzel allein die Väter Israels, Abraham, Isaak und Jakob, gemeint oder nicht auch das ganze Israel, das die Kirche trägt? Die Kirche würde sich selber von ihrem Wurzelstock abschneiden, wollte sie Israel vergessen. Tatsächlich ist die Kirche in ihrer Geschichte dieser Versuchung immer wieder erlegen: Sie hat Israel nicht als Wegbegleiterin erkannt und anerkannt. Schon späte neutestamentliche Texte verstiegen sich dazu, dem *ganzen* jüdischen Volk die Schuld am Tod Jesu zuzuschreiben. Die Kirchenväter haben diese Aussagen weiter verschärft. Sie schmähten die Juden als uneinsichtiges, störrisches Volk, das von Gott verworfen sei (Tertullian, Augustinus). Schließlich glaubte man, das Gericht Gottes gegenüber den Juden selbst vorwegnehmen zu können. Sinnfällig wird dies in mittelalterlichen Darstellungen der *Synagoge*, etwa im Bamberger Dom oder am Straßburger Münster: Die Synagoge erscheint als Verblendete, der die Augen verbunden sind, weil sie das Erlösungswerk Jesu nicht sehen kann (vgl. 2 Kor 3,14-16).

Noch zehn Jahre nach dem Zweiten Vatikanischen Konzil erschien ein Kirchengeschichtsbuch, das an den Anfang der Kirche fettgedruckt das *Nein* Israels zu Christus stellte und mit diesem Bild untermauerte:

„Israel, das auserwählte Volk Gottes, hat seine Ohren verschlossen für seine Berufung im Neuen Bund. Der Wehruf des Propheten Isaias hat sich erfüllt: ‚Verstocke das Herz dieses Volkes! Mache taub seine

Darstellung der Synagoge am Münster zu Straßburg, um 1230

Gedenkstein für die Opfer des Nationalsozialismus (Merchingen, Neckar-Odenwald-Kreis, 1983 errichtet)

Ohren! Mache blind seine Augen!‘ Am Ursprung der sichtbaren Kirche steht das Nein des Volkes Israel zu Christus; die nach Gottes Plan zusammengehören, fehlen einander – bis zum heutigen Tag.“[2]

Statt dessen sollte man erkennen und bekennen: Am Ursprung der sichtbaren Kirche steht das *Ja* von Juden und Heiden zu Christus!

II. Martyrium und „Sieg“: Christenverfolgungen

Er wurde für uns gekreuzigt unter Pontius Pilatus, hat gelitten und ist begraben worden.
(Crucifixus etiam pro nobis: sub Pontio Pilato passus, et sepultus est.)

Aus dem Glaubensbekenntnis (Credo)

Verfolgte Christen

Die ersten Christen standen wie Jesus, den sie als den Christus (Messias) bekannten und nach dem sie sich benannten, *von Anfang an unter dem Kreuz*. Der Blick auf das Kreuz zeigt, ob die Kirche wahrhaftig ihrem Herrn nachfolgt: „Fehlte dieses Ärgernis aber in einem Abschnitt der Geschichte ganz, so müßte man das als Ausweis ansehen für die saturierte Angepaßtheit eines seinen Ursprung verleugnenden Christentums.“[1] H. Kühner behauptet deshalb, es hätte sich im Lauf der Zeiten gezeigt, „daß die Kirche immer nur in Epochen der Verfolgung und

Sog. Spottkruzifixus, Rom, Anfang des 3. Jh.
Die Zeichnung zeigt einen Gekreuzigten mit Eselskopf. Alexamenos, ein christlicher Schüler oder Sklave, wird als „Eselsanbeter“ verspottet. Die griechische Schrift heißt: „Alexamenos verehrt seinen Gott“.

Mosaik aus dem 2. Jh. (Tunesien)
Öffentliche „Spiele" im Amphitheater: Christen (oder andere Verurteilte) kämpfen mit wilden Tieren.

damit der Selbstbestätigung vollkommen frei war und es bis heute ist"[2]: Diese Kennzeichnungen idealisieren, zeugen aber in jedem Fall von der normativen Kraft der Anfänge, die unter dem Zeichen der Verfolgung standen. Das Kreuz symbolisiert für die Christen damals (und heute) aber nicht nur die bittere Zeit der Verfolgungen, sondern steht zugleich für das „Heldenzeitalter der Kirche", einer Zeit, die sogar „von den Christen selbst noch nicht in ihrer weittragenden Bedeutung erfaßt" wird.[3]

Sündenböcke

Rom war gegenüber anderen Religionen tolerant, sofern sie den eigenen Staatskult nicht in Frage stellten. Die Christen wurden zunächst als eine Art jüdische Sekte angesehen, sie lebten (so beschreibt es später Tertullian) „wie im Schatten" des Judentums. Bald wurden sie aber als feindliche Geschwister erkannt und unterschieden. Beim Brand von Rom im Jahre 64 erscheinen die Christen bereits als eigene Gruppe und konnten Kaiser Nero als *Sündenböcke* dienen (zu Wort und Sache vgl. Lev 16,5-10). Tacitus macht ihnen in diesem Zusammenhang den Vorwurf der Menschenverachtung, ja „des Hasses gegen das Menschengeschlecht". – Es muß sehr nachdenklich stimmen, daß dieser Vorwurf schon früher von den Christen den Juden gegenüber erhoben wurde: „Sie mißfallen Gott und sind Feinde aller Menschen" (1Thess 2,15). Allgemein schlug den Christen ein diffuses Mißtrauen entgegen.

Die verbreitete Ablehnung des „neuartigen, gemeingefährlichen Aberglaubens“ (Sueton) äußerte sich in Anklagen wie: Sie sondern sich ab, sie treiben im Untergrund irgendwelche okkulten Dinge, sie mißachten Recht, Ordnung und Tradition usw.

Rechtliche Regelungen

Von den Zeiten der Verfolgung existieren so gut wie keine heidnischen Quellen. Die christlichen Berichte sind aber häufig erbaulich ausgeschmückt und glorifizieren die Märtyrer.

Die meisten Verfolgungen waren örtlich begrenzt; oft stellten sie Ausschreitungen des Pöbels dar, wie zum Beispiel der Aufruhr der Silberschmiede in Ephesus (vgl. Apg 19,21-40). Die Christen der ersten drei Jahrhunderte wurden also keineswegs ständig und überall verfolgt oder lebten nur in den Katakomben. Und so differenziert sich die Situation in den jeweiligen Reichsgebieten darstellte, so unterschiedlich war auch das tatsächliche Verhalten der einzelnen Christen. Eines der wenigen amtlichen Dokumente zur Lagebeurteilung stellt das Antwortschreiben des Kaisers Trajan aus dem Jahre 112/13 dar. Statthalter Plinius hatte offiziell angefragt, wie er gegen die Christen in seiner Provinz Bithynien (Kleinasien) vorgehen solle:

„Bei der Untersuchung gegen die als Christen bezeichneten Personen hast Du, lieber Plinius, den richtigen Weg eingeschlagen; denn es läßt sich nichts im allgemeinen, was gleichsam als bestimmte Regel aufgestellt werden könnte, verfügen. *Man soll sie nicht aufspüren*, wenn sie aber angezeigt und überführt werden, sind sie zu bestrafen, doch so, daß, wenn einer leugnet, Christ zu sein, und es durch die Tat beweist, nämlich durch Anflehung unserer Götter, ihm wegen seiner Reue Verzeihung zuteil werden soll, mag er auch früher noch so verdächtig gewesen sein. Anonyme Anzeigen aber dürfen bei keiner Anschuldigung berücksichtigt werden, denn das gibt ein sehr schlechtes Beispiel und ist mit dem Geist unseres Jahrhunderts nicht vereinbar.“[4]

Die Verfahrensweise ist widersprüchlich:

– Christsein ist nicht erlaubt und strafwürdig. Warum sind dann die Christen „nicht aufzuspüren“?

– Im Blick auf den „Geist des Jahrhunderts“ werden anonyme Anzeigen abgelehnt und auf das gute Beispiel verwiesen. Warum wird dann aber das Christentum – anders als alle übrigen Religionen – grausam verfolgt?

– Rechtlich ist nicht genau abzuklären, was den Christen letztlich vorgeworfen wird. Der Kaiserkult wurde in der Regel nicht erzwungen; verhängnisvoll für die Christen war wohl, daß sie auch die Verehrung der offiziellen Staatsgottheiten ablehnten. Hier standen sozusagen die fraglosen Grundlagen des Römischen Reiches auf dem Spiel: Mußten die Christen als „Götterlose“ und „Götterleugner“ (*„Atheisten“!*) nicht notwendig Staatsfeinde sein?

Entscheidungen

Ende des 2. Jahrhunderts notierte Tertullian in seiner „Schutzschrift“ als „Verteidiger“ (Apologet) des Christentums: „Wenn der Tiber die Mauern überflutet, wenn der Nil die Felder nicht überschwemmt, wenn der Regen ausbleibt, bei Erdbeben und Hungersnot, wenn eine Seuche wütet, gleich schreit man: ‚Die Christen vor die Löwen!‘ “[5]

Doch wie fast immer in der Geschichte werden mit Märtyrern keine Probleme aus der Welt geschafft, vielmehr bezeugt das vergossene Blut erst recht die Wahrheit der verfolgten Sache. In klassischer Weise hat das ebenfalls bereits Tertullian formuliert: „Aber nur zu, ihr prächtigen Statthalter, macht euch nur bei dem Volk beliebter, indem ihr ihm die Christen opfert; kreuzigt, martert, verurteilt uns, reibt uns auf – eure Ungerechtigkeit ist der beste Beweis unserer Unschuld! Darum duldet ja Gott, daß wir all dies erleiden ... Und doch nützt euch eure noch so ausgeklügelte Grausamkeit gar nichts; ihr macht damit nur Reklame für unsere Gemeinschaft (secta). *Nur zahlreicher werden wir, sooft wir von euch niedergemäht werden: ein Same ist das Blut der Christen.*“ [6]

Zwischen den Verfolgungen gab es lange Friedenszeiten, in denen das Christentum zu einer beachtlichen Größe im Römischen Reich wurde. Im Jahre 212 erhielten alle Freien durch Kaiser Caracalla das Bürgerrecht – die (freien) Christen wurden damit gleichberechtigte und -verpflichtete römische Staatsbürger. Die Verhältnisse schienen sich zu normalisieren. Doch wuchsen am Ende des 2./Anfang des 3. Jahrhunderts auch restaurative Tendenzen, hervorgerufen durch vielfältige Wirren und wachsende Schwierigkeiten des Imperium Romanum. Damals empfahl ein Ratgeber (Cassius Dio) dem Kaiser: „Willst Du wahrhaft unsterblich werden, so ... verehre hinfort selbst die Gottheit allenthalben, ganz nach der Väter Sitte, und nötige(!) auch die anderen, sie zu ehren. Die aber hiervon abweichen, die hasse und züchtige ... Dulde keinen Gottlosen und keinen Gaukler!“[7]

Im Jahre 248 feierte Rom sein tausendjähriges Bestehen unter einem nichtrömischen Kaiser, dem ehemaligen Scheich Philippus Arabs (244-

249). Sein Nachfolger, der Römer Decius (249-251), kümmerte sich sehr um das Reich und seine Einheit und setzte dabei auf die altrömischen Götter. Deswegen ordnete er zum ersten Mal in der Geschichte einen allgemeinen Bekenntniszwang an: *Alle* Bewohner des Reiches mußten den Göttern Roms opfern. Die Teilnahme an diesen öffentlichen Veranstaltungen wurde genau überwacht und offiziell bescheinigt. Hier ein solcher „Freibrief":

„An die Opferkommission des Dorfes Alexanderinsel.

Von Aurelius Diogenes Satabus, 72 Jahre alt, mit Narbe über der rechten Augenbraue.

Ich habe immer den Göttern geopfert und auch jetzt in eurer Gegenwart wie vorgeschrieben geopfert und gespendet, das Opferfleisch gekostet, und ich bitte euch, mir das zu bescheinigen.

Ich, Aurelius Syrus, habe ihn mit seinem Sohne opfern sehen. Im ersten Jahr des Kaisers Decius, des glücklichen und erhabenen, am 26. Juni."[8]

Die Auswirkungen dieser kurzen, aber heftigen Verfolgung im innerkirchlichen Bereich waren fatal. Zahlreiche Christen waren nicht mehr darauf vorbereitet, ihren Glauben notfalls auch mit ihrem Blut zu bekennen, und so reichte der Einbruch tief in die Gemeinden bis hin zum Massenabfall. Eusebius berichtet in seiner Kirchengeschichte:

„Da aber ereilte uns die Nachricht vom Wechsel in der uns bisher so günstig gesonnenen kaiserlichen Regierung, und alsbald verbreitete sich unter uns gewaltiger Schrecken über das, was uns bevorstand. Schon war auch das Verfolgungsedikt publiziert … und alle waren bestürzt. Von den Vornehmeren fanden sich viele sofort [bei den Opferpriestern] ein, während man andere, soweit sie Beamte waren, [direkt] von ihrer Arbeitsstätte abholte; wieder andere wurden von Freunden und Bekannten herbeigezerrt. Namentlich aufgerufen näherten sie sich den unreinen und unheiligen Opfern, die einen freilich bleich und zitternd, als sollten sie nicht opfern, sondern selbst den Göttern geopfert und geschlachtet werden, so daß sie vom umherstehenden Pöbel verspottet wurden und ihre Feigheit sowohl zu sterben als auch zu opfern offen zutage trat; andere dagegen traten bereitwilliger vor die Altäre und versicherten keck, auch früher nie Christen gewesen zu sein … Von den übrigen nahmen sich einige diese, einige jene zum Vorbild; andere aber ergriffen die Flucht. Wieder andere wurden verhaftet, und eine ganze Anzahl ließ sich auch fesseln und einsperren, etliche sogar tagelang einkerkern; doch noch bevor sie vor den Richterstuhl traten, schworen sie ab. Einige der Gefangenen sagten sich freilich erst, als sie ein gewisses Maß an Foltern ertragen hatten, im Blick auf weitere Qualen los. Die starken und seligen

Säulen des Herrn jedoch wurden, weil er sie stärkte und sie von ihm eine ihres Glaubens würdige und entsprechende Kraft und Ausdauer empfingen, zu bewundernswerten Zeugen seines Reiches."[9]

Nach der Verfolgung ergab sich die große Frage, was mit den reuigen Gemeindemitgliedern geschehen sollte, die in die kirchliche Gemeinschaft zurückkehren wollten. Die Christenheit spaltete sich in den Kontroversen über diese „Abgefallenen" (*lapsi*): War deren Verhalten nur als (einmaliger) „Fehltritt" (ebenfalls „*lapsus*") zu bewerten und damit entschuldbar? Wie war zwischen den einzelnen Verfehlungen zu differenzieren?

Die standhaften und bewährten „Bekenner" wurden von manchen „Gefallenen" um „Friedensbriefe" angegangen (nach Cyprian sogar „haufenweise"!). – Vielleicht kann man solch schwierige Situationen besser nachempfinden, denkt man an das Entnazifizierungsprogramm der Alliierten nach dem Zweiten Weltkrieg oder an entsprechende Probleme bei der Wiedervereinigung Deutschlands: Sogenannte „Mitläufer" waren darauf angewiesen, daß sie von standhaften Kirchenleuten oder Widerstandskreisen „Persilscheine" bekamen, also eine Art Unbedenklichkeitsnachweis.

In Rom wehrte sich der angesehene, gelehrte Presbyter *Novatian* gegen die unkritische Einstellung, die Kirche müsse eben den Kranken „zu Hilfe kommen". Er vertrat eine rigoristische Haltung, wie sie später in einem novatianischen Dokument formuliert wurde: „Nach der Taufe gibt es keine Buße mehr; die Kirche kann keine Todsünde vergeben, und sie vernichtet sich selbst, wenn sie die Sünder aufnimmt."[10] In diesem Geiste versuchten immer wieder kleine Gemeinschaften zu leben und nannten sich Kirche der „Reinen" (= griech. *katharoi* – „Katharer", davon das Wort „*Ketzer*"). Die Katharer bezeichneten sich selbst im Mittelalter schlichtweg als „Christen", überzeugten viele Leute durch ihr vorbildliches Leben und verunsicherten die offizielle Kirche.

In der Kirchengeschichte kommen solche Gruppierungen zumeist nicht gut weg, beispielsweise schreibt A. Franzen in diesem Zusammenhang: „Fanatischer Rigorismus ist seit jeher das Kennzeichen aller Häresien und Sekten gewesen."[11] Mit Recht erscheint uns heute die novatianische Haltung als hart, wenn nicht als unverständlich. In ihr spiegelt sich aber etwas von der *einmaligen Lebensentscheidung*, Christ zu werden, zu sein und zu bleiben. Dieser in der Tat bewundernswerte Anspruch wurde im Verlauf der Jahrhunderte in der gelebten Praxis verändert und teilweise verwässert: Der Weg führte zur mehrfachen Buße/Versöhnung und dann zur zumindest alljährlichen Beichte.

Unter Kaiser Valerian (253-60) kam es zu einer weiteren

planmäßigen Verfolgung der Christen, wobei insbesondere die führenden Kleriker und Laien der Gemeinden betroffen wurden. Danach konnte sich die Christenheit einer über vierzigjährigen Friedensperiode erfreuen.

Das Jahr 303: Die große Verfolgung (Diokletian)

Der tatkräftige Kaiser Diokletian (284-305) residierte in Nikomedien, nahe dem späteren Konstantinopel. Gegen Ende seiner Regierung ging er, unerwartet für alle Welt, hart gegen die Christen vor. Als Krönung seiner erfolgreichen Politik nach außen und innen dachte er an die Wiederherstellung der altrömischen Religion gegen alle „Neuerer" – wie ein halbes Jahrhundert zuvor Kaiser Decius. Dies kündigte sich bereits im Jahr 297 an, als er den Manichäismus, eine gnostische Religion mit leibfeindlichen Tendenzen, angriff. In seinem Edikt bezeichnete er die Manichäer als nichtswürdige Menschen, „die neue und unerhörte Sekten den älteren Religionen entgegenstellen". Dagegen bekräftigte er den Grundsatz: „Es ist ein Verbrechen, das in Frage zu stellen, was schon von altersher anerkannt ist."[12]

Diokletian ließ zunächst das Heer von Christen säubern. Im Jahre 303 erging ein allgemeines Edikt: Die heiligen Bücher sind zu verbrennen, die christlichen Gotteshäuser zu zerstören – mit der stattlichen Kirche, die der Kaiser täglich sah, wenn er aus dem Fenster seines Palastes blickte, wurde begonnen. Die Christen wurden gesellschaftlich geächtet, und schließlich folgte (ebenfalls wie bei Decius) ein allgemeiner Opferbefehl für das ganze Reich. Niemand hatte das mehr für möglich gehalten, ungläubig riß ein hoher Beamter den Anschlag am Regierungspalast herunter:

„In Nikomedien wurde ein Edikt angeschlagen, das die Bekenner der christlichen Religion aller Ehren und Würden für verlustig erklärte. Die Christen sollten der Folter unterworfen sein, welchem Rang und Stand sie auch angehörten. Gegen sie sollte jede Klage angenommen werden, sie selbst sollten nicht klagen können; sie sollten mit einem Wort der Freiheit und der Stimme beraubt sein. Dieses Edikt riß einer zwar nicht ordnungsgemäß, aber mit großem Mut herab. Er zerriß es und machte spöttische Bemerkungen dazu … Er wurde sogleich vorgeführt und bis zum äußersten gefoltert, dann regelrecht geröstet und zu Asche verbrannt."[13]

Das Jahr 311: Duldung des Christentums (Galerius)

Im Jahre 305 dankte Diokletian ab, seine Nachfolger setzten die Verfolgungen fort. Die Wende kam mit Kaiser Galerius im Osten. Während einer schweren Erkrankung überdachte er die ganze bisherige Religionspolitik und, bereits vom Tode gezeichnet, revidierte er sie schließlich. Sein Edikt vom 30. April 311 wurde im ganzen Reich verkündet. Darin wird die Sorge um die alte Religion hervorgehoben, die Verfolgungen der Christen aber als politischer Fehler eingestanden:

„Wir hatten früher die Absicht, alles nach den alten Gesetzen und der öffentlichen Zucht der Römer zu ordnen und vor allem dafür zu sorgen, daß auch die Christen, die die Religion ihrer Väter verlassen hatten, wieder zur rechten Einsicht kämen. Aus irgendwelchem Grund hatte sich dieser Christen eine solche Anmaßung bemächtigt, daß sie nicht den Einrichtungen der Alten folgten, ... sondern sich nach eigener Meinung so, wie ein jeder wollte, selbst Gesetze schufen und sich an diese hielten und da und dort verschieden denkende Gemeinden begründeten. Als nun deshalb von uns ein Edikt ausging, daß sie wieder zu den Einrichtungen der Alten zurückkehren sollten, da gerieten viele in große Gefahr und Verwirrung ... Da wir aber sehen mußten, daß die meisten unverständig blieben und weder die alten Götter anbeteten und verehrten noch dem Christengott dienten, da haben wir in Anbetracht unserer Milde ... geglaubt, auch auf diesen Fall bereitwillig unsere Gnade dahin ausdehnen zu müssen, *daß sie wieder Christen seien* und ihre Versammlungen wieder halten dürfen ... Infolge unserer Erlaubnis werden sie nun auch verpflichtet sein, für unser Wohl, das des Staates und das ihrige zu ihrem Gott zu beten, damit das Reich in jeder Hinsicht unversehrt bestehen bleibt und sie selber ruhig an ihrem Herde leben können.“[14]

Das sogenannte Mailänder Edikt (richtiger: Reskript) aus dem Jahr 313 bestätigte die neue Entwicklung. Kaiser Konstantin und sein Schwager Licinius erließen „ein sehr vollkommenes und umfassendes Gesetz zu Gunsten der Christen“ (Eusebius), das einen epochemachenden Umschwung in der Geschichte des Christentums einleitete. Diese neue Ära ist untrennbar mit dem Namen und der Person Konstantins verknüpft: *die Konstantinische Wende.*

Die Wende: Konstantin der Große (306-337)

An Kaiser Konstantin schieden sich schon bald und leidenschaftlich die Geister – bis heute. Bereits der Kirchenvater Hieronymus (347-419/20) klagte: „Seitdem die Kirche unter christliche Kaiser gekommen ist, wuchs sie zwar an Macht und Reichtum, hat aber an sittlicher Kraft abgenommen.“[15] Und im 20. Jahrhundert schreibt H. Kühner bezüglich der Taufe Konstantins kurz vor seinem Tode durch einen arianischen Bischof: „Konstantin I. hätte also als Ketzer bezeichnet, nicht aber mit den unvergänglichen Lorbeeren bedacht werden müssen, die ihm die Geschichtsschreibung bis heute windet. Konstantin I. ist nie ein wahrhaft gewandelter Christ gewesen.“[16]

Letztlich steht aber außer Frage, daß Konstantin in der Tat eine bedeutende Herrschergestalt war und eine weltgeschichtliche Wende einleitete. Nicht umsonst bemächtigte sich seiner schon zu Lebzeiten die Legendenbildung, auch bereits durch seine Biographen Lactantius und insbesondere Eusebius. Letzterer etwa hat den Beginn einer neuen Zeit völlig anders erlebt und geradezu überschwenglich gefeiert:

„Singet dem Herrn ein neues Lied, denn Wunderbares hat er getan … Diesem Wort entsprechend wollen wir deshalb jetzt das neue Lied anstimmen. Denn nach jenen schrecklichen und finsteren Schauspielen … sind wir jetzt gewürdigt worden zu sehen und zu feiern, was viele derer vor uns, wahrhaft Gerechte und Zeugen Gottes, auf Erden zu sehen begehrt, aber nicht erblickt haben … Es leuchtet nun fortan ein Tag, heiter und strahlend, von keiner Wolke beschattet, mit den Strahlen himmlischen Lichts auf der ganzen bewohnten Erde für die Kirchen Christi. Und es gab keinen Neid auch unter den außerhalb unserer Gemeinschaft Stehenden, da sie zwar nicht den gleichen Teil, aber doch gleichsam Ausflüsse und Anteile von den uns zuerteilten Dingen genossen. Nun bestand Freiheit für alle Menschen von der Gewaltherrschaft der Tyrannen. Erlöst von den früheren Übelständen bekannte jeder auf seine Weise den einzig wahren Gott, der für die Frommen gestritten hatte.“[17]

In unserer Zeit, in der sich die lange und enge Verbindung zwischen Staat und Kirche offensichtlich mehr und mehr löst, sehen wir die damalige Weichenstellung nüchterner und skeptischer als der Schönredner Eusebius. Aber wer von uns kann sich schon vorstellen, was dieser Umschwung damals für die Christen bedeutete: Das Kreuz hatte gesiegt, dem Sieger gebührte Lob und Dankbarkeit der lange unterdrückten und verfolgten Christen! Dies war die Wende! – Doch zunächst noch einige Fakten:

Konstantin, geboren um 285, floh im Jahre 305 vom Kaiserhof Diokletians in Nikomedien nach dem Westen zu seinem Vater Konstantius und wurde von dessen Truppen zum Augustus erhoben. Im Jahre 312 errang er die Vorherrschaft im ganzen Westen gegen Maxentius, im Jahre 324 im Gesamtreich gegen seinen Mitkaiser Licinius.

Vor der alles entscheidenden Schlacht an der Milvischen Brücke bei Rom am 28. Oktober 312 stellte Konstantin sich und sein Heer unter den Schutz des Christengottes und seines „heilbringenden Zeichens" (so Lactantius 316/317). Eusebius berichtet 20 Jahre später von einer Lichtvision in Kreuzesform und den Worten: „Durch dieses siege!" und davon, daß Konstantin im Auftrag Christi ein eigenes christliches Feldzeichen fertigen ließ: X (griech. CH) und P (griech. R) = ☧ = CHRistus: das „*Labarum*" (vielleicht von „*laureatum*" = das „lorbeergeschmückte" Kaiserbild). Auf dem Triumphbogen in Rom, den der Senat 315 dem Kaiser errichten ließ, findet sich noch „die unbesiegbare Sonne" (*Sol invictus*) als Schutzgott mit der höchst zutreffenden Inschrift: Dieser Sieg wurde errungen durch eine „Eingebung der Gottheit" und durch die überragende Gestalt des Kaisers selbst.

Jedenfalls „bewies" der glänzende Sieg die Überlegenheit des stärkeren Gottes. Eusebius versuchte der Größe der Stunde mit einem biblischen Vergleich gerecht zu werden: Wie einst Pharao im Meer, so versank jetzt Maxentius in den Fluten des Tiber – im Angesicht des neuen Moses (= Konstantin!). *Der stärkere Gott* – das war für Konstantin damals wohl der Sonnengott (Sol invictus). Bereits im Jahre 270 hatte Kaiser Aurelian versucht, die Verehrung *eines* höchsten Gottes als neue Reichsreligion durchzusetzen (Symbol dieses Monotheismus war die Sonne). Eusebius sieht das etwas anders:

Seit 310 gibt es Münzen von Konstantin, die ihn profilgleich in Begleitung des „unbesiegbaren Sonnengottes" (Sol invictus) zeigen.

„So hat also der gottgeliebte Kaiser sich seines Bekenntnisses des siegverleihenden Kreuzes gerühmt und mit allem Freimut auch den Römern die Kunde vom Sohne Gottes gebracht. Alle Bewohner der Stadt insgesamt, der Senat selber wie auch die Scharen des Volkes, atmeten gleichsam nach der bitteren Herrschaft des Tyrannen neu auf und vermeinten jetzt die Strahlen eines reineren Sonnenlichtes zu genießen und zu einem neuen, frischen Leben wiedergeboren zu sein. Und alle Völker, die bis zum Ozean gegen Sonnenuntergang wohnten, erfreuten sich im Gefühle ihrer Erlösung von den früheren drückenden Leiden in fröhlichen Festversammlungen und wurden nicht müde, den siegreichen Helden, den frommen Diener Gottes, den gemeinsamen Wohltäter in Lobgesängen zu preisen. Einstimmig und wie aus einem Munde bekannten sie alle, daß in Konstantin dem ganzen Menschengeschlechte durch Gottes Gnade ein Heil aufgegangen sei."[18]

In den folgenden Jahren wuchs Konstantin langsam, aber immer mehr in die christliche Glaubenswelt hinein. Zwar behielt er zeitlebens den Titel eines Pontifex maximus (= „oberster Priester" – später Titel der Päpste!) bei, doch achtete er als Kaiser „von Gottes Gnaden" immer mehr darauf, daß im Römischen Staat die rechte Gottesverehrung gepflegt werde. Nach dem Sieg über Licinius (324) bevorzugte er immer mehr das Christentum, ohne damit die anderen Religionen zu unterdrücken. Beispielsweise wurde der Sonntag gesetzlich geschützt; das Heer feierte ihn als „Heilstag, der auch ein solcher des Lichts und der Sonne ist" (Eusebius). Die Formulierung eröffnete den Betroffenen die Möglichkeit, diesen Festtag christlich oder heidnisch zu interpretieren. Dabei waren die Übergänge fließend: Auch nach biblischem Zeugnis gab es die messianische Verheißung, daß dereinst „die Sonne der Gerechtigkeit" aufgehen werde (vgl. Mal 3,19; ferner Lk 1,78 und Joh 8,12). – Doch wurde bereits Konstantinopel bewußt als christliches *Neu-Rom* gegründet (330), heidnische Kulte dort nicht mehr zugelassen, und dieser Weg wurde konsequent weitergegangen.

„Konstantinische Wende"?

Bei einer Beurteilung der „Konstantinischen Wende" und der Würdigung dieser Zeit sind unausweichlich heutige Bewertungen und wohl auch persönliche Glaubensüberzeugungen mit im Spiel. Das Wort „Wende" besagt ganz richtig, daß sich mit Konstantin das Christentum wesentlich verändert hat. Mit ihm datiert eine bestimmte Sicht der Kirchengeschichte den Verrat des Christentums an der ursprünglichen

„Kreuztragung“ (durch Simon von Kyrene)

„Dornenkrönung“

Christusmonogramm (= Labarum) mit zwei Tauben und zwei schlafenden Kriegern

Lehre Jesu. Bei allem äußeren Glanz und vermeintlichen Sieg habe damals der Niedergang des Evangeliums begonnen, indem es verweltlicht und veräußerlicht wurde.

Eine solche Sicht der Dinge drängt sich vor allem dann auf, wenn man an der eigenen Zeit und der gegenwärtigen Kirche Ungenügen empfindet und die Vergangenheit idealisiert. In der Kirchengeschichte gab es schon bald eine Art „Verfallstheorie“, die sich Verbesserungen mit der Rückkehr zu den Anfängen versprach: Reformen sollten die alte (Ideal-)Gestalt der Kirche wiederherstellen („*Re-form*“). Seit der Reformation wurde diese Sicht in der protestantischen Kirchengeschichtsschreibung für lange Zeit vorherrschend: Als Ideal erschien die Urkirche, der „Sündenfall“ begann mit Konstantin. Noch die geläufige dreiteilige Periodisierung der Kirchengeschichte (und der Geschichte insgesamt) spiegelt diese Sicht wider: Altertum, Mittelalter, Neuzeit. Die Neuzeit betrachtet sich dann als verbesserte Wiederaufnahme der alten Zeit – dazwischen liegt etwas „mittleres“, das „Mittelalter“, oft als Irrweg betrachtet (das dunkle, finstere, barbarische Mittelalter). Daß hierbei auch ganz andere Bewertungen möglich sind, zeigt etwa die Romantik im 19. Jahrhundert, die nun wiederum das Mittelalter idealisierte.

Die Konstantinische Wende ist nach wie vor ein wichtiger Schlüssel zum Verstehen der Kirchengeschichte, und sie bleibt umstritten: „*Aus der Kirche der Elite*, zu der bisher nur überzeugte, zum Martyrium bereite Gläubige Zugang gefunden hatten, *wurde die Kirche der Masse*,

Altchristliche Passionsdarstellung aus dem 4. Jh. Diese Darstellung des „Leidens Christi“ spiegelt den Umschwung der Konstantinischen Wende: Christus erscheint nicht mehr schmachvoll leidend, sondern majestätisch, als Sieger gekrönt. In der Mitte das Heerzeichen Konstantins mit siegreichen Kriegern.

Jesus vor Pilatus

Pilatus wäscht seine Hände in Unschuld

zu der sich auch politisch Ehrgeizige, religiös Uninteressierte und noch halb im Heidentum Verbliebene drängten.“ Bei seiner Darstellung sieht A. Franzen durchaus die Gefahren einer „Verflachung“, „Verweltlichung“, ja, eines „Mißbrauchs der Religion“, und fragt selbst: „Ist die Kirche diesen Gefahren erlegen?“ – In seiner Antwort verweist er auf die Geschichtlichkeit der Kirche, die sich in jede Zeit inkarnieren (= verleiblichen) müsse: „*Sie geht in die Zeit ein* (!), d.h. sie verzeitlicht sich in ihr.“[19] Diese Aussage ist so komplex und (unbewußt) doppelsinnig wie die damalige Zeit und die Kirchengeschichte überhaupt …

Entschiedener wirkt das Urteil des zeitgenössischen katholischen Publizisten W. Dirks, der kurz und hart formuliert: „Die konstantinische Fehlentscheidung führte über die Germanenbekehrung in die imponierende Sackgasse, die wir Mittelalter nennen.“[20] – Auch bei dieser Beurteilung bleiben viele Fragen offen: Was heißt schon „Fehlentscheidung“? Gab es überhaupt Alternativen? War Konstantins Schritt nicht geschichtlich unumgänglich? – Und das Mittelalter als „imponierende Sackgasse“: Wird diese gewollt widersprüchliche Kennzeichnung dem Mittelalter gerecht?

Unbestritten ist, daß die Zeit der Christenverfolgungen im Leben der Kirche und in der Kirchengeschichte einen exemplarischen Charakter hat. Doch auch in anderen Zeiten gilt es, als Christ aus dem Geist des Ursprungs zu leben. Martin Luther King nannte in einer Betrachtung zu Röm 12,2 („Gleicht euch nicht dieser Welt an, sondern wandelt euch…“) die ersten Christen „im wahrsten Sinn des Wortes *Nonkon-*

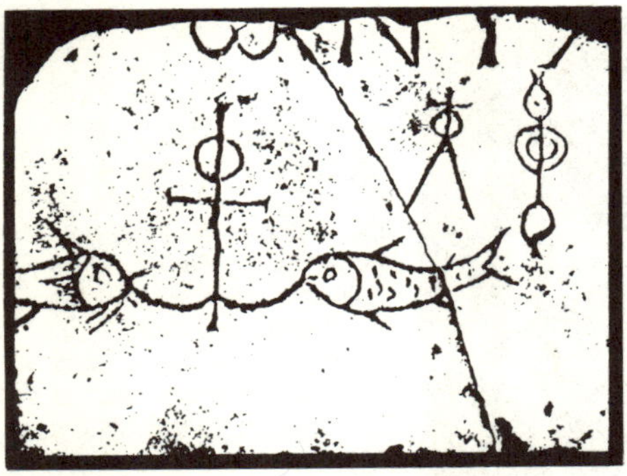

Wandplatte aus einer Katakombe mit Ankerkreuz (Christus = Hoffnung und Halt) und Fischen

Christusbild im Stil eines antiken Jünglings (ca. 3. Jh.)

formisten": „An Zahl gering, waren sie Riesen an Wirkung." Sie hätten die Hoffnung auf eine lebenswerte Welt verkörpert, seien für Gerechtigkeit, Frieden, Brüderlichkeit eingetreten und stünden für den Fortschritt der Menschheit. Im Bild: Christen seien keine Thermometer, die lediglich die Temperatur der Mehrheitsmeinung anzeigten, sondern vielmehr *Thermostaten*, die die Temperatur der Gesellschaft änderten und regelten.[21]

Mit Konstantin und den nachfolgenden Kaisern wurde aber die Mehrheitsmeinung sozusagen christlich getauft. Was nun?

Ursprünglich beteten die Christen stehend mit erhobenen Armen, wie es diese Gestalt (Orante) aus der Priscilla-Katakombe eindrucksvoll zeigt (Rom, 3. Jh.).

III. Nach der Konstantinischen Wende

Ein „Rückfall“: Julian „der Abtrünnige“

Mit Theodosius dem Großen (379-395) wurde das Christentum zur Staatsreligion, die Kirche zur Reichskirche – „das Blatt hatte sich gewendet“ (A. Franzen). Einen „Zwischenfall“ in dieser Entwicklung stellte Kaiser Julian (361-363) dar, der während seiner kurzen Regierungszeit versuchte, das Heidentum zu restaurieren. Als siebenjähriger Junge „erlebte“ er die Ermordung seines Vaters und eines Bruders (aus „christlicher Staatsräson“?) im Jahre 337 am Hof in Konstantinopel – ein Schock, der ihn prägte. Als Kaiser benachteiligte er systematisch die Christen in der Verwaltung des Reiches, untersagte ihnen die Tätigkeit als Lehrer und belohnte den Abfall vom Christentum. Doch wollte er keine neuen Märtyrer unter den „Galiläern“ (= Christen) schaffen, sondern diese moralisch überwinden. Dabei mußte er zugeben: „Keinen Juden sieht man jemals betteln, und die gottlosen Galiläer unterstützen nicht nur ihre eigenen Armen, sondern auch die unsrigen.“[1]

Längst war die Zeit über Julians persönlich-engagierte „Reform“ hinweggegangen, selbst bei vielen Heiden stieß er auf Skepsis und Ablehnung. Auf seinem letzten Feldzug gegen Persien wurde er begleitet von vielen Wahrsagern und Zeichendeutern. Dabei starb er, in der Seite tödlich verwundet. Später vermeldete die Legende sein berühmtes, aber recht unwahrscheinliches letztes Wort: „Galiläer, du hast gesiegt.“ Die Christen bedachten ihn mit dem Namen „der Abtrünnige“ (Apostata), eine Schmähung, die ihm nicht gerecht wird.

Verhängnisvoll war das Bemühen Julians, zur Unterstützung seines persischen Krieges die Juden für sich zu gewinnen. So schlug er vor, den Tempel in Jerusalem neu zu errichten. Das Projekt, das nach einem Erdbeben aufgegeben wurde, hatte ebenfalls eine antichristliche Spitze: Im Blick auf Mk 13,1f (= Mt 24,1f; Lk 21,5f) wäre Jesu Wort vom zerstörten Tempel als falsche Prophezeiung entlarvt worden. Das Zusammengehen von „abgefallenem“ Kaiser und Judentum blieb bei den Christen in unheilvoller Erinnerung, und die Juden hatten dafür schwer zu büßen. Für die Christen hatte sich das Evangelium als wahr erwiesen und siegreich durchgesetzt. Die uneinsichtigen Juden wurden als „verstockt“ und boshaft angesehen, jetzt waren sie es, die die notwendige Einheit des Reiches zu bedrohen schienen. Allerdings sprach Röm 11,25f zwar vom „Geheimnis der Verstockung“ eines Teils Israels, aber

Entwicklung von Heidentum und Christentum in der Antike

529 Gründung des ersten Benediktiner-Klosters auf dem Monte Cassino (Italien)

391 Kaiser Theodosius I. erklärt das Christentum zur Staatsreligion

368 In Trier wird Priscillian mit sechs Freunden als Ketzer verbrannt

381 Konzil von Konstantinopel
380 Kaiser Theodosius I. verbietet die arianische Form des Christentums

361 Kaiser Julian begünstigt den alten heidnischen Kult

330 Gründung von Konstantinopel als christlichem Neu-Rom
325 Konzil von Nicäa
313 sog. Mailänder Toleranzedikt (Konstantin/Licinius)

529 In Athen wird die letzte heidnische Universität geschlossen – Androhung der Todesstrafe für Heiden in Ostrom

426 Zerstörung der heidnischen Tempel im östlichen Teil des Römischen Reichs unter Kaiser Theodosius II.

415 Die heidnische Philosophin Hypatia wird in Alexandrien von christlichem Pöbel gesteinigt

394 Verbot der Olympischen Spiele

392 Endgültiges Verbot der heidnischen Kulte

382 Der römische Senat muß dem Heidentum abschwören

350 Verbot öffentlicher heidnischer Opfer

311 Toleranzedikt des Galerius

308 Christenverfolgung unter Kaiser Diokletian

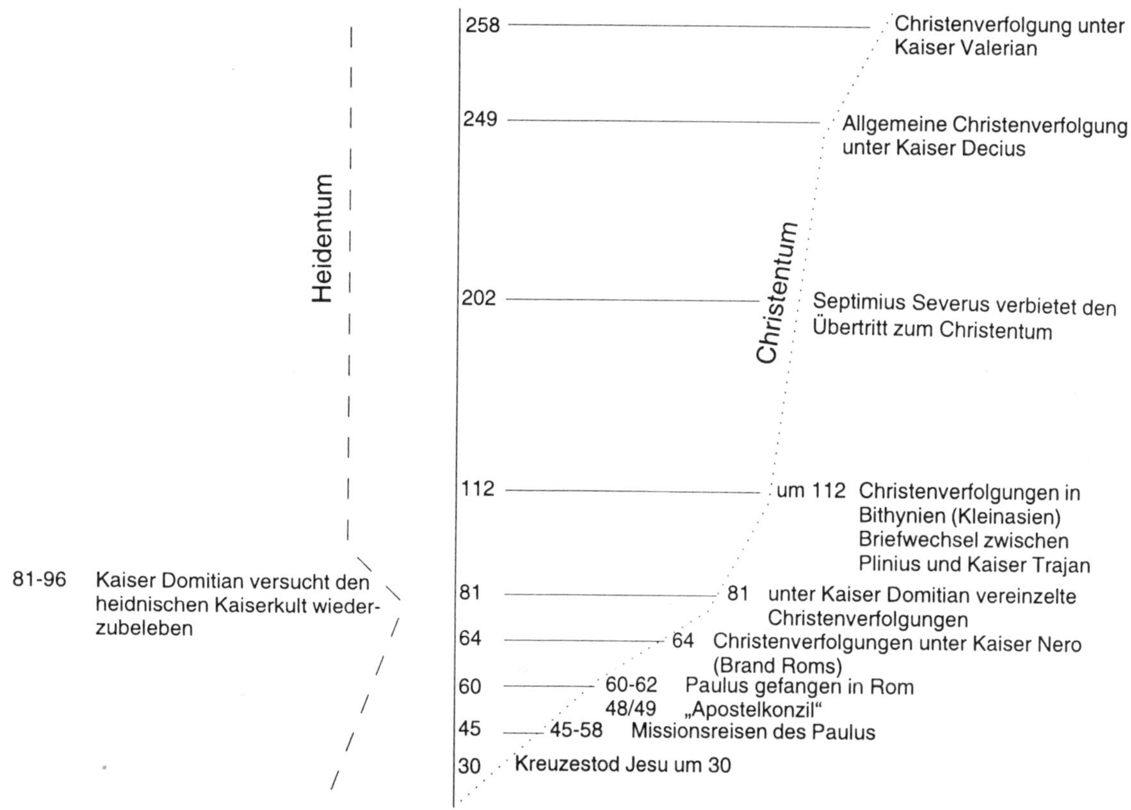
Heidentum
81-96 Kaiser Domitian versucht den heidnischen Kaiserkult wieder-zubeleben
Christentum
258
249
202
112
81
64
60
45
30
Christenverfolgung unter Kaiser Valerian
Allgemeine Christenverfolgung unter Kaiser Decius
Septimius Severus verbietet den Übertritt zum Christentum
um 112 Christenverfolgungen in Bithynien (Kleinasien) Briefwechsel zwischen Plinius und Kaiser Trajan
81 unter Kaiser Domitian vereinzelte Christenverfolgungen
64 Christenverfolgungen unter Kaiser Nero (Brand Roms)
60-62 Paulus gefangen in Rom
48/49 „Apostelkonzil“
45-58 Missionsreisen des Paulus
Kreuzestod Jesu um 30

auch davon, daß am Ende der Zeit ganz Israel gerettet werde. So gewährte man den Juden in der christlichen Antike und im byzantinischen Mittelalter wenigstens eine „minimale Existenzsicherung". Und so erklärt sich auch damals „die eigenartige Haltung der Gesetzgeber" gegenüber den Juden, die „zwischen privilegierenden Schutzbestimmungen und schikanösen Erlassen liegt".[2]

Aus Verfolgten werden Verfolger

Das Edikt des Kaisers Theodosius aus dem Jahre 380 erklärte das Christentum im Grunde zur Staatsreligion. Es war in der Tat „ein folgenschweres Dokument", das die bisherige Entwicklung konsequent abschloß und eine neue Zeit einleitete. Noch 150 Jahre später bei der Sammlung des römischen Rechts wurde diese „klassische Urkunde der christlichen Staatskirche" (H. Rahner) als eine Art Grundgesetz dem Justinianischen Gesetzbuch vorangestellt. Im Edikt wird der katholische Glaube (religio) an die apostolische Tradition und das (nicänische) Glaubensbekenntnis gebunden. Dann heißt es:

„Nur diejenigen, die diesem Gesetz folgen, sollen, so gebieten wir, katholische Christen heißen dürfen; die übrigen aber, die wir für toll und wahnsinnig halten, haben den Schimpf ketzerischer Lehre zu tragen ... Endlich soll sie vorab die göttliche Vergeltung, dann aber auch unsere Strafgerechtigkeit ereilen, die uns durch himmlisches Urteil übertragen worden ist."[3]

Weitere Maßnahmen folgten: Seit 383 untersagten mehrfach kaiserliche Erlasse den „Häretikern", ihren Kult auszuüben. Nach einem Erlaß von 395 fallen darunter „alle, die dabei ertappt worden sind, daß sie auch nur in einem unbedeutenden Punkte von dem Urteil und dem Pfade der katholischen Religion abweichen".[4] Viele Tempel wurden geschlossen, zerstört oder in christliche Kirchen umgewidmet (z.B. das Pantheon in Rom). Schließlich wurden die Heiden vom Staatsdienst ausgeschlossen, christenfeindliche Schriften verboten. Immer wieder kam es auch zu Ausschreitungen und Übergriffen. Besonders abscheulich war die Ermordung der hochangesehenen neuplatonischen Philosophin Hypatia im Jahre 415 durch christlichen Pöbel in Alexandrien:

„So schmiedeten allerlei Hitzköpfe unter Anführung eines Lektors namens Petrus ein Komplott gegen sie: sie ... lauerten der Frau auf, warfen sie aus der Sänfte und schleiften sie zu der Kirche, die unter dem Namen Caesareum bekannt ist; dort entkleideten und steinigten sie sie. Danach rissen sie sie, Glied um Glied, in Stücke, trugen alles auf einem

Platz namens Cinaron zusammen und verbrannten es. Diese Greueltat trug sowohl (dem Bischof) Kyrill als auch der Kirche von Alexandrien nicht geringen Schimpf ein ..."[5]

Im Jahre 529 ließ Kaiser Julian die letzte Bastion des Heidentums, die Philosophenschule in Athen, schließen und befahl, daß alle Heiden sich taufen lassen müßten. Im selben Jahr gründete Benedikt das erste Kloster auf dem Monte Cassino in Italien.

Bischof Ambrosius und Kaiser Theodosius

Ambrosius (ca. 339-397) war Statthalter für die oberitalienischen Provinzen in Mailand. Er bekannte sich öffentlich zum Christentum, war aber nicht getauft. 374 versuchte er nach dem Tod des Mailänder Bischofs in den Auseinandersetzungen zwischen Arianern und Nicänern zu vermitteln. Dabei geschah etwas Unglaubliches – ein Kind rief: „Ambrosius, Bischof!“, und die beiden zerstrittenen Parteien stimmten dieser merkwürdigen Wahl einmütig zu. So wurde der 35jährige Ambrosius gegen seinen Willen Bischof von Mailand, der damaligen Kaiserresidenz des Weströmischen Reiches. Als seine neue Lebensaufgabe betrachtete er es nun, den allein wahren Glauben gegen allen Irr- und Aberglauben durchzusetzen.

Das älteste Ambrosiusbild (wohl gegen Ende des 5. Jh. entstanden) deutet den Heiligen weltentrückt und fast überzeitlich als „Mann Gottes“. Besonders sprechend erscheint das Gesicht dieser Persönlichkeit: „Der eigentümlich abwesende, fast traurige Ausdruck wird ganz durch die weit geöffneten Augen bestimmt. Sie scheinen die versammelte Gemeinde eindringlich anzuschauen. Aber der tiefernste, stille Blick geht durch sie hindurch und über sie weg in die Unendlichkeit.“ (H.v. Campenhausen)

Der Kaiser steht nicht über der Kirche

Im Jahre 390 war im griechischen Thessalonich ein hoher Beamter bei Unruhen ermordet worden. Als Vergeltung wurden zahlreiche Bewohner der Stadt im Stadion von Soldaten niedergemetzelt. Kaiser Theodosius bereute seinen im jähen Zorn erlassenen Befehl zu spät – das Blutbad war geschehen. Darauf schrieb der Bischof von Mailand, Ambrosius, an den Kaiser einen höchst ungewöhnlichen Brief: „... Geschehen ist in Thessalonich, was sich seit Menschengedenken nicht zugetragen hat, was ich leider nicht verhindern konnte." Ambrosius war tief bestürzt und erinnerte den Kaiser dann vor allem an König David, der auch schuldig wurde und Buße tat (vgl. 2Sam 12). Er schloß sein Schreiben mit den Worten:

„So komme ich denn zu Dir mit meinem Rat, meiner Bitte, mit meiner dringlichen Ermahnung; denn es schmerzt mich, daß Du, der Du ein Vorbild erlesener Frömmigkeit warest, der Du auf dem Gipfel der Güte standest, der Du nicht ertragen konntest, wenn einzelne Schuldige in Gefahr gerieten, daß Dich der Untergang von so vielen Unschuldigen nicht schmerzen sollte ... Ich wage nicht, das heilige Opfer darzubringen, wenn Du daran teilnehmen wolltest. Oder sollte, was angesichts des unschuldig vergossenen Blutes eines Einzigen nicht erlaubt ist, hier erlaubt sein, wo es sich um so viele handelt?

Eigenhändig schreibe ich, was Du allein lesen sollst ... Mit herzlicher Liebe, mit meinen Gebeten, begleite ich diesen Brief. Wenn Du glaubst, folge meiner Mahnung. Wenn, sage ich noch einmal, Du glaubst, nimm das auf, was ich sage. Wenn Du aber nicht glaubst, dann verzeihe, was ich tue, daß ich nämlich Gott den Vorzug gebe. Beschenkt mit Glück und Gedeihen mögest Du mit heiligen Unterpfändern einen sicheren Frieden genießen, mein erlauchter Kaiser."[6]

Die Legende berichtete bald, Ambrosius habe mit ausgestrecktem Bischofsstab Theodosius den Zugang zur Kirche am Portal verwehrt. In Wirklichkeit verließ er die Stadt und teilte dem Kaiser brieflich mit, er werde so lange nicht zurückkehren, bis dieser sich der kirchlichen Buße unterziehe. Eine unerhörte Forderung, doch der Kaiser unterwarf sich! Ambrosius erzählte später:

„Der Kaiser schämte sich nicht, mit den Büßern in einer Reihe zu stehen ... Allen kaiserlichen Prunk warf er zu Boden und beweinte öffentlich in der Kirche die Sünde, die ihm von der List seiner Höflinge entlockt worden war. Mit bitteren Tränen bat er um Verzeihung ..."[7]

Diese Szene beleuchtet schlaglichtartig, daß die Kirche im Abendland – anders als im Osten – den Weg zur Unabhängigkeit gegenüber staatlichen Gewalten suchte. Ambrosius jedenfalls hat diesen Anspruch in schärfster Konsequenz formuliert (mit weitreichenden kirchengeschichtlichen Folgen!) und zumindest in seiner Person auch durchgesetzt. Dies illustriert ebenfalls ein vorausgehender Vorfall:

Kirche und Synagoge

Im Jahre 387 zündeten Christen in Rom eine jüdische Synagoge an. Ein Jahr später geschah in Kallinikum am Euphrat mit Zustimmung des dortigen Bischofs dasselbe. Theodosius befahl, die Schuldigen zu bestrafen und die Synagoge wiederaufzubauen. Gegen diese Entscheidung wandte sich Ambrosius in einem langen Brief an den Kaiser. Darin solidarisiert er sich zunächst mit dem brandstiftenden Bischof und seinen Gehilfen (rhetorisch überspitzt!?): „Ich erkläre, daß ich die Synagoge in Brand gesteckt, ja, daß ich ihnen dazu den Auftrag gegeben habe, damit es keinen Ort mehr gäbe, wo Christus geleugnet wird."

Da die Christen die Kosten für den Wiederaufbau der Synagoge tragen sollten, fragt Ambrosius den Kaiser: „Wirst Du den Juden diesen Triumph über Gottes Kirche gewähren? Diese Trophäe eines Sieges über Christi Volk? Diese Freuden, o Kaiser, den Treulosen? Dieses Fest der Synagoge, diese Schmach der Kirche?"

Ambrosius scheut vor keinem Argument zurück. Er läßt Gott selbst zum Kaiser sprechen: „Ich habe Dir doch den Sieg über Deine Feinde gegeben, und Du gibst meinen Feinden den Sieg über mein Volk! – Wer hat die Synagoge zu rächen? Christus etwa, den sie getötet haben, den sie leugneten? Oder soll Gott Vater sie rächen, die auch den Vater nicht annehmen, da sie den Sohn nicht angenommen haben?"

Er sorgt sich um das ewige Seelenheil des Kaisers. Diese Sorge zwingt ihn sozusagen zu seinem dramatischen Appell: „Ich fürchte nun nicht, Dich zu beleidigen, ich schulde das Deinem Heil."

Und er fährt fort: „Eine schwerwiegende Sache ist es, wenn Du Deinen Glauben um der Juden willen in Gefahr bringst."

Für Ambrosius ergibt sich konsequent: Der Schutz des Glaubens steht über Einzelinteressen, auch über staatlichen Interessen: „Nichts ist größer als die Religion, nichts ist erhabener als der Glaube!" Oder mit anderen Worten: *„Der Kaiser steht in der Kirche, nicht über der Kirche."* Das heißt für Ambrosius in diesem Fall: „Du wendest ein, daß Dich das Prinzip der Wahrung der Ordnung leitet. Was steht höher? Der äußere Schein der Ordnung oder die Sache der Religion? Weichen muß die Bestrafung der frommen Ergebung!"[8]

So sehr ihn dieser Brief bedrängte, noch gab der Kaiser nicht nach. Darauf suchte Ambrosius die direkte Auseinandersetzung. Am Ende seiner Predigt kam er vor dem anwesenden Kaiser auf den Streitfall zu sprechen. Dann blieb er auf dem Weg zum Altar vor dem kaiserlichen Platz stehen, und es gab einen heftigen Streit. Ambrosius drohte, die Meßfeier abzubrechen, gewährte der Kaiser nicht volle Amnestie. Dies versprach Theodosius gegen bessere Einsicht feierlich – lange konnte er diese tiefe Demütigung vor aller Öffentlichkeit nicht vergessen. Ambrosius schrieb seiner Schwester: „Daraufhin bin ich zum Altar geschritten. Ich wäre nicht gegangen, hätte er nicht sein volles Versprechen gegeben.“[9]

Die Synagoge von Kallinikum wurde also nicht wieder aufgebaut, und die Übergriffe gegen die Juden gingen weiter.

Wie ist Ambrosius zu verstehen? Nicht mit seiner Intoleranz gegenüber den Juden. Genausowenig mit seinen selbstherrlichen Verteufelungen der sogenannten Häretiker, und dazu zählte er etwa auch die Arianer, die ihm als Heiden galten. Hier werden Konturen eines christlichen Fanatismus deutlich, der kirchenpolitisch fatale Auswirkungen hatte.

Andererseits war Ambrosius von Grund auf Römer und empfand die Sorge um den rechten Glauben und das Wohl des Reiches als das gleiche. Er sah Kirche und Staat eng und positiv aufeinander bezogen, jedoch durchaus unter dem Primat der Religion. Papst Gelasius (492-496) versuchte später, dieses Verhältnis von Kirche und christlichem Staat in einem Brief an den byzantinischen Kaiser tendenziell genauer zu bestimmen:

„Zwei Dinge sind es, durch die diese Welt vor allem regiert wird, die geheiligte Autorität der Bischöfe und die königliche Gewalt. Von diesen beiden ist die Aufgabe der Bischöfe um so schwerer, als sie auch für die Könige der Menschen vor Gottes Gericht Rechenschaft abzulegen haben. Denn Du weißt, daß Du, obgleich an Würde erster des Menschengeschlechtes, Dich dennoch denen, die über die göttlichen Dinge gesetzt sind, zu beugen hast.“[10]

Glaubensstreit und Dogmenentwicklung

„Wir irren uns voran." (B. Guggenberger)

Die Irrtumsmöglichkeit ist für Menschen „ein auferlegtes Opfer bei der Wahrheitssuche".

(E. Biser)[11]

Viele Christen sorgen sich heute kaum um dogmatische Glaubenssätze, wichtiger erscheint ihnen die *praktische* Verwirklichung des Christentums im eigenen Leben und im gesellschaftlichen Bereich. Im 4. und 5. Jahrhundert war das ganz anders. Damals fühlten sich die Christen in besonderer Weise aufgefordert und herausgefordert, Rechenschaft (griech.: apologia, vgl. 1Petr 3,15) von ihrer Hoffnung auf das Heil abzulegen. Dabei diskutierten nicht nur die Theologen über dogmatische Probleme, die ganze Christenheit beteiligte sich leidenschaftlich an den strittigen Fragen. Es gibt sogar Berichte von handgreiflichen Auseinandersetzungen der jeweiligen Parteigänger auf der Straße – *um Glaubensfragen!* Der Kirchenvater Gregor von Nyssa klagte 383 in Konstantinopel:

„Es gibt auch heutzutage noch Leute, jenen Athenern gleich, die ‚für nichts anderes Zeit' haben ‚als etwas recht Neues zu reden oder zu hören' (Apg 17,21); erst gestern oder vorgestern aus banausischem Gewerbe emporgestiegen und ohne jede rechte Vorbildung, tragen sie mit dem Anspruch auf Letztgültigkeit theologische Lehren vor, ja, womöglich sind es gar Hausdiener, solche, denen die Peitsche gebührt, und aus Sklavendiensten Entlaufene, die vor uns feierlich über Unaussprechliches philosophieren! Ihr wißt genau, wen meine Rede hierbei im Auge hat. Denn sämtliche Gegenden der Stadt sind voll von derartigen Leuten: die engen Gassen ebenso wie die Märkte, Plätze und Wegkreuzungen; voll von denen, die mit Textilien hökern, an Wechseltischen stehen, uns Lebensmittel verkaufen. Fragst du, wieviel Obolen es macht, so philosophiert dir dein Gegenüber etwas von ‚Gezeugt' und ‚Ungezeugt' vor. Suchst du den Preis eines Stückes Brot in Erfahrung zu bringen, so erhältst du zur Antwort: ‚Größer ist der Vater, und der Sohn steht unter ihm.' Lautet deine Frage: ‚Ist das Bad schon fertig?', so definiert man dir, daß der Sohn sein Sein aus dem Nichts habe ..."[12]

Für die Kirchenväter stand über allem die richtige Glaubenserkenntnis. Dabei ging es aber nicht so sehr um philosophische Probleme, sondern um die *Erlösung* (des Menschen). Uns heute erscheinen die damaligen Fragestellungen höchst spitzfindig und museal, manches schlichtweg unverständlich. Für die Entwicklung des christlichen Dogmas und zum Verständnis der Dogmengeschichte und damit auch der Kirchengeschichte waren diese Auseinandersetzungen aber wichtig und notwendig. Hier wird besonders deutlich, wie die Geschichte der Kirche immer auch eine *Geschichte des Glaubens* ist – mit allen Höhen und Tiefen.

Schon im Johannesevangelium finden wir den Versuch, mit gnostischem Gedankengut – in Anlehnung und Abgrenzung! – die Wahrheit auszusprechen, daß in Christus Gottes Wort (= der Logos) in seiner Fülle erschien. Dieser Logos wurde Mensch (vgl. Joh 1,17) und holte die geschaffene, gefallene Welt durch seine Menschwerdung und seinen Gehorsam am Kreuz wieder zu Gott zurück (= Erlösung). Die späteren Schriften des Neuen Testaments warnen dann eindringlich vor einer falschen „Erkenntnis" (griech.: „Gnosis") und zeugen zumindest indirekt von einem erbitterten Abwehrkampf; vgl. z.B. 1Tim 6,20: „Halte dich fern von dem gottlosen Geschwätz und den falschen Lehren der sogenannten ‚Erkenntnis'!"

Die Weisheitslehre der Gnosis war keine einheitliche Bewegung oder ein festes Lehrsystem, sondern sie variierte einige Grundgedanken in vielfacher Form. Man bezeichnet sie als *synkretistisch*, also als eine *Mischung* verschiedener religiös-philosophischer Gedanken wie bei vielen spätantiken Religionen. Heute wird die Gnosis zumeist als bereits vorchristliche Bewegung angesehen, die im 2./3. Jahrhundert n. Chr. ihren Höhepunkt erreichte, und zwar vor allem auch in der Auseinandersetzung mit dem Christentum. So wurde sie einerseits zur „Konkurrentin des Christentums" (R. Bultmann), andererseits gab es sozusagen auch eine Art „christliche Gnosis", die für die junge Kirche eine ganz besondere Herausforderung darstellte. Vielfach beklagen die Kirchenväter, daß die Gnostiker „so ähnlich reden" wie wir, aber doch „ganz Verschiedenes meinen" (Bischof Irenäus von Lyon, Ende des 2. Jahrhunderts).

Das Grundanliegen der Gnosis ist heute noch aktuell, stellt sie doch die letzten existentiellen Menschheitsfragen, fragt nach dem *Woher, Wohin, Wozu und Warum des Menschen.* So „definiert" etwa der Gnostiker Theodotos die Gnosis durch folgende Fragen:

„Wer waren wir;
was sind wir geworden;
wo waren wir, wohin sind wir geworfen;
wohin eilen wir;
wovon werden wir frei;
was ist Geburt, was Wiedergeburt?"[13]

„Gnosis" besagt nun, daß die erhoffte Erlösung durch „Erkenntnis" geschenkt wird. Mit diesem vertieften Wissen erreicht der Eingeweihte das eigene Heil letztlich durch *Selbsterlösung* im wahren *„Selbstbewußtsein"*. Daher heißt es im gnostischen „Evangelium der Wahrheit" (gefunden 1945 in Nag Hammadi/Oberägypten): „Wer Erkenntnis hat, weiß, woher er gekommen ist und wohin er geht."

Hier wird die Bedrohung für das Christentum deutlich: Wie dieses versprach auch die Gnosis umfassende und endgültige Antworten auf die tiefsten Fragen des Menschen. Und ihre Begrifflichkeit und Gedankenwelt ähnelte zumindest der christlichen Erlösungslehre: Die Gnosis erzählt von der „Seele" als dem inneren, eigentlichen Selbst des Menschen, die ihren Ursprung im Himmel hat, „gefallen" ist, sich nun im Leib gefangen und in der Fremdheit der Welt befindet, befreit wird, um letztlich wieder in den Himmel aufzusteigen („dualistische Erlösungsfrömmigkeit", R. Bultmann). Kennzeichnend für diese polarisierte Weltsicht sind ständige dualistische Tendenzen, Gegensatzpaare wie Gott – Welt, Licht – Finsternis, Wahrheit – Lüge, oben – unten, Geist – Fleisch, Leben – Tod usw. (vgl. dazu auch die ähnliche Begrifflichkeit des Johannesevangeliums).

Im 2. Jahrhundert unterschied Marcion zwischen dem Gott des Gesetzes (Altes Testament) und dem Gott der Liebe und stellte ein eigenes Verzeichnis (= Kanon) neutestamentlicher Schriften zusammen (Lukasevangelium und 10 Paulusbriefe). Die Kirche schloß Marcion als Ketzer aus und verständigte sich in der Folgezeit über ihren eigenen, umfassenderen Kanon des Neuen Testaments. Das Ende der Verfolgungen eröffnete dann im 4. Jahrhundert die Möglichkeit, die großen dogmatischen Fragen umfassend zu diskutieren. Dabei läßt sich das eigentliche theologische Problem so beschreiben: „Wie kann Gott Gott sein und bleiben und doch wirklich in der Geschichte anwesend sein?" (W. Kasper), also Mensch werden. Die ersten „vernünftigen Verteidiger" des Christentums (= Apologeten) betrachteten Jesus Christus als den Sohn Gottes, aber dem Vater untergeordnet. Nach Origenes (ca. 175-254), dem „wohl größten Gelehrten des christlichen Altertums" (B. Altaner), ist der Sohn zwar ewig, aber doch nur als „Glanz des Lichtes". Nur der Vater ist „Selbstgott" und schlechthin das Gute, der Logos ist lediglich „Zweitgott" und Abbild seiner Güte. Keine Frage, daß die Menschen damals in der Sprache *ihrer* Zeit und mit der *damaligen* Philosophie ihre christliche Glaubensüberzeugung formulierten.

Im weiteren Verlauf führten die theologischen Unklarheiten und offenen Probleme in eine Krise. Letztlich scheiterten alle Neu-Formulierungen daran, daß sich ein Glaubensgeheimnis nicht allgemein-

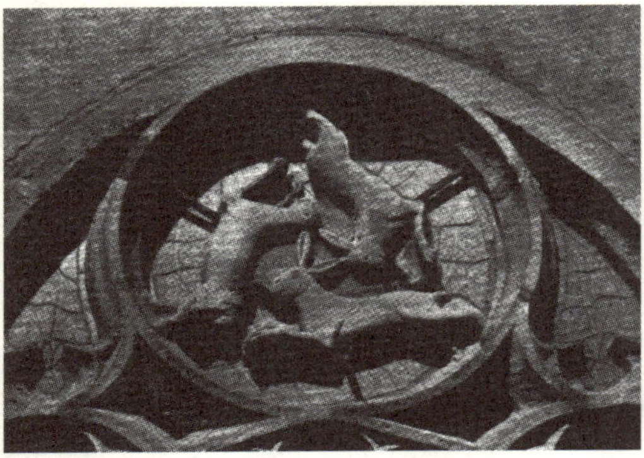

Drei Hasen als Symbol der Dreifaltigkeit auf einem Fenster im Dom von Paderborn. Die zu einem Dreieck geformten Ohren der Hasen verweisen auf die Trinität.

Tiroler Volksmalerei, frühes 17. Jh. Die christliche Kunst hat das Thema der Dreifaltigkeit vielfach dargestellt. Abbildungen von drei gleichen Gesichtern auf einem Körper sind eher selten.

verständlich ausdrücken läßt. Der Presbyter Arius (260-336) sah in dem „Sohn“ das erste und vornehmste unter den Geschöpfen Gottes, er trennte also zwischen dem Einen (Gott) und dem Logos (Christus). Dagegen wurde argumentiert: Wie Licht und Lichtstrahl stets voneinander untrennbar sind, so sind auch Vater und Sohn beide gleichermaßen untrennbar und gleich ewig. Der Sohn kann deshalb auch nicht zu den Geschöpfen gerechnet werden, sondern gehört seinem wahren Wesen nach ganz zu Gott und ist Gott-Vater gleich.

Um die Streitigkeiten zu schlichten, berief Kaiser Konstantin 325 ein Konzil nach Nicäa (in der Nähe von Konstantinopel). Hier mußte sich Arius mit seinen Anhängern verteidigen – sie unterlagen. Die entscheidende Aussage des Nicänischen Glaubensbekenntnisses lautet:

„Gott von Gott,
Licht vom Licht,
wahrer Gott vom wahren Gott,
gezeugt, nicht geschaffen,
wesenseins (= wesensgleich) mit dem Vater. “

Das christliche Glaubensbekenntnis war festgelegt – die Streitigkeiten um das rechte Verständnis des „Wesen*seins*“ gingen weiter (etwa Umdeutungen in „wesens*ähnlich*“ u.a.m.). Das Konzil von Konstantinopel (381) versuchte dann das Verhältnis der drei göttlichen Personen zueinander endgültig zu klären. Gesucht wurde dafür eine Formel, die gleichermaßen die wahre *Verschiedenheit* von Vater, Sohn und Geist wie deren ungetrennte Einheit ausdrückte. Gefunden wurde die Gottes-Beschreibung von *einer* Natur in drei Personen (lat.: persona; griech.: hypóstasis) oder, wie wir verkürzt sagen: „ein Gott in drei Personen" („Dreifaltigkeit").

Schon die Begriffe „Natur" und „Person" verstehen wir heute anders, als sie damals gebraucht wurden. Schwerer wiegt noch, daß sich das Zentralgeheimnis des christlichen Glaubens im Grunde der Definition entzieht. Was gibt es letztlich zu erklären, wenn wir beten: „Im Namen des Vaters und des Sohnes und des Heiligen Geistes"? Das spürten bereits die Kirchenväter; Gregor von Nazianz sagt:

„Was wir jetzt sehen, ist nicht die Wahrheit, sondern sind Bilder der Wahrheit. Wenn du dich selbst nicht kennst und nicht weißt, wer du bist, ... wie kannst du glauben, genau zu wissen, wer Gott ist und wie groß er ist. Solcher Glaube ist große Torheit."[14]

Mit anderen Worten: Gott hat uns nicht offenbart, wer er ist, sondern was er tut, wie er am Menschen handelt.

In Chalcedon (451) wurde dann das Mensch- und Gottsein Jesu genauer bestimmt: In Christus sind zwei *Naturen* (griech.: physeis), unvermischt und ungetrennt, in einer *Person* und Hypostase verbunden. Christus ist dem Vater wesensgleich seiner Gottheit nach, dem Menschen wesensgleich seiner Menschheit nach.

Wir sprechen diese Glaubenssätze im Credo. Wie steht es aber um ihre Verbindlichkeit, um ihre Bedeutung für unsere Glaubenspraxis? Zunächst: Sogenannte „unfehlbare Sätze" stehen in einem geschichtlichen Zusammenhang und sind jeweils aus ihrer Zeit heraus zu verstehen. Inhaltlich behandeln sie zumeist nur angegriffene Positionen, deshalb formulieren sie überwiegend negativ-abgrenzend. Im übrigen legen die Konzilien uns nicht auf „die Wörtlichkeit der Dogmenformulierung" fest, sondern auf deren *Sinn*: „Es geht also nicht um unfehlbare Sätze, sondern um eine unfehlbare ‚Sache'."[15]

Wichtig ist und bleibt immer *das lebendige Bekenntnis des Glaubens*, nicht das Beharren auf bestimmten Sätzen. Leicht wird sonst das lebendige Bekenntnis auf die dogmatische Formel und die rechte Lehre („Orthodoxie") verkürzt. So formulierten die Väter in Nicäa und Konstantinopel noch: „Wir glauben/bekennen" (griech.: pisteuomen; lat.: confitemur); in Chalcedon hieß es dann: „Wir lehren, daß man bekennen müsse" (lat.: docemus confiteri). Im übrigen steht die weitere systematische Glaubensentwicklung – so H. Küng – bis heute „seit Chalkedon im Zeichen der gott-menschlichen Formel ‚*wahrer Gott*' (vere Deus) und ‚*wahrer Mensch*' (vere homo)".[16] Recht verstanden, wollen diese Formeln uns zum lebendigen Glauben und Bekennen heute verhelfen.

IV. Distanz und Nähe: Mönchtum

Christliche Existenz gab es immer in verschiedenen Ausprägungen und Formen. Schon bei den Anhängern Jesu kann man zwischen denen, die in festen Ortschaften lebten, und denen, die durch das Land zogen, unterscheiden.

Am Ende des 3. Jahrhunderts begann sich in Ägypten eine neue christliche Lebensform herauszubilden: das Mönchtum. Einzelne, und dann auch Gruppen entschiedener Christen, verließen ihre Gemeinden, um fernab der Welt ein entsagungsvolles Leben zu führen. Das Mönchtum wurde zu einer großen Bewegung, ohne die die Kirchengeschichte nicht zu denken ist. In der Geschichte des Mönchtums gab es immer wieder verheißungsvolle Ansätze und schwere Krisen. Neuaufbrüche durch bedeutende monastische „Väter" und „Mütter" verflachten meist nach drei bis vier Generationen und brauchten neue Impulse. Gefährlich wurde es für die Klöster vor allem dann, wenn sie reich wurden. Das Mönchtum bedurfte darum immer wieder der Reform.

Viele Menschen halten das Mönchtum heute wegen der geforderten Entsagungen für wenig attraktiv. Doch Mönche und Nonnen bezeugten zu allen Zeiten, daß ihre Lebensform für sie Freiheit, Freiheit von weltlichen Bindungen, und neue Sinnfindung bedeutet. Sind Mönche und Nonnen bessere Nachfolger Christi als die Christen in der „Welt?" Das wurde immer wieder so gesehen. Die großen Mönchsväter unterschieden beide Lebensformen, aber sie warnten auch davor, die Mönche als bessere Christen anzusehen. Als die Reformation im 16. Jahrhundert das Mönchtum ablehnte, griff sie weniger die gemeinschaftliche Lebensform von Mönchen und Nonnen als vielmehr die Anschauung an, diese Lebensform sei ein sichererer Weg zum Heil als das Leben eines „Normalchristen".

Der Weg in die Wüste: Eremiten und Koinobiten

Der Ägypter Antonius ist die erste historisch faßbare Gestalt des frühen Mönchtums. Sicher gab es schon vor ihm Christen, die asketisch lebten, z.B. die Wanderasketen in der Urkirche. Überhaupt herrschte in den ersten drei Jahrhunderten ein askesefreundliches „Klima". Jüdische Gruppen wie die Gemeinde von Qumran und griechische Philosophenschulen wie die Stoa traten für Askese ein.

Von Antonius wissen wir durch die Lebensbeschreibung, die „Vita Antonii", des Athanasius. In diesem „Bestseller" der Alten Kirche warb der ägyptische Bischof für das Mönchtum. Historisches und Legendäres vermischen sich in einer solchen Vita.

Nach dem Bericht des Athanasius verschenkte Antonius, der aus einer wohlhabenden Familie stammte, unter dem Eindruck von Mt 19,21 sein Erbe an die Armen:

„Nach dem Tode der Eltern hinterblieb er allein mit einer einzigen, ganz kleinen Schwester; er war damals etwa achtzehn oder zwanzig Jahre alt und übernahm selbst die Sorge für das Haus und die Schwester. Es waren noch keine sechs Monate seit dem Tod seiner Eltern vergangen, da ging er nach seiner Gewohnheit zur Kirche; er hielt Einkehr in sich und überlegte, als er so auf und ab ging, wie die Apostel alles verließen und dem Heiland nachfolgten (Mt 4,20); wie die Gläubigen in der Apostelgeschichte ihren Besitz verkauften, den Erlös brachten und zu den Füßen der Apostel niederlegten, zur Verteilung an die, welche Not litten (Apg 4,35), und welch schöne Hoffnung ihnen im Himmel bereitet sei (Kol 1,5). In solchen Gedanken betrat er das Gotteshaus, und es fügte sich, daß gerade das Evangelium vorgelesen wurde, und er hörte, wie der Herr zum Reichen sprach: ‚Wenn du vollkommen sein willst, geh, verkauf deinen Besitz und gib das Geld den Armen; so wirst du einen bleibenden Schatz im Himmel haben; dann komm und folge mir nach' (Mt 19,21). Dem Antonius aber war es, wie wenn ihm von Gott die Erinnerung an diesen Heiligen geworden sei und als ob um seinetwillen jene Lesung der Schriftstelle geschehen; er ging sogleich aus der Kirche und schenkte seine Besitzungen, die er von den Vorfahren hatte, den Einwohnern des heimatlichen Ortes – es waren dreihundert Hufe, fruchtbar und sehr schön; denn er wollte nicht, daß sie auch nur im geringsten ihm und seiner Schwester lästig fielen. Seine gesamte übrige bewegliche Habe verkaufte er und brachte so ein schönes Stück Geld zusammen; dies gab er den Armen und legte nur eine geringe Summe mit Rücksicht auf seine Schwester beiseite."[1]

In drei Schritten entfernte er sich immer weiter von der Gemeinschaft der Menschen. Zunächst wohnte er in der Nähe einer Ortschaft, dann in einer Grabhöhle in der Wüste. Schließlich ließ er sich für 20 Jahre nahe einem verlassenen Kastell tief in der Wüste nieder. Antonius lebte als Eremit (von griech.: *eremía* = Einsamkeit) zunächst allein. Doch viele folgten seinem Beispiel. Es entstanden ganze Eremitenkolonien um Antonius und andere Mönchsväter. Die Wüste gefährdete nicht nur das Überleben des Eremiten; sie bedrohte vor allem seine Seele. Dort hausten nämlich die Dämonen, mit denen die Asketen schwere Kämpfe

Die Versuchungen des Antonius beschäftigten die Phantasie des mittelalterlichen Menschen in besonderer Weise. Der Maler Matthias Grünewald (gest. 1528) stellte den Kampf des Antonius eindrucksvoll dar.

auszufechten hatten. Antonius lehnte eine übertriebene Askese ab. Er trat für einen Wechsel von Gebet und Arbeit ein. Die Arbeit war nicht nur dazu da, um das Leben zu fristen und Almosen geben zu können; sie sollte auch eine gewisse Abwechslung in den Tagesablauf bringen. Einmal in der Woche feierten die Mitglieder der Eremitenkolonie zusammen Gottesdienst.

Die *Apophthegmata* (= Sprüche) der Eremiten wurden gesammelt (s.u. S. 55). Sie trugen wie die „*Vita Antonii*" dazu bei, daß die neue Lebensform bekannt wurde.

In Ägypten entstand einige Jahrzehnte nach Antonius' erstem Auftreten eine neue Form mönchischen Lebens, das Klosterleben, das Koinobitentum (von griech.: *koinos bios* = gemeinsames Leben). Pachomius (gest. ca. 346) gründete das Kloster Tabennisi am Nil. Unter einem Abt (von syr.: *abbas* = Vater) lebten die Mönche in einem Kloster, das durch eine Mauer von der „Welt" getrennt war. Gemeinsam feierte man einmal in der Woche den Gottesdienst, gemeinsam nahm man zweimal täglich die Mahlzeiten ein. Die von Pachomius selbst stammende Regel schreibt Armut, Gehorsam und die Pflicht zur Handarbeit vor. Pachomius kannte noch keine ewigen Gelübde und kein Noviziat (= Probezeit). Am Ende seines Lebens leitete Pachomius sieben Klöster mit 5 000 Mönchen; seine Schwester Maria stand an der Spitze von zwei Nonnenklöstern.

Auch in Palästina und Syrien faßte die monastische Lebensweise schnell Fuß. Eine besondere Form der Askese entwickelte sich in Syrien: das Säulenstehen. Symeon der Ältere (ca. 390-459) soll 30 Jahre lang auf einer neun Meter hohen Säule gelebt haben. Durch Ansprachen an eine oft Tausende von Menschen umfassende Zuhörerschaft, durch Gespräche und durch Briefe an die Mächtigen seiner Zeit hatte er großen Einfluß.

Prägend für das Mönchtum der Ostkirche wurde Basilius der Große.

Sprüche der Eremiten

Als Arsenius noch am Hofe war, betete er zu Gott: „Herr, führe mich so, daß ich gerettet werde." Da vernahm er eine Stimme, die sprach: „Arsenius, flieh die Menschen; so wirst du gerettet werden."

Der Vater Antonius sprach: „Wer in der Wüste in seiner Zelle sitzt, ist von drei Anfechtungen befreit, der des Hörens, der des Redens und der des Sehens; nur ein Kampf bleibt ihm, der gegen die eigene Sinnlichkeit."

Derselbe Antonius sprach: „Wie die Fische außerhalb des Wassers sterben müssen, so löst sich den Mönchen, wenn sie außerhalb der Zelle verweilen und ihre Zeit mit Weltmenschen zubringen, die Spannung der Stille. Wie also die Fische ins Meer, so müssen wir in die Zelle zurückstreben, damit wir nicht bei dem Aufenthalt draußen die innere Wacht versäumen."

Ein anderer der Väter sprach: „Je näher der Mensch Gott kommt, desto mehr erkennt er sich als Sünder. Als Jesaja, der Prophet, Gott schaute, nannte er sich elend und unrein."

Ein Bruder, der gesündigt hatte, wurde vom Priester aus der Mönchsgemeinde ausgeschlossen. Da stand der Vater Besarion auf, ging mit ihm hinaus und sprach: „Auch ich bin ein Sünder."

Antonius sprach: „Niemand kann unversucht in Gottes Reich kommen. Nimm die Versuchungen fort, dann wird keiner gerettet werden."

Es sagte einer der Väter: „Immer wenn du angefochten wirst, klage nicht einen anderen Menschen an, sondern allein dich selber und sage: Wegen meiner Sünden widerfährt mir dies." …

Xanthias sagte: „Der Mörder hing am Kreuz, und ein einziges Wort rechtfertigte ihn. Judas aber, der zu den Aposteln gehörte, verlor in einer einzigen Nacht die Frucht all dessen, was er bisher getan hatte, und stürzte vom Himmel in die Hölle. Darum rühme sich keiner seines rechten Handelns."[2]

Anders als Antonius und Pachomius verband Basilius mönchische Lebensform mit einem kirchlichen Amt. Als Bischof von Caesarea (Kleinasien) griff er immer wieder in die theologischen Auseinandersetzungen seiner Zeit ein. Basilius zog das Koinobitentum dem Eremitentum vor. Nach seiner Anschauung ist der Mensch von Natur aus auf Gemeinschaft hin geschaffen. Basilius schrieb ewige Gelübde vor. Er richtete das Noviziat (= Probezeit) ein, damit die Mönche sich gründlich prüfen

Das Kloster Dêr es Surjân (= Syrerkloster, weil es früher viele syrische Mönche hatte) liegt zwischen Alexandria und Kairo in der Wüste. Es ist ein Marienkloster. Unter jeder Kuppel befindet sich ein Altar. Die Ursprünge des Klosters gehen auf das 6. Jahrhundert zurück.

Die Abbildung, Teil eines Reliquiars aus Hama (Syrien), 6. Jahrhundert, zeigt Symeon, den Säulensteher. Die Schlange symbolisiert die teuflische Versuchung.

könnten, bevor sie die Gelübde ablegten. Bei Basilius finden wir einzelne Merkmale des klösterlichen Lebens, die sich später weitgehend durchsetzten, z.B. das Stundengebet der Mönche, die Hochschätzung der Arbeit, die Förderung der Bildung und die Arbeit auf karitativem und seelsorgerlichem Gebiet.

Das Konzil von Chalcedon (451) unterstellte die Klöster der bischöflichen Aufsicht. Noch heute kommen die Bischöfe der orthodoxen Kirchen aus dem Mönchsstand, da vom Bischof, nicht aber vom Pfarrer Ehelosigkeit verlangt wird. Von großer Bedeutung für die orthodoxen Kirchen war die im 10. Jahrhundert auf der Halbinsel Athos gegründete Mönchssiedlung. Nach einer Zeit des Niedergangs in diesem Jahrhundert nehmen seit einiger Zeit die Zahlen der Mönche auf Athos wieder zu.

Die Anfänge des abendländischen Mönchtums

Im 4. Jahrhundert breitete sich die monastische Lebensform auch im Abendland aus. Sie wurde gefördert durch Einflüsse aus Ägypten. Doch gab es auch im Westen schon früh Wanderasketen und christliche Asketengemeinschaften, die sich in Privathäusern in der Stadt wie auf Landgütern zusammenfanden. Im Unterschied zum Osten wurde im Westen der mönchische Gedanke stark von der Aristokratie unterstützt.

Augustinus (354-430), Bischof von Hippo/Nordafrika (s.u. S. 65ff), förderte das Mönchtum. Schon vor seiner Bekehrung zogen ihn asketische Gedanken an. Nach seiner Bekehrung lebte er mehrere Jahre als Mönch. Als Bischof gründete er ein Kloster für Kleriker, d.h. für Priester seiner Bischofsstadt. Die Augustinerregel geht auf ihn zurück. 1100 Jahre später lebte der Augustinereremit Martin Luther nach ihr.

Aus der Augustinerregel

1. Kapitel: Hauptgebot ist Einheit des Besitzes

Vor allem, geliebteste Brüder, soll Gott geliebt werden, sodann der Nächste; denn das sind die Hauptgebote, die uns gegeben worden sind. Das ist es, was wir euch im Kloster gebieten ... Alles gehöre euch gemeinsam, und durch euren Obern werden jedem von euch Nahrung und Kleidung zugeteilt, nicht allen in gleicher Weise, weil ihr nicht alle die gleiche Gesundheit habt, sondern vielmehr jedem so, wie er es nötig hat. Die in der Welt Vermögen besaßen, sollen es nach ihrem Eintritt ins Kloster gern sehen, daß es Gemeingut wird. Die aber in der Welt nichts besaßen, sollen nicht im Kloster das suchen, was sie nicht einmal draußen haben konnten.

2. Kapitel: Einheit der Gemeinschaft

Sie sollen auch nicht den Kopf hochtragen, weil sie in die Gemeinschaft von Männern kommen, denen sie in der Welt näherzutreten nicht gewagt hatten ... Sonst wären am Ende die Klöster bloß den Reichen zum Nutzen, nicht aber den Armen, insofern nämlich die Reichen dort demütig würden, die Armen hingegen dort aufgeblasen würden.[3]

Bete und arbeite: Die Benediktiner

Von überragender Bedeutung für das abendländische Mönchtum wurden Leben und Werk des Benedikt von Nursia (etwa 480-550).

Die einzige Quelle für sein Leben ist das von Papst Gregor dem Großen Ende des 6. Jahrhunderts geschriebene Lebensbild. Benedikt entstammte einer bürgerlichen Familie in Nursia. Nach kurzem Studienaufenthalt in Rom folgte er seiner Berufung zum geistlichen Leben. Zunächst lebte er als Einsiedler; doch bald scharten sich Schüler um ihn. Erste Versuche, in Gemeinschaft mit ihnen zu leben, scheiterten. Erfolgreich war dann die Gründung des Klosters auf dem Monte Cassino/

Süditalien im Jahre 529. Kriegswirren wie z.B. die Plünderung von Monte Cassino durch die Langobarden (577) führten nahezu zum völligen Zusammenbruch von Benedikts Lebenswerk. Zwei entscheidende Dinge blieben erhalten: einmal das von Gregor dem Großen gezeichnete Lebensbild Benedikts, dann seine Regel.

Die große Wirkung der Regel Benedikts ergibt sich aus der Verbindung von „Mönchstheologie und praktischen Anordnungen“[4]. Die Regel hat einen stark patriarchalischen Zug: Dem Abt als dem „Stellvertreter Christi“ im Kloster gilt die unbedingte Gehorsamspflicht. Ihm wird dabei eingeschärft, Vorbild für die Mönche zu sein. Gebet und Arbeit bestimmen den Tagesablauf des Mönchs. Zur Arbeit gehört neben der Lektüre des Mönchs auch die in der Antike für den freien Bürger verpönte Handarbeit. Daraus entstand der Impuls zur landwirtschaftlichen Tätigkeit der Mönche. Die Pflicht zur Lesung wie auch zur Aufnahme von Knaben im Kloster förderte die wissenschaftliche Tätigkeit der Mönche wie die Einrichtung von Klosterschulen. Stabilisierende Elemente der Regel in den Wirren der Völkerwanderungszeit waren die Verpflichtung zur Ortsbeständigkeit der Mönche (= *stabilitas loci*), die Einrichtung eines einjährigen Noviziats und die Verpflichtung der ganzen Klostergemeinschaft auf die Regel. Benedikt bezeichnete seine Regel als „Vorschrift für Anfänger“ und Richtschnur für ein „gutes Leben“. Das Leben der Eremiten in der Wüste hingegen galt ihm als Vorbild für ein „vollkommenes Leben“.

Benedikts Regel verdrängte ab dem 6. Jahrhundert immer mehr die sonstigen Mönchsregeln, bis sie etwa ab dem 10. Jahrhundert die nahezu alleinige Regel für das Mönchtum des Abendlandes wurde.

Die mittelalterliche Miniatur zeigt Benedikt im Augenblick seines Todes. Er trägt den mantelartigen Überwurf mit einer Kapuze, die damalige Kleidung der einfachen Landleute Italiens.

Aus der Benediktinerregel

2. Kapitel: Wie der Abt sein soll

Ein Abt, der würdig ist, einem Kloster vorzustehen, muß immer eingedenk bleiben, wie er genannt wird, und durch sein Verhalten den Namen des Oberen rechtfertigen. Denn der Glaube sieht in ihm den Stellvertreter Christi im Kloster; redet man ihn doch mit dessen Beinamen an nach den Worten des Apostels: „Ihr habt den Geist empfangen, der euch zu Söhnen macht, den Geist, in dem wir rufen: Abba, Vater“ (Röm 8,15). Deshalb darf der Abt nichts lehren, anordnen oder gebieten, was den Vorschriften Gottes zuwider wäre; seine Leitung und Lehre soll vielmehr wie ein Sauerteig der göttlichen Gerechtigkeit die Herzen der Jünger durchdringen. Der Abt denke immer daran, daß beim furchtbaren Gerichte Gottes über seine Lehre und über der Jünger Gehorsam, über beides, Untersuchung gehalten wird …
Wer also die Abtwürde angenommen hat, muß in doppelter Weise als Lehrer vor seinen Jüngern stehen: alles Gute und Heilige soll er mehr durch Taten als durch Worte zeigen. Den verständigen Jüngern lege er die Gebote des Herrn in Worten dar, den Hartherzigen und Einfältigeren zeige er Gottes Vorschriften durch sein Verhalten … Er mache im Kloster keinen Unterschied der Person. Er liebe den einen nicht mehr als den anderen, außer daß er fände bei ihm einen höheren Grad von Tugend und Gehorsam … Der Abt wahre bei seiner Belehrung immer die Form, die der Apostel angibt: „Weise zurecht, tadle, ermahne in unermüdlicher und geduldiger Belehrung“ (2 Tim 4,2). Er werde so den verschiedenen Verhältnissen gerecht und lasse bald Strenge, bald Milde, jetzt den Ernst des Meisters, dann die zärtliche Liebe des Vaters walten … Der Abt bedenke immer, was er ist, bedenke, was sein Name sagen will, und wisse: wem mehr anvertraut ist, dem wird auch mehr abgefordert. Er sei sich bewußt, wie schwierig und dornenvoll die Aufgabe ist, die er übernommen hat, Seelen zu leiten und der Eigenart vieler zu dienen. Auf den einen wirke er mit Güte, auf den anderen mit Tadel, auf einen dritten mit Zureden. Je nach Veranlagung und Fassungskraft des einzelnen passe und schmiege er sich allen so an, daß er an der ihm anvertrauten Herde nicht nur keinen Schaden erleidet, sondern sich auch am Wachstum einer guten Herde erfreuen kann …

48. Kapitel: Vom Gebet und der Arbeit

Müßiggang ist ein Feind der Seele. Deshalb müssen sich die Brüder zu bestimmten Zeiten mit heiliger Lesung beschäftigen. Wir glauben daher für beides die Zeit durch folgende Bestimmung zu regeln: von

Ostern bis zum 14. September verrichten die Brüder von der Frühe, nach Schluß der Prim bis nahe an die vierte Stunde die notwendigen Arbeiten. Von der vierten Stunde bis ungefähr zur sechsten Stunde beschäftigen sie sich mit Lesung. Wenn sie nach der sechsten Stunde sich vom Tisch erheben, sollen sie in tiefem Schweigen auf ihren Betten ausruhen, oder, wer es etwa vorzieht zu lesen, lese so für sich allein, daß er einen andern nicht stört. Die Non werde etwas früher gehalten um die Mitte der achten Stunde, und dann verrichten sie bis zur Vesper wieder die notwendige Arbeit. Wenn es aber die örtliche Lage oder Armut verlangte, daß die Brüder selbst die Feldfrüchte einernten, sollen sie darüber nicht ungehalten sein. Dann sind sie in Wahrheit Mönche, wenn sie, gleich unseren Vätern und den Aposteln, von der Arbeit ihrer Hände leben. Doch soll der Schwachen wegen alles mit Maß geschehen ... Es sollen aber vor allem einer oder zwei ältere Brüder den Auftrag erhalten, zu den Stunden, wenn die Brüder der Lesung obliegen, durch das Kloster zu gehen und nachzusehen, ob sich nicht ein träger Bruder finde, der, anstatt eifrig zu lesen, müßig ist oder schwätzt und so nicht bloß selber keinen Nutzen davon hat, sondern sogar noch andere stört. Fände sich ein solcher, was ferne sei, so werde er einmal und noch ein zweites Mal zurechtgewiesen; bessert er sich nicht, dann verhänge man über ihn die von der Regel vorgesehene Strafe, und zwar so, daß die anderen Furcht bekommen. Kein Bruder darf zu ungehöriger Zeit mit einem anderen verkehren. Auch am Sonntag sollen sich alle mit Lesung beschäftigen, mit Ausnahme derer, die mit den verschiedenen Ämtern betraut sind. – Wäre aber einer so nachlässig und träge, daß er betrachten oder lesen nicht mag oder nicht kann, so gebe man ihm eine andere Beschäftigung, damit er nicht müßig bleibe. Kranken oder an harte Arbeit nicht gewöhnten Brüdern weise man solche Arbeit oder solche Beschäftigung an, daß sie nicht untätig seien, aber auch nicht durch die Last der Arbeit niedergedrückt werden oder schließlich noch das Kloster verlassen. Auf ihre Schwäche soll der Abt Rücksicht nehmen.[5]

Reformen im Mittelalter: Cluniazenser und Zisterzienser

Seit Ende des 9. Jahrhunderts zeigten sich Verfallserscheinungen im abendländischen Mönchtum. Schuld daran waren nicht nur die Einfälle der Normannen und Ungarn, sondern vor allem auch innere Ursachen. Die Klöster wurden reich. Vielfach standen die Klöster unter der Leitung von Laienäbten, z.B. von Adligen, die die Mönchsgelübde nicht geleistet hatten und so auch keine Mitglieder des Konvents waren. Ja, es kam sogar vor, daß Könige Klöster an Lehensmänner verliehen.

Die Reformbestrebungen gingen von Klöstern wie Cluny/Burgund sowie Brogne und Gorze in Lothringen aus. Cluny wurde 909/910 vom Herzog von Aquitanien gegründet. Dieser sicherte den Mönchen die Freiheit von jeder weltlichen, aber auch bischöflichen Gewalt zu, auch die Freiheit der Abtswahl. Er unterstellte Cluny dem Papst, um diese Freiheiten zu erhalten. Cluny hatte eine Reihe sehr bedeutender Äbte, mit einer jeweils langen Regierungszeit.

Die Klosterkirche von Cluny, Anfang des 12. Jahrhunderts errichtet, wurde in der französischen Revolution stark zerstört. Die Überreste lassen nur noch etwas von der Bedeutung dieser Kirche erahnen, die einmal die größte des Abendlandes war (mit Vorhalle 187m lang und 30m hoch).

Die Reform sollte so verwirklicht werden, daß die Regel Benedikts wieder gewissenhaft gehalten würde. Besondere Kennzeichen Clunys waren „Zentralismus" und „Ritualismus".[6] Die von Cluny gegründeten Klöster hatten eine besondere Verbindung zum Mutterkloster. Der Abt von Cluny war Abt der Äbte; jeder Vorsteher eines Tochterklosters mußte sich diesem Abt unterordnen. Besonderen Wert legte Cluny vor allem auf den Gottesdienst. Empfahl die Regel Benedikts die Kürze des Stundengebetes der Mönche, so baute Cluny diese Gebete immer weiter aus. Begeistert schrieb ein Bewunderer Clunys: „Wenn ich mich an den strengen und ausgefüllten Tagesablauf in eurem Kloster erinnere, muß ich anerkennen, daß ihr vom Hl. Geist geleitet werdet. Denn ihr habt eine solch ununterbrochene Folge von Gottesdiensten und verbringt so viele Zeit beim Chorgebet, daß selbst an Hochsommertagen, wo das Tageslicht am längsten ist, kaum eine halbe Stunde bleibt, in der die Brüder im Kreuzgang sich unterhalten können."[7] Für andere Tätigkeiten, Handarbeit wie auch weitere geistige Tätigkeiten, blieb darum in Cluny wenig Zeit.

Cluny beschäftigte sich vor allem mit der Klosterreform. Es gingen aber auch weltgestaltende Impulse von Cluny aus. Abt Odilo (994-1048) propagierte den Gottesfrieden. Dadurch wurden z.B. die immer mehr überhand nehmenden Adelsfehden auf bestimmte Tage in der Woche beschränkt. Die Gottesfriedensbewegung sollte die Armen und Wehrlosen, die Geistlichen und das Kirchengut sichern.

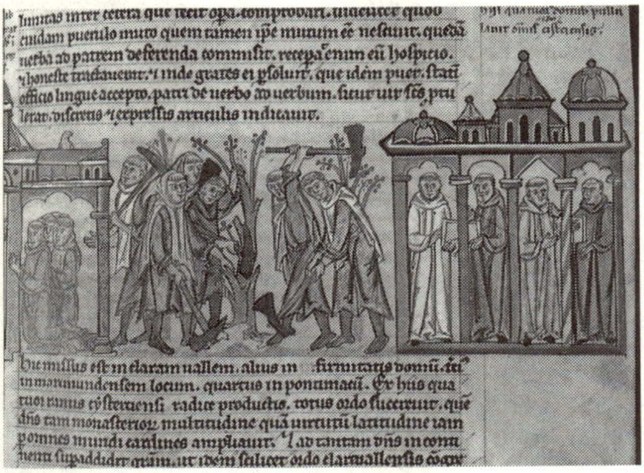

Die englische Miniatur aus der zweiten Hälfte des 13. Jahrhunderts zeigt Zisterziensermönche bei Gebet (links) und Arbeit (Mitte).

In Deutschland ging die Klosterreform im Sinne Clunys vor allem vom Schwarzwaldkloster Hirsau aus. Der Hirsauer Reform traten etwa 100 Klöster bei. Hirsau verzichtete auf den Zentralismus Clunys. Die Hirsauer setzten übrigens verstärkt Laienbrüder für die Bewirtschaftung des klösterlichen Besitzes ein.

Ende des 11. Jahrhunderts kam es zu neuen Reformbewegungen, die zu neuen Ordensgründungen führten. Man wollte sich wieder ganz an die alte Benediktinerregel halten. Wichtig wurde aber auch das Vorbild der Urgemeinde; in der Nachfolge Christi und der Apostel galt es in Armut und Einfachheit zu leben. Damals entstanden neben den Zisterziensern die Kartäuser und Prämonstratenser.

1098 wurde das Kloster Cîteaux/Burgund von einem Benediktinermönch gegründet. Die Grundlage des neuen Ordens wurde in der *„Charta Caritatis"* niedergelegt, 1118 vom Papst genehmigt. Seine entscheidende geistige und geistliche Prägung erhielt der Orden durch Bernhard von Clairvaux. Der junge Adelige war mit einer ganzen Reihe von Verwandten und Freunden 1113 Zisterzienser geworden.

Bernhard wirkte vor allem durch seine Christusfrömmigkeit: Durch die Versenkung in das Bild des gekreuzigten Christus sollte der Glaube vertieft werden. In Streitschriften setzte sich Bernhard kritisch mit dem Reichtum und der Prachtentfaltung bei den Cluniazensern auseinander. Er war daneben einer der einflußreichsten Politiker seiner Zeit. Er predigte mit großem Erfolg für die Teilnahme am Zweiten Kreuzzug.

1115 gab es neben Cîteaux vier Tochterklöster: La Ferté, Pontigny, Morimond und Clairvaux. Diese Abteien wurden zu Mutterklöstern vieler weiterer Klöster, die einen Verband bildeten. Jedes Jahr trafen sich die Äbte der Klöster zum Generalkapitel in Cîteaux. Im Jahr 1150 gab es bereits 333 Zisterzienserklöster sowie zahlreiche Zisterzienserinnenklöster.

Das Leben in den Zisterzienserklöstern war sehr hart. Es war bestimmt durch Demut, Gehorsam, Armut und strenges Fasten. Gemäß den Ordenssatzungen sollte das Kloster möglichst einsam gelegen, die Klosterbauten sollten schmucklos sein; kein Kirchturm, nur ein Dachreiter war erlaubt. Die Mönche waren zur Handarbeit verpflichtet. Die vielen anfallenden Arbeiten konnten freilich nur zusammen mit den Konversen (= Laienbrüdern) bewältigt werden. Sie hatten die Hauptarbeit beim Klosterbau, in der Landwirtschaft und bei den weiteren Unternehmungen des Ordens zu leisten. Die Konversen hielten die Gelübde, wenn auch eingeschränkt, hatten aber wenig Rechte, z.B. waren sie von der Abtswahl ausgeschlossen. Diese Benachteiligung der Laienbrüder führte in der Folgezeit zu dauernden Spannungen, ja zu Revolten in den Klöstern.

Die Zisterzienser betätigten sich nicht nur in der Landwirtschaft, sondern auch im Bergbau und bei der Salzgewinnung. Von ihren Pflegehöfen in den Städten aus vermarkteten sie die produzierten Waren.

Aus den Ordensstatuten der Zisterzienser

1. In den Ortschaften, Städten und Dörfern dürfen keine Klöster unseres Ordens aufgebaut werden, sondern nur an Orten, die vom Verkehr der Menschen weitab liegen....

5. Den Mönchen darf der Lebensunterhalt nur aus ihrer Hände Arbeit zufließen, aus dem Ackerbau und der Viehzucht. Daher dürfen wir Wasserläufe, Wälder, Weinberge, Wiesen, Güter, die von den Wohnungen der Laien entfernt sind, besitzen und Tiere, außer solchen, die mehr zur Neugier zu reizen pflegen als Nutzen zu bringen, z.B. Hirsche, Kraniche, usw. ... Bücher zu verfassen soll niemand erlaubt sein, weder dem Abt noch einem Mönch noch einem Novizen, es sei ihm denn dies im Generalkapitel zugestanden.
Steinerne Glockentürme dürfen nicht gebaut werden, desgleichen nicht hölzerne von unmäßiger Höhe, die der Einfachheit unseres Ordens nicht entsprechen ... Allen überflüssigen Zierat an Skulpturen, Gebäuden usw., der die alte Ehrbarkeit unseres Ordens entstellt und sich mit unserer Armut nicht verträgt, verbieten wir, außer dem Gemälde unseres Heilandes.
Kein zum mönchischen Leben Bekehrter habe ein Buch, keiner lerne etwas außer dem Vaterunser, dem Glaubensbekenntnis, dem „Herr, erbarme Dich", dem „Gegrüßet seist du, Maria", und was er sonst für den Gottesdienst lernen muß.[7]

Das Kloster Maulbronn (Baden-Württemberg) ist eines der besterhaltenen Klöster in Deutschland. Die Erklärungen zeigen, daß ein Kloster eine alle Lebensbereiche umfassende Einheit war.

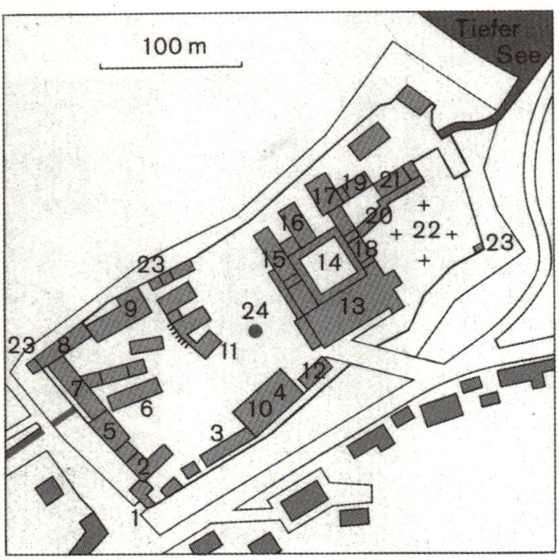

Grundriß der Anlagen:
1 Klostertor, 2 Herberge, 3 Küferei,
4 Kornspeicher,
5 Schmiede, 6 Pferdestall, 7 Scheune,
8 Kuhstall, 9 Mühle,
10 Kelter, 11 Klosterverwaltung, 12 Verwaltung der Weinberge,
13 Kirche, 14 Kreuzgang, 15 Speise- und Schlafsaal der Laienbrüder, 16 Speise- und
17 Schlafsaal der Mönche, 18 Versammlungssaal der Mönche,
19 Wohnung des Abts,
20 Gesprächsraum,
21 Haus für hohe Gäste,
22 Friedhof, 23 Turm,
24 Brunnen

V. Vom Leben aus Gnade zum „Lehrer der Gnade": Augustinus

„Aurelius Augustinus: dieses einzig wirkliche Genie unter den lateinischen Kirchenvätern war – obwohl zu seiner Zeit sehr umstritten – doch zu d e m Lehrer des christlichen Abendlandes geworden." (H. Küng)[1]

Mit Aurelius Augustinus tritt uns ein Mann gegenüber, der aus mehreren Gründen als der bedeutendste Kirchenvater des christlichen Abendlandes gilt. Diese Einschätzung ist in den großen christlichen Konfessionen unumstritten. Sowohl im Katholizismus als auch im Protestantismus blieb Augustins Denken bis in die Neuzeit eine Herausforderung, sein Leben von großer Faszination. Die Scholastiker und Mystiker des Hoch- und Spätmittelalters – Anselm von Canterbury, Thomas von Aquin, Bernhard von Clairvaux, Meister Eckhart, Johannes Tauler, Heinrich Seuse –, die Reformatoren Martin Luther und Johannes Calvin, wie die Jesuiten und Jansenisten im 17. Jahrhundert stehen auf seinen Schultern. Daß Augustinus so umfassend in der Kirchen- und Theologiegeschichte wirken konnte, ist sicher seinen zahlreichen Schriften zu verdanken. Aber ebenso nachhaltig wirkte, über die Grenzen der Konfessionen und Kirchen hinaus, die persönliche, authentische Glaubensgeschichte Augustins. So ist er nicht nur der bedeutende Kirchenvater geworden, sondern für viele zu einem wahren *Vater im Glauben*: Sein Glaube verdunstete nicht zu einer trockenen Lehre, er blieb immer mit seinem Leben verknüpft. Dies bedingte auch Gebrochenheit und Unzulänglichkeit, trotz allen Reichtums seines Denkens, in Wort und Schrift. Gerade diese Unvollkommenheit eines Großen ist es, die es immer wieder möglich machte, Augustin zu bewundern und zugleich mit ihm zu streiten.

Grundlage und Mitte im Leben Augustins wurde der christliche Glaube, aber nicht unangefochten: Ein Leben lang hatte er sich seines Glaubens zu vergewissern, in persönlicher Rechenschaft, vor allem aber auch in Auseinandersetzung mit seinen zahlreichen Gegnern. Ein Leben lang erfährt und erleidet er die scheinbare Übermacht des Bösen (vgl. dazu Röm 7,14-25); er glaubt nicht (mehr), daß es eine eigenständige Selbstverwirklichung des Menschen gibt, sondern vielmehr, daß dieser heilsnotwendig (allein) auf Gottes Gnade angewiesen ist. So wird er zum großen *Lehrer der Gnade*: Der Mensch kann von sich aus nichts Gutes tun. Alles, was er Gutes tut, ist Geschenk und Gnade Gottes.

Sein Lebensweg in Abschnitten

Augustinus war ein Kind seiner Zeit. In mehrfacher Hinsicht stand er im Spannungsfeld der Geschichte: In Kirche und Theologie erlebte er, wie die Streitigkeiten zwischen Athanasius und Arius um die Göttlichkeit Jesu auch nach den Konzilien von Nicäa und Konstantinopel weiterwirkten. Im öffentlichen Leben begegnete ihm das Ringen verschiedener Philosophien und Heilslehren am Ausgang der Antike um die Seele der Menschen. Im weltpolitischen Geschehen wurde er engagierter Zeuge des Anfangs vom Ende des Weströmischen Reiches, noch ehe ein Jahrhundert vergangen war, seit Kirche und römischer Staat ihre enge Verbindung eingegangen waren.

Über die erste Hälfte seines Lebens gibt Augustinus selbst in seinen zwischen 397 und 401 entstandenen *Bekenntnissen* (lat.: *Confessiones*) beredt Auskunft. Dieses Buch ist zu „den ewigen Besitztümern der Menschheit" geworden. Nicht, weil Augustinus sich hier verteidigen würde, sondern weil das Werk „ein einmaliger Fall in der Geschichte der Seele" ist: Die Bekenntnisse sind mehr als eine Beichte, sie sind Lobpreisungen Gottes, Gebet, Hymnus, Erzählung, im letzten „mystischer Bundesschluß einer Seele mit ihrem Gott" (J. Bernhart).

Kindheit und Jugend: Augustinus auf der Suche

Aurelius Augustinus wurde 354 in Thagaste (heute Souk-Arrhas in Algerien) geboren. Sein Vater Patricius verwaltete ein Landgut und stand dem Christentum fern. Entscheidend für Augustinus wurde der Einfluß seiner Mutter Monnica, die zeit ihres Lebens um die Hinwendung ihres Sohnes zum Christentum betete und mit ihm stritt. Während seines Studiums in Karthago (bis 373/374) geriet Augustinus in den Strudel dieser ungeheuren Weltstadt und genoß das Leben in vollen Zügen. Aus seinem langjährigen Verhältnis mit einem Mädchen aus niederem Stand ging 372 ein Sohn hervor, dem Augustinus den Namen Adeodatus (= A deo datus – der von Gott Gegebene) gab. Zugleich schloß er seine Ausbildung zum Rhetor – das entspricht etwa einem Rechtsanwalt heute – ab und lehrte dann kurze Zeit in Thagaste, dann neun Jahre in Karthago. Gegen Ende seines Studiums war ihm eine

Schrift Ciceros, ein verschollener „Dialog über die Weisheit“, in die Hände gefallen. Sie entflammte in ihm eine glühende Erkenntnissuche, ein neues Streben nach Wahrheit. Auf diesem Weg traf er bald auf den *Manichäismus*, eine weitverbreitete Lehre, die auf den Perser Mani (216-276) zurückging. Mani verstand sich als göttlicher Bote des Lichts, der zu den in der Finsternis und im Gefängnis der Materie gefangenen Menschen gesandt ist. Als der im Johannesevangelium verheißene Tröster (Paraklet) predigte er die Erlösungsmöglichkeit für die dem Reich des Lichtes zugehörige menschliche Seele, wenn der Mensch auf Wein- und Fleischgenuß sowie auf sexuelle Betätigung verzichte. Augustin meinte, in dieser Religion seine Antwort auf die Frage nach dem Bösen zu finden. Und obwohl er wegen seines ausschweifenden Lebens gar nicht in die Gruppe der „Auserwählten“ aufgenommen werden konnte, die die genannten Regeln genau beobachten mußten, schloß er sich als „Hörer“ über etwa neun Jahre dieser Gemeinschaft an. In dieser Zeit war er, auch um sich von seiner Mutter, die immer wieder den Lebenswandel des Gelehrten kritisierte, zu lösen, nach Rom und von dort nach Mailand gegangen. In der kaiserlichen Residenzstadt erhielt er auf Vermittlung manichäischer Freunde eine feste Anstellung als Rhetor. Hier begegnete er bald dem Bischof Ambrosius, der seinem Leben eine entscheidende Wende geben sollte. In der Predigt des Ambrosius erkannte Augustinus, daß die an stoffliche, materielle Anschauungen gebundene Lehre der Manichäer (Erlösung durch Verzicht auf Wein, Fleisch usw.) dem Geheimnis Gottes nicht gerecht wurde. Er begriff, daß Gott eine geistige Wirklichkeit ist. Mit ihm, dem Ur-Einen, eins zu werden, wurde für Augustin zum höchsten Lebensziel. Freilich geriet er dadurch auch in die Gefahr des Weltverlustes: Die weltumspannende Bedeutung des Christusgeheimnisses drohte sich so zu verdunkeln oder doch in den Hintergrund zu treten.

Die Bekehrung

Mailand wurde für Augustinus zur Stätte seiner Umkehr. Ambrosius führte ihn an das Christentum heran; er erschloß ihm ein neues Verständnis der Briefe des Apostels Paulus. Aber vollzogen wurde die Umkehr nicht durch geistvolle Predigten und philosophisch-theologische Gespräche, sondern durch das Vorbild anderer Christen. Sicher spielte hier auch die Mutter Monnica, die dem Sohn nach Mailand gefolgt war, eine maßgebliche Rolle. Aber in seinen *Bekenntnissen*, dem Erinnerungsprotokoll seiner Bekehrung, schildert er weiter, wie ihn die

Erzählung über zwei Soldaten in Trier aufrüttelte, die sich nach der Lektüre der Lebensbeschreibung des ägyptischen Mönchsvaters Antonius (s.o. Kap. IV: Das Mönchtum) spontan zum mönchischen Leben entschlossen hatten. Mit Alypius, seinem Freund und Begleiter, sieht Augustinus sein ganzes bisheriges Streben nach Erkenntnis als fragwürdig an und vergleicht sich mit diesen beiden Soldaten:

„Jetzt, in diesem gewaltigen Kampf meines innern Hauses, den ich in unsrer geheimsten Kammer, in meinem Herzen, so heftig wider meine Seele heraufbeschworen hatte, stürme ich, verstört im Antlitz und im Geiste, auf Alypius ein und schreie: ‚Wie geschieht uns? Was ist das? Hast du's gehört? Ungelehrte raffen sich auf und reißen den Himmel an sich, und wir mit unserer Schulweisheit ohne Herz, wir wälzen uns in Fleisch und Blut! Schämen wir uns, daß sie uns voraus sind und wir erst hinterdrein kämen, – und sollten uns doch schämen, nicht einmal nachzukommen!'"[2]

Erschüttert, aufgewühlt, unwirsch, weil er seine Entscheidung immer wieder verschoben hatte („Morgen, morgen!"), zog sich Augustinus in den Garten zurück, um allein zu sein und den Tränen über sich freien Lauf zu lassen. Was jetzt geschah, schildert Augustinus damaskushaft so:

„Und sieh, da höre ich vom Nachbarhause her in singendem Tonfall, ich weiß nicht, ob eines Knaben oder eines Mädchens Stimme, die immer wieder sagt: ‚Nimm und lies, nimm und lies!' [‚Tolle, lege!']. Sogleich wandelte sich meine Miene, und angestrengt dachte ich nach, ob wohl Kinder bei irgendeinem Spiel so zu singen pflegten, doch konnte ich mich nicht entsinnen, dergleichen je vernommen zu haben. Da ward der Tränen Fluß zurückgedrängt, ich stand auf und konnte mir's nicht anders erklären, als daß ich den göttlichen Befehl empfangen habe, die Schrift aufzuschlagen und die erste Stelle zu lesen, auf die meine Blicke träfen ... So kehrte ich schleunigst dahin zurück, wo Alypius noch saß, denn dort hatte ich, als ich fortging, die Schrift des Apostels liegen lassen. Ich griff sie auf, öffnete und las stillschweigend den ersten Abschnitt, der mir in die Augen fiel: *‚Nicht in Fressen und Saufen, nicht in Kammern und Unzucht, nicht in Hader und Neid, sondern ziehet an den Herrn Jesus Christus und hütet euch vor fleischlichen Gelüsten'*. [Röm 13,13f] Weiter wollte ich nicht lesen, brauchte es auch nicht. Denn kaum hatte ich den Satz beendet, durchströmte mein Herz das Licht der Gewißheit, und alle Schatten des Zweifels waren verschwunden."[3]

Augustinus entschied sich, als Asket weiterzuleben und weltliche Ehren und Erfolge nicht mehr anzustreben. Er gab seine Lehrtätigkeit auf und zog sich mit seinen Gefährten und seiner Mutter auf ein Landgut am Comer See zurück, um sich auf die Taufe vorzubereiten. Ein halbes Jahr lebte er in dieser Gemeinschaft, ehe er sich an Ostern 387 in Mailand von Ambrosius taufen ließ. Mit ihm empfingen auch sein Sohn Adeodatus und der Jugendfreund Alypius die Taufe. Von seiner Lebensgefährtin hatte er sich schon vorher getrennt. Eine zunächst noch beabsichtigte Eheschließung mit einer gesellschaftlich anerkannten Frau unterblieb.

Ein neues Leben im Dienst der Kirche

Vor seiner Rückkehr in die Heimat erlebte Augustinus gemeinsam mit seiner vom Tod gezeichneten Mutter einen Höhepunkt seiner Glaubensgeschichte. Bereit zur Abfahrt vom Hafen Ostia nach Karthago, vertieften sie sich am Fenster eines Hauses in ein vertrauliches Gespräch, in dessen Verlauf beide den stufenweisen Aufstieg zur Vereinigung mit Gott, der Weisheit, dem Ewigen, Einen und Unwandelbaren erspürten:

„Wir durchwanderten von Stufe zu Stufe die ganze Körperwelt und auch den Himmel ... Bald in stillem Sinnen, bald Worte wechselnd und deine Werke bewundernd, stiegen wir weiter empor und kamen in das Reich unserer Seelen. Auch dieses durchschritten wir und gelangten endlich zu dem Lande unerschöpflicher Fülle, wo du Israel auf grüner Aue der Wahrheit ewig weidest. Da ist Leben Weisheit, jene Weisheit, durch die alles wird ... Und da wir von ihr sprachen und nach ihr seufzten, berührten wir sie mit vollem Schlage unseres Herzens ein kleines wenig ...“[4]

Hier schließt sich der Bogen zu dem am Anfang der *Bekenntnisse* stehenden Lobpreis Gottes:

„‚Groß bist du, o Herr, und hoch zu preisen, groß ist deine Kraft und unermeßlich deine Weisheit'. Und preisen will dich ein Mensch, der doch nur ein Stücklein ist deiner Kreatur, ein Mensch, der einhergeht unter dem Druck seiner Sterblichkeit, dem Zeugnis seiner Sünde, dem Zeugnis, daß du ‚den Hochmütigen widerstehst'. Und doch, preisen will dich ein Mensch, dies Stücklein deiner Kreatur. Du selbst aber gibst den Antrieb; so beglückt es ihn, dich zu preisen. *Denn zu dir hin hast du uns geschaffen, und unruhig ist unser Herz, bis es ruhet in dir.*“[5]

Für Augustinus hat sich diese Sehnsucht nach der Ruhe des Herzens erfüllt. Ein Jahr nach dem Tod seiner Mutter kehrte er endgültig in seine Heimat zurück (388). Auf dem väterlichen Besitz in Thagaste führte er mit seinen Freunden drei Jahre lang ein klosterähnliches Leben.

Ältestes Porträt Augustins: Fresko in der päpstlichen Bibliothek des Lateran, um 600

Anläßlich eines Besuches in Hippo Regius (heute Bône in Algerien) wurde er von der Gemeinde, die auf der Suche nach einem Priester und Prediger war, unvermittelt zum Priester bestimmt und von Bischof Valerius geweiht. Dieser übertrug ihm zunächst katechetische Aufgaben (Vorbereitung der Taufbewerber auf die Taufe), dann aber auch das Predigeramt. 396 wurde er als Nachfolger des Valerius Bischof der Hafenstadt Hippo Regius. Auch hier setzte er, gemeinsam mit seinem Klerus, also den Geistlichen, das klosterähnliche Leben fort. Auf der Grundlage dieses gemeinsamen Lebens der Geistlichen einer Kirche oder eines Domes entwickelte sich im Mittelalter der Orden der Augustinerchorherren.

Allein die Gnade – gegen Pelagius

In der Auseinandersetzung mit Pelagius mußte Augustinus intensiv seine eigenen Lebenserfahrungen reflektieren: Wie wirkt Gottes Gnade? Was kann der Mensch von sich aus tun? Läßt sich etwas über das Schicksal des Menschen sagen und über Gottes Führung und Fügung? In diesem Zusammenhang wurde für ihn das Bibelwort *„Was hast du, das du nicht empfangen hättest?"* lebensbestimmend (vgl. 1Kor 4,7). Gegenüber dem optimistischen Weltbild des Pelagius, der dem Menschen einiges zutraute, betonte Augustinus das abgrundtiefe Geheimnis von *Gottes Gnadenwahl* (*Prädestinationslehre*). Dabei verwies er auf die *unbedingte göttliche Vorherbestimmung*, die jegliches Mitwirken des sündigen Menschen bei seiner Erwählung ausschloß. Beim unerbittlichen Zu-Ende-Denken dieses Mysteriums „verdüstern sich seine Gedanken zunehmend zu der Vorstellung einer unabwendbaren Verwerfung des weitaus größeren Teiles der Menschheit und zu einem Gottesbild von erdrückender Qual" (W. Wieland).[6]

Das katholische Lexikon für Theologie und Kirche führt Pelagius nach den Päpsten dieses Namens als Irrlehrer auf. Das ist erstaunlich, weiß man doch von ihm und seinen Schriften nur auf dem Umweg über seine Gegner. Immerhin überzeugte der gebildete britische Laienmönch mit seiner Persönlichkeit und seinem strengen Lebensstil die dekadente römische Gesellschaft. Seine Predigten, ohne rhetorische Schnörkel und Floskeln, gingen den Leuten unter die Haut und ins Herz. Einer seiner Anhänger schrieb, jetzt erst wisse er, wie er wahrhaft Christ sein könne – dies gegen die vielen Durchschnitts-, Halb- oder Scheinchristen seiner Zeit. In der Tat war der Pelagianismus eine *Reformbewegung,* der viele überzeugende Versuch, gemäß der Bibel moralisch zu leben. Nach Pelagius schuf Gott in seiner Gnade den Menschen: Damit habe er diesem auch die reale Möglichkeit gegeben, selbst das Gute zu erreichen und gerecht zu werden. Über zehn Jahre wirkte Pelagius in Rom, dann floh er vor den Westgoten nach Afrika (411). Dort traf er Augustinus, der diesem optimistischen Mann der Tat zutiefst verständnislos begegnete. Dagegen betonte Augustinus aufgrund eigener Lebenserfahrungen die Rechtfertigungslehre des Apostels Paulus: „Der aus *Glauben* Gerechte wird leben“ (Röm 1,17). Später ging Pelagius nach Palästina, wo er sich erfolgreich gegen mißgünstige Angriffe aus den eigenen Reihen wehrte. Und dennoch wurde er schließlich – nicht zuletzt auf Betreiben Augustins – aus der Gemeinschaft der katholischen Kirche ausgeschlossen.

Augustins Amt als Bischof schloß neben dem Bemühen um die rechte Lehre auch die Aufgaben des Seelsorgers ein. In einem Sprengel, der kaum größer gewesen sein wird als die Pfarrei eines Pfarrers in der Großstadt von heute, hatte er sich um alle Fragen zu kümmern: Sakramentenspendung, Gottesdienste, Beratung in Streitfällen, Predigt für alle Schichten des Volkes. Daneben hatte er die kirchlichen Güter zu verwalten (Felder, Weingärten, Olivenhaine), sich mit Pächtern, Bauern und Sklaven über Keltern, Ölpressen, Mühlen zu besprechen. Schließlich übte er auch die bischöfliche Richtergewalt aus, die Kaiser Theodosius noch einmal beträchtlich erweitert hatte. Daß er sich auch den sozialen Aufgaben der Kirche nicht entzog, zeigt eindrucksvoll die rastlose Hilfe, die er organisierte, als sich seit 429 die Vandalen von Spanien her dem römischen Afrika näherten und schließlich auch Hippo bestürmten, in dessen Flüchtlingslagern ungezählte seelisch und körperlich Verstümmelte um ihr Leben fürchteten. Als Hippo im dritten Monat belagert wurde, warf den Bischof das Fieber auf das Krankenlager. Aurelius Augustinus starb am 28. August 430. Wenige Monate später wurde die Bischofsstadt von den Vandalen zerstört.

„Außerhalb der Kirche kein Heil“ – gegen Donatus

Die sogenannte ketzerische Bewegung der Donatisten stellt ein aufregendes Kapitel der Kirchengeschichte dar. Dabei geht es um komplexe Vorgänge, die im einzelnen nicht völlig zu erhellen sind. Geschichte schreibt immer der Sieger, und er schreibt sie aus seiner Sicht. So wissen wir über Donatus (und Pelagius und ... und ...) nur wenig oder nur aus der Sicht derer, die (letztlich) recht hatten oder bekamen. Einige Schlaglichter bleiben aber aufschlußreich:

Die Verfolgungen unter Kaiser Diokletian hatten die Christenheit tief getroffen. Leiden und Märtyrertod *bewahrheiteten* das Wort vom Blut der Märtyrer, das ein Same für die Christen ist. Aber das Blut der Märtyrer klagte nicht nur die Verfolger an. Es stellten sich viele Fragen: Wie *bewährten* sich die eigenen Leute in der Verfolgung? Wie *bewahrten* sie das anvertraute Glaubensgut, zum Beispiel die Heiligen Schriften? Durfte man Kompromisse eingehen? Etwa durch einen guten Freund sich eine Opferbescheinigung verschaffen? Oder sich in die Opferliste durch Bekannte eintragen lassen usw.? Wo war die Grenze, die ein Christ keinesfalls überschreiten durfte, ohne seinen Glauben zu verleugnen? – Wegen dieser (Über-)Lebens-Fragen kam es zum Streit und zur Spaltung.

Die Treugebliebenen feierten ihre Rechtgläubigkeit: Sie vermeinten als Traditionalisten eben die Tradition des Widerstandes, ja des Martyriums gewahrt zu haben. Die anderen waren in ihren Augen schuldig geworden: traditores (Verräter), Abgefallene, und dazu zählten sie auch einige Priester und Bischöfe. Konnten diese überhaupt noch gültig die Sakramente spenden („Ein Toter kann nicht beleben, ein Verwundeter nicht heilen, ein Blinder nicht führen“[7] – so eine donatistische Parole)? Wer vertrat nun eigentlich die wahre Kirche Christi? Zu diesen grundsätzlichen Fragen kamen persönliche Streitereien, etwa bei der Bischofswahl von Karthago (312). Jedenfalls bildete sich in den Folgejahren in Nordafrika eine eigene Kirche, die nach ihrem geistigen Führer Donatus benannt wurde. Dabei scheinen auch völkische und soziale Gegensätze eine Rolle gespielt zu haben: Die römische Oberschicht in den Städten hatte das Sagen. Ihr gegenüber waren die ländlichen Punier und Berber benachteiligt – sie vor allem schlossen sich dem Donatismus an und verfolgten mit ihrem kirchlichen Programm durchaus auch sozialrevolutionäre Ziele.

Mitte des 4. Jahrhunderts versuchte Rom das Donatistenproblem gewaltsam zu lösen. Viele Donatisten verrieten nun ebenfalls ihre Kirche, andere leisteten erbitterten Widerstand, „der sie sowohl zu

Martyrern wie zu Terroristen werden ließ" (K. Baus). Tatsächlich blieben in Nordafrika faktisch nicht nur zumindest zwei christliche Kirchen bestehen, vielmehr gerieten die Katholiken dort immer mehr in die Minderheit: Gegen Ende des 4. Jahrhunderts konnten sie „mehr und mehr als harmlos gewordene Sekte" erscheinen.[8]

Wie in den anderen Städten auch, hatte Augustinus als Bischof von Hippo neben sich einen donatistischen (Gegen-)Bischof mit Gemeinde – eine Quelle immer neuer Auseinandersetzungen. Dabei veränderte sich Augustins Haltung gegenüber den Donatisten im Laufe der Zeit. Zunächst wollte er mit dem Wort und in der Sache überzeugen und niemanden zum Glauben zwingen, da so nur Scheinkatholiken gewonnen würden. Nach ihm hat das Amt nur eine Dienstfunktion, die Gnade wirke unabhängig von der „Würdigkeit" des jeweiligen Spenders. Freilich ging es bei diesem Konflikt nur vordergründig um die reine Lehre. Die Donatisten fühlten sich nach wie vor als die wahre Kirche, schließlich wurden sie ja vom Staat verfolgt und konnten eine ganze Reihe von Märtyrern aufweisen. Für Donatus stand fest: *„Die wahre Kirche ist jene, die Verfolgungen erleidet, und nicht jene, die selbst verfolgt."* Dieser Satz wurde in der Kirchengeschichte immer wieder, auch kirchenkritisch, zitiert – mit Recht, selbst wenn er nicht immer konsequent gelebt werden konnte. So hatten etwa auch die Donatisten selbst bei Kaiser Konstantin interveniert und staatliche Hilfe erbeten – gegen das berühmte Wort ihres geistlichen Anführers: *„Was hat der Kaiser mit der Kirche zu schaffen?"*[9] Aufgrund seiner leidvollen Erfahrungen stellte Augustinus allmählich ernsthaft die Frage: „Warum sollte die Kirche ihre verirrten Söhne nicht zur Rückkehr *zwingen* …?"[10] Dieses *cogite intrare* (*„zwingt sie hereinzukommen"*), also die Nötigung in Glaubensfragen, begründet er biblisch mit dem Gleichnis vom Festmahl (Lk 14,15-24), wo es heißt: „…und nötige die Leute zu kommen (*compelle intrare*), damit mein Haus voll wird". Oder er argumentiert, Gott habe zuerst die Apostel ausgesandt (= „die Fischer"), dann aber „die Jäger, die sollen sie erlegen …" (vgl. Jer 16,16).[11] Diese fatale Bibelauslegung hatte eine unheilvolle Wirkungsgeschichte und diente jahrhundertelang als Grundlage gnadenloser Zwangsmaßnahmen in Glaubensfragen, etwa der Inquisition. Bereits im *Decretum Gratiani* wird dann die Rechtsforderung aufgestellt: *„Häretiker sind zu ihrem eigenen Heile auch gegen ihren Willen zu zwingen"*.[12] Augustinus ist an dieser Fehlentwicklung nur bedingt schuldig: Gerade weil er ein unermüdlicher Seelsorger war, galt seine tiefe Sorge den seiner Meinung nach irregeleiteten Christen. Er fürchtete, daß es für sie außerhalb der Kirche kein Heil geben könne.

Dennoch: Daß er in der Auseinandersetzung mit den Donatisten selbst auch zur Anwendung von Gewalt überging und sie predigte, gehört zur Tragik des großen Kirchenvaters. Durch seine eigenwillige Schriftauslegung trug er maßgeblich dazu bei, *aus der verfolgten Kirche eine verfolgende* zu machen. Mit dem Schweizer Kirchenhistoriker Walter Nigg wird man deshalb sagen müssen:

„Was immer man auch zur Entschuldigung Augustins vorbringen mag, es war damit das Schwert aus der Scheide gezogen … All die bluttriefenden Henker, welche im Mittelalter aufs grausamste gegen die Ketzer gewütet haben, konnten sich auf die angesehene Autorität Augustins berufen – und sie haben es auch getan. Der Schaden, den die Äußerung dieses einen Menschen bewirkte, ist unübersehbar … Die Parole *‚Nötige sie, hereinzukommen'*, bleibt der häßlichste Fleck am Gewande des überragenden Augustin, und er kann durch keine Apologie abgewaschen werden …"[13]

Im Jahre 411 gab es noch einmal ein großes Unionsgespräch in Karthago: 286 katholische und 279 donatistische Bischöfe kamen zusammen. Dank der überragenden Gestalt Augustins „gewann" die katholische Partei – die Donatisten wurden als Häretiker durch kaiserliche Erlasse verboten und traten überwiegend zum Katholizismus über. Augustin sah darin den Finger Gottes am Werk …

Vom Menschen- und vom Gottesstaat

Im Jahre 410 wurde das Römische Reich bis in seine Grundfesten erschüttert. Das Unvorstellbare geschah: König Alarich eroberte mit seinen Westgoten das „ewige" Rom und plünderte es drei Tage lang gründlich. Entsetzen lähmte das christliche Abendland. Hatte sich nicht kaum 100 Jahre zuvor Kaiser Konstantin unter die Fahne des stärkeren Gottes gestellt? Garantierte nicht der eine christliche Reichsglaube das Überleben des Imperium Romanum? – Viele Fragen wurden laut. Augustinus mußte sich der kaum lösbaren Aufgabe unterziehen, die unverständliche Katastrophe „christlich" zu erklären. Er tat dies in den Jahren 413-426 mit seinem gewaltigen Werk *Der Gottesstaat* (*De civitate Dei*), seinem geschichtlich einflußreichsten Buch. Das ganze Mittelalter wirkten diese Gedanken weiter – Karl der Große etwa ließ sich bei Tisch aus dem *Gottesstaat* vorlesen. Augustins geradezu geniale christliche Geschichtsphilosophie ist eine welt- und heilsgeschichtliche Illustration des biblischen Gleichnisses vom Unkraut unter dem Weizen (Mt 13,24-30): Mit der Saat gedeiht auch das Unkraut. Beides soll aber wachsen bis zur Ernte, damit nicht mit dem Unkraut auch der Weizen ausgerissen werde. Erst wenn die Zeit der Ernte da ist, wird das Unkraut ausgesondert und verbrannt. Analog verlaufe das Weltgeschehen als Kampf zwischen Glauben und Unglauben, zwischen dem himmlischen Gottesstaat (*civitas Dei*) und dem irdischen Staat des Teufels (*civitas diaboli*):

„Ich habe die Menschheit geteilt in zwei Arten, in solche, die nach Gott, und solche, die nach dem Menschen leben. Die haben wir in geheimnisvollem, übertragenem Sinn zwei Staaten genannt, das heißt zwei Gemeinschaften der Menschen, deren einer vorherbestimmt ist, in Ewigkeit mit Gott zu herrschen, deren anderer, mit dem Teufel ewige Strafe zu erleiden ... Jetzt habe ich von beider Geschichte zu sprechen, von da an, da die Menschen Kinder zu zeugen begannen, bis dahin, da sie damit enden werden. Denn diese ganze lange Zeit, da die Menschen gehen und kommen, sterben und geboren werden, gehört der Geschichte beider Staaten an, von denen wir jetzt handeln.“[14]

Geschieden und geurteilt wird also erst am Ende. Menschliche Herrschaft ist im Grunde nur eine vergängliche Größe. Selbst der Zerfall des Römischen Reiches ist nur eine Etappe auf dem Weg zum ewigen Ziel: „Was macht es aus, unter welcher Herrschaft der Mensch lebt, der doch sterben muß, wenn ihn nur die Machthaber nicht zu Gottlosigkeit und Unrecht zwingen.“[15]

Keine dieser Civitates wird also mit dem Römischen oder einem anderen Reich identifiziert, vielmehr sind die Bürgerschaften der *Frommen* und der *Gottlosen* Kategorien einer umfassenden Geschichtsmetaphysik. Dies wird besonders deutlich, blickt man auf das Schicksal des einzelnen. Wer wirklich zum ewig-himmlischen oder zum vergänglich-irdischen Staat gehört, zeigt sich erst in der Endzeit: „Gott wollte, daß das verborgen bleibt. In dieser Erdenzeit liegt das völlig im Dunkeln.“[16] Auch die *Kirche* gehört keinem der beiden Staaten an, sie enthält Licht und Schatten, ist also *gemischt*. So wenig ihre Zukunft vom Untergang des Weströmischen Reiches abhängt, so wenig ist sie andererseits mit dem Reich Gottes gleichzusetzen. Das Schicksal des einzelnen und der Kirche geht in einer Schwarz-weiß-Betrachtung nicht auf. Geradezu klassisch fragt Augustinus selbst einmal: *„Wieviele von denen, die nicht zu uns gehören, sind dennoch die unsern, wieviele der unsrigen stehen draußen?“*[17]

Von den *Wirkungen Augustins* ist in diesem Buch immer wieder zu lesen. Thomas von Aquin beschäftigte sich mit seinen Schriften ebenso wie Martin Luther, der in ihm den zuverlässigsten Interpreten des Paulus erblickte. Selbst in unserem Jahrhundert stellt sich die Frage des

Augustinus nach der Gnade Gottes angesichts zweier verheerender Weltkriege eigentlich unvermindert. Auch an seinen Schwächen haben wir heute noch zu tragen: Wie halten es unsere Kirchen mit Abweichlern? Wo wird vielleicht unterschwellig Gewalt angewandt, um zum wahren Glauben zurückzuführen? Hat nicht auch die Weltabkehr Augustins ein gebrochenes Verhältnis zur Schöpfung, zur Leiblichkeit und zur Sexualität nach sich gezogen? Wir können diese Fragen nicht unterdrücken. Und dennoch wird Augustinus zu Recht in den christlichen Kirchen verehrt, in der katholischen sogar als Heiliger und Kirchenvater. Selten ist es einem Heiligen passiert, daß in der Kunst, in Bildern oder Skulpturen der Kirchen auch seine Schattenseiten hervorgehoben werden. Immer gehört zum Heiligen ein bezeichnendes Attribut. Bei Augustinus genügt eigentlich nicht *ein* solches Attribut, das in der herkömmlichen Darstellung meist ein durchbohrtes Herz ist (eine Anspielung auf die in den Bekenntnissen ausgedrückte feurige Gottesliebe).

Ein neuzeitlicher Künstler hat sich in ungewöhnlicher Weise der Person des großen Kirchenvaters genähert und versucht, seine Wandlungen darzustellen, nicht anklagend, sondern frei und offen und zum Nachdenken anregend: Jürgen Goertz, Künstler in der kleinen Gemeinde Angelbachtal bei Sinsheim im Kraichgau, hat aus Dank für die zu einem symbolischen Preis erworbene alte Barockkirche eines Schlosses der Pfarrgemeinde eine Augustinus-Skulptur übergeben. In ihr sind mehrere Attribute vereinigt, die der Gestalt des Kirchenvaters gerecht werden wollen.

Daß dieser Augustinus nicht in einer Kirche steht, sondern auf einem öffentlichen Platz vor ihr, mag auch ein Zeichen dafür sein, daß dieser Mann über die Grenzen der Kirchen hinaus bewundert, geehrt und ernstgenommen wird.

Der Augustinus von Jürgen Goertz: „Mit weitem Schritt überwindet die bronzene Gestalt Kugel und Bücher, die Welt und antike Philosophie versinnbildlichen. Halt gibt ihm statt dessen der Bischofsstab als Zeichen für die Kirche, auf dem der aufgespießte Apfel die überwundene Versuchung des Bösen repräsentiert. Unter seinem rechten Arm trägt Augustinus die Heilige Schrift. Das lebensnah geformte Herz in seiner rechten Hand soll – so der Künstler – ‚zum Nachdenken darüber anregen, wie wir im Zeitalter der Herzverpflanzungen über das Herz als Sitz der Seele sprechen können, wie es bei Augustinus so oft der Fall ist'."[18]

VI. Der Glaube überschreitet Grenzen: Germanenmission

Kirche und Mission (von lat.: missio = Sendung) gehören zusammen. „Wie mich der Vater gesandt hat, so sende ich euch“, ruft der auferstandene Christus im Johannesevangelium seinen Jüngern zu (Joh 20,21). Und als man den Jüngern Jesu den Mund verbieten wollte, sagten sie: „Wir können's ja nicht lassen, daß wir nicht reden sollten, was wir gesehen und gehört haben“ (Apg 4,20).

Es gab Zeiten in der Kirchengeschichte, in denen sich viele Christen für die Mission begeisterten, und solche, in denen nur wenige etwas von der Mission wissen wollten. Vor allem im 1. und 19. Jahrhundert trieben die Christen viel Mission (s.u. Kapitel XV). Die Missionsgeschichte der Kirche weist neben hellen auch dunkle Stellen auf. Staatlicher Expansionsdrang und kirchliche Machtgelüste drohten immer wieder das eigentliche Missionsanliegen zu überformen. Und vielfach erlebten die „Missionierten“ die Mission nicht als Einladung, sondern als Zwang.

Die Missionierung der Germanen war ein Vorgang von umfassender zeitlicher und geographischer Erstreckung. Er dauerte vom 3. Jahrhundert bis ins Hochmittelalter. Er brachte nicht nur der Kirche einen großen „Gewinn“ an Ländern und Menschen. Die Begegnung mit den Germanen übte auch einen nicht zu unterschätzenden Einfluß auf die Kirche aus, auf ihre Organisation, ihre Frömmigkeit und ihre Theologie.

Ausbreitung des Christentums unter den Germanen während der Völkerwanderung

Vom 4. Jahrhundert an brachen fremde, vor allem germanische Völker in das Römische Reich ein. Klimaverschlechterungen und Bevölkerungsüberschuß hatten sie aufbrechen lassen, und das „goldene“ Rom hatte sie angezogen. Diese „Völkerwanderung“ brachte die Germanen auch in Berührung mit dem Christentum. Bei der Christianisierung der Germanen spielten die Fürsten eine große Rolle; sie sorgten für den Anschluß ihrer Völker an die Kirche. Am Anfang standen freilich individuelle Entscheidungen einzelner Menschen. Am bekanntesten sind Leben und Wirken des gotischen Christen Wulfila geworden. Geboren 311, war er der Sohn eines Goten und einer kleinasiatischen Christin, deren Eltern 264 verschleppt worden waren. Wulfila wuchs in einer christlichen Gemeinde auf. Mit 30 Jahren wurde er als Mitglied einer gotischen Gesandtschaft an den Kaiserhof von Konstantinopel geschickt. Dort wurde er vom Hofbischof Eusebius von Nikomedien zum Bischof geweiht. Von 342 bis 348 wirkte er als Missionsbischof unter den Goten. Dann zwang ihn und seine Anhänger eine schwere Christenverfolgung zur Auswanderung in das römische Reichsgebiet. Auf dem Gebiet des heutigen Bulgarien durften sie sich niederlassen: sie – man nannte sie später Kleingoten – wurden seßhaft.

Wulfilas Hauptleistung war die Übersetzung der Bibel ins Gotische. Er bildete aus dem griechischen und lateinischen Alphabet sowie dem germanischen Runenalphabet das gotische Alphabet.

Das Vaterunser in Wulfilas Übersetzung

Atta unsar, thû in himinam, weihnái namo thein; qimái thiudinassus theins, wairthái wilja theins, swê in himina, jah ana arthái. hláif unsarana thana sinteinan gif uns himma daga, jah aflêt uns, thatei skulans sijáima, swâswê jah weis aflêtam tháim skulam unsaráim. jah ni briggáis uns in fráistubnjái, ak lásei uns af thama ublin: Untê theina ist thiudangardi, jah mahts, jah wulthus in áiwins. Amên.

Vater unser, du in den Himmeln, geweiht sei dein Name; es komme deine Herrschaft; es werde dein Wille, wie in dem Himmel, (so) auch auf der Erde. Unser Brot, das tägliche, gib uns an diesem Tage, und erlasse uns, daß wir Schuldige seien, so wie auch wir erlassen unseren Schuldnern. Und bringest uns nicht in Versuchung, sondern erlöse uns von diesem Übel: Denn dein ist die Herrschaft und die Macht und die Herrlichkeit in Ewigkeit. Amen.[1]

Seine Bibelübersetzung zeigt bestimmte Tendenzen. So hat Wulfila z.B. die alttestamentlichen Königsbücher nicht übersetzt. Er hatte Sorge, damit die kriegerische Ausrichtung der Goten noch zu verstärken. Er wollte nicht, daß die Goten auf der Völkerwanderung sich mit der Landnahme des alten Israel identifizierten. In die gleiche Richtung geht auch die Übersetzung des griechischen Wortes für „Heiland". Wulfila übersetzte es mit „Nasjands", in dem das gotische Wort für genesen steckt. Christus ist nicht der Führer in der Schlacht, der dem Fürsten zu Hilfe kommt wie später bei Chlodwig. Er ist der Heilende, der Arzt. Das zentrale neutestamentliche Wort „Liebe" übersetzte er mit „friatwa" (= Freundschaft). So konnten es die Goten verstehen. Die Bedeutung des neutestamentlichen Begriffs „Liebe" konnte damit wohl nicht voll erfaßt werden.

Geschichtswirksam sollte vor allem Wulfilas Entscheidung werden, dem homöischen Bekenntnis zuzustimmen. Die Homöer wurden von ihren Gegnern stets als Arianer bezeichnet (s.o. S. 50). Danach ist Christus wie auch der Heilige Geist Gott dem Vater ähnlich (= griech.: homoios), aber nicht – wie die Alte Kirche auf der Synode von Konstantinopel 381 endgültig festgelegt hatte – wesensgleich (= griech.: homoousios).

Wulfilas Glaubensbekenntnis

Ich, Wulfila, Bischof und Bekenner, habe immer so geglaubt, und in diesem allein wahren Glauben fahre ich hinüber zu meinem Herrn: Ich glaube, daß ein Gott ist, der Vater, allein ungezeugt und unsichtbar, und an seinen eingeborenen Sohn, unseren Herrn und Gott, Werkmeister und Bildner der gesamten Kreatur, der seinesgleichen nicht hat; also ist einer der Gottvater aller, welcher auch der Gott unseres Gottes ist; und an den Heiligen Geist, die erleuchtende und heiligende Kraft, wie Christus nach seiner Auferstehung zu seinen Aposteln sprach: Siehe, ich sende euch den von meinem Vater Verheißenen, ihr aber bleibt in der Stadt Jerusalem, bis daß ihr angetan werdet mit der Kraft aus der Höhe. Desgleichen auch: Ihr sollt eine Kraft empfangen, die über euch kommen wird durch den Heiligen Geist – der weder Gott noch Herr ist, sondern der getreue Diener Christi, ihm nicht gleich, sondern in allen Dingen dem Sohn untertan und gehorsam; und daß der Sohn in allen Dingen untertan und gehorsam ist seinem Gott, dem Vater ähnlich, so wie Gott alles gezeugt hat durch Christus und geordnet durch den Heiligen Geist.[2]

Von Wulfila und seinen Anhängern ging „eine der größten Missionsbewegungen aller Zeiten“[3] aus, die Missionierung der Germanen. 376 flüchtete die Mehrheit der Westgoten unter Fürst Fritigern unter dem Druck der Hunnen auf römisches Gebiet. Fritigern trat mit seinem Stamm zum Christentum über. Man blieb bei der homöischen Theologie Wulfilas. Dasselbe gilt von den Ostgoten. Von 493 bis 526 war der Ostgotenkönig Theoderich Herrscher von Italien. Ein Schriftsteller schrieb über ihn: „Während er selbst sich zur arianischen Sekte bekannte, ließ er doch den Römern ihre Gesetze … er unternahm nichts gegen die katholische Religion.“[4]

Die Missionierung der Angelsachsen

Schon um 200 lebten in Britannien Christen. Nach der Anerkennung der Kirche durch Konstantin nahmen britische Bischöfe an römischen Synoden teil. Zu Beginn des 5. Jahrhunderts verließen die letzten römischen Soldaten die Insel. Vermutlich war damals ganz Britannien christlich. Fremde Eindringlinge besetzten nun Britannien. Die wichtigsten waren die Angelsachsen. Sie kamen über das Meer und ließen sich in der Gegend um London und York nieder. Die alte britische Kirche wurde immer mehr in den Westteil der Insel gedrängt.

Auch in Irland entstand im 5. Jahrhundert eine Kirche. Sie führt sich auf Patrick (gest. 461) zurück. Sie war vor allem eine Mönchskirche. Priester und Bischöfe beobachteten die Mönchsregel. Doch schloß sich diese Kirche keineswegs von der Welt ab. Aus asketischen Gründen verließen einzelne Mönche Irland und wurden in Ländern wie Gallien, Germanien und Oberitalien zu Missionaren.

Die Feindschaft zwischen den „heidnischen" Angelsachsen und den christlichen Briten und Iren verhinderte zunächst die Missionierung der Angelsachsen.

Dies änderte sich, als der angelsächsische König Ethelbert von Kent Ende des 6. Jahrhunderts eine fränkische Prinzessin katholischen Glaubens heiratete. Durch ein Schreiben vom Hofe des Königs erfuhr Papst Gregor I., „daß das Volk der Angeln auf Gottes Geheiß christlich werden will, daß aber die Geistlichen aus der Nachbarschaft [!] sich nicht seelsorgerlich um sie kümmern. Damit ihre Seelen nicht in ewiger Verdammnis zugrunde gehen, wollen wir dafür sorgen ..., daß Augustin, der Diener Gottes, dorthin kommt..."[5] Gregor schickte den römischen Prior Augustin mit einer Gruppe von Mönchen nach England. Er gab ihm folgende Anweisung mit:

Die Kreuzigungsgruppe (aus Eisen mit Kupferbelag, ehemals vergoldet) stammt aus St. John's bei Athlone (Irland) und entstand um 700.

„Man muß nämlich nicht die Götzentempel bei jenem Volk zerstören, sondern nur die darin befindlichen Götzenbilder. Es soll geweihtes Wasser in den Tempeln versprengt werden, Altäre aufgebaut und Reliquien niedergelegt werden. Soweit die Tempel gut gebaut sind, ist es nötig, sie aus Kultstätten der Dämonen in Orte des wahren Gottesdienstes umzuwandeln. Wenn das Volk sieht, daß die Tempel nicht zerstört werden, so wird es im Herzen seinen Irrtum ablegen, und, den wahren Gott erkennend und anbetend, wird es zu den Orten, die es gewohnt ist, zusammenkommen ...“[6]

Augustin wurde unter fränkischer Mithilfe freundlich aufgenommen. 597 ließ sich Ethelbert taufen; viele Anhänger folgten ihm.

Nach dem Tod Ethelberts kam die junge Kirche in eine schwere Krise; noch war das Christentum bei den Angelsachsen nicht fest verwurzelt. Eine neue Chance bot sich, als König Edwin von Northumberland eine Tochter Ethelberts heiratete, eine bewußte Christin. Vor der entscheidenden Schlacht im Krieg mit einem Nachbarfürsten gelobte Edwin, Christ zu werden, wenn er siegte. Nach dem Sieg nahm er Taufunterricht. In einer bewegenden Ratsversammlung fiel die Entscheidung. Nach der Predigt des Missionars sprach sich der heidnische Oberpriester für die Annahme der neuen Religion aus. Er hatte an der Macht der alten Götter schon längst gezweifelt. Ein Ratgeber des Königs gab folgendes zu bedenken:

„Wenn ich, mein König, das Leben der Menschen auf der Erde vergleiche mit der Zeit, die für uns unbekannt in der Zukunft liegt, dann schaue ich es wie in einem Bild: Du sitzt beim Mahl mit deinen Häuptlingen und Mannen zur Winterzeit. Auf dem Herd in der Mitte flammt das Feuer und warm ist die Halle; draußen aber tobt der Sturmwind mit Kälte, Regen und Schnee. Da fliegt ein Sperling herein und huscht rasch durch die Halle – eben hereingekommen, verschwindet er schon wieder zur anderen Tür hinaus. Während er hier drinnen ist, bleibt er vor dem Wintersturm geborgen. Aber im Nu hat er den kleinen Raum, wo es angenehm ist, durchflattert, schnell kehrt er aus dem Winter in den Winter zurück und entschwindet deinen Augen.

So ist auch dieses Menschenleben nur wie ein winziger Augenblick. Was ihm vorausgegangen und was ihm folgt, wissen wir nicht. Wenn uns also diese neue Lehre darüber größere Gewißheit gibt, so meine ich, ist es recht, daß wir ihr folgen.“[7]

Nach der Entscheidung für das Christentum begann man, die alten Tempel zu zerstören. Zu Ostern 627 ließ sich König Edwin mit seinen Beratern taufen. Seine Entscheidung, obwohl politisch beeinflußt, war auch eine persönliche Entscheidung für den christlichen Glauben.

Die Franken werden Christen

Ende des 5. Jahrhunderts vereinigte der junge Frankenfürst Chlodwig (470-511) mehrere Stämme zu einem geschlossenen Reich. Bald wurde ihm klar, daß er seine Herrschaft nur durch ein Bündnis mit der katholischen Kirche Galliens festigen könnte.

Er heiratete eine katholische Prinzessin und ließ seine beiden ersten Söhne taufen. Er selbst wollte zunächst nicht Christ werden. Vermutlich betrachtete er die Taufe seiner Söhne als ein Zeichen der Annäherung zur katholischen Kirche. 497 geriet Chlodwig bei der Entscheidungsschlacht gegen die Alemannen in eine sehr prekäre Situation. Die Schlacht drohte verloren zu gehen. Chlodwig gelobte, sich taufen zu lassen, wenn der Feind geschlagen würde. Nach dem Sieg und manchen Verhandlungen mit den katholischen Bischöfen ließ sich Chlodwig taufen. Gregor von Tours berichtet darüber folgendes:

„Darauf [nach dem Sieg gegen die Alemannen] ließ die Königin heimlich den Bischof von Reims, den heiligen Remigius, rufen und bat ihn, er möchte das Wort des Heils dem Könige zu Herzen führen. Der Bischof aber beschied ihn im geheimen zu sich und fing an, ihm anzuliegen, er solle an den wahren Gott, den Schöpfer Himmels und der Erde glauben und den Götzen den Rücken wenden, die weder ihm noch anderen helfen können. Jener aber sprach: ‚Gern würde ich, heiligster Vater, auf dich hören, aber eins macht mir noch Bedenken, das Volk, das mir anhängt, duldet nicht, daß ich seine Götter verlasse; doch ich gehe und spreche mit ihnen nach deinem Wort.‘ Als er darauf mit den Seinigen zusammentrat, rief das Volk zur selben Zeit, noch ehe er den Mund auftat, denn die göttliche Macht kam ihm zuvor: ‚Wir tun die sterblichen Götter ab, gnädiger König, und sind bereit, dem unsterblichen Gott zu folgen, den Remigius verkündet.‘ Solches wurde dem Bischof gemeldet, und er befahl hocherfreut, das Taufbad vorzubereiten. Mit bunten Decken wurden nun die Straßen behängt, mit weißen Vorhängen die Kirchen geschmückt, die Taufkirche in Ordnung gebracht, Wohlgerüche verbreiteten sich, es schimmerten hell die duftenden Kerzen, und das ganze Heiligtum der Taufkirche wurde von himmlischem Wohlgeruch erfüllt; und solche Gnade ließ Gott denen zuteil werden, die damals gegenwärtig waren, daß sie meinten, sie seien in die Wohlgerüche des Paradieses versetzt. Zuerst verlangte der König vom Bischof getauft zu werden. Er ging, ein neuer Constantin, zum Taufbade hin.“[8]

Im Vordergrund stehen bei ihm zunächst politische Gründe; doch spielen eigenes Erleben und persönliche Entscheidung ohne Zweifel

Taufe des Chlodwig: Die abgebildete Miniatur, um 1250 im Skriptorium der Abtei Saint Denis (Frankreich) entstanden, zeigt, wie der Heilige Geist in Gestalt der Taube das Salbgefäß bringt. Mit dessen Öl salbt Remigius Chlodwig, der anschließend gekrönt wird.

auch eine gewichtige Rolle. Mit Chlodwig sollen sich damals noch 3 000 Angehörige des fränkischen Heeres haben taufen lassen. Die Entscheidung Chlodwigs für das katholische Christentum und gegen das homöische war von großer Bedeutung. Es kam zu keinen religiösen Spannungen zwischen den katholischen Galliern und den katholischen Franken. Insgesamt wurde dadurch der Katholizismus gegenüber dem „Arianismus“ gestärkt.

Bonifatius, Missionar und Kirchenreformer in Ostfranken

Iroschottische Mönche wie Columban und Gallus wirkten im 6./7. Jahrhundert im östlichen Teil des Ostfrankenreichs, z.B. unter den Alemannen. Die Missionierung der noch heidnischen Germanenstämme in Friesland, Hessen und Thüringen übernahmen Angelsachsen im 7./8. Jahrhundert. Der bedeutendste der angelsächsischen Missionare war der Benediktinermönch Wynfryth. Geboren um 672, begann er mit gut 40 Jahren mit der Mission unter den Friesen, mit nur geringem Erfolg. Auf seiner ersten Romreise 719 erhielt er vom Papst eine allgemeine Missionsvollmacht. Gleichzeitig gab ihm der Papst einen neuen Namen: Bonifatius, und zwar nach dem Heiligen des Vortags seiner Bevollmächtigung. 723 wurde er zum Missionsbischof geweiht. Sein besonderes Arbeitsgebiet wurde nun Hessen und Thüringen. Die Fällung der heiligen Donareiche bei Geismar/Hessen war ein spektakulärer Akt. In einem legendären Bericht heißt es darüber:

„Damals aber empfingen viele Hessen, die den katholischen Glauben angenommen und durch die siebenfältige Gnade des Geistes gestärkt waren, die Handauflegung, andere aber, deren Geist noch nicht erstarkt, verweigerten des reinen Glaubens unverletzbare Wahrheiten zu empfangen; einige auch opferten heimlich Bäumen und Quellen, andere taten dies ganz offen; einige wiederum betrieben teils offen, teils im geheimen Seherei und Wahrsagerei, Losdeuten und Zauberwahn; andere dagegen befaßten sich mit Amuletten und Zeichendeuterei und pflegten die verschiedensten Opfergebräuche, andere dagegen, die schon gesunderen Sinnes waren und allem heidnischen Götzendienst entsagt hatten, taten nichts von alledem. Mit deren Rat und Hilfe unternahm er [= Bonifatius] es, eine ungeheure Eiche, die mit ihrem alten heidnischen Namen die Jupitereiche genannt wurde, in einem Orte, der Gäsmere hieß, im Beisein der ihn umgebenden Knechte Gottes zu fällen. Als er nun in der Zuversicht seines standhaften Geistes den Baum zu fällen begonnen hatte, verwünschte ihn die große Menge der anwesenden Heiden als einen Feind ihrer Götter lebhaft in ihrem Innern. Als er jedoch nur ein wenig den Baum angehauen hatte, wurde sofort die gewaltige Masse der Eiche von höherem göttlichen Wehen geschüttelt und stürzte mit gebrochener Krone zur Erde, und wie durch höheren Winkes Kraft barst sie sofort in vier Teile, und vier ungeheuer große Strünke von gleicher Länge stellten sich, ohne daß die umstehenden Brüder etwas dazu durch Mitarbeit getan, dem Auge dar. Als dies die vorher fluchenden Heiden gesehen, wurden sie umgewandelt, ließen von ihrem früheren Lästern ab, priesen Gott und glaubten an ihn. Darauf aber erbaute der hochheilige Bischof, nachdem er sich mit den Brüdern beraten, aus dem Holzwerk dieses Baumes ein Bethaus und weihte es zu Ehren des heiligen Apostels Petrus."[9]

Bezeichnend für die Missionsarbeit des Bonifatius und seiner angelsächsischen Mitarbeiter war die starke Bindung an das Papsttum in

Christus am Kreuz auf einem germanischen Grabstein (7. Jh.), gefunden in Moselkern (Nordrhein-Westfalen)

Auf der frühmittelalterlichen Abbildung (9. Jh.) ist links zu sehen, wie Bonifatius die Taufe spendet, rechts, wie er den Märtyrertod stirbt. Dieser ist drastisch dargestellt: Während der Soldat auf der linken Seite ihm mit dem Schwert die Schläfe durchbohrt, stößt ihm der andere die Lanze in den Rücken.

Rom, der Rückhalt der angelsächsischen Heimatkirche und der Schutz durch die Frankenherrscher und den Adel. Ihre Missionsarbeit war keine staatliche Zwangsmission. Ihnen ging es um Freiwilligkeit und innere Umkehr. Es gab keine zwangsweisen Massentaufen.

732 machte der Papst Bonifatius zum Erzbischof. Er erhielt die Würde eines „päpstlichen Vikars" für ganz Germanien. Im Auftrag des Papstes und mit Unterstützung der Frankenherrscher ordnete Bonifatius die fränkische Kirche neu. Er gründete neue Bistümer und suchte vor allem den Klerus zu einer besseren Disziplin zu veranlassen.

Am Schluß seines Lebens knüpfte Bonifatius noch einmal an den Anfang seiner Missionsarbeit unter den Friesen an. Auf einer Missionsreise wurden er und seine Begleiter von „heidnischen" Friesen umzingelt. Unter Berufung auf die Bergpredigt verzichteten sie auf Gewalt und ließen sich töten (754). Bonifatius wurde im Benediktinerkloster Fulda, das 744 in seinem Auftrag gegründet worden war, beigesetzt. An seinem Grab versammeln sich seit 1867 jedes Jahr die katholischen Bischöfe Deutschlands. Ihr Zusammenschluß heißt darum Fuldaer Bischofskonferenz.

Bekehrung auf Island

Als letzte der von Germanen bewohnten Länder wurden die skandinavischen Länder christianisiert. Die ersten Missionsversuche begannen unter Ansgar (801-865), Erzbischof von Hamburg, und 832 mit der Mission unter den Dänen, Schweden und Slawen betraut. Ansgar richtete eine Missionsstation in Birka am Mälarsee/Schweden ein; doch nahm erst im 11. Jahrhundert König Olaf Schloßkönig die Taufe an. Dänemark wurde zuerst von Hamburg aus missioniert. Die Taufe des Dänenkönigs Harald Blauzahn (936-986) war ein Erfolg der deutschen Mission. Später wurde hier der Einfluß englischer Priester und Bischöfe stärker. Auch in Norwegen wurde im 10./11. Jahrhundert das Christentum mit Hilfe englischer Priester und auch mit obrigkeitlichem Druck eingeführt.

Politisch war Island ein Freistaat. Seine wichtigste Einrichtung war der Allthing, eine Volksversammlung, die alljährlich zur Gesetzgebung und zur richterlichen Entscheidung in Streitsachen zusammentrat. 981 kamen zwei Missionare nach Island, ein deutscher Missionsbischof und ein isländischer Bauernsohn, der von jenem getauft worden war. Nach fünfjähriger Tätigkeit mußten sie das Land verlassen. Einige wenige Familien hatten sich taufen lassen; vielfach waren die Missionare auf schweren Widerstand gestoßen. Doch war der Boden für künftige Missionsversuche bereitet. Zwei weitere Missionare konnten mit Hilfe des norwegischen Königs in Island wirken. Ihr Vorgehen war freilich nicht ganz friedlich; auch jetzt gab es Widerstand.

Auf dem Allthing des Jahres 1000 gab es zwei etwa gleich starke Parteien, eine christliche und eine „heidnische"; sie waren beide schwer bewaffnet. Schließlich einigte man sich, daß der Gesetzessprecher Thorgeir, ein „Heide", eine verbindliche Entscheidung für alle treffen sollte.

Der isländische Priester Ari Thorgilsson (gest. 1148) hat im 7. Kapitel seines „Isländerbuches" die Entscheidung so dargestellt: „[Da]... legte sich Thorgeir nieder, breitete sich seinen Mantel über und lag den ganzen Tag und die folgende Nacht und sprach kein Wort. Aber am nächsten Morgen richtete er sich auf und ließ ansagen, die Leute sollten zum Gesetzesfelsen gehen. Und als die Männer dorthin kamen, da hub er seine Rede an und sagte, es bedünke ihn, daß ihre Verhältnisse in eine unhaltbare Lage geraten seien, wenn nicht alle ein und dasselbe Gesetz hier im Lande haben sollten. Er stellte den Männern in mannigfacher Weise vor, daß man es dahin nicht kommen lassen dürfe, und sagte, das würde zu einer solchen Zwietracht führen, daß gewiß zu erwarten sei, daß Mord und Totschlag unter den Landsleuten entstehen würde, wodurch das Land veröden würde. Er erzählte davon, wie die Könige von Norwegen und von Dänemark lange Zeit in Kampf und Streit miteinander gelegen hätten, bis die Landesangehörigen Frieden zwischen ihnen gestiftet hätten, obwohl sie selbst es nicht wollten. Der Beschluß wurde so ausgeführt, daß sie einander zur Stunde kostbare Geschenke sandten, und der Friede hielt unter ihnen, solange sie lebten. ‚Nun aber scheint es mir rätlich‘, sagte er, ‚daß auch wir nicht die bestimmen lassen, die sich am feindlichsten gegenüberstehen, sondern lieber einen Ausgleich zwischen ihnen suchen, so daß beide Teile in etwa ihren Willen bekommen, alle aber ein Gesetz und einen Glauben haben. Es wird sich bewahrheiten, daß, wenn wir den Gesetzverband zerreißen, wir auch den Frieden zerreißen.‘ Er schloß seine Rede mit dem Erfolg, daß beide Teile zugestanden, daß alle ein Gesetz haben sollten, welches er für gut befinden würde, ihnen vorzutragen.

So wurde nun dies als Gesetz verkündet, daß alle, die hierzulande noch ungetauft wären, Christen werden und die Taufe annehmen sollten; aber für die Kindesaussetzung und das Pferdefleischessen sollten noch die alten Gesetze gelten. Opfern sollte man heimlich, wenn man wollte, doch bei Strafe des Lebensringzauns [= dreijährige Landesverweisung], wenn Zeugen dafür beigebracht würden. Doch schon nach wenigen Jahren wurde dieser heidnische Brauch abgeschafft gleich den andern. Diesen Vorgang, wie das Christentum nach Island kam, erzählte uns Teit.“[10]

Thorgeir wollte, daß auf jeden Fall der Friede gewahrt bliebe. Mit bestimmten Zugeständnissen, die freilich dann bald abgeschafft wurden,

Eine germanische „Dreifaltigkeit“: Dem isländischen Chronisten Snorri Stulurson zufolge begegneten König Gylfi von Schweden die Götter von Angesicht zu Angesicht. Deutlich von Snorris Verständnis der Dreifaltigkeit beeinflußt, werden sie hier als drei Gottheiten dargestellt, „der Hohe, der Gleich Hohe und der Dritte“.

beschwichtigte man zunächst die unterlegene Seite. Dies bedeutete den Sieg für die christliche Seite. „Die offizielle Annahme des Christentums auf dem isländischen Allthing im Jahre 1000 steht ohne Parallele in der germanischen Bekehrungsgeschichte."[11] Lange Zeit meinte man, daß der Glaubenswechsel allein aus politischer Opportunität, jedoch ohne eigentliche religiöse Begründung erfolgt sei. Neuerdings hebt man stärker die überzeugende Kraft des Christentums als Erlösungsreligion hervor.

Die Germanen und das Christentum

Fast durchweg ist der Übertritt der Germanen zum Christentum freiwillig erfolgt. Das läßt nach den Gründen fragen. Entscheidend waren wohl nicht äußere Gründe, die immer auch eine Rolle spielten, wie etwa die Staatsräson bei Chlodwig. Fragt man nach den inneren Gründen, so lassen sich drei vor allem hervorheben:

1. Vielfach erfolgte die Bekehrung zum Christengott, nachdem man seine helfende Macht erfahren hatte. Das gilt für den Franken Chlodwig wie den Northumbrier Edwin und für viele andere.

2. Auch die Botschaft von Christi Sieg über Tod und Teufel machte auf die Germanen großen Eindruck; sie erwarteten selbst ja im Ragnarök (= „Göttergeschick") den endgültigen Sieg der Götter über die dämonischen Mächte.

3. An Stelle des Glaubens an ein blindwaltendes Schicksal, wie er für die germanische Religion in ihrer Spätzeit bestimmend war, verkündigten die Christen die Botschaft von Gott, dem Vater, dem Schöpfer und Herrscher der Welt.

Der Grabstein aus Niederdollendorf bei Bonn, 7. Jh., zeigt eine der frühesten uns bekannten Christusdarstellungen aus dem germanischen Raum. Christus erscheint in der strahlendurchbrochenen Aureole mit einer Lanze, dem germanischen Symbol des Königtums. Er steht auf schlangenartigen Dämonen. Vielleicht symbolisieren die unteren Linien auch die Midgardschlange, nach germanischer Mythologie ein personifiziertes Ungheuer, das Midgard, die Lebenswelt des Menschen, umschließt.

VII. Kirche in der mittelalterlichen Welt

„Mittelalter“ – schon das Wort hat heute für viele Menschen einen merkwürdigen, schillernden Klang. Als Zwischenzeit gilt das Jahrtausend nach dem Ende der römischen Antike als minderwertig, zurückgeblieben, ja barbarisch. Erst im 14. und 15. Jahrhundert erlebten antike Bildung, Kunst und Wissenschaft eine Wiedergeburt (Renaissance). Ähnlich wird die Entwicklung in dieser Zeit bewertet: Je mehr sich die päpstliche Herrschaft ausbreitete, um so mehr verlor sich die ursprüngliche Reinheit in Lehre und Leben. Erst vor und in der Reformation kamen diese verschütteten Quellen wieder ans Licht – davor, das war „finsteres Mittelalter“. Dieser abwertenden Sicht steht eine vielfache Begeisterung für die mittelalterliche Welt und ihre Menschen gegenüber. Ausstellungen über vergangene Zeiten ziehen Hunderttausende in ihren Bann. Zuweilen spricht daraus auch eine regelrechte Sehnsucht nach vermeintlich klaren Verhältnissen früherer Zeiten, aber insgesamt überwiegt doch die Bewunderung. Was wir heute noch sehen können, läßt uns spüren, unter welch schwierigen Bedingungen die Menschen des Mittelalters Höchstleistungen vollbrachten: die Schreiber in den Klöstern, die Baumeister der Kirchen, die Goldschmiede der kirchlichen Geräte, die Theologen in der Lehre, Missionare in der Ausbreitung des Christentums. Trotzdem gab es in vielen Lebensbereichen eigentümliche Widersprüche, Einheitlichkeit suchen wir vergebens. Aber die ganze Vielfalt des Lebens wurde zusammengehalten von der einen Klammer des christlichen Glaubens, zunehmend in römischer, westlicher Prägung. Bis ins 13. Jahrhundert wurde diese Klammer auch nicht gesprengt durch den erbitterten Streit darüber, wer in der Christenheit herrschen solle: *Papst oder Kaiser?*

Die Kirche wendet sich den Franken zu

Als Folge der großen germanischen Völkerwanderung war das Römische Reich Ende des 5. Jahrhunderts zerbrochen. Neben den islamischen Reichen in Nordafrika und Spanien sowie dem Oströmischen Reich hielten sich bis ins 8. Jahrhundert auf weströmischem Boden nur noch die Angelsachsen, die Langobarden – und die Franken. Im Zuge der von den römischen Bischöfen tatkräftig geförderten Ausbreitung des Evangeliums unter den germanischen Stämmen näherte sich die Kirche diesen

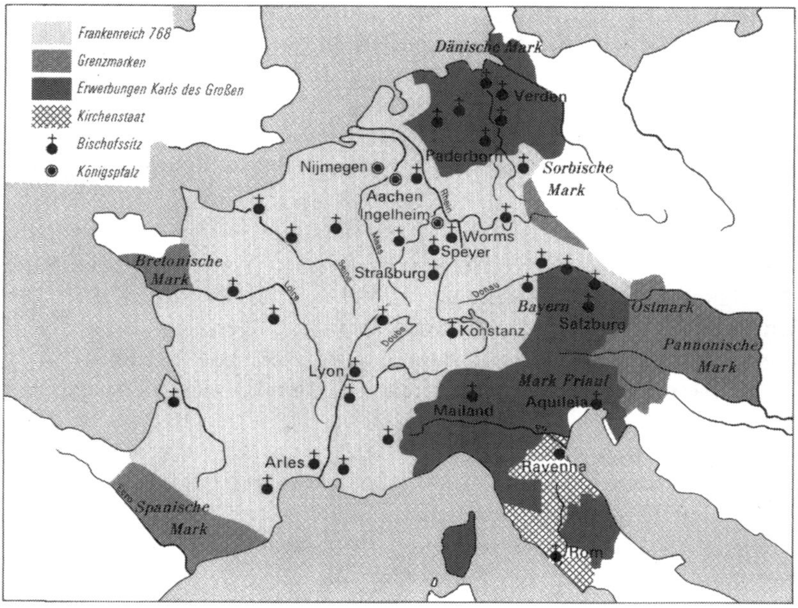

Reich Karls des Großen
König Karl kannte keine ständige Hauptstadt. Er regierte und sprach Recht an den einzelnen Pfalzen (von lat. palatium = Palast) und Bischofssitzen, an denen er sich mit seinem Gefolge aufhielt. Die Pippinsche Schenkung erweiterte den von den Päpsten seit dem 4. Jh. durch Schenkungen bereits erworbenen Grundbesitz, das sog. Patrimonium Petri, um Rom.

immer mehr an und entfremdete sich auf der anderen Seite zunehmend von Byzanz.

Schon 740 wandte sich Papst Gregor III. an den selbstbewußten Hausmeier (oberster Hofbeamter) Karl Martell aus dem Geschlecht der Karolinger und bat um Hilfe im Kampf gegen die Langobarden. Karl Martell und nach ihm seine Söhne Pippin und Karlmann schützten das Frankenreich, vergrößerten es und suchten dem Christentum zum Sieg zu verhelfen. Sie waren die eigentlichen Könige – die Könige aus dem Geschlecht der Merowinger führten dagegen nur ein Schattendasein. Schließlich wählte eine fränkische Heeresversammlung Pippin zum König, und Bonifatius salbte ihn mit heiligem Öl. Auch der Papst kam eigens über die Alpen und wiederholte im Sommer 754 demonstrativ die Salbung Pippins und seiner Söhne Karl und Karlmann. So bekamen die fränkischen Hausmeier neben der Macht auch die kirchliche Weihe. Zugleich erhob der Papst Pippin zum *Schutzherrn der Römer*. Diese

Aufgabe hatte bisher der oströmische Kaiser wahrzunehmen. Die Ereignisse sind in zweifacher Hinsicht bedeutend: Der Papst *rechtfertigte und heiligte* die fränkische Königsherrschaft. Zugleich *befreite* er sich von byzantinischer Vormundschaft.

Für diese *Sakralisierung des fränkischen Reiches* erwarteten die Päpste entsprechenden Dank. Als Gegenleistung versprach Pippin dem Papst Hilfe gegen die Langobarden, zog über die Alpen und befreite Rom aus der Bedrängnis. Die Gebiete um Rom übergab er dem Papst zum ewigen Besitz: Diese *Pippinsche Schenkung* von 756 begründete die Anfänge des Kirchenstaates. (Vgl. Detail in der Karte. Der Kirchenstaat wurde bis 1869/70 mehrfach vergrößert, seit 1929 gibt es nur noch einen Vatikanstaat in Rom in einer Größe von 0,44 km^2.)

Im Jahre 800 näherten sich Kirche und Franken einander weiter an. König Karl war nach Rom gekommen, um Papst Leo III. im Streit mit dem römischen Adel zu helfen. Da setzte ihm der Papst während der Weihnachtsmesse eine Krone aufs Haupt und beugte huldigend die Knie. Zur Bestätigung riefen Geistliche und römisches Volk: *„Karl, dem Erhabenen (Augustus), dem von Gott gekrönten, großen und friedenschaffenden Kaiser der Römer, Heil und Sieg!"* Nach dem Bericht Einhards, dem Geschichtsschreiber Karls, fühlte sich der König durch dieses Vorgehen überrumpelt. Es war der Eindruck entstanden, Karl sei der Kaiser von Papstes Gnaden.

Ein Mosaik aus der Zeit vor der Kaiserkrönung Karls zeigt noch eine andere Auffassung der Kirche. Nach ihr erhalten König und Papst als *gleichrangige* Gewalten ihren Auftrag vom Apostelfürsten Petrus. Die Unterschrift lautet übersetzt: *„Hochseliger Petrus, Du schenkst Leben dem Papst Leo und Sieg dem König Karl."* Petrus verleiht dem Papst das Pallium als Zeichen der bischöflichen Würde und Karl das Banner der Stadt Rom zum Zeichen der übertragenen Schutzherrschaft.

Mosaik aus dem Speisesaal des alten Lateranpalastes: Petrus als Spender der geistlichen und weltlichen Gewalt.

Bischöfe und Äbte als Diener Gottes und des Königs

Karl der Große zog Gelehrte, Dichter und Künstler an seinen Hof. Er bemühte sich weiter um eine verbesserte Bildung der Geistlichen und gründete zahlreiche Schulen an den Bischofssitzen und in den Klöstern des Reiches. Er schuf eine Hofbibliothek und förderte den Bau von Steinkirchen auf beiden Seiten des Rheins. Die Zeugnisse dieser *karolingischen Renaissance* des Geisteslebens sind bewundernswert. So entstanden in der Hofschule von Aachen oder in dem schon 764 gegründeten Kloster Lorsch, das Karl durch zahlreiche Schenkungen förderte, schmuckvoll ausgestattete Handschriften, Elfenbeinschnitzereien und kunstvoll geschmiedete Einbanddeckel für liturgische Bücher. In den Kunst- und Bauwerken der karolingischen Zeit wird die Brücke zwischen Konstantinopel und Aachen betont. Damit soll auch verdeutlicht werden, daß nunmehr der fränkische König und nicht mehr der Kaiser in Konstantinopel als rechtmäßiger Nachfolger des römischen Kaisers gelten sollen.

Begleitet wurde das Schaffen kunstvoller Bücher für den Gottesdienstgebrauch von einer Blüte des liturgischen Gesangs in der römischen Kirche. Papst Gregor der Große († 604) hatte die altchristlichen Gesänge sammeln und neu ordnen lassen. Später entstanden neue Melodien. Diese Gesänge wurden als *Gregorianischer Choralgesang* bezeichnet, obschon dieser selbst nicht von Papst Gregor herrührte.

Seit 850 war dieser einstimmige Gesang im Abendland nahezu überall verbreitet. Während die nachkarolingische Zeit keine Neuschöpfungen hervorbrachte, drängte seit dem 11. Jahrhundert die sich ausbildende mehrstimmige Musik den Gregorianischen Choralgesang zurück.

Die ältesten Tonschriftzeichen waren sog. Neumen (von griech.: neuma = Wink). Sie wurden ohne Notenlinien über den zu singenden Text geschrieben und gaben nur

Blick in das Oktogon des Aachener Münsters

Der dritte Ton der gregorianischen Kirchenmusik. Kapitell aus dem Chorumgang der Abteikirche von Cluny (Ausschnitt), um 1095: Auf zwei Kapitellen sind die acht Töne der gregorianischen Kirchenmusik symbolisch durch Musiker oder Tänzer dargestellt. Der dritte Ton wird durch einen Zitherspieler wiedergegeben und trägt die Inschrift: „TERTIUS IMPINGIT CHRISTUMQUE RESURGERE FINGIT." Übersetzt heißt dies: „Der dritte (Ton) klingt an und zeigt, wie (daß) Christus auf(er)steht."

die Tonbewegungen ungefähr an. Daher blieb die Kunst des Chorgesangs unvollkommen, denn die Schüler erlernten die zahlreichen Gesangsweisen nur nach dem Gehör. Erst im 11. Jahrhundert entstand das vierzeilige Liniensystem mit Terzabstand. Jetzt konnten die Gesänge sicherer erlernt und vorgetragen werden.

Eine Abtei, in der die Mönche den Choralgesang bis zur Vollkommenheit zu pflegen suchten, schuf nicht nur Bücher für den liturgischen Gesang, sie setzte der Musik auch steinerne Denkmäler: Cluny.

Weil die deutschen Könige – nach den Karolingern auch die sächsischen und salischen Könige – die Kirche nachhaltig förderten, wurde diese auch von den weltlichen Herren abhängig. Germanischen Rechtsanschauungen entsprach es, daß der Grundherr auch über die auf seinem Boden von ihm errichtete Kirche vollständig zu verfügen hatte: Sie war seine *Eigenkirche*. Aber nicht nur sie – alles, „was der Altar um sich versammelte" (Pfarrhaus, Friedhof, geschenkte Ländereien und deren Erträge), war Eigentum des Grundherrn, so wie der Altar selbst: „Um ein wirtschaftliches Unternehmen zu betreiben, nahm der Eigenkirchenherr einen Geistlichen in Dienst."[1] Dieser wurde meist mündlich in sein Amt eingewiesen (Investitur). Dazu erhielt er kirchliche Symbole (Buch, Stab oder Stola).

Selbst Bischöfe waren von Stammesherzögen oder vom König abhängig. Nach dem Zerfall des Karolingerreiches gliederten die sächsischen Kaiser die Kirche in das Staatsgefüge ein. Sie gründeten Bistümer und ließen Kirchen bauen. Bischöfe und Äbte dienten ihnen als Beamte. Der König selbst setzte sie in ihr geistliches und weltliches Amt ein (*Investitur*): Er übergab neben dem *Ring* und dem *Stab* als Symbolen *geistlicher Gewalt* auch das *Zepter* als Zeichen *weltlicher Gewalt*.

Hierfür konnte der König eine entsprechende Gegenleistung verlangen, den sog. *Königsdienst* (lat.: *servitium regis*): Bischöfe und Äbte hatten den König in Regierungsgeschäften zu vertreten, die in der Verwaltung des Hofes tätigen Geistlichen mit Einkommen zu versorgen und dem König Kriegs- und Heeresdienste zu leisten. Außerdem mußten sie Unterkunft, Verpflegung und andere Bedarfsgüter bereitstellen, wenn der König mit seinem Gefolge unterwegs war und in Bischofsstädten oder Klöstern „regierte". Dies wurde nicht immer als Ehrendienst verstanden, der dem König gern geleistet wurde, sondern eher als eine leidige Schuld, die notgedrungen erbracht wurde. Das zeigen Zahlen und Berichte von Betroffenen:

Geschätzter Tagesverbrauch des königlichen Hofes[2]

100	Schweine und Schafe
10	Fuder Wein
10	Fuder Bier
1000	Malter Getreide
8	Rinder
	oder 30 Pfd. Silber.

Dienstleistungen eines Bischofs[3]

König Heinrich II. beabsichtigte, in Regensburg festlichen Hof zu halten. Er befahl dem Bischof Meingaud von Eichstädt, einem Verwandten des Königs, ihm auf der Reise nach Regensburg sein schuldiges *Servitium* abzuliefern. Als der königliche Bote aufgezählt hatte, was der König verlangte und zum Schluß auch noch eine beträchtliche Menge Wein nannte, geriet der Bischof in Zorn: Hat dein Herr den Verstand verloren? Woher soll ich diese Abgaben nehmen? Ich habe selbst kaum genug zum Leben. Früher war ich so reich wie der König, dann hat er mich zu einem armen Pfarrer gemacht, und nun will er auch noch den Königsdienst von mir fordern? Wo soll ich so viel Wein hernehmen? Ich habe selbst für meine eigene Person nur ein einziges Tönnchen Wein, und dieses hat mir mein Amtsbruder von Augsburg für die heilige Messe geschenkt. Beim heiligen Willibald, kein Tropfen soll die Kehle deines Herrn hinabrinnen!

Kampf um die Freiheit der Kirche

Während die Kirche in das Staatsgefüge eingegliedert wurde, ging ihre Freiheit schrittweise verloren. Wirtschaftlicher Reichtum der Klöster machte die Mönche nicht frömmer oder gescheiter. Bischöfe, die ihre Gläubigen für den König bewaffnen mußten, trugen selbst Waffen, gingen auf die Jagd und feierten mit den weltlichen Herren prunkvolle Feste. So verwundert es nicht, daß schon bald auch Reformbestrebungen spürbar wurden. Sie gingen zuerst von dem burgundischen Kloster Cluny aus und griffen auf die ganze Kirche über. Man könnte sie unter das Motto stellen: *„Freiheit für die Kirche"*.

Die Reform von Cluny (Rückkehr zur benediktinischen Regel; Freiheit vom Eigenkirchenherrn; direkte Unterstellung unter den Papst) schärfte über die Klosterbezirke hinaus den Blick für die Nöte der Kirche überhaupt. Die Päpste übernahmen sie für die ganze Kirche. Vor allem Gregor VII. wollte gegen die *Simonie* und die *Priesterehe* vorgehen und zugleich die Wahl der Bischöfe und des Papstes reformieren.

Simonie meinte ursprünglich den Handel mit geistlichen Dingen. Der Name geht zurück auf Apg 8,18-25. Hier wird von dem Ansinnen Simon des Magiers erzählt, der sich gegen Geld die Fähigkeit erkaufen wollte, den Heiligen Geist durch Handauflegen zu verleihen. Im Mittelalter betrachtete man die Investitur durch Laien ebenfalls als Simonie, denn oft erhielten auch Bischöfe ihr Amt gegen Geld.

Priesterehe/Zölibat (von caelebs = unvermählt): Bereits seit dem 5. Jahrhundert wurde von römischen Geistlichen die Ehelosigkeit verlangt. In Wahrheit waren zahlreiche Priester, Äbte und Bischöfe verheiratet oder lebten in eheähnlichen Verhältnissen.

Papstwahl: Leo IX. nahm 1049 die *kaiserliche Ernennung* zum Papst nur unter der Bedingung an, daß die *eigentliche Wahl durch Klerus und Volk in Rom* erfolgen würde. Der Kaiser sollte nach seinem Willen nur das Recht haben, den Kandidaten zu benennen.

Bald wurden erste Reformmaßnahmen beschlossen: Kleriker, die verheiratet waren oder mit einer Frau zusammenlebten, sollten vom Empfang der Sakramente ausgeschlossen (= exkommuniziert) werden. Außerdem wurde verboten, ein kirchliches Amt gegen Entgelt oder umsonst aus der Hand eines Laien anzunehmen (= Verbot der Laieninvestitur). Die Wahl eines neuen Papstes (und Bischofs von Rom) sollten jetzt die sieben Bischöfe der Umgebung Roms und die Priester der Hauptkirchen Roms vorbereiten. Das Vorschlagsrecht des deutschen Königs wurde dadurch weiter eingeschränkt. Schließlich sollten die übrigen Geistlichen und das Volk von Rom durch ihre Zustimmung die Wahl bestätigen.

Wir dürfen uns diese Reformen nicht als allzu durchgreifend vorstellen. Es gab auch in den folgenden Jahrhunderten noch verheiratete Geistliche, Ämter wurden noch immer an ungeeignete, aber zahlungskräftige Kandidaten vergeben, und unter dem Volk von Rom waren eher rivalisierende Adelsfamilien zu verstehen, weniger die einfachen Gläubigen. Sie hatten mit der Wahl des Papstes nicht viel zu tun.

Papst Gregor VII. formulierte im Jahre 1075 die weitgehenden Ziele der kirchlichen Reformpolitik. In 27 Leitsätzen (*Dictatus papae*) kennzeichnete er den Papst als unumschränkten Herrn der allgemeinen Kirche und der Welt!

Aus dem Dictatus papae[4]

Nur der römische Bischof allein kann der allgemeine Bischof genannt werden.

Nur der römische Bischof allein kann Bischöfe absetzen oder Gebannte wieder in die Gemeinschaft der Kirche aufnehmen.

Er allein darf sich der kaiserlichen Insignien bedienen.

Des Papstes Füße allein haben alle Fürsten zu küssen.

Kein Name ist dem seinen in der Welt zur Seite zu stellen.

Ihm ist erlaubt, Kaiser abzusetzen.

Er selber darf von niemandem gerichtet werden.

Die römische Kirche hat nie geirrt und wird auch nach dem Zeugnis der Schrift niemals irren.

Der in diesen Thesen vertretene Anspruch wollte verwirklicht sein. Das war nicht leicht. Als Gregor das Verbot der Laieninvestitur verschärfte, wehrte sich der deutsche König Heinrich IV.: Mit ihm stellten sich 26 deutsche Bischöfe gegen den Papst und erklärten ihn für abgesetzt. Als diese Botschaft in Rom eintraf, sprach Gregor den Bann über den König aus.

Er kleidete seine Verdammung in die Form eines Gebetes: „Heiliger Petrus, du Fürst der Apostel, wir flehen dich an, neige uns gnädig dein

Ohr und höre mich, deinen Knecht an … Es ist mir durch deine Gnade von Gott die Macht gegeben zu binden und zu lösen im Himmel und auf Erden. Hierauf fest vertrauend untersage ich zur Ehre und zur Verteidigung deiner Kirche im Namen des allmächtigen Gottes, des Vaters, des Sohnes und des heiligen Geistes durch deine Gewalt und Autorität dem König Heinrich, dem Sohne des Kaisers Heinrich, der sich gegen deine Kirche in unerhörtem Stolze erhoben hat, die Herrschaft über das ganze Reich der Deutschen und über Italien, und ich löse alle Christen von den Banden des Eides, den sie ihm geschworen haben oder noch schwören werden, und ich verbiete, daß ihm irgend jemand wie seinem König dient.“[5]

Das war ein unerhörtes Geschehnis: der *Gesalbte des Herrn* verflucht, alle Treueide für ungültig erklärt! König und Papst im Widerstreit! Die gegenseitige Verdammung brachte die abendländische Christenheit in arge Gewissensnot. Fast alle Zeitgenossen ergriffen Partei. In zahlreichen Streitschriften versuchten sie, jeweils den Gegner zu widerlegen. Heinrich sah das ganze Königtum in Gefahr. Er mußte um Lösung vom Bann besorgt sein. Deshalb entschloß er sich, den Papst um Rücknahme des Bannes zu bitten. Seine Begegnung mit dem Papst ist in die Geschichte als *Bußgang nach Canossa* (1077) eingegangen.

Heinrich erkannte damit den Papst als höchsten Richter an, und so erhielt er die ersehnte Lossprechung. Gleichwohl konnte sich der Papst mit seinem überzogenen Programm nicht durchsetzen. Heinrich selbst ließ nach der Lösung vom Bann einen Gegenpapst wählen und sich selbst von ihm zum Kaiser krönen. Gregor mußte Rom verlassen und starb 1085 in Salerno.

Einen vorläufigen Abschluß fand der Streit um die Einsetzung in kirchliche Ämter erst 1122 im *Wormser Konkordat*: In diesem Vertrag verzichtete Heinrich V. gegenüber dem Papst auf die Einsetzung der Bischöfe mit Ring und Stab und erlaubte die freie Wahl durch die Geistlichen der Bischofskirche (Domkapitel). Dafür erhielt er vom Papst das Recht zugesprochen, bei der Wahl anwesend zu sein. In Deutschland folgte auf die Wahl die Investitur mit dem *Zepter*, dem Zeichen *weltlicher Herrschaft*. Erst danach wurde der Gewählte geweiht. Dabei erhielt er *Ring und Hirtenstab* als Zeichen seiner *geistlichen Würde*. In Burgund und Reichsitalien konnte der König den Bischof erst nach der Weihe mit weltlichen Gütern belehnen.

Der Vertrag war ein Kompromiß, der die Verhältnisse nicht schlagartig ändern konnte. Der Streit um die höchste Gewalt im Abendland dauerte noch über 200 Jahre. Er führte die Kirche auf eine vermeintliche Spitze der Macht: Als Innozenz IV. 1245 den zuvor gebannten Kaiser

Friedrich II. auch noch abgesetzt hatte, schien es, als sei der Papst nicht nur Herr über die Kirche, sondern über die ganze Welt. Bonifaz VIII. verkündete dies 1302 als kirchliche Lehre. Da schwor der deutsche König noch einmal Treue und Gehorsam – aber der französische König ließ den Papst kurzerhand gefangensetzen. Das Exil von Avignon kündete sich an. Der Papst hatte das berechtigte Anliegen der *Gregorianischen Reform* maßlos überzogen. Ihm ging es um Macht und Herrschaft, nicht mehr um die *Freiheit der Kirche*. Kein Wunder, daß auch von einer Freiheit *in* der Kirche nur wenig zu spüren war. Die zunehmende Machtentfaltung zwang vermeintlich auch dazu, abweichende Entwicklungen in der Kirche gewaltsam zu bekämpfen.

Vom christlichen Leben im Mittelalter

Man kann sich fragen, was die Christen des Abendlandes, die kein weltliches oder geistliches Amt innehatten, von den großen Ereignissen der Zeit mitbekommen haben. Es gab zwar Streitschriften – aber keine Zeitungen; es gab kostbare Bücher für den Gottesdienst – aber keinen Buchdruck; es gab Boten, die Nachrichten überbrachten – aber kein Fernsehen; Kunst verwirklichte sich in der Kirche, im Kloster oder an königlichen Pfalzen – aber nicht in den Dörfern und Wohnungen der Menschen.

Und trotzdem schien das Leben der Menschen vom christlichen Glauben, seinen Festen, seinen Denkmälern durchdrungen. Was sich bei den kirchlichen Feiern an optischen und akustischen Eindrücken entfaltete, war noch völlig ohne Konkurrenz. Die mit Bildern aus der Geschichte Israels, aus dem Leben und Wirken Jesu (z.B. Verkündigung, Geburt, Wunder, Passion), vom letzten Gericht (Erzengel Michael mit der Seelenwaage), vom Allherrscher in der Kuppel des Chores ausgemalten Kirchen waren die *Bibel für die armen Leute* (*Biblia pauperum*).

Farben, Schriftzeichen und Gesänge traf man nirgendwo in solcher Dichte wie im Kirchenschiff. Wenn Ministranten einzogen, in größeren Gotteshäusern die Orgel einsetzte und die Schola sang – das waren Wunderdinge, die die Bauersleute, die Kleinhäusler und bescheidenen Handwerker in grenzenloses Staunen versetzt haben mögen. Menschen, die in aller Regel weder lesen noch schreiben konnten, waren auf die Rede der Mönche, auf die Bilder in den Kirchen und auf die Unterstützung ihrer Glaubensgenossen angewiesen, wenn sie ihr Leben gestalten und seine Krisen einigermaßen überwinden wollten. Was sie wann zu

Der Mensch des Mittelalters vertraute in besonderem Maße auf Jesus als den Heiland. Die Wandmalerei in St. Georg zu Oberzell auf der Reichenau (10. Jh.) zeigt die Auferweckung des Lazarus.

tun hatten, bestimmten sie nicht selbst, sondern die Herren der Kirche – zuallererst durch die Glocken. Immer war die Öffentlichkeit dabei, stachelte zu noch mehr religiösem Eifer an und kontrollierte zugleich. Hier spüren wir den kollektiven Grundzug dieser Zeit. Das gemeinschaftliche Leben entfaltete sich nicht nur im Kloster, sondern auch außerhalb:

Viele Gemeinschaften verbrüderten sich zum Teil über weite Entfernungen hinweg im Gebet.

Die Feier der kirchlichen Feste war ein Gemeinschaftserlebnis, das sich oft über mehrere Tage hinzog und neben den Gottesdiensten und Prozessionen auch (biblische) Schauspiele und andere Unterhaltung einschloß.

Mühselige Wallfahrten zum heiligen Grab in Jerusalem, zu den Gräbern der Apostel Petrus und Paulus (Rom) oder Jakobus (Santiago de Compostela) dauerten mehrere Monate, führten die Menschen in eine ihnen unbekannte Welt hinaus und prägten zugleich ihr Glaubensbewußtsein dauerhaft.

Auch die Sorge um die Alten und Kranken in den Spitälern zeigt diesen Gemeinschaftssinn: Mochten die Alten dort in ihrer „Freizeit" handwerkeln, mitarbeiten an den Hausdiensten und so weiter, zu den Mahlzeiten und zu den gemeinsamen, auch Sang und Spiel erlaubenden Veranstaltungen traf man sich im Zeichen des Glaubens.

Mittelalterliche Pilger. Skulptur aus dem Tympanon des Münsters von Autun/Frankreich, 12. Jh. – Der Pilger rechts ist ein Pilger von Santiago de Compostela, erkennbar an der Muschel auf der Manteltasche. Der Pilger links ist ein Jerusalempilger, erkennbar an dem Kreuz. Die beiden weisen die klassischen Kennzeichen eines mittelalterlichen Pilgers auf: die Mütze, den Pilgerstock und die Tragtasche (für Almosen).

Dieser Glaube erscheint uns heute als ein ohne Vernunft gelebter Glaube. Die Menschen hatten angesichts der ständigen Todesbedrohung durch Krankheit, Epidemien, Unfälle und Überfälle eigentlich nur eine große Hoffnung: das Heil im Jenseits. Der Tod als eine Macht mitten im Leben brachte neben dieser Hoffnung auf Heil, die mitunter zu einer Heilsbesessenheit anwachsen konnte, auch das Gegenteil hervor: eine ausgeprägte Höllenangst. Die Bogenfelder über den Portalen romanischer Kirchen (Tympanon) warnten eindringlich vor der ewigen Verdammnis. Sie forderten aber ebenso werbend zu tugendhaftem Leben auf und versprachen dafür das Paradies.

So gilt das Mittelalter auch als eine Zeit der *kollektiven Angst*, die man mit aller Kraft zu überwinden suchte. Aber das Ende wird nicht als ein Ende der Vergänglichkeit erwartet, nein – der Tod wird zum Siegel

Jüngstes Gericht. Tympanon des Westportals von Ste-Foy in Conques. Die Abtei war ein wichtiges Pilgerzentrum auf dem Weg nach Santiago de Compostela.

der Ewigkeit. Diese Ewigkeit leuchtet in den Bildern der Kirchen über dem mittelalterlichen Alltag, seinem Schmutz, seiner Erbärmlichkeit, seiner Armut, seinen Abgründen. Gegenüber dieser Grundeinstellung gab es scheinbar keine Alternative. Daß man von einem geistlichen oder weltlichen Grundherrn abhängig, ja ihm ausgeliefert war, mußte als gottgegeben hingenommen werden. Aber diese Abhängigkeit drückte die Menschen, sicher mehr als die Frage, wer die (abendländische) Welt regiert, Papst oder Kaiser.

VIII. Der Christliche Osten

Christen aus den orthodoxen Kirchen werden den Menschen im Westen Europas im wesentlichen nur auf zwei Weisen bekannt: Auf Reisen ins östliche Mittelmeer, in die slawischen Länder oder in den Nahen Osten besucht der Reisende bedeutende Denkmäler und Zeugen der orthodoxen Christenheit, etwa die Hagia Sophia in Konstantinopel. Andererseits sind durch die Emigranten und Gastarbeiter auch in Deutschland zahlreiche orthodoxe Gemeinden entstanden. In Städten und Gemeinden, in denen sich evangelische, katholische und orthodoxe Christen begegnen, können alle Kirchen spüren, daß sie zugleich Gebende und Nehmende sind.

Die Orthodoxe Kirche – eine Weltkirche

Wo es diese Möglichkeiten zur Begegnung nicht gibt, bleiben die orthodoxen Kirchen, ihre Geschichte, ihr Glaube und ihre Frömmigkeit den Menschen fremd. Dabei zählt die Orthodoxe Kirche heute ca. 150 Millionen Gläubige in aller Welt, in Deutschland mehr als 650 000. Sie ist somit nach der römisch-katholischen Kirche die zahlemäßig größte christliche Konfession, die in fast allen Ländern der Welt vertreten ist. Die zahlreichen orthodoxen Landeskirchen verstehen sich als die eine Orthodoxe Kirche. Sie sind überzeugt, das urchristliche Erbe in Glaube und Leben durch die Jahrhunderte hindurch treu bewahrt zu haben. *„Orthodoxie"* meint deshalb *mehr* als einfach eine *richtige Lehre*, sondern *rechten Lobpreis Gottes*, der sich im wahren Glauben, in Kult und kirchlichem Leben verwirklicht. Besonderes Kennzeichen dieses Lebens ist die „Göttliche Liturgie des hl. Vaters Johannes Chrysostomus", die die orthodoxen Kirchen miteinander verbindet. Organisiert ist die Orthodoxe Kirche heute in sog. *autokephale* (von griech.: autos und kephalos = eigen/Haupt) und *autonome* Kirchen sowie in orthodoxe Kirchen mit ungeklärtem Rechtsstatus.

Daß neben den orthodoxen Kirchen schon im ersten Jahrtausend weitere Christen im Orient ihre eigenen Wege gegangen sind, ist weitgehend unbekannt. Ein Überblick zur Geschichte der orthodoxen Kirchen soll deshalb auch auf die Geschichte der altorientalischen (oder morgenländischen oder Ost-) Kirchen eingehen.

a) Die autokephalen Orthodoxen Kirchen

Ökumenisches Patriarchat von Konstantinopel
Griechisch-Orthodoxes Patriarchat von *Alexandrien*
Griechisch-Orthodoxes Patriarchat von *Antiochien*; Sitz in Damaskus
Griechisch-Orthodoxes Patriarchat von *Jerusalem*
Russische Orthodoxe Kirche, Patriarchat von *Moskau*
Serbische Orthodoxe Kirche, Patriarchat; Sitz in Belgrad
Rumänische Orthodoxe Kirche, Patriarchat; Sitz in Bukarest
Bulgarische Orthodoxe Kirche, Patriarchat; Sitz in Sofia
Orthodoxe Kirche *Zyperns*, Erzbistum
Orthodoxe Kirche *Griechenlands*, Erzbistum; Sitz in Athen
Orhodoxe Kirche *Georgiens*, Katholikat; Sitz in Tiflis
Orthodoxe Kirche *Polens*, Metropolie; Sitz in Warschau
Orthodoxe Kirche der *Tschechoslowakei*, Metropolie; Sitz in Prag
Orthodoxe Kirche *Albaniens*, Erzbistum; offiziell nicht existent
Orthodoxe Kirche in *Amerika* (früher: Russische Metropolie)

b) Die autonomen Orthodoxen Kirchen

(In Klammern ist das Patriarchat angegeben, dem die betreffende Kirche jurisdiktionell untersteht.)

Erzbistum des Berges *Sinai* (Jerusalem)
Orthodoxe Kirche *Finnlands* (Ökumenisches Patriarchat)
Orthodoxe Kirche *Japans* (Moskau)
Orthodoxe Kirche *Chinas* (Moskau)
Orthodoxe Kirche in *Ungarn* (Moskau)

c) Orthodoxe Kirchen mit ungeklärtem jurisdiktionellen Status

Russische Orthodoxe Auslandskirche
Ukrainische Autokephale Orthodoxe Kirche
Orthodoxe Kirche *Makedoniens*[1]

Die altorientalischen Kirchen (= Ostkirchen): Syrer, Kopten, Armenier

Als 330 Konstantinopel als neue Hauptstadt des Römischen Reiches eingeweiht wurde, veränderten sich bald auch die kirchlichen Verhältnisse im Osten. Der Bischof der Stadt, der zunächst noch dem Metropoliten von Herakleia unterstellt war, erhielt den Titel des Patriarchen. Aus althergebrachten Traditionen galten bereits Rom, Antiochien und Alexandrien als bevorrechtigte Bischofssitze; ihre Rechte wurden vom 1. Ökumenischen Konzil von Nicäa 325 bestätigt. Jerusalem gewann erst im Laufe des 4. Jahrhunderts wieder an Bedeutung. Auf dem Konzil von Konstantinopel (381) räumten die anwesenden 150 Bischöfe dem Bischof dieser Stadt den Ehrenvorrang nach dem Bischof von (Alt-)Rom ein, das Konzil von Chalcedon 451 schließlich sprach Konstantinopel die gleichen Rechte wie Rom zu. Dagegen protestierte Papst Leo I., weil durch die Einfügung von Konstantinopel auf den zweiten Rang die Rechte von Alexandrien und Antiochien verkürzt seien. Zugleich sah er aber auch seinen Primatsanspruch gefährdet. In Konstantinopel hielt man in der Folgezeit die Theorie von der Gleichrangigkeit der fünf Bischofssitze aufrecht. Kaiser Justinian (527-565) verankerte sie in seiner Gesetzgebung. Seit dieser Zeit sprach man von den *fünf Patriarchaten*.

Aus ganz anderen Gründen wurde das Konzil von Chalcedon für viele Christen des Orients zum Anlaß, sich von der byzantinischen Reichskirche zu trennen: Die vom Konzil definierte Lehre, in Jesus Christus seien *zwei* Naturen (die göttliche und die menschliche) unvermischt und ungetrennt vorhanden, fand im Orient zahlreiche Gegner. Sie sprachen von „der *einen* (göttlichen) Natur des fleischgewordenen Logos“. So entstanden die Koptisch-orthodoxe, die Äthiopisch-monophysitische und die Syrisch-orthodoxe Kirche (nach ihrem Organisator Jakob Baradai auch „Jakobitische“ Kirche genannt), die Orthodoxe Kirche Indiens und die Apostolische Kirche Armeniens. Weil in diesen Kirchen fast übereinstimmend die *eine göttliche Natur* in Jesus Christus betont wird, heißen sie auch *monophysitische* Kirchen (von griech.: monos physis = eine Natur). Aus anderen Gründen trennte sich die Nestorianische (assyrisch-orthodoxe) Kirche in Ostsyrien und Persien. Diese „orthodoxen Schwesterkirchen“ (F. Heiler) förderten die christliche Mission im Mittleren und Fernen Osten. So verbreiteten Priester aus Syrien und dem Zweistromland, dem heutigen Irak, die christliche Glaubenslehre bereits im 7. Jahrhundert bis nach Indien und China.

Heute ist die Nestorianische Kirche eine im Iran, Irak, Syrien, Indien, in der ehemaligen UdSSR und den USA zerstreut lebende Gemeinschaft.

Nestorianische Inschrift von Singan fu an der chinesischen Mauer, Ende des 8. Jh.
Der Text besteht aus 306 chinesischen Schriftzeichen. Er gibt die Grundzüge der christlichen Glaubenslehre wieder und berichtet anschließend über die Einführung und Ausbreitung des Christentums in China durch einen syrischen Priester in der ersten Hälfte des 7. Jahrhunderts.

In Indien rief die Ankunft eines syrisch-orthodoxen Bischofs im 17. Jahrhundert die Südindische monophysitische Kirche ins Leben. Die Koptisch-orthodoxe Kirche nahm unter den Arabern (7.-13. Jahrhundert) den Dialog mit dem Islam auf, was zu einer hochstehenden koptisch-theologischen, jetzt aber arabischen Literatur führte. Der Abbruch dieser Diskussion im Reich der Osmanen (16. Jahrhundert) führte zugleich zum geistigen Niedergang. In der Neuzeit nahmen die Kopten lange Zeit führende Positionen in der Landesverwaltung Ägyptens ein. Seit 1954 (Staatspräsident Nasser) verloren sie aber ihre Schlüsselstellung.

Von den altorientalischen Nationalkirchen, die aus der byzantinischen Reichskirche hervorgegangen sind und ihre Selbständigkeit bis heute bewahrt haben, sind die mit Rom vereinten Ostkirchen zu unterscheiden.

Die katholischen Ostkirchen

Auch die Armenische Kirche (ab 300 missioniert) bekannte sich seit dem 6. Jahrhundert zum Monophysitismus. Seit dem Spätmittelalter gab es in ihr aber auch Bemühungen um eine Union mit Rom. Im 18. Jahrhundert entstand so schließlich eine eigenständige Armenisch-*katholische* Kirche. Dieses Beispiel verweist auf die Geschichte der Unionen in der römisch-katholischen Kirche. Seit dem Morgenländischen Schisma strebte Rom danach, die Kircheneinheit wiederherzustellen. Sogenannte „Große" Unionen der Konzilien von Lyon (1274) und Florenz (1439) zerbrachen bald wieder. Dagegen kam es mehrfach zu Unionen mit einzelnen Ostkirchen. Schon 1181 schlossen sich die Maroniten Rom an. Bei anderen orthodoxen Ostkirchen erfolgten nur teilweise Unionen. In der Neuzeit wurden im Osten *fünf katholische Patriarchate* gegründet: die Chaldäische Kirche (1551), die Syrisch-katholische Kirche (1663), die Melkitische Kirche (1724), die Armenische Kirche (1740), die Koptische Kirche (1895).

Alle mit Rom unierten Ostkirchen umfassen heute ungefähr 10 Millionen Gläubige. Das Zweite Vatikanische Konzil verdeutlichte in einem eigenen Dekret die Stellung der katholischen Ostkirchen in der Gesamtkirche.

Rom und Konstantinopel entfremden sich

Die Rivalität zwischen den beiden Metropolen des römischen Reichsverbandes war durch das Konzil von Chalcedon deutlich geworden. Als der byzantinische Kaiser versuchte, den Monophysiten entgegenzukommen, um seine Macht in Syrien und Ägypten zu sichern, verhängte der römische Papst Felix den Bann über den Patriarchen von Konstantinopel. Zugleich beendete er die Kirchengemeinschaft mit der Ostkirche. So zerfiel die Ost und West umspannende Reichskirche zum ersten Mal in zwei Hälften. Erst nach 35 Jahren konnte die Einheit noch einmal mühsam hergestellt werden, weil der Patriarch von Konstantinopel eine Einigungsformel des römischen Papstes angenommen hatte (515).

Kaiser *Justinian* baute das *byzantinische Staatskirchentum* aus: Die kirchliche Verwaltung wurde dem Kaiser untergeordnet, seine Kirchengesetze in die öffentliche Gesetzessammlung aufgenommen. Der Kaiser war nicht mehr nur Freund der Kirche, er war mehr ihr Beschützer, ja ihr Herr. Symbol dieses Staatskirchentums ist der großartige Kuppelbau der zwischen 532 und 537 errichteten Kirche Hagia Sophia in Konstantinopel.

Im ganzen Reich förderte Justinian die Entwicklung der Kirche. Das Mönchtum erlebte unter ihm eine Zeit der Blüte. Erwähnt seien nur der Ausbau von Thessaloniki (Kirche des Hagios Demetrios), die Kirchen von Madaba in Jordanien (biblisch-geographische Karte, Mosaik) und die Kirche des Katharinen-Klosters im Sinai (Türe aus der Zeit Justinians).

Kuppelmosaik der Klosterkirche von Daphni an der „Hl. Straße“ von Athen nach Eleusis (11. Jh., Klostergründung im 6. Jh.). Darstellung Christi als Pantokrator (griech.: Allherrscher)

In der Folgezeit geriet das byzantinische Christentum zunehmend unter Druck von zwei Seiten: vom Westen durch die Papstkirche und vom Südosten durch den aufkommenden Islam. Im Verhältnis zwischen West- und Ostkirche sorgten zudem unterschiedliche Traditionen und Bräuche für Spannungen: Zum Beispiel war der niedere Klerus nicht zur Ehelosigkeit verpflichtet.

Vor allem aber der Streit um die bildliche Darstellung wichtiger Ereignisse der Heilsgeschichte vertiefte den Riß zwischen Ost und West. Ursprünglich hatte das Christentum am Bilderverbot des Dekalog (Ex 20,4) festgehalten. Durch die Begegnung mit der heidnischen Welt entwickelte sich aber im Osten seit dem 4. Jahrhundert eine Wertschätzung der Bilder. Johannes Chrysostomus, Basilius der Große, Gregor von Nyssa und Gregor von Nazianz waren ihre bedeutendsten Fürsprecher. Diese Wertschätzung steigerte sich unter dem Einfluß des Mönchtums zur Bilderverehrung, teilweise zum Bilderkult und Ikonenaberglauben (Ikone von griech. eikon = das Bild). Daran nahmen sowohl einzelne Bischöfe als auch der Kaiser Anstoß. Sie warfen den Bilderverehrern „Götzendienst“ vor. Zudem wollte der Kaiser die Kirche *seiner* Macht unterordnen. Er fürchtete wohl auch, ein übertriebener Bilderkult werde die ihm zukommende Verehrung beeinträchtigen. So

Bildersturm in Byzanz. Übertünchung eines Christusbildes (nach 815). Miniatur aus dem Barberini-Psalter

entbrannte der Bilderstreit (Ikonoklasmus). Kaiser Leo III. ließ um 730 eine berühmte Christusikone am Kaiserpalast entfernen, zwang den ikonenfreundlichen Patriarchen zur Abdankung und suchte den Ikonenkult durch Gesetze zu brechen. Dagegen wehrten sich vor allem die Klöster. Als sich auch der römische Papst auf die Seite der Bilderverehrer stellte, rächte sich der Kaiser am Papst und unterstellte die byzantinischen Gebiete Süditaliens dem Patriarchen von Konstantinopel. „Damit fielen die politischen und kirchlichen Grenzen in Byzanz zusammen und das Startzeichen des großen Schismas zwischen beiden Kirchen war gegeben“[2]. Der weitere Gang des Bilderstreites konnte diese Entwicklung nicht mehr aufhalten. 815 verbot eine Synode noch einmal die Bilderverehrung. Danach wurden erneut zahlreiche Bilder aus den Kirchen entfernt, Malereien zerstört oder übertüncht. Aber am Ende siegten die Ikonenverehrer: Seit der Synode von Konstantinopel (843) ist die Ikonenverehrung in der Ostkirche nie mehr bedroht worden.

Während des Bilderstreites erreichte die Spannung zwischen Ost und West einen weiteren Höhepunkt mit der Kaiserkrönung Karls des Großen durch Papst Leo III. an Weihnachten 800. Die Byzantiner sahen darin einen äußerst feindlichen Akt. Nun standen sich zwei Kaiserreiche gegenüber. Der römische Affront machte zugleich deutlich, daß sich das Papsttum von Byzanz nicht mehr ausreichend geschützt sah. „Die große Kulturellipse des antiken Raumes mit dem Kern im Mittelmeergebiet und den beiden Brennpunkten Rom und Konstantinopel trennte sich nach Art einer neuen Zellteilung. Die westliche lateinische Kirche orientierte sich neu an der Achse, die von Rom in den fränkisch-deutschen Raum vorstieß. Ebenso drang die griechische ‚Zelle' in der Erweiterung ihres geistigen Lebensraumes in den nordost-europäischen Raum, wo die Slawen wohnten, vor." [3]

Das Morgenländische Schisma 1054

Im 9. Jahrhundert folgten neue Streitigkeiten. Als sich Bulgarien vom Ökumenischen Patriarchat (Konstantinopel) löste und ins Römische Patriarchat eingliederte, griff Patriarch Photius die alten disziplinären und rituellen Verschiedenheiten zwischen Griechen und Lateinern auf. Insbesondere verurteilte er die abendländische Lehre vom Ausgang des Geistes aus dem Vater *und* dem Sohn („filioque") als „gottlos" und „lästerlich", als „teuflisches Machwerk". Ihm erschien der römische Papst geradezu als Antichrist. Auf einer Synode in Konstantinopel (867) verhängte Photius den Bann über den Papst. Zwei Jahre später war Photius vom byzantinischen Kaiser abgesetzt, auf einer neuen Synode zum Laien degradiert und exkommuniziert worden. Nun schien der Friede mit Rom wiederhergestellt. In Wirklichkeit schwelte der Streit weiter.

Die römischen Bischöfe betonten ihren Primatsanspruch gegenüber Konstantinopel unverändert. 1053 reiste eine Gesandtschaft Leos IX., angeführt von Kardinal Humbert, zu Gesprächen nach Konstantinopel. Man konnte aber in den Gesprächen mit dem Patriarchen Kerullarios von Konstantinopel keine Einigung in Glaubensfragen und rechtlichen Streitigkeiten (Primat, ungesäuertes Brot bei der Eucharistie, Fasten am Samstag, Priesterehe) erzielen. Daher legte Humbert am 16. Juli 1054 in der Kirche des Patriarchen, der Hagia Sophia, die Bulle nieder, in der der Papst den Patriarchen exkommunizierte, d.h. aus der Gemeinschaft der Gläubigen (vor allem von den Sakramenten), nicht aber aus der Kirche ausschloß. Leo hatte außerdem die kirchliche und politische Oberherrschaft über die byzantinischen Besitzungen in Süditalien verlangt. Daraufhin waren die lateinischen Kirchen in Konstantinopel geschlossen worden. Der Patriarch von Konstantinopel reagierte auf den päpstlichen Bannfluch seinerseits mit der Exkommunikation der Verfasser des römischen Exkommunikationsschreibens. In Humbert und Kerullarios waren sich zwei unbeugsame, stolze und arrogante Männer gegenübergestanden, die für die eigene Vormachtstellung kämpften. Fortan blieb der Name des Papstes in den byzantinischen Kirchenbüchern getilgt. Schon vorher war aus den Kirchen des Westens das Bild des oströmischen Kaisers entfernt worden. Vollendete Tatsache wurde die Trennung der beiden Kirchen erst zur Zeit der unheilvollen Kreuzzüge, als von Rom aus das *Lateinische Patriarchat Konstantinopel* errichtet und die Stadt weitgehend zerstört wurde (1204). Erst 1965 wurden die gegenseitigen Bannflüche aufgehoben. Papst Paul VI. und der Ökumenische Patriarch Athenagoras von Konstantinopel hatten sich im Jahr zuvor in Jerusalem getroffen.

Das Jahr 1054 markiert auch das Ende der ersten von vier *Entwicklungsphasen* (nach F. Heiler) der Orthodoxen Kirche, die mit der Loslösung der orientalischen Nationalkirchen Mitte des 5. Jahrhunderts begonnen hatte.

Die *zweite Hauptperiode* währte von der großen Trennung bis zum Untergang des Oströmischen Reiches (1453). Das byzantinische Staatskirchentum prägte sich noch stärker aus. Das Vordringen des Islam und die katastrophalen Folgen der Kreuzzüge bedrängten zunehmend den Bestand der Orthodoxen Kirche. Äußere Verluste wurden jedoch ausgeglichen durch die fortschreitende Christianisierung der slawischen Völker. Unionsversuche mit der römischen Kirche scheiterten (vgl. S. 106f, „Die katholischen Ostkirchen“).

Die *dritte Periode* beginnt mit dem Fall von Konstantinopel und der Zerstörung des Oströmischen Reiches (1453) und reicht bis zum Ende des Ersten Weltkrieges. Wie schon früher Alexandrien, Antiochien und Jerusalem, so wurde nun auch das vornehmste Patriarchat von islamischen Herrschern abhängig. Die Hagia Sophia wurde zur Moschee, der Wohnsitz des Patriarchen, der Phanar, in ein entlegenes Stadtviertel verwiesen. Der islamische Druck lastete so schwer auf der griechisch-orthodoxen Kirche, daß eine innere Entwicklung kaum mehr möglich war. Die Missionstätigkeit ruhte jahrhundertelang. Nun machte sich Kiew, später Moskau (1589) zum Erben der byzantinischen Orthodoxie. Theologie und Frömmigkeit blühten, aber unter dem Druck des russischen Staatskirchentums konnte sich das Kirchenwesen auch jetzt kaum entfalten. Andererseits nahm die Mission jetzt einen neuen Aufschwung. Im 19. Jahrhundert gab es in Alaska und den USA die ersten orthodoxen Gemeinden (1872 erster russischer Bischofssitz in San Francisco). In Südosteuropa entstanden erst nach Errichtung der Nationalstaaten im 19. Jahrhundert orthodoxe Landeskirchen, z.B. in Griechenland nach der Befreiung von türkischer Oberherrschaft (1833).

Die *vierte Periode* beginnt mit der Wiederherstellung des Patriarchats von Moskau nach der russischen Revolution (1917). Sie ist gekennzeichnet durch eine vorübergehende größere Selbständigkeit der Kirchen gegenüber dem Staat, z.B. in Georgien, Serbien, Rumänien und

Griechenland. In Rußland wurde die Kirche bald erneut unterdrückt. Nach dem Ende des Zweiten Weltkrieges litten auch die orthodoxen Kirchen in den kommunistisch gewordenen Ländern unter dieser Unterdrückung. Erst in jüngster Zeit können diese Kirchen ihr Leben wieder neu entfalten, nachdem ihnen die Regierungen früher beschlagnahmte Klöster und Kirchen zurückgegeben haben (z.B. 1988 das Höhlenkloster von Kiew). Besonders aber ist die vierte Epoche gekennzeichnet durch den Eintritt der Orthodoxen Kirche in die Ökumene. 1920 bahnte das Patriarchat von Konstantinopel freundschaftliche Beziehungen zu allen nichtrömischen Kirchen des Abendlandes an. Orthodoxe Theologen und Bischöfe nahmen regelmäßig an den Tagungen der ökumenischen Bewegungen *Faith and Order* sowie *Life and Work* teil. Die Russisch-orthodoxe Kirche trat 1961 auf der Weltkirchenkonferenz in Neu-Delhi dem Ökumenischen Rat der Kirchen bei. Mehrere orthodoxe Kirchen entsandten Beobachter zum Zweiten Vatikanischen Konzil.

Auch innerlich zeigt die Orthodoxe Kirche in den letzten Jahrzehnten ein neues Gesicht. Einem neu erwachenden Einheitsbewußtsein entspricht die stärkere Rückbesinnung auf die griechische Väterlehre. 1938 fand in Athen der erste orthodoxe Theologenkongreß, 1961 in Rhodos die erste panorthodoxe Konferenz statt. Seit Jahren wird eine neue Konferenz aller orthodoxen Kirchen vorbereitet.

Das byzantinische Missionswerk bei den Slawen

Nach der Überwindung des Bilderstreites begann die Reorganisation der Klöster. Ein neues Zentrum entstand auf dem Athosberg, dem späteren „Heiligen Berg" der Orthodoxie. 961 wurde das erste Großkloster gegründet, die „Größte Lavra" (griech.: Gasse, ursprünglich die Zellen von Einsiedlern, später Ehrentitel weniger Großklöster der Ostkirche auf dem Athos, in St. Petersburg, Sagorsk und Kiew). Auf den Meteora (die „zwischen Himmel und Erde Schwebenden", Felsenmassiv in der thessalischen Ebene) begann das Klosterleben im 11. Jahrhundert, aber schon zuvor hatten dort Eremiten und Asketen gelebt. Im 14. Jahrhundert entstanden dort große koinobitische Klostergemeinschaften. Heute sind auf den Meteora noch sechs Klöster bewohnt.

Nach dem Bilderstreit begann auch eine neue missionarische Tätigkeit von Byzanz aus. Sie unterschied sich prinzipiell von derjenigen der lateinischen Kirche: Die Byzantiner verzichteten auf die Einführung des Griechischen als liturgische Sprache. Sie setzten auf die Volkssprache, weil sie daran glaubten, das Pfingstereignis habe die babylonische

Sprachverwirrung gelöst. Das Evangelium könne nun in allen Sprachen verkündet werden. Beispielhaft gingen die beiden Slawenapostel Kyrill (urspr. Name: Konstantin, †869) und Methodius (†885) aus Thessaloniki vor. Der Herzog von Mähren hatte sie zur Mission in sein Land gebeten. Hier schufen sie für die Anwendung der slawischen Sprache in der Kirche das slawische Alphabet und begannen mit der Übersetzung der Heiligen Schrift. Zwar wurden die Schüler dieser beiden Slawenapostel wieder aus Mähren vertrieben, aber sie brachten die neue Form des Christentums zu den Südslawen an der Donau und auf dem Balkan. Sie entwickelten aus der slawischen Schrift durch Anlehnung an die griechische die kyrillische, die bei den orthodoxen Slawen noch heute gültig ist. Damit schufen sie die Grundlage einer eigenständigen Literatur und Kultur.

Ansicht des Frauenklosters Roussanou (Meteora): Gleichsam zwischen Himmel und Erde schwebt das auf den schroffen Felsen gebaute Kloster. In früheren Zeiten waren die Klöster nur mühevoll über Strickleitern, Seilwinden oder Felsstufen zugänglich.

988, ein Jahrhundert nach dem Tod des Methodius, ließ sich der Kiewer Großfürst Wladimir taufen. Er folgte dem Beispiel seiner Großmutter Olga, die sich schon zwanzig Jahre zuvor in Konstantinopel hatte taufen lassen. Die Legende erzählt, Wladimir habe zehn Botschafter nacheinander zu den Bulgaren, den Deutschen und zu den Griechen geschickt. Sie sollten erkunden, wie diese Gott dienten. Als sie zurückkamen, berichteten sie:

„Wir gingen zu den Bulgaren. Wir beobachteten, wie sie sich dort im Tempel, d.h. in der Moschee, verneigen und ohne Gürtel dastehen. Wenn einer sich verneigt, setzt er sich und blickt hierhin und dorthin wie ein Besessener. Und es ist keine Freude bei ihnen, sondern Mißmut und ein starker übler Geruch. Ihr Gesetz ist nicht gut.

Und wir kamen zu den Deutschen und sahen sie in den Kirchen viele Gottesdienste feiern, aber wir sahen keine Schönheit. Und so kamen wir nun zu den Griechen, und sie führten uns hinein, wo sie ihrem Gott dienen. Und wir wissen nicht, ob wir im Himmel waren oder auf der Erde. Es gibt auf der Erde keinen solchen Anblick und solche Schönheit,

Kyrill und Method bei der Abfassung des slawischen Alphabets. Miniatur aus dem 16. Jh.

und wir sind nicht imstande, es zu erzählen. Nur das wissen wir, daß Gott dort mit den Menschen ist. Und ihr Gottesdienst ist besser als der aller Länder, denn wir können diese Schönheit nicht vergessen. Jeder Mensch nämlich, der das Süße verkostet, nimmt nachher nichts Bitteres mehr. So können auch wir hier nicht mehr leben.‘

Die Bojaren [Adelige] antworteten und sprachen: ‚Wenn das Gesetz der Griechen schlecht wäre, dann hätte es deine Großmutter Olga nicht angenommen, die weiser als alle Menschen war.‘ Wladimir antwortete: ‚Wir wollen gehen und die Taufe empfangen.‘ Sie sprachen: ‚Wo es dir gefällt.‘“[4]

Wladimir erklärte die orthodoxe byzantinische Tradition zur Staatsreligion. Das bewirkte eine gewaltige kulturelle und moralische Umgestaltung in den ihm unterstellten Fürstentümern und Stämmen der heutigen Ukraine und Rußlands. Der Nachfolger Wladimirs, Jaroslaw, ließ zwischen 1037 und 1057 die Sophienkathedrale in Kiew erbauen und setzte den ersten russischen Metropoliten ein, der dem Patriarchen von Konstantinopel unterstand. Etwa gleichzeitig entstand das berühmte Höhlenkloster in Kiew. Es wurde zum geistigen Zentrum Altrußlands. Weitere Zentren orthodoxen Glaubens waren z.B. Novgorod, Sagorsk und Moskau. Bedeutend wurde das Dreifaltigkeitskloster des Sergej von Radonez in Sagorsk. Hier entstanden weltbekannte Darstellungen der Dreifaltigkeit durch den bedeutendsten Ikonen- und Freskenmaler Rußlands, Andrej Rubljow (ca. 1360-1430).

Nach dem Fall von Konstantinopel (1453) veränderten sich die Gewichte der orthodoxen Landeskirchen. Schon wenige Jahre zuvor hatte sich die russische Kirche für autokephal (selbständig, „eigenhäuptig“) erklärt. Nun vollzog der „Metropolit von Moskau und der ganzen Rus“ die Trennung. Moskau fühlte sich als Verteidiger der Orthodoxie gegen die Muslime und gegen die römisch-katholischen Herrschaftsansprüche. In einem Schreiben des Abtes von Pleskau hieß es (1524): „Denn zwei Rome sind gefallen [Rom und Byzanz], aber das dritte steht, ein viertes aber wird nicht sein.“[5]

1589 schließlich wurde die Landeskirche zum Patriarchat und nimmt nun nach Konstantinopel, Alexandrien, Antiochien und Jerusalem den fünften, aber bedeutendsten Platz innerhalb der Orthodoxen Kirche ein. In den folgenden Jahrhunderten gewann die russische Kirche auch ökonomisch eine Machtbasis. Krisen im Verhältnis zur weltlichen Autorität und innere Streitigkeiten kennzeichnen die Geschichte der Russisch-orthodoxen Kirche vom 17. Jahrhundert bis zum Ende des Zarenreiches 1917. Jetzt konnte ein Lokalkonzil das Patriarchenamt wiederherstellen, das Zar Peter I. 1721 zugunsten einer kollegialen Leitung unter staatlicher Kontrolle aufgehoben hatte.

Ausblick

Die politische Öffnung in der ehemaligen Sowjetunion hatte in den letzten Jahren auch der Russisch-orthodoxen Kirche neue Möglichkeiten eröffnet. Mehr als zuvor erkannte man den Beitrag, den die orthodoxe Christenheit für die Erneuerung eines ganzen Landes, ja Europas leisten könnte. Europa, das seine Grenzen weiter öffnet, begreift sich trotz der nationalen Streitigkeiten im Baltikum, auf dem Balkan und in anderen Regionen doch zunehmend als eine Einheit. Es muß sich für die Gestaltung seiner Zukunft auf konsensfähige und bewährte Grundlagen besinnen.

Bischof Irenaios (1990, in seiner kretischen Heimat)

Was der frühere Griechisch-orthodoxe Metropolit von Deutschland, Irenaios, 1979 seinen „deutschen Freunden" zum Abschied sagte, will eine Einladung dazu sein, ohne andere Religionen von der gemeinsamen Verantwortung auszuschließen. Bischof Irenaios leitet seit 1980 wieder ein Bistum in seiner Heimat Kreta:

„Als Ausländer, die in Ihrem gastfreundlichen Lande leben und arbeiten, pflegen wir zwar unterschiedliche kulturelle und geistige Traditionen unserer Heimatländer, als Christen aber begegnen wir den Deutschen auf der gemeinsamen Basis christlichen Glaubens, der ethischen Werte Europas und damit auch Deutschlands.

Und dieser gemeinsame Grund vereinigt uns als Europäer und macht uns zu Brüdern; er hilft uns, die Fehler der Vergangenheit wieder gutzumachen – vor allem die der Kriege zwischen den europäischen Völkern –, und so eine bessere Zukunft unserer europäischen Heimat vorzubereiten.

Erlauben Sie mir, bei dieser Gelegenheit meine Meinung und Überzeugung zu wiederholen, daß die Anwesenheit von mehr als einer halben Million orthodoxer Christen in Ihrem Land nicht nur einen wirtschaftlichen Aspekt besitzt, der Arbeitgeber und Arbeitnehmer betrifft, sondern darüber hinaus ein gegenseitiger Austausch innerhalb der gemeinsamen christlich-kulturellen Tradition ist, wobei sich die Orthodoxie enger an den ursprünglichen christlichen Glauben hielt. Sie kann auch heute zur Erneuerung einer lebenschaffenden christlichen Geistigkeit helfen, die nicht nur zur Entstehung der europäischen Einheit beitragen wird, sondern auch zu einer erneuten Christianisierung der im Laufe der letzten Jahrhunderte entchristlichten ethischen Werte und Traditionen des modernen Europa …

Die Orthodoxie verfügt aber über eine lebendige Spiritualität, die sie in dieser Bemühung der Vereinigung Europas anzubieten hat."[6]

IX. Gewalt im Zeichen des Kreuzes

Es hatten aber alle miteinander verabredet und auch der Herr Papst hatte es ihnen geboten, daß die, die den Zug mitzumachen gelobten, das segensreiche Zeichen des lebendigmachenden Kreuzes auf ihren Kleidern trügen zur Erinnerung an das Leiden, dessen Stätte sie besuchen wollten. Das Gebot des Herrn: „Will mir jemand nachfolgen, der verleugne sich selbst und nehme sein Kreuz auf sich und folge mir", schien wörtlich in Erfüllung zu gehen.

Wilhelm von Tyrus[1]

Die Kreuzzüge

Christus selbst ist der Anführer der Kreuzfahrer. Er reitet wie ein Herzog und König voran, allerdings ohne Rüstung („Mein Königtum ist nicht von dieser Welt", vgl. Joh 18,36). In der rechten Hand hält er die aufgeschlagene Heilige Schrift, im Mund ein Schwert: Den Ungläubigen soll das Wort Gottes gepredigt werden, letztlich auch durch Gewalt (vgl. Offb 1,16; 2,16 oder Mt 10,34). Die Ritter verstehen sich als Lehensleute ihres Herrn: *Seine* Stadt, Jerusalem, wollen sie zurückerobern. Mit seinem Siegeszeichen, dem Kreuz auf Fahnen und Schild, ziehen sie in den Kampf.

Christus als Anführer der Kreuzfahrer, Anfang 14. Jh.

Die Kreuzzüge sind in der Kirchengeschichte heftig umstritten, die Meinungen über ihre Bedeutung sind widersprüchlich und gehen weit auseinander. Betrachten die einen heute die Kreuzzüge als „großartige kriegerische Unternehmungen des christlichen Abendlandes zur Wiedereroberung Palästinas" (K. Bihlmeyer/H. Tüchle), so sagen andere: „Die ganze Kreuzzugsbewegung war ein einziger riesiger Fehlschlag" (S. Runciman) oder sehen in ihr gar „eine fast unausdenkliche Provokation des christlichen Gewissens" (F. Heer). Wer diese Zeit zu würdigen versucht, kommt nicht umhin, auch selbst Stellung zu beziehen. Und leicht wird er dazu das eigene bzw. gegenwärtige Verständnis von Kirche und Christentum als Maßstab nehmen.

In Wirklichkeit stellen die Kreuzzüge eine höchst komplexe Erscheinung dar, und die Kreuzfahrer bewegten vielfältige Motive. Da gab es die religiös Engagierten; manche zogen aber auch aus Abenteuerlust los, aus Neugier, fremde Länder kennenzulernen, um dort das Glück zu machen. Andere trieb Elend und Not in die Ferne, verbunden mit der Hoffnung, im Orient zu Wohlstand und Ansehen zu gelangen. Wieder andere Ritter folgten auch nur den Erwartungen ihrer Umwelt und schlossen sich deshalb dem Kreuzfahrerheer an.

Diese und andere Gründe kannten schon die Zeitgenossen, und dennoch bleibt vieles an der Kreuzfahrerbewegung rätselhaft. Dies empfinden wir heute so, aber auch bereits manche der damals Beteiligten, und deshalb versuchen die alten Berichte häufig, die Vorgänge zu erklären. In den Quellen werden die Geschehnisse gedeutet, oft auch harmonisiert und bestimmten Idealen angepaßt. Dies gilt schon für den *Kreuzzugsaufruf Papst Urbans II.* auf der *Synode von Clermont* in Südfrankreich im Jahre 1095, über den es vier unterschiedliche Berichte gibt. Der unglaubliche Erfolg dieser Rede ist schwer zu erklären.

Aus dem Kreuzzugsaufruf[2]

Ihr wißt, geliebte Brüder, wie der Erlöser der Menschheit, als er uns zum Heile menschliche Gestalt angenommen hatte, das Land der Verheißung mit seiner Gegenwart verherrlichte und durch seine vielen Wunder und durch das Erlösungswerk, das er hier vollbrachte, noch besonders denkwürdig machte. Hat nun gleich der Herr durch gerechtes Urteil zugegeben, daß die Heilige Stadt wegen der Sünden ihrer Bewohner mehrmals in die Hände ihrer Ungläubigen geriet, hat er sie auch eine Zeitlang das schwere Joch der Knechtschaft tragen lassen, so dürfen wir darum doch nicht glauben, daß er sie verschmäht und verworfen habe. Die Wiege unseres

Heils nun, das Vaterland des Herrn, das Mutterland der Religion, hat ein gottloses Volk in seiner Gewalt. Das gottlose Volk der Sarazenen drückt die heiligen Orte, die von den Füßen des Herrn betreten worden sind, schon seit langer Zeit mit seiner Tyrannei und hält die Gläubigen in Knechtschaft und Unterwerfung. Die Hunde sind ins Heiligtum gekommen, und das Allerheiligste ist entweiht. Das Volk, das den wahren Gott verehrt, ist erniedrigt; das auserwählte Volk muß unwürdige Bedrückung leiden. Das königliche Priestertum muß also als Sklave Ziegel brennen; die Fürstin der Länder, die Stadt Gottes, muß Tribut zahlen. Will einem nicht die Seele darüber zergehen, will einem nicht darüber das Herz zerfließen? Liebe Brüder, wer kann das mit trockenem Auge anhören? Der Tempel des Herrn, aus dem er in seinem Eifer die Käufer und Verkäufer hinausgetrieben hat, damit das Haus seines Vaters nicht eine Mördergrube werde, ist nun Sitz des Teufels geworden. Die Stadt des Königs aller Könige, die den anderen die Gesetze des unverfälschten Glaubens gegeben hat, muß heidnischem Aberglauben dienstbar sein. Die Kirche zur heiligen Auferstehung, die Ruhestätte des Herrn, steht unter der Herrschaft derer, die an der Auferstehung keinen Teil haben, sondern als Stoppeln zur Erhaltung des ewigen höllischen Feuers werden dienen müssen. Die ehrwürdigen Orte sind in Schafkrippen und Viehställe verwandelt. Dem preiswürdigen Volke werden die Söhne entrissen und gezwungen, heidnischer Unreinheit dienstbar zu werden und den Namen des lebendigen Gottes zu verleugnen oder mit lasterhaftem Munde zu schmähen, und wenn sie sich den gottlosen Befehlen widersetzen, so werden sie wie das Vieh hingeschlachtet, Genossen der heiligen Märtyrer. Den Tempelschändern gilt jeder Ort, jede Person gleichviel; sie morden die Priester im Heiligtum. Wehe uns, die wir in den Jammer der gefahrvollen Zeit versunken sind, von der der fromme König David, sie im Geiste voraussehend, klagend gesprochen hat: „Gott, es sind Heiden in dein Erbe gefallen; die haben deinen heiligen Tempel verunreinigt. Herr, wie lange wirst du zürnen und deinen Eifer wie Feuer brennen lassen?“ ... „Wehe uns, daß wir dazu geboren sind, unseres Volkes und der Heiligen Stadt Zerstörung zu sehen und dazu stillesitzen zu müssen und die Feinde ihren Mutwillen treiben zu lassen!“ Bewaffnet euch mit dem Eifer Gottes, liebe Brüder, gürtet eure Schwerter an eure Seiten, rüstet euch und seid Söhne des Gewaltigen! Besser ist es, im Kampfe zu sterben, als unser Volk und die Heiligen leiden zu sehen. Wer einen Eifer hat für das Gesetz Gottes, der schließe sich uns an. Wir wollen unseren Brüdern helfen. Ziehet aus, und der Herr wird mit euch sein. Wendet die Waffen, mit denen ihr in sträflicher Weise Bruderblut vergießt, gegen die Feinde des christlichen Namens und Glaubens. Die Diebe, Räuber, Brandstifter und Mörder werden das Reich

Gottes nicht besitzen; erkauft euch mit wohlgefälligem Gehorsam die Gnade Gottes, daß er euch eure Sünden, mit denen ihr seinen Zorn erweckt habt, um solch frommer Werke und der vereinigten Fürbitten der Heiligen willen schnell vergebe. Wir aber erlassen durch die Barmherzigkeit Gottes und gestützt auf die heiligen Apostel Petrus und Paulus allen gläubigen Christen, die gegen die Heiden die Waffen nehmen und sich der Last dieses Pilgerzuges unterziehen, all die Strafen, welche die Kirche für ihre Sünden über sie verhängt hat. Und wenn einer dort in wahrer Buße fällt, so darf er fest glauben, daß ihm Vergebung seiner Sünden und die Frucht ewigen Lebens zuteil werden wird. Unterdessen aber betrachten wir diejenigen, welche im Glaubenseifer jenen Kampf auf sich nehmen wollen, als Kinder des wahren Gehorsams und stellen sie unter den Schutz der Kirche und der heiligen Apostel Petrus und Paulus; sie sollen vor jeder Beunruhigung ihres Eigentums oder ihrer Personen gesichert sein.

In dieser Predigt werden verschiedene Gründe für die Kreuzzugsbewegung genannt: Da ist z.B. der „Verdienstgedanke", vor allem der Erlaß kirchlicher Sündenstrafen. Sehr deutlich wird auch, daß zwei Dinge zusammengehen: einmal der Appell an die ritterliche Ehre, sich im Kampf gegen die Heiden zu bewähren; zum anderen die kirchliche Idee, in der Nachfolge des heiligen Petrus in Jerusalem militärisch das Königtum Christi zu errichten. Auch werden wohl bewußt Emotionen geweckt und Aggressionen freigesetzt.

Dennoch: Am Anfang der Kreuzzugsbewegung stand der *Glaube* der Kreuzfahrer, daß ihr Weg ins Heidenland gottgewollt sei (vgl. den Kreuzfahrerruf: „*Gott will es!*"). Dieser Glaube wurzelte im alten Wallfahrtsgedanken. Schon seit jeher waren Christen zu heiligen Orten, vor allem zum Grab Christi bzw. der Apostel, gegangen. Willig nahmen sie die großen Strapazen des Weges auf sich – ihr Unterwegssein wurde ihnen Symbol für den menschlichen Lebensweg überhaupt. Im Mittelalter gab es drei große Wallfahrtsorte: Jerusalem, Rom und Santiago de Compostela in Spanien.

Das Ziel: Jerusalem

Jerusalem galt als Mittelpunkt oder, wie man auch sagte: Nabel der Welt. Jerusalem – mit diesem Wort verband sich die Vision vom himmlischen Jerusalem, das Himmel und Erde miteinander verbindet (vgl. Offb 21,10ff). Jerusalem war das Ziel der großen Völkerwallfahrt (vgl. Jes 2,2), der Mittelpunkt der Erde (vgl. Ez 5,6), der endzeitliche Ort, wo allen Menschen Heil widerfährt.

Um dieses Ziel zu erreichen, machte sich nun die westeuropäische Ritterschaft auf den Weg zu einem bewaffneten Pilgerzug – einem Kreuzzug. Die ersten, bunt zusammengewürfelten Haufen erreichten ihr Ziel nicht. 1096 brachen mehrere Ritterheere nach Palästina auf und gelangten nach dreijährigen, fürchterlichen Strapazen an ihr Ziel, Jerusalem. Die Stadt wurde nach wochenlanger Belagerung eingenommen. Die Sieger richteten ein entsetzliches Blutbad unter den Bewohnern an und plünderten die Häuser. In einer arabischen Quelle heißt es:

„Die heilige Stadt wurde von Norden her eingenommen, und zwar in den Morgenstunden des Freitags, des 22. Schabans (15. Juli) ... Die Franken mordeten mehr als 70 000 Muselmanen in der Alacsa-Moschee: Unter ihnen befanden sich viele Gelehrte und Leute, die ein frommes und enthaltsames Leben führten und die ihr Heimatland verlassen hatten, um an diesem ehrwürdigen Ort zu beten ...

Die Leute, die Syrien verlassen hatten, kamen nach Bagdad im Monat Ramadan (Ende Juli oder Anfang August). Dort erschienen sie vor dem Staatsrat und gaben einen Bericht, der alle Augen mit Tränen erfüllte. Schmerz war in allen Herzen. Die Leute blieben am Freitag nach ihrer Ankunft in der großen Moschee und riefen die göttliche Barmherzigkeit an. Sie weinten und das ganze Volk weinte mit ihnen; sie erzählten von den Unglücksschlägen, die die Muselmanen von reichen und weiten Gebieten getroffen hatten, vom Massaker an den Männern, von der Verschleppung der Frauen und Kinder und von der Plünderung der Besitztümer. So groß war der allgemeine Schmerz, daß niemand mehr daran dachte, das Fasten einzuhalten.“[3]

In der Folgezeit entstanden auf dem Gebiet Palästinas mehrere Kreuzfahrerstaaten, die aber ständig von ihren Nachbarn bedroht waren. Immer neue Kreuzzüge mußten unternommen werden: Man zählt sieben oder mehr solcher Kreuzzüge zwischen 1096 und 1254. Doch die ungeheueren Anstrengungen blieben schließlich erfolglos – die Kreuzfahrerstaaten waren auf die Dauer nicht zu halten. Noch heute zeugen mächtige Ruinen von den Kreuzfahrerburgen im Heiligen Land; die stärkste und am besten erhaltene ist der Krak des Chevaliers, zu Beginn des 12. Jahrhunderts vom Ritterorden der Johanniter erbaut.

Am Anfang stand eine *religiöse Idee*, die im Lauf der Zeit zunehmend von anderen Interessen überlagert wurde. O. Köhler nennt daher die Kreuzzüge „ein erschütterndes Beispiel dafür, wie die tiefgläubige Einlassung des Glaubens in die Welt, seine ‚Einfleischung‘, einhergehen kann mit einer Selbstentfremdung eben dieses Glaubens“[4]. Vor allem

Das fast expressionistisch wirkende Bild stammt von einem moslemischen Künstler. Es zeigt die Entweihung des Felsendoms durch die Kreuzfahrer bei der Eroberung Jerusalems, des für die Moslems nach Mekka und Medina wichtigsten Heiligtums. Zwar entspricht die Darstellung nicht ganz der historischen Wirklichkeit, denn der Felsendom wurde nicht zerstört, sondern des Halbmondes beraubt und in eine christliche Kirche umgewandelt. Doch zeugt gerade diese Übertreibung von der tiefen Empörung der arabischen Welt über die Barbarei der Christen. Als Sultan Saladin 1187 Jerusalem zurückeroberte, ließ er das goldene Kreuz von der Kuppel herabreißen und durch die Straßen schleifen. Ein Chronist schreibt, sogar die Statuen hätten ob dieses Frevels geweint.

der *vierte Kreuzzug* (1202-1204) zeigt einen solchen Mißbrauch der religiösen Begeisterung: Venetianische Kaufleute leiteten aus Handelsinteressen das Kreuzfahrerheer um nach Byzanz. Die Stadt wurde nach heftigem Widerstand erobert und barbarisch geplündert. Dieser sinnlose Überfall und andere Gewalttaten, die die Kreuzfahrer begingen, belasten noch heute des Verhältnis zwischen den Orthodoxen und den übrigen Christen.

Wie sehr Ideal und Wirklichkeit mehr und mehr auseinanderklafften, verdeutlicht der sogenannte *Kinderkreuzzug* (1212): Jugendliche glaubten allen Ernstes, Gott wolle sich nicht mehr blutrünstiger Schwerter bedienen, sondern ihrer frommen Unschuld. Keiner dieser Jugendlichen erreichte das Heilige Land, kaum einer von ihnen sah seine Heimat wieder. Weitere Beispiele sind der Kreuzzug gegen die „ketzerischen“ Albigenser (um die Stadt Albi in Südfrankreich; Albigenserkriege 1209-1229) oder der Kreuzzug, den der Erzbischof von Bremen gegen die Stedinger Bauern führte, weil sie den Zehnten nicht zahlen wollten (1232-1234). Schließlich ließen die Päpste bei ihren Auseinandersetzungen mit Friedrich II. (1212-1250) selbst gegen den deutschen Kaiser das Kreuz predigen!

Und dennoch ist es historisch falsch, die Zeit der Kreuzzüge undifferenziert nur schwarzweiß zu malen. Es gab ja nicht ständig Kampf, sondern auch friedliche Zeiten, in denen ein reger kultureller Austausch stattfand. Die Kreuzfahrer paßten sich zunehmend ihrer neuen Situation an, teilweise kamen sich Christen und Moslems sehr nahe. In einer Quelle heißt es:

„Wir, die wir Abendländer waren, sind Orientalen geworden … Wir haben schon unsere Geburtsorte vergessen; mehrere von uns wissen sie schon nicht mehr … Manche von uns besitzen in diesem Land Häuser und Diener, die ihnen gehören wie nach Erbrecht; ein anderer hat eine Frau geheiratet, die durchaus nicht seine Landsmännin ist, eine Syrierin oder Armenierin oder sogar eine Sarazenin, die die Gnade der Taufe empfangen hat …; der eine bebaut Weingärten, der andere Felder; sie sprechen verschiedene Sprachen und haben es doch alle schon fertiggebracht, sich zu verstehen. Die verschiedensten Mundarten sind jetzt der einen wie der anderen Nation gemeinsam, und das Vertrauen nähert die entferntesten Rassen einander an.“[5]

Am Ende des Weges

Die Kreuzfahrer dachten, daß Gott seine Stärke durch die Waffen der Kreuzfahrer erweise. Dieser Gottesglaube wurde durch bittere Niederlagen und eine zunehmende Verschlechterung der allgemeinen Lage nicht nur fraglich, sondern immer mehr zur höchsten Anfechtung. Nach Siegen der Moslems klagte ein Templer 1296:

„Ein rechter Tor ist also,
wer den Kampf noch sucht gegen die Türken,
da Gott denen ja alles erlaubt …
Gott, der ehemals wachte, schläft jetzt.
Mohammed aber entfaltet seine ganze Kraft …“[6]

Bereits nach dem Tod Friedrich Barbarossas (1190) auf dem dritten Kreuzzug verzweifelten viele Kreuzfahrer an Gott, der sich seines Heeres nicht annehme, und begingen Selbstmord. Und nach dem Fall von Akkon (1291) meinten die Christen im Orient, Gott könne nicht mehr helfen, sein Sohn sei Moslem geworden!

Eine kritische Ausnahme stellte gegen Ende der Kreuzzugsbewegung *Raimundus Lullus* (1235-1316) dar, der dieser Unternehmung distanziert gegenüberstand und die Kreuzfahrer zu Missionaren umbilden wollte:

Ein Mönch predigt vor Moslems (Holzschnitt, Barcelona, um 1500)

„Ich sehe, wie die Kreuzfahrer über das Meer ins Heilige Land fahren und sich dabei einbilden, daß sie dieses Land mit Waffengewalt erobern könnten. Und am Ende sind sie alle erschöpft, ohne an das Ziel ihrer Absichten gekommen zu sein. Auch glaube ich, daß diese Eroberung sich nur so vollziehen sollte, wie Du es gemacht hast, Herr, mit deinen Aposteln, das heißt mit Liebe, mit Gebet und Tränen. Darum sollten sich die heiligen Ritter auf den Weg begeben, sich das Kreuzeszeichen anheften, sich mit der Gnade des Heiligen Geistes erfüllen lassen und sich daran machen, den Ungläubigen die Wahrheiten des Leidens (Christi) zu predigen.“[7]

Nur eine Episode: Franz von Assisi

Beim Kreuzzug gegen die Stadt Damiette im Nildelta kam es im Jahr 1219 zu einer seltsamen und denkwürdigen Begegnung. Ein Augenzeuge erzählt:

„Als das Heer der Christen vor Damiette im Lande Ägypten angekommen war, machte sich Bruder Franz, gerüstet mit dem Schild des Glaubens … unerschrocken zum Sultan von Ägypten auf. Als die Sarazenen ihn unterwegs aufgriffen, sagte er: ‚Ich bin Christ, führt mich zu euerm Herrn.‘ Als sie ihn dorthin geführt hatten, wurde das wilde Tier, das ihn sah, beim Anblick dieses Mannes Gottes zur Milde gestimmt und hörte mehrere Tage lang sehr aufmerksam den Predigten zu, die er ihm und den Seinen über Christus hielt.“[8]

Dieser zukunftsweisende Weg blieb, äußerlich gesehen, erfolglos – es gab keine Bekehrungen auf moslemischer Seite. Der Sultan schätzte Franziskus „als einen Mann, der allen anderen ganz unähnlich“ war, schickte ihn aber schließlich mit freundlichen Worten wieder zurück. Dieser verließ dann auch die Kreuzfahrer, als sie Damiette eroberten und ein schreckliches Gemetzel anrichteten.

Ein Kreuzfahrer ohne Waffen! Gewaltlos, allein durch die Überzeugungskraft seines Beispiels wollte Franziskus wirken. Diese Art der Auseinandersetzung ist auf einem Fresko in der Kreuzesbasilika in Florenz dargestellt: Franziskus steht im Mittelpunkt, auf ihn sind alle Blicke gerichtet, auch die des Sultans. Die anderen höfischen Gestalten sind fast auf „Gesichter" reduziert – in ihnen spiegelt sich die geistige Konfrontation zweier Welten. Franziskus steht nur scheinbar am Rande: Predigend hält er in der linken Hand das geöffnete Evangelium, die rechte wirbt unterstreichend für seine Botschaft von der Gewaltlosigkeit und Liebe. Das Zeichenhafte, ja Prophetische der Handlungsweise von Franziskus ist unübersehbar.

Nach den Kreuzzügen

Nach dem Ende der Kreuzzüge (Fall Akkons 1291) kam im 14. bis 16. Jahrhundert der Gedanke einer *friedlichen Wallfahrt* nach Jerusalem wieder auf. Davon zeugen noch heute in unserem Lande zahlreiche Jerusalemkapellen mit heiligem Grab oder Kalvarienberge. Eigene Jerusalembruderschaften sorgten sich um die Lage im Heiligen Land, zahlreiche Pilgerberichte erzählten von den dortigen Verhältnissen. Das Zeitalter der Reformation brachte dann einen drastischen Rückgang dieser Wallfahrten.

Krypta der Klosterkirche von Denkendorf (Baden-Württemberg). Die Kirche wurde Anfang des 12. Jh. den Brüdern vom Heiligen Grab in Jerusalem als Stiftung übertragen. Die Öffnung in der Mitte dürfte eine Nachbildung des leeren Grabes Christi gewesen sein.

Die Pilger schifften sich zumeist in Antwerpen, Marseille oder Venedig ein. Die beschwerliche Reise über Rhodos, Kreta, Zypern dauerte mehrere Monate, der Aufenthalt im Heiligen Land nur wenige Wochen. Höhepunkt der Wallfahrt war der Besuch der Grabeskirche, wo viele Ablässe gewonnen werden konnten. Neben den Franziskanern, die sich der Pilger annahmen, versuchten die *christlichen Ritterorden*, insbesondere die Ritter vom Heiligen Grab, die biblischen Stätten zu schützen, indem sie die Idee der „Ritterschaft Christi" (militia Christi) mit

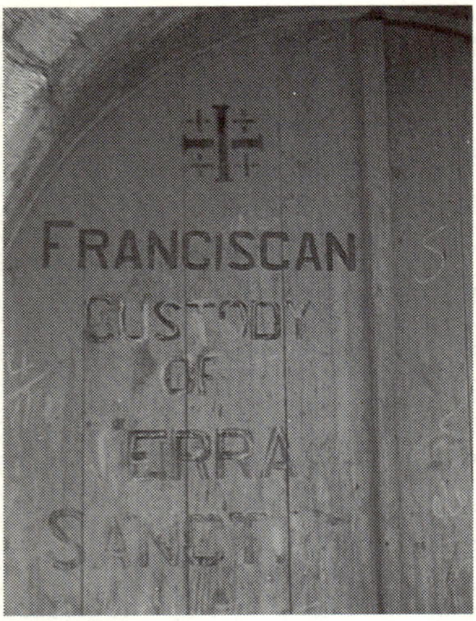

Jerusalem-Kreuz an einem Jerusalemer Portal

mönchischer Lebensform verbanden. Heute hat der Ritterorden vom Heiligen Grab zu Jerusalem seinen Sitz in Rom (!) und seit 1949 einen Kardinal als Großmeister und Leiter. Die Ordenstracht besteht u.a. aus einem weißen Rittermantel mit dem roten, fünffachen Jerusalemkreuz auf der linken Schulter.

Insgesamt vertieften die Fahrten ins Heilige Land die auf Christus zentrierte Frömmigkeit. Auch gab es fruchtbare Begegnungen mit den Moslems und den morgenländischen Christen, die den eigenen Horizont weiteten. Doch wurden die ursprünglich religiösen Motive immer mehr von anderen überlagert, selbst der Kreuzzugsgedanke verflüchtigte sich immer mehr ins Reich der Wünsche und Träume und wurde zur Utopie. Doch blieben große politische Bestrebungen weiterhin mit dem Ritterideal und dem Kreuzzugsgedanken verknüpft. Wir sprechen heute vom Kreuzzug gegen die Armut, den Hunger, die Unwissenheit usw.

Judenverfolgungen

Im Zusammenhang mit dem ersten Kreuzzug kam es zu den ersten abendländischen Judenmassakern. Die Verfolgungen fanden in Frankreich, Lothringen und in den Städten am Rhein wie Worms, Speyer und Mainz statt. Angesichts der ausweglosen Alternative (Wer sich nicht taufen ließ, mußte sterben!) begingen manche Juden vor den anrückenden Kreuzfahrern kollektiven Selbstmord. In einer zeitgenössischen Quelle heißt es von diesen ersten chaotischen Scharen der Kreuzfahrer:

„Sie vernichteten auch die so verruchten Überreste der Juden, als in der Tat geheime Feinde der Kirche, in den Städten, durch welche sie zogen, entweder gänzlich oder nötigten sie, zur Taufe ihre Zuflucht zu nehmen, von denen die meisten jedoch später wie Hunde zum Unrat zurückkehrten."[9]

Bei diesen Verfolgungen handelte es sich um Volksausschreitungen, denen sich die Bischöfe der rheinischen Städte – teilweise mit Erfolg –

widersetzten. Die fanatisierten Volksscharen wollten den Kampf gegen die Ungläubigen und Feinde Christi bereits im eigenen Land beginnen und beschuldigten die Juden, die „Mörder des Heilands“ zu sein. Daß hierbei damals wie auch später ganz andere Motive wirksam waren (etwa Habgier), belegen teilweise schon die Quellen. Auch im späteren Mittelalter gab es immer wieder Judenverfolgungen, besonders dann, wenn es galt, „Sündenböcke“ für allerlei Unglück zu finden. Als um 1350 in ganz Europa die Pest furchtbar wütete, wurden die Juden besonders schlimm verfolgt. Man beschuldigte sie, die Brunnen vergiftet und damit die Seuche verursacht zu haben. Ein Bericht aus Straßburg nennt aber ganz andere „Gründe“:

Judenverbrennung in Diessenhofen (Schweiz), 1401

„Am Samstag auf St. Valentin verbrannte man die Juden in ihrem Kirchhof auf einem hölzernen Gerüst. Es waren ihrer 2 000. Welche sich wollten taufen lassen, die ließ man am Leben. Es wurden auch viele Kinder aus dem Feuer genommen um ihrer Mütter und Väter willen, die getauft wurden. Was man den Juden schuldig gewesen war, das war alles wett, und es wurden alle Pfänder und Schuldbriefe zurückgegeben. Das bare Geld aber nahm der Rat und teilte es unter die Zünfte nach ihrem Verhältnis. Das Geld war auch die Ursache dafür, daß die Juden getötet wurden. Wären sie arm und die Landesherren ihnen nichts schuldig gewesen, so wären sie nicht verbrannt worden.“[10]

Zum Stichwort „*Brunnenvergiftung*“: Es gibt einen christlichen Antisemitismus, der eine schwere, traurige Hypothek darstellt, insbesondere nach den Judenpogromen im Dritten Reich. Bereits im Neuen Testament ist das Klima zwischen Christen und Juden belastet (vgl. etwa das Johannesevangelium), im Mittelalter wurde es mehr und mehr vergiftet. Christen begannen die Juden auszugrenzen und sie in eigene Wohnviertel am Rande der Stadt abzusondern (Gettos). Die meisten Juden lebten nach den kultischen Reinheitsvorschriften des mosaischen Gesetzes, die ja weithin hygienische Bestimmungen darstellten. So wurden sie in der Tat – angesichts der unvorstellbaren gesundheitlichen Verhältnisse in der mittelalterlichen Stadt – eher von Seuchen verschont, und damit war der Teufelskreis geschlossen: Die Anschuldigungen schienen offensichtlich und handgreiflich erwiesen zu sein.

Die Inquisition

„Unendliches Leid ist durch blinde Fanatiker im Namen Jesu, des barmherzigen Herrn der Bergpredigt und der Frohen Botschaft von der Erlösung, über die Menschheit gebracht worden. Wir können es nur mit tiefer Scham und Bestürzung feststellen; fassen können wir es nicht."[11]

Diese Sätze schreibt aus heutiger Sicht der katholische Kirchenhistoriker A. Franzen zu einem, wie er sagt, „der traurigsten Kapitel der Kirchengeschichte". Zum Verständnis der Ketzergeschichte ist es bedeutsam, daß es in der Kirche wohl von Anfang an „Spaltungen" (griech.: schismata) und „Parteiungen" (griech.: haireseis) gab (vgl. 1 Kor 11,19). Nach der Konstantinischen Wende erschien die kirchliche Einheit als höchstes Gut, und deshalb verfolgte man abweichende Meinungen unnachsichtig hart.

Im Mittelalter nannte man die Häretiker *Ketzer* – das Wort kommt von den „Katharern" (griech.: katharoi = die Reinen). In dieser mittelalterlichen Bewegung lebten alte dualistische und gnostische Vorstellungen wieder auf. Die Katharer betrachteten die offizielle Kirche als Teufelswerk, gleicherweise lehnten sie aber auch die weltliche Gewalt ab. Kirche und Staat gingen dann auch gemeinsam gegen die Ketzer vor, am blutigsten im sogenannten „Kreuzzug" gegen die Albigenser. Von der Härte dieser Auseinandersetzungen gibt ein Bericht über die Eroberung der albigensischen Stadt Béziers im Jahre 1209 Auskunft. Anführer der „Kreuzfahrer" war Abt Arnold von Cîteaux, später Erzbischof von Narbonne:

„Sie kamen zu der großen Stadt, die Béziers heißt, in der mehr als 100 000 Menschen gewesen sein sollen, und belagerten sie. Bei ihrem Anblick beschmutzten die Ketzer einen Band des heiligen Evangeliums, warfen ihn von der Mauer auf die Christen herab, schossen mit Pfeilen darauf und riefen: ‚Da seht euer Gesetz, ihr Erbärmlichen!' Christus aber, der Sämann des Evangeliums, ließ das ihm zugefügte Unrecht nicht ungerächt. Denn einige Krieger, vom Glaubenseifer entbrannt, bestiegen wie Löwen – nach dem Beispiel derer, von denen im Buch der Makkabäer geschrieben steht – unerschrocken auf angelegten Leitern die Mauern. Als die Ketzer, durch Gottes Eingreifen erschreckt, zurückwichen, öffneten jene den Nachdringenden die Tore und nahmen die Stadt.

Sie sahen aber aus den Bekenntnissen, daß Rechtgläubige mit Ketzern vermischt waren, und fragten den Abt: ‚Was sollen wir tun, Herr? Wir können nicht zwischen Guten und Bösen unterscheiden.‘ Der Abt, der wie die anderen fürchtete, daß sie sich in Todesgefahr als Rechtgläubige ausgeben und nach ihrem Abzug wiederum zum Unglauben zurückkehren könnten, soll gesagt haben: ‚Haut sie nieder, denn der Herr kennt die Seinen.‘ Und so wurden in jener Stadt Unzählige getötet.“[12]

Inquisitionstribunal. Gemälde von Pedro Berruguete, um 1500

Im 13. Jahrhundert wurde die Inquisition (eigentlich „Untersuchung“) rechtlich genauer festgelegt und die Leitung der Verfahren hauptsächlich Mitgliedern des Dominikanerordens anvertraut. Besonders verhängnisvoll wurde der neue Grundsatz, daß man Anklagen gegen Häretiker nicht nur nachzugehen habe, sondern diese offiziell aufzuspüren wären. Als schließlich die päpstlichen Inquisitoren ermächtigt wurden, Geständnisse auch mit der Folter zu erzwingen, war ein fürchterlicher Teufelskreis geschlossen: Brutalste Foltermethoden, ja, schon die Angst vor der Folter, lieferten Schuldeingeständnisse und falsche Beschuldigungen anderer Unschuldiger.

Viele bittere Einzelschicksale kennen wir nicht. Aber ein besonders trauriger Ketzerprozeß ist geschichtlich rekonstruierbar: Der französische König Philipp der Schöne ließ 1307 den Orden der Templer, der in Frankreich reiche Güter besaß, der Häresie und Unzucht anklagen und etwa 2000 Templer gefangennehmen. Die Ordensritter wurden grausam gefoltert und zu falschen Geständnissen erpreßt. Papst Klemens V., der im Exil in Avignon residierte, gab schließlich den Wünschen des französischen Königs nach und hob den Orden auf. Viele Templer wurden mit ihrem Großmeister öffentlich hingerichtet und verbrannt, die Ordensgüter fielen an die französische Krone.

Friedrich von Spee und die Hexenprozesse[13]

In Würzburg trug es sich zu, daß zu dem Jesuitenpater Spee eine Frau aus Veitshöchheim kam und zu beichten verlangte. Als er sie zu sprechen aufforderte, sagte sie seufzend, sie sei eigentlich nicht des Beichtens wegen gekommen, sondern um seinen Rat einzuholen, da sie gehört habe, er habe vielen Frauen, die als Hexen verbrannt worden wären, in ihrer letzten Not beigestanden. Sie sei nun seit sieben Jahren mit ihrem Manne verheiratet, sie hätten ein Kind miteinander und hätten friedfertig gelebt, bis ihr Mann kürzlich eine wohlhabende Witwe kennengelernt und sich in sie verliebt habe. Seitdem sei er kaltherzig gegen sie geworden, gebe ihr oft harte Worte, lasse sie fühlen, daß sie kein Geld in die Ehe gebracht habe, und bleibe oft nächtelang aus, Spee könne wohl denken wo. Einmal sei sie in ihrem Schmerz zornig gegen ihn geworden und habe ihm gedroht, sie werde sich rächen, wenn er sie verließe; da habe er gesagt, nun sähe er, was für ein Mensch sie sei, sie gehöre zur Hexenzunft und wolle ihm etwas antun, er werde sich aber zu schützen wissen.
Wenn sie sich unschuldig wisse, sagte Spee nach längerem Nachdenken, so rate er ihr doch, daheim zu bleiben. Wohin sie denn wolle? Das würde den Verdacht erst recht auf sie ziehen. Er könne sich nicht denken, daß ihr Mann so schlecht sei, falsches Zeugnis wider sie abzulegen.
Die Frau lächelte dankbar, obwohl sie nur wenig getröstet war, und ging heim, wurde aber schon nach drei Tagen als der Hexerei Angeklagte beim Würzburger Gericht eingeliefert.
Spee, der davon hörte, lief sogleich hin, um ihr beizustehen und kam gerade dazu, als der Mann, das Kind an der Hand, aussagte, was er von ihrer Hexerei wisse. Er habe sie sehr liebgehabt und zur Frau genommen, obwohl sie ihm kein Heiratsgut gebracht habe und er manche andere, begüterte hätte haben können. Seine Freunde und Verwandten hätten damals schon gesagt, das Mädchen müsse ihn behext haben, weil seine Liebe sonst so groß nicht sein könnte, und jetzt glaube er das auch, wenn schon er es damals nicht habe hören wollen; denn seine Liebe habe hernach bald abgenommen und habe also wohl keinen natürlichen Grund gehabt. Erst habe er nichts Fremdartiges an ihr wahrgenommen, außer, daß er zuweilen Kopfweh und Bangigkeit gehabt habe und daß Schmerzen und Angst gleich verschwunden wären, wenn sie ihre Hand auf seine Stirn gelegt hätte. Sie hätte auch besondere Suppen kochen können gegen das Magenweh, und es könne wohl sein, daß sie ihm darin

etwas beigebracht hätte, um ihn an sich zu fesseln. Zuletzt wäre er einmal nachts nach Hause gekommen und hätte sie nicht im Bett angetroffen, und als er da aus dem Fenster in den Garten hinunter gesehen hätte, um sich die Zeit zu vertreiben, hätte da eine große schwarze Katze gesessen und ihn falsch aus grünen Augen angeglotzt. Es könne wohl nicht anders sein, als daß das seine Frau gewesen wäre; denn am folgenden Morgen sei seine Frau wieder da, die große schwarze Katze aber verschwunden gewesen. Schließlich sei das Kind krank geworden und hätte eine mißfarbige, übelriechende Materie ausgespien, wovon der Arzt die wahre Ursache nicht hätte entdecken können, es hätte fast das Aussehen, als habe die Frau es dem Kinde angeblasen, um ihn zu kränken.
Auf Befragen sagte das Kind, ein sechsjähriges Mädchen mit rötlichblonden Locken, die Mutter habe es dreimal angehaucht und dazu etwas gemurmelt.
Die Frau hielt während dieser Zeit ihre sanften Augen düster auf ihren Mann geheftet, sagte aber nichts. Spee, der in großer Unruhe zugehört hatte, zog einen der Richter auf die Seite und sagte ihm, er kenne die Frau, sie sei unbescholten, fromm und gut und habe nichts mit dem Teufel zu schaffen, er bürge dafür. Die Aussage ihres Mannes gelte nicht, wer könne wissen, ob er die Wahrheit sage? Was er da geschwatzt habe, seien ja nur törichte, unbegründete Vermutungen.
Wieso? entgegnete der Richter; der Mann sei ein ordentlicher, gutbeleumdeter Mann, und es werde sicher keiner etwas wider seine eigene Frau aussagen, wenn er es nicht Gott und der Wahrheit zuliebe tun müsse. Gerade weil es der Ehemann sei, der gegen sie zeuge, müsse man es glauben und bedürfe es anderer Zeugen nicht mehr.
Großer Gott, rief Spee, man wisse doch, wie oft Eheleute einander feind würden. Der Mann könne ihrer am Ende gar los werden wollen! Der Richter solle doch bedenken, fuhr er, einem neuen Einfall nachgebend, fort, daß die Frau arm sei, wozu solle man dem Gericht die Kosten aufbürden, sie zu beherbergen, zu beköstigen und endlich zu verbrennen.
Spöttisch das Gesicht verziehend, sagte der Richter, er durchschaue, wo Spee hinaus wolle. Spee müsse aber nicht fürchten, daß der Staat sich wegen der Hexe zu sehr angreife, der Mann müsse für sie zahlen, er habe genug dazu.
Indessen war der Henker gekommen, hatte die Frau entkleidet, das Hexenmal gesucht und sagte vergnügt, da hätten sie einen guten Fang getan. Wenn der Mann sich besser auf die Zeichen verstände, hätte er längst den Bock riechen müssen. Dann holte er eines der Folterwerkzeuge, hielt es ihr vors Gesicht und fragte, ob sie wisse, was das wäre, worauf sie, die bis dahin unverwandt ihren Mann

angesehen hatte, unwillkürlich zurückschauderte und sagte: „Das ist ein Bratspieß." Der Henker begann laut zu lachen: „Ein Bratspieß!" rief er, sich auf die Schenkel schlagend, „Ja, da hast du recht! Wir wollen einen hübschen fetten weißen Braten daran rösten! Da wird uns das Wasser im Munde zusammenlaufen!"

Als er dann, gleichsam versuchsweise, einen eisernen Ring um ihren Arm legte und langsam zusammenschraubte und sie laut aufschrie, schrie auch das kleine Mädchen auf und streckte, das Gesicht jämmerlich verziehend, die Arme nach seiner Mutter aus. Das hübsche Gesicht des Mannes wurde fahl, und er sagte, sie möchten ihn nun gehen lassen, er könne kein Blut sehen; wenn sich einer nur in den Finger schneide, werde ihm übel. Ja, sagte der Richter, wenn er so zimperlich wäre, solle er nur gehen, sie brauchten ihn ohnehin nicht mehr, worauf der Mann, ein wenig geduckt und schleichend wie eine Hyäne, das Kind an der Hand, sich davonmachte. Überhaupt, fuhr der Richter fort, sich an Spee wendend, wäre dies kein öffentlicher Ort, wo alles zusammenlaufen dürfte, Spee solle wiederkommen, wenn er gerufen würde, um das Gewissen zu retten.

Nachdem Spee mehrere Male, die Hände ringend, um das Ordenshaus herumgegangen war und auf der Schwelle noch unschlüssig gezaudert hatte, ging er hinein und bat um Gehör bei seinem Vorgesetzten, den er für einen klugen, verständigen Mann hielt. Er stellte diesem vor, daß sein Gewissen es nicht länger ertrage, so viele unschuldige Menschen Martern leiden und eines schmerzhaften und schmählichen Todes sterben zu sehen, ohne dagegen Einsprache zu tun. Er könne bei Gott beschwören, daß nicht eine von den Frauen, die er zum Feuertode vorbereitet habe, der Zauberei und des Umgangs mit dem Teufel schuldig gewesen sei. Viele von ihnen hätten inmitten einer Marter, wie er selbst sich nicht getrauen würde, sie auszustehen, die Himmelsgüte von Heiligen bewiesen. Der andere fragte nachdenklich, ob etwa Spee sagen wolle, daß alle der Hexerei Beschuldigten unschuldig wären, und es sich dabei überhaupt nur um ein erdichtetes Verbrechen handle?

Das wolle und könne er nicht entscheiden, sagte Spee, obwohl es ihm unwahrscheinlich vorkomme, daß der Teufel fleischlichen Umgang mit Menschen haben sollte; aber er wolle das dahingestellt sein lassen und sich nur an das halten, was er gesehen habe. Das sei keine Justiz, das sei ärger als Raub und Mord. Da seien weder Beweise noch Verteidigung. Die Fürsten, Herren, Geistlichen und Richter, die das anstifteten, zuließen und ausführten, wären gottloser, als der Teufel selbst sein könne.

Hexenverbrennung. Aus einer schweizerischen Handschrift von 1514

In der trefflichen Erzählung von Ricarda Huch wird das ganze Elend der Hexenverfolgungen deutlich. Die Gründe des Hexen-„Glaubens" liegen im Dunkeln und sind wohl letztlich nicht aufzuklären. Daß dabei aber auch sexualfeindliche Motive eine große Rolle spielten, ist offensichtlich. So hatte das Christentum etwa in den „weisen Frauen" der heidnischen Religionen nur eine geheimnisvolle teuflische Macht sehen können und diese aus ihrer sexuellen Beziehung zu den Höllengeistern erklärt.

Im Verlauf des Mittelalters und zu Beginn der Neuzeit verschärften sich die Verfolgungen, die von höchster kirchlicher Stelle abgesegnet waren, und wiesen deutlich Phänomene des Wahns, der „Hexenseuche" aus. Unzählige Frauen endeten auf dem Scheiterhaufen, „kein Alter und Stand entging dem Prozeß" (F. Merzbacher). Verdächtig war jede Frau (eher selten waren es auch Männer!), die irgendwie auffiel: Besondere Schönheit war ebenso gefährlich wie ausgesprochene Häßlichkeit. Manche „Hexen" waren vielleicht auch hysterische oder ansonsten psychisch kranke Menschen, die dann sozusagen der (krankhaften) männlichen Vorstellung vom Teufelskult entsprachen. Im Verfahren dienten als Beweismittel vor allem die Folter und „Proben" (= Prüfungen) mancherlei Art, etwa die Wasserprobe: Ging die (gefesselte!)

Verdächtige im Wasser unter („Wasser nimmt keinen Schuldigen auf!“), dann galt die Angeklagte als unschuldig …

Daß sich prominente Christen gegen diesen Aberglauben wehrten, war die Ausnahme – der Jesuit Friedrich von Spee (1591-1635) gehörte dazu. Beinahe hätte er sein Engagement für die unschuldigen Opfer und die grotesk-verbrecherische Art der Prozeßführung mit seinem Leben bezahlen müssen: Aufgrund eigener (Beicht-)Erfahrung mit ungerecht Beschuldigten setzte er sich (anonym!) vehement für eine neue Denkweise und andere Gerichtsverfahren ein. In seiner Warnschrift über die Hexenprozesse läßt er einen Gewährsmann (wohl Spee selbst) folgendes sagen:

„Deshalb – ich will nun zum Schluß kommen – halte ich es durchaus mit einem hochangesehenen, mir befreundeten Manne, der witzig und wahr zugleich zu sagen pflegte: ‚Was suchen wir so mühsam nach Zauberern? Hört auf mich, ihr Richter, ich will euch gleich zeigen, wo sie stecken. Auf, greift Kapuziner, Jesuiten, alle Ordenspersonen und foltert sie, sie werden gestehen. Leugnen welche, so foltert sie drei-, viermal, sie werden schon bekennen. Bleiben sie noch immer verstockt, dann exorziert, schert ihnen die Haare vom Leib, sie schützen sich durch Zauberei, der Teufel macht sie gefühllos. Fahrt nur fort, sie werden sich doch endlich ergeben müssen. Wollt ihr dann noch mehr, so packt Prälaten, Kanoniker, Kirchenlehrer, sie werden gestehen, denn wie sollen diese zarten, feinen Herren etwas aushalten können? Wollt ihr immer noch mehr, so will ich euch selbst foltern lassen und ihr dann mich. Ich werde nicht in Abrede stellen, was ihr gestanden habt. So sind wir schließlich alle Zauberer …‘“[14]

Mit A. Franzen wird man sagen: „Der ganze Wahn ist nur als traurige Verirrung der Menschheit zu charakterisieren …“ Erst die Aufklärer des 18. Jahrhunderts machten diesem unglaublichen Spuk ein Ende. Die letzten Hexenverbrennungen waren in Kempten/Allgäu 1775, Glarus/Schweiz 1782 und Posen/Polen 1793. – Noch heute und heute wieder spielen merkwürdige Formen des Hexenwesens und -glaubens sowie andere Phänomene des Okkultismus eine beträchtliche, manchmal unterschätzte Rolle.

X. Armutsbewegungen im Mittelalter: „Ketzer“ und Heilige

Armut war ein Thema in der Kirche von Anfang an. Jesus war arm wie auch die Menschen, die sich um ihn scharten. Jesus pries die Armen glücklich (vgl. Lk 6,20). Er konnte auch von einzelnen Menschen Verzicht auf Reichtum fordern. In der Urgemeinde gab es Formen freiwilliger Gütergemeinschaft. Die ersten Christen nahmen sich bewußt der Armen an.

Das Mittelalter kannte zwei Grundformen von Armut, die unfreiwillige und die freiwillige. War die unfreiwillige Armut eine Folge materieller Lebensbedingungen, so gründete die freiwillige vor allem in der von Jesus gelebten und gepriesenen einfachen Lebensweise. Die beiden Formen der Armut beeinflußten und begegneten einander in vielfältiger Weise.

Im 12. Jahrhundert vermehrte sich die Bevölkerung in Europa stark. Es entstanden immer mehr Städte. Die wirtschaftliche Entwicklung beruhte nicht mehr wie bisher hauptsächlich auf Naturalien, sondern auf Geld. Mitten im christlichen Europa entstand – als Folge des wirtschaftlichen Wandels – eine breite Schicht von Armen. Die Folgen dieser Entwicklung waren verschieden. Es kam zu einzelnen Aufständen. In den Städten gründete man Fürsorgeeinrichtungen, die sich um die Armen kümmerten. In diesem Zusammenhang entstanden auch große religiöse Bewegungen, die die freiwillige Armut propagierten. Sie griffen auf das Vorbild Jesu und seiner Jünger zurück. Sie kritisierten den wirtschaftlichen Wandel, teilweise auch eine Kirche, die, reich geworden, sich in

Franziskus vermählt sich mit Frau Armut: ein allegorisches Gemälde aus der Unterkirche von S. Francesco in Assisi (Italien)

Selbstdarstellung und Machtentfaltung verlor. Die mittelalterliche Kirche reagierte unterschiedlich auf die religiöse Armutsbewegung. Teile dieser Bewegung erschienen ihr so gefährlich, daß sie in aller Härte gegen sie vorging. Andere Teile integrierte sie.

Die Waldenser

1177/78 beschloß Petrus Waldes, ein reicher Textilkaufmann aus Lyon, sein Leben radikal zu ändern. Veranlaßt durch die Lektüre der Heiligen Schrift, gab er seinen Reichtum auf und begann als Wanderprediger in seiner Heimatstadt und ihrer Umgebung zu wirken. Er hatte beträchtliche Resonanz. Viele schlossen sich ihm an, Menschen aus der eigenen Gesellschaftsschicht, aber auch solche aus der Unterschicht und dem verarmten Adel. Die Waldenser wollten wie die Apostel predigen, nicht ansässig werden, nichts mitnehmen als einen Stab, kein Brot, keine Tasche und kein Geld (vgl. Mk 6,7-9). Ihr Armutsideal stand ganz im Dienst der Predigtaufgabe. Der Erzbischof von Lyon ließ die neue Bewegung zu, verbot ihr aber die Predigt. 1179 erschien Waldes mit zwei Begleitern vor dem Dritten Laterankonzil. Dort wurden sie einem Glaubensverhör unterzogen: Man machte sich auch lustig über ihre theologische Unbildung. Nach Anweisung des Konzils durften sie in Armut leben; auch predigen konnten sie weiter, freilich nur zu bestimmten Anlässen und mit Genehmigung des örtlichen Klerus. Nach ihrer Rückkehr vom Konzil überprüfte man erneut ihre Rechtgläubigkeit, befürchtete man doch verkappte Ketzerei. Doch Waldes bejahte die Glaubenslehre der Kirche. In seinem Glaubensbekenntnis heißt es:

„Wir glauben an die eine katholische, apostolische und unbefleckte Kirche, außerhalb derer niemand selig wird. Auch die Sakramente, welche unter der Mitwirkung der nicht wahrnehmbaren, unsichtbaren Kraft des Heiligen Geistes in ihr gefeiert werden, verwerfen wir keineswegs, selbst wenn ein sündhafter Priester sie spendet, sofern die Kirche ihn annimmt. Auch tun wir den von ihm vorgenommenen kirchlichen Handlungen oder Segnungen keinen Abbruch, sondern nehmen sie willig an, als sei er völlig rechtschaffen. Wir billigen also die Taufe der Kinder, so wie wir bejahen und glauben, daß sie selig werden, wenn sie nach der Taufe sterben, bevor sie Sünden begehen. In der Taufe aber, so glauben wir, werden alle Sünden vergeben, sowohl jene Erbsünde als auch die mit Willen begangenen Sünden … Auch glauben wir fest und bestätigen, daß ein künftiges Gericht sei, an dem jeder einzelne für das, was er hier im Fleische getan hat, Lohn oder Strafe empfangen wird.

Daß Almosen und Opfer und die übrigen guten Taten den gläubigen Toten nutzen können, bezweifeln wir nicht. Und weil der Glaube nach dem Apostel Jakobus ‚ohne die Werke tot' ist [Jak 2,26], haben wir der Welt abgesagt und haben unseren Besitz, wie es der Herr geraten hat, den Armen gegeben und beschlossen, arm zu sein, so wie wir uns nicht sorgen um den morgigen Tag noch darum, Gold oder Silber oder etwas derartiges von jemand entgegenzunehmen außer der täglichen Nahrung und Kleidung. Auch haben wir den Vorsatz gefaßt, die evangelischen Räte [= Armut, Keuschheit, Gehorsam] wie Gebote zu halten."[1]

1182/83 beendete dann der Erzbischof die Aktivitäten der Waldenser in Lyon. Er ließ sie exkommunizieren und aus seiner Diözese ausweisen. Ungehorsam gegenüber dem Klerus und falsche Inanspruchnahme des Predigtamtes warf man ihnen vor. 1215 beschloß das *Vierte Laterankonzil*:

„Weil aber einige im Gewande der Frömmigkeit ... sich die Ermächtigung zur Predigt zusprechen, sollen – da der Apostel sagt: ‚Wie soll aber jemand verkündigen, wenn er nicht gesandt ist?' (Röm 10,15) – alle, die unerlaubt oder ungesandt ohne Vollmacht vom Apostolischen Stuhl oder dem rechtgläubigen Bischof des Wortes sich öffentlich oder privat das Predigtamt zu usurpieren vornehmen, in die Fessel der Exkommunikation geschlagen werden."[2]

Die Waldenser wurden zu einer Art Untergrundkirche, die sich in Frankreich, Italien, Spanien und Deutschland verbreitete. Die freie Laienpredigt blieb im Mittelpunkt ihrer Aktivitäten. Sie vertraten einen strengen Biblizismus und lehnten darum Eid, Krieg, Blutgerichtsbarkeit und Seelenmessen ab. Das machte sie auch für die weltliche Obrigkeit zu einer Gefahr. Ihre Kritik an der Kirche wurde immer schärfer. Die Kirche kritisierte an den Waldensern vor allem den Ungehorsam gegenüber der kirchlichen Ordnung, laut der das Predigtamt in den Aufgabenbereich des Klerus fällt.

1231 begannen schwere Verfolgungen der Waldenser in Norditalien und Deutschland. Die Waldenser konnten sich trotz der Verfolgungen halten, vor allem in schwer zugänglichen Alpentälern. Im 16. Jahrhundert bildeten sie sich unter Genfer Einfluß zu einer reformierten Kirche um. Sie sind heute eine sehr lebendige Minderheitskirche in Italien.

Die Gegenkirche der Katharer

Seit 1140 traten in Italien und Westeuropa die Katharer auf. Ihr Name stammt von dem griechischen Wort katharos (= rein). Das deutsche Wort Ketzer leitet sich von Katharer ab. Während die Waldenser aus dem katholischen Christentum hervorgingen, hatten die Katharer einen nichtkatholischen Ursprung. Das Katharertum kam aus Kleinasien und gewann bis zum 12. Jahrhundert vor allem auf dem Balkan viele Anhänger.

Die Anschauungen der Katharer basierten auf dem Dualismus zwischen der jenseitigen unsichtbaren Welt, die von einem guten Gott beherrscht wird und das Gute verkörpert, und der irdischen materiellen Welt, die von einem bösen Gott regiert wird und das Böse bedeutet. Der Sündenfall bestand darin, daß der Gott der materiellen Welt Engel in sein Reich lockte und in die von ihm geschaffenen Lebewesen – Mensch und Tier – einsperrte, wobei diese zugleich ihren Ursprung vergaßen. „Erlösung bedeutete für die Katharer die Befreiung der Engel aus der Gefangenschaft und ihre Rückführung in die jenseitige Welt."[3] Die Katharer beriefen sich immer wieder auf die Bibel. Sie zogen vor allem solche Bibelzitate heran, aus denen sich die Ablehnung der materiellen Welt, des Reichtums und der Gewalt belegen ließ. Von daher kamen die Katharer zu einer scharfen Kritik an der mittelalterlichen Kirche. Sie war mit ihrem Reichtum und ihrer Macht nach Anschauung der Katharer ein Werk des bösen Gottes und hinderte die Menschen an ihrer Erlösung.

Man kann bei den Katharern zwei Hauptgruppen unterscheiden: die perfecti oder perfectae (= die Vollkommenen) und die credentes (= die Gläubigen) (vgl. dazu den Lebenslauf Augustinus' S. 66ff). Die perfecti bzw. perfectae waren die eigentliche religiöse Elite. Durch das consolamentum (= Geisttaufe) wurde man in den Kreis der Vollkommenen aufgenommen. Ihre religiöse Praxis bestand vor allem aus einer rigorosen Askese, aus gottesdienstlichen Handlungen und einer intensiven Missionstätigkeit. Zur Askese gehörte Verzicht auf Reichtum und Luxus, Nahrungsaskese und unbedingte geschlechtliche Enthaltsamkeit. Im Zentrum des Gottesdienstes stand die Predigt. Eine wichtige Rolle spielte auch das Brotbrechen. Der älteste anwesende Katharer teilte dabei Brotstücke an die Teilnehmer aus.

Die katharischen Vollkommenen bildeten so etwas wie eine elitäre Mönchskirche. Trotzdem entstand eine Kirche mit großem Anhang. Das lag an den credentes. Das war die große Gruppe derer, die ihr normales Leben weiterleben konnten. Sie unterstützten die Vollkommenen in jeder Beziehung. Durch einen Vertrag zwischen Vollkommenen und Gläubigen versprach ein perfectus dem credens, ihm auf dem Totenbett das consolamentum zu erteilen.

In Südfrankreich, ihrem Hauptverbreitungsgebiet, hatten die Katharer Anhänger in den Städten und unter dem Adel. Der Adel wandte sich auch deshalb den Katharern zu, um die politische und ökonomische Macht der mittelalterlichen Kirche einzuschränken.

Die mittelalterliche Kirche war zunächst sehr unsicher, wie sie mit den neuen Armutsbewegungen umgehen sollte. Erst unter Papst Innozenz III. fand sie zu einer einheitlichen Strategie. Innozenz versuchte den „Häresien" den Boden zu entziehen, indem er kirchentreue Armutsbewegungen in die Kirche integrierte. So bestätigte er die Ordensregel des Franziskus von Assisi (s.u. S. 142). Zum anderen bemühte er sich, den Klerus theologisch und moralisch für eine Auseinandersetzung mit den „Ketzern" zu befähigen. Dominikus und seine Anhänger ermutigte er zu ihrer Tätigkeit unter den „Ketzern" (s.u. S.144f). Er ließ auch Traktate gegen Katharer und Waldenser verfassen. Auch versuchte Innozenz III., die weltlichen Gewalten in den Dienst seiner Pläne zu stellen. 1209 propagierte er einen allgemeinen Kreuzzug gegen die Albigenser (= ein weiterer Name für die Katharer, die im Gebiet von Albi/Südfrankreich besonders häufig anzutreffen waren). So hieß es in dem päpstlichen Schreiben:

„Damit die Heilige Kirche Gottes gegen ihre grausamsten Feinde furchterregend als wohlgeordnete Schlachtreihe zur Vernichtung der Anhänger der ketzerischen Bosheit, die schlangengleich fast die ganze Provence wie ein Krebs angesteckt hat, ausziehen könne, hielten wir es für geboten, die Truppen der christlichen Heerschar aus den umliegenden Gebieten zusammenzurufen, indem wir unsere ehrwürdigen Brüder, die Bischöfe von Couserans und Riez, sowie unsern geliebten Sohn, den Abt von Cîteaux, als die Gesandten des Apostolischen Stuhles zu Führern bestimmten, damit die Verteidiger der Ehre der Heiligen Trinität unter einer dreifachen Leitung von Meistern den Sieg gewinnen möchten.

Darum hielten wir es für notwendig, Eure Gesamtheit zu bitten und zu ermahnen, indem wir es Euch durch apostolische Schreiben befehlsweise auftragen, bei Euren Untertanen durch eifrige Predigt und Ermahnung darauf zu dringen, daß sie zu einem sowohl für sie selbst als für das Ihrige so heiligen Werk einen Gott ergebenen Gehorsam leisten und eine der Kirche dienende Hilfe bringen, indem sie wissen, daß Erlaß der Sünden von Gott und seinem Statthalter allen gewährt sei, welche, vom Eifer des rechten Glaubens entflammt, sich zu einem Werke solcher Frömmigkeit gürten, so daß für sie eine so heilige Arbeit für die Sünden, für die sie dem wahren Gott eine wahre ‚Reue des Herzens' und ein wahres ‚Bekenntnis des Mundes' dargebracht haben, eine ausreichende ‚Genugtuung des Werkes' ist."[4] In den äußerst blutig geführten Auseinandersetzungen (1209-1229) wurden Zehntausende von Menschen umgebracht. Eigentlicher Sieger war die französische Krone, die ihre Besitzungen stark vergrößern konnte. 1231 führte Papst Gregor IX. das Amt des päpstlichen Inquisitors ein. Die Ketzerrichter, vor allem Dominikaner, sollten die Häresie ausrotten. (S.o. S. 128f; 145)

Franziskus von Assisi und seine Minderbrüder

Auch hier stand am Anfang die lebensentscheidende Wende eines einzelnen. Giovanni Bernardone, von seinen Freunden Francesco genannt, Sohn eines reich gewordenen Tuchhändlers in Assisi, genoß sein Leben in vollen Zügen. Doch dann wurde er in einer Fehde seiner Heimatstadt mit Perugia gefangen genommen. Ein Jahr schweren Kerkers brachte ihn zur Umkehr. Beim Gebet in einer halb zerfallenen Kapelle hörte er das Wort: „Geh und richte meine Kirche wieder auf. Du siehst es ja, sie ist ganz zerfallen."[5] Franziskus verstand den Auftrag ganz wörtlich. Er beschloß, die Kirche zu restaurieren, mit dem Geld des Vaters. Im Konflikt mit seinem Vater sagte er sich von diesem los. Nun baute Franziskus die Kapelle mit eigenen Händen wieder auf.

Bei der Einweihung 1208 las der Priester Worte aus der Aussendung der Jünger durch Jesus (Mt 10,7-20). Plötzlich verstand Franziskus seinen Auftrag. Er sollte wörtlich dem Evangelium nachleben und das Evangelium von der Armut predigen. Diese Botschaft, glaubwürdig bezeugt durch Franziskus, stieß auf große Resonanz. Franziskus fand Gefährten. Doch ohne kirchliche Er-

Das wohl einzige, noch zu Lebzeiten von Franziskus entstandene Bild des Heiligen (1224). Franziskus (auf dem Bild: Fr(ater) Fra(n)ciscus) ist noch ohne Heiligenschein abgebildet. Das Bild befindet sich in der Kapelle des hl. Gregor des Klosters S. Benedetto bei Subiaco (Italien).

laubnis zu predigen – das war verboten. So zog Franziskus mit Gefährten nach Rom, um die päpstliche Genehmigung zu erhalten. Der Papst genehmigte schließlich die Predigt des Franziskus und seiner Anhänger. Dazu half sicher, daß diese in Glaubenslehre und kirchlicher Ordnung sich ganz dem Papst unterordneten. Und dieser bestätigte die erste (verlorengegangene) Regel, die Franziskus seinen Gefährten gegeben hatte; sie bestand nur aus Bibelworten. Der Sonnengesang zeigt in besonderer Weise die Spiritualität des Franziskus.

Die Anerkennung der ersten Regel durch Innozenz III. Das von Giotto und seiner Werkstatt geschaffene Bild findet sich in der Oberkirche von S. Francesco in Assisi (Italien)

Der Sonnengesang des Franziskus

Du höchster, du allmächtiger, guter Herrscher,
Dein sind die Glorie, der Preis, die Ehre und jeglicher Segen,
Dir nur, du Höchster, wenden sie sich entgegen,
Und keiner der Menschen ist würdig, dich zu benennen.
Gepriesen sei, du mein Herr, mit allen geschaffenen Wesen,
Vor allem der Frau Sonne, der Schwester,
Die Tag bringt, und du erleuchtest uns durch sie,
Und schön ist sie und strahlend in hellem Entbrennen –
Sie trägt ja deine Zeichen, du Höchster und Bester.
Gepriesen sei, du mein Herr, durch Mond und Sterne, die Brüder,
Du hast sie dem Himmel verliehen als lichte und köstliche Hüter.
Gepriesen sei, du mein Herr, vom Bruder Winde
Und von den Lüften und Nebeln und trüben Wettern und linden,
Durch die du deinen Geschöpfen Erhaltung gewährst und Hilfe.
Gepriesen sei, du mein Herr, durch Schwester Quelle,
Ihr Wasser ist nützlich und keusch, demütig und helle.
Gepriesen sei, du mein Herr, durch Bruder Feuer.
Durch ihn läßt du die Nacht leuchten.
Und er ist stark und mächtig und ist uns heilig und teuer.
Gepriesen sei, du mein Herr, durch unsere Schwester Mutter Erde,
Die hilft, uns regieren und nähren.

Und schenkt sie uns vielerlei Früchte, Buntblumen und Kräuter und Ähren.
Gepriesen sei, du mein Herr, durch sie, die dir zuliebe vergeben
Und Krankheit und Trübsal bestehen.
Ja, selig alle, die in Frieden ertragen:
Sie werden von dir, du Höchster, die Krone empfangen.
Gepriesen sei, du mein Herr, durch unsern Bruder, den Tod der Leiber;
Dem kann kein lebendes Menschenkind enteilen.
Weh allen denen, die sterben in tödlichen Sünden –
Heil allen, die je zu deinem heiligsten Willen sich finden,
Der zweite Tod wird denen nicht Schaden bringen.
Preist meinen Herrn und spendet ihm Dank und Segen
Und bleibt in großer Demut ihm untergeben.[6]

Die franziskanische Bewegung wurde schnell größer. 1223 erhielt der Orden der Franziskaner oder Minderbrüder (abgekürzt: OFM = Ordo Fratrum Minorum) seine endgültige Regel. Franziskus zog sich am Ende seines Lebens von der Leitung des Ordens zurück. Er lebte auf dem Alvernaberg und trug, wie berichtet wird, die Wundmale Jesu an seinem Leib. In seinem Testament beschwor er seine Mitbrüder, ja nicht von der strengen Regel abzuweichen.

Am Anfang des Wirkens des Ordens standen Wanderpredigt und Arbeit. Später traten an die Stelle der Arbeit der Bettel (der Franziskanerorden wird darum auch als Bettelorden bezeichnet), und an Stelle der Wanderpredigt trat immer stärker die Predigt an festen Orten; freilich blieb die Äußere Mission ein wichtiger Arbeitszweig des Ordens. Schon Franziskus hatte ja beim 5. Kreuzzug vor Sultan Al Kamil in Ägypten gepredigt (vgl. S.124f). Vor allem die Städte wurden das Hauptarbeitsfeld der Franziskaner. Dort wirkten sie oft als Pfarrer.

Große Bedeutung erlangten die Franziskaner auch an den Universitäten. Franziskaner wie Bonaventura und Duns Scotus waren bedeutsame Vertreter der jetzt aufkommenden Scholastik (vgl. S.147ff).

Aus der Franziskanerregel von 1223

6. Daß die Brüder sich nichts zu eigen machen sollen; und vom Erbitten der Almosen und von kranken Brüdern

Die Brüder sollen sich nichts zu eigen machen, weder Haus noch Platz noch irgendein Ding. Und als Pilger und Fremdlinge in dieser Zeitlichkeit in Armut und Demut dem Herren dienend, mögen sie vertrauensvoll um Almosen ausziehen, und keine Scham gebührt ihnen, da der Herr sich für uns in dieser Welt arm gemacht hat. Dies ist jene Erhabenheit der tiefsten Armut, die euch, meine teuersten Brüder, zu Erben und Königen im Königreich des Himmels gesetzt, euch arm an Habe gemacht, an Kräften geadelt hat. Dies sei euer Los, das ins Land der Lebenden geleitet. Der sollt ihr, geliebteste Brüder, ganz anhangen und für den Namen unsres Herrn Jesu Christi auf alle Dauer nichts anderes unter dem Himmel haben wollen.

Und überall, wo Brüder sind und sich treffen, sollen sie sich freundlich zueinander zeigen, und sorglos offenbare einer dem andern seine Not: denn wenn eine Mutter ihren leiblichen Sohn nährt und liebt, wieviel liebender muß man seinen geistlichen Bruder lieben und nähren! Und wenn einer von ihnen in Krankheit fiele, sollen die anderen Brüder ihm so dienen, wie sie selbst bedient sein wollen.

...

9. Von den Predigern

Die Brüder sollen im Bistum eines Bischofs nicht predigen, wenn es ihnen von ihm untersagt ist. Und kein Bruder wage vollends dem Volke zu predigen, ehe er vom gemeinsamen Diener dieser Bruderschaft geprüft und anerkannt und ihm das Amt der Predigt von ihm verliehen ist. Ich mahne zudem und erinnere diese Brüder, daß die Sprache ihrer Predigten geprüft und keusch sei, zu Nutzen und Erbauung des Volkes, indem sie Laster und Tugenden, Strafe und Glorie in Kürze der Rede ihnen verkünden; denn ein gekürztes Wort hat der Herr auf Erden gewirkt.[7]

In der Folgezeit kam der Orden durch Stiftungen in den Besitz zahlreicher Klöster und Kirchen. Dies widersprach der Regel. Der Orden spaltete sich in der Armutsfrage in eine milde und eine schroffe Richtung auf. Ein Sieg der schroffen Richtung, der sog. Spiritualen, hätte eine weitere Verbreitung des Ordens sehr erschwert. Die Päpste versuchten darum der milden Richtung zur Hilfe zu kommen, sei es, daß Ausnahmen gestattet wurden, sei es, daß die Güter des Ordens als Eigentum der Kurie bezeichnet wurden, dem Orden nur zur Nutzung übergeben. Ein Höhepunkt des Streits der beiden Richtungen wurde unter Papst Johannes XXII. erreicht. Er verhängte 1317 die Inquisition über die Spiritualen und erklärte 1323 eine wichtige Grundlage des Franziskanertums, daß nämlich Christus und die Apostel kein gemeinsames Eigentum besessen hätten, für häretisch. Dies rief den Widerstand fast des ganzen Ordens hervor; doch wenige Jahre später kehrten die meisten Minderbrüder zum Gehorsam zurück.

Die Dominikaner

Als weiterer Bettelorden wurde 1216 der Dominikaner- oder Predigerorden (abgekürzt OP = Ordo Fratrum Praedicatorum) anerkannt. Sein Gründer war der spanische Kleriker Dominikus Guzmán von Caleruega. Mit ihm beginnt zunächst ein neuer Umgang mit den Katharern. Dominikus nahm die Losung eines spanischen Bischofs auf, den er lange begleitete: „Wenn die Menschen den Verkündiger des Evangeliums danach beurteilen, ob er der Botschaft des Evangeliums entsprechend lebt, dann muß man sich auf den Verkündigungsstil der neuen apostolischen Gruppen einstellen.“[8] Dominikus zog als Wanderprediger, barfuß und einfach gekleidet, durch die Ketzergebiete. Seine „Waffen“ waren Predigt und Einzelgespräch. War der „Erfolg“ anfangs minimal, so konnte er mit der Zeit doch einzelne Männer und Frauen aus dem Katharertum überzeugen.

Ein Dominikaner beschrieb Dominikus aus eigener Anschauung so:

„Bruder Dominikus war im Verkehr mit reich und arm liebenswürdig, ebenso auch gegen Juden und Ungläubige, deren es ja viele in Spanien gibt. Und er war – ich habe es selbst gesehen – bei allen beliebt, nur nicht bei den Irrgläubigen und Kirchenfeinden, die er beunruhigte und durch seine Streitgespräche und Predigten von ihrem Irrtum befreite. Aber ich war auch Zeuge davon, wieviel Zeit und Mühe er an die Ermahnung gerade der zuletzt Genannten wandte, wie unermüdlich er sie zur Reue zu bewegen und zum Glauben zurückzuführen suchte.

Bei Nacht schlief er angekleidet wie am Tage; nur die Schuhe legte er ab; ich habe es oft beobachtet. Begab er sich von einem Ort zu einem anderen, so zog er die Schuhe aus und ging barfuß. Vor dem nächsten Ort legte er die Schuhe an, zog sie aber am Ausgang des Ortes wieder aus und trug sie selbst: keinem erlaubte er, sie für ihn zu tragen …

Verletzte er sich am Fuß an einem Steine, so ertrug er den Schmerz mit heiterer Miene und sagte, ohne sich zu erregen: ‚Es soll mir zur Buße dienen, wie ein in Trübsalen stets froher Mensch …‘

Er legte es darauf an, grobe Kleider zu tragen; er hatte auf alle irdischen Güter verzichtet und hat in meiner Gegenwart die Brüder oft an den Wert der Armut erinnert …

Er war in Speis und Trank mäßig, besonders in dem, was die Zukost

Das Gemälde von Lorenzo Lotto (1480-1556) zeigt den hl. Dominikus, wie er im Freien vor Reichen und Armen predigt

betraf; er gewährte den anderen Befreiung in diesem Punkte, sich selbst aber nicht; im Gegenteil beobachtete er die Regel mit aller Strenge …“[9]

Das Wirkungsfeld der Bettelorden lag vor allem in den Städten. Schon in der 2. Hälfte des 13. Jahrhunderts gab es in vielen Städten Konvente der Franziskaner und Dominikaner.

Widmeten sich die Franziskaner stärker der Predigt und der Seelsorge unter der kirchentreuen Bevölkerung, sahen die Dominikaner ihre Aufgabe vor allem in der Widerlegung der „Ketzer“ und ihrer Unterwerfung unter die Hierarchie. Ihre Haupttätigkeit war darum neben der Predigt die Beschäftigung mit der Theologie. Bedeutende Theologen des Hochmittelalters wie Albertus Magnus und Thomas von Aquin waren Dominikaner.

Schon Dominikus hatte von einem päpstlichen Gesandten das Privileg erhalten, Ketzer zu richten. Er hatte z.B. bestimmte Bußformen für reuige Ketzer festgelegt wie das Tragen von aus Stoff gefertigten Bußkreuzen oder die Geißelung vor den Kirchentoren während der Messe.

Mit der Einführung der päpstlichen Inquisition 1231 (s.o. S.128f; 140) profilierten sich die Dominikaner als „Ketzer“-verfolger. Das trug ihnen bald den Namen domini canes (= lat.: Hunde des Herrn) ein.

Frauenklöster

Auch die Frauen wurden seit dem 12. Jahrhundert immer stärker vom Armutsideal erfaßt. So kam es im 13. Jahrhundert sowohl bei den Dominikanern wie den Franziskanern zur Gründung von Frauenkonventen. Dominikus gründete etwa 1207 ein Frauenkloster in Prouille (Südfrankreich); danach wurden weitere Konvente geschaffen. Franziskus ließ nur die Gründung eines Frauenklosters zu, San Damiano bei Assisi, 1221. Gründerin war die später heiliggesprochene Clara Sciffi. Aus diesem Konvent und anderen Frauenkonventen schuf Papst Gregor IX. einen Orden, der nach dem Tod der Clara 1253 den Namen Clarissenorden erhielt. Seine Regel war der der Franziskaner nachempfunden.

Sowohl Franziskaner wie Dominikaner waren gegen eine Eingliederung der Frauenkonvente in ihre Orden. Wahrscheinlich fand die Minderstellung der Frau auch hierin ihren Ausdruck. Doch fanden die Nonnen beim Papst Unterstützung; ihre reichen und vornehmen Verwandten übten wohl entsprechenden Einfluß aus. So wurden die Frauenkonvente in die Orden eingegliedert, in Deutschland vornehmlich in den Dominikanerorden, in Frankreich in den Franziskanerorden. Auch die Frauenkonvente wirkten in den Städten und deren näherer Umgebung. Sie nahmen vor allem Frauen aus dem niederen Adel und dem vermögenden Bürgertum auf.

Das Nürnberger Klarissenkloster wurde 1277 von den beiden Patriziern Friedrich und Eberhard Ebner gestiftet. Das Bild zeigt Friedrich Ebner in der Tracht der franziskanischen Tertiarier (= Angehörige des 3. Ordens, in dem Laien zusammengeschlossen waren). Mit bittender Gebärde bietet er der hl. Klara die von ihm erbaute Kirche an.

XI. Den Glauben „glauben“: Scholastik

Es ist klar, daß in nichts anderem das letzte Glück zu suchen ist, als in dem Tun der Vernunft; denn kein Verlangen trägt in so erhabene Höhe wie das Verlangen nach Erkenntnis der Wahrheit.

Thomas von Aquin[1]

Das Mittelalter scheint bis ins 13. Jahrhundert hinein allein bestimmt durch die große Auseinandersetzung zwischen Papst und Kaiser. Dabei vollzog sich gerade in dieser Zeit der Aufstieg einer ganz neuen Macht neben der weltlichen und der geistlichen: *Im 13. Jahrhundert entstanden die ersten Universitäten.* Neben Kaisertum und Priestertum bestimmt nun auch die Wissenschaft das Geschehen. Für die Kirche bedeutete dies, daß das Verhältnis von Glaube und Wissen, von Glaube und menschlicher Vernunft, auf ganz neue Weise durchdacht wurde. Diese Frage beschäftigt die Menschen bis heute. Auch in unserer Zeit muß sich der christliche Glaube vor den Fragen der Wissenschaft erklären und begründen.

Von den Klosterschulen zur Universität

Seit Beginn des Mönchtums im Abendland, vollends nach der karolingischen Reichs- und Bildungsreform, war das Kloster der Ort der Schule gewesen. Wer hier ausgebildet wurde, war für eine Führungsstellung im Reich qualifiziert. Ende des 12. Jahrhunderts aber wies Papst Gregor VII. Studium und Lehre den Kathedralkirchen zu. So entstanden neben den Klosterschulen die Domschulen. Den Mönchen wurde schließlich sogar das Studium der Medizin und der Jurisprudenz untersagt. In den Orden gab es die Auffassung, die Predigt der Mönche richte sich zu sehr nach außen, an die Welt. Der Mönch habe aber kein Lehramt zu versehen, sondern das Amt des Betens. Mit dem Aufblühen der Städte verlagerten sich die Zentren der Wissenschaft schnell: Im 13. Jahrhundert spricht man nicht mehr von bestimmten Klöstern, sondern von Universitäten in Paris, Bologna, Salerno usw. Die neu entstandene Form der Wissenschaftlichkeit wurde zusammenfassend als *Scholastik* bezeichnet. Unter den Theologen wurde ihr hervorragendster Vertreter der Dominikanermönch *Thomas von Aquin*, der in Paris lehrte. Schon das 14. Jahrhundert brachte der Scholastik einen Niedergang.

Eine im Mittelalter beliebte Form der Darstellung der ARTES LIBERALES ist die des Turmes der Wissenschaften: das TRICLINIUM PHILOSOPHIAE, das Kosthaus der Philosophie. Nicostrata, die sagenhafte Erfinderin der lateinischen Schrift, führt einen Schüler in den Turmbau, den sie mit dem Schlüssel CONGRUITAS (Anspielung auf die Kongruenzlehre in der Grammatik) aufschließt. Im untersten Stockwerk wird den Anfängern mit der Rute der „Donatus" (= die Anfangsgründe des Lateinischen) beigebracht, im Stockwerk darüber – jetzt schon ohne Rute – wird mit Priscianus in die höheren Geheimnisse der Sprachlehre eingeführt. In den beiden darüber liegenden Stockwerken schauen die Vertreter der Sieben Freien Künste aus Fenstern, unten Aristoteles (Logik), Cicero, (Rhetorik und Poesie), und Boethius (Arithmetik). Damit ist das Trivium abgeschlossen und mit Boethius der Übergang zum Quadrivium eröffnet. Im nächsten Stockwerk, ebenfalls mit drei Fenstern, erblickt man Pythagoras (Musik), Euklid (Geometrie) und Ptolemäus (Astronomie); er trägt eine Krone. Im obersten Stockwerk schließlich erscheinen Aristoteles (als Philosophus bezeichnet, Physik) und Seneca (Ethik). Von der Spitze des Turmes blickt Petrus Lombardus, als Vertreter der Theologie oder Metaphysik, herab; hier ist das Ziel aller möglichen wissenschaftlichen Tätigkeit erreicht.[2]

Kennzeichen der Scholastik

Das Wort *Scholastik* verweist auf Schulen, in denen gelehrt wurde. Als *scholasticus* bezeichnete man zunächst den Lehrer, dann aber auch den Studenten. *Scholastisch* war die benutzte Lehrmethode. Sie stand im Gegensatz zur unmittelbar auslegenden Verkündigung, zum katechetischen Elementarunterricht, zu den geistlichen Gesprächen in den Klöstern, ja zur monastischen Theologie. Der Mönch wollte keine Probleme lösen, sondern zu klösterlichem und christlichem Leben verhelfen. Der „Durst nach Wissen" war der Klostertheologie fremd. Jetzt bestimmt er die „heilige christliche Lehre".

Die Scholastiker befaßten sich vor allem mit Texten, fragten nach deren Sinn und Aussageabsicht. Äußerten sich nun frühere Autoritäten, also Lehrer der Kirche, zweideutig oder gar widersprüchlich, so bedurfte es einer *unterscheidenden und entscheidenden Instanz.* Diese konnte aber keine dritte Autorität sein, vielmehr war diese Instanz die *Vernunft: Vor ihr sollte sich jede Autorität rechtfertigen.*

Kennzeichnende Form dieser dialektischen (= auseinanderlegenden) Methode wurde die theologische *quaestio*, die Frage: Man nahm das Wissen der Vergangenheit auf und ließ Autoritäten pro und contra zu Wort kommen. Schließlich mußte der *magister* (der Lehrmeister) abschließend antworten und die Frage logisch und zufriedenstellend klären. In der *Summa Theologiae* des Thomas von Aquin haben wir eine fast stereotype Aufeinanderfolge von Frage, Antwortentwurf, Einwand und definitiver Antwort. In dieser typischen Form scholastischer Theologie zeigte sich zugleich ihr Anliegen: Es ging ihr darum, eine Glaubenswahrheit für das natürlich-vernünftige Denken möglichst einsichtig und faßlich zu machen. Glaube und Vernunft, die zueinander in Spannung stehen, sollten aufeinander bezogen bleiben. Die Scholastik arbeitete in einem zweifachen Sinn mit Autoritäten: Kirchliche Autorität wurde der wissenschaftlichen Tätigkeit übergeordnet. Scholastik ist grundlegend gläubiger Art gegenüber den unfehlbaren Autoritäten, besonders dem Wort Gottes. Sie fühlt sich auch der Tradition verpflichtet. Darüber hinaus aber will sie verstehen. Das macht Theologie zum ersten Mal zur Wissenschaft. Für die monastische Theologie war sie Weisheit.

In zweiter Hinsicht benutzt Scholastik den Begriff Autorität im Sinne der Philosophie und anderer Wissenschaften. Hier spielte nun *Aristoteles* als *der Philosoph* eine entscheidende Rolle. Bis ins 12. Jahrhundert war ja die philosophische Grundlage der christlichen Tradition äußerst schmal gewesen. Von Plato und Aristoteles kannte man nur wenige Schriften. Erst jetzt erweiterte der Kontakt mit Arabern und Juden in

Spanien und Syrien sowie mit Griechen in Italien und Byzanz den Horizont. Es begann eine eifrige Übersetzertätigkeit: Averroes, Avicenna, Moses Maimonides und andere hatten aristotelische Schriften (ins Arabische, Hebräische) übersetzt. Nun wurden sie ins Lateinische weiterübersetzt. Weil Thomas von Aquin an der Pariser Universität aristotelische Gedanken übernahm, kam es zum sogenannten *Aristotelismusstreit.* Bonaventura, der Magister der Minoriten (= Franziskaner), der ebenfalls in Paris lehrte, prangerte den Rückgriff auf Aristoteles an.

Die Sprache der Scholastik war schulmäßig und benutzte dazu fest gezimmerte Begriffe. Für einen gewählten Stil fehlte der Raum. Dagegen hatten die Mönche viel mehr Bilder und Gleichnisse mit einer ausgeprägten Vorliebe für das Konkrete und Anschauliche gebraucht.

Die Scholastik profitierte von einem allgemein wachsenden Bedürfnis nach Bildung. Die Klosterschulen erreichten die Elite der Gesellschaft nicht mehr. Die Jugendlichen zog es in die Städte. Wer zu den Gebildeten gezählt werden wollte, mußte auch auswärts (in aliena terra) studiert haben. Zudem spielten an der mittelalterlichen Universität weder Stand noch Nationalität eine Rolle. Sie war frei, nicht Mittel in der Hand von Kirche und Staat.

Anselm von Canterbury (1033-1109) – der „Vater der Scholastik"

Als bedeutendster Wegbereiter der Scholastik gilt Anselm von Canterbury. Er wurde um 1033 in Aosta im nördlichen Piemont geboren. Studien in Burgund und in der Normandie führten ihn in den Benediktinerorden, zuerst in die Klosterschule seines Landsmannes Lanfranc in Bec (Normandie). 1079 wurde er Abt dieses Klosters, 1093 Erzbischof von Canterbury. Sein Denken ist stark an Augustinus orientiert. Der Scholastik hat Anselm das ihr eigene Programm gegeben. Es lautet: *„Credo, ut intelligam"* = *„Ich glaube, damit ich einsehe (verstehe)"*.

Für Anselm ist also der *Glaube auf Suche nach Einsicht.* So lautete der Titel einer seiner Schriften. Glaube und Erkenntnis sollen keinen Gegensatz bilden, sondern einander befruchten. Dieser Ansatz wurde zum scholastischen Grundanliegen und trug Anselm zu Recht den Ehrentitel *„Vater der Scholastik"* ein.

Anselms erstes Werk war ein Selbstgespräch (= Monologion). Sein eigentlicher Titel lautete: Ein Beispiel des Nachdenkens über die Begründung des Glaubens. Das Buch handelt von der Existenz Gottes, seinen Eigenschaften und von der Trinität. Anselm geht von den Begriffen *das Gute, das Vollkommene, das Sein* aus und gelangt schließlich zu dem *höchsten Guten* und dem *höchsten Sein.* Keiner dieser Begriffe stellte ihn jedoch zufrieden. Deshalb suchte er weiter. Das Ergebnis legte er in einer zweiten Schrift (Proslogion) vor. In ihr findet sich sein berühmter *ontologischer Gottesbeweis.*

Anselm entwickelt hier einen aufregenden Gedankengang. Sein Hauptsatz lautet: *„Gott ist das, über welches hinaus nichts Größeres gedacht werden kann."* Von diesem *„Begriff"* Gottes ausgehend versucht Anselm, auch die Wirklichkeit Gottes zu belegen: Das, über das hinaus Größeres nicht gedacht werden kann, kann nicht allein in Gedanken existieren. Ein wirklich Existierendes wäre dann ja größer als das Gedachte! Von diesem könnte dann nicht mehr gesagt werden, daß über es hinaus nichts Größeres gedacht werden könnte. *„Deshalb muß das, über welches hinaus nichts Größeres gedacht werden kann, sowohl im Gedanken als auch in der Wirklichkeit existieren."*[3]

Anselms „Gottesbeweis" ist vielfach kritisiert worden, schon im 12. Jahrhundert und später von Immanuel Kant. Man warf dem Theologen vor, von einem bloßen Begriff auszugehen und damit Gottes Dasein beweisen zu wollen. Aber der Gedanke Anselms hat etwas Faszinierendes an sich: Im Bereich dessen, was endlich ist, kann man sich immer noch Größeres vorstellen, ein ewiger Fortschritt ist zumindest denkbar. Auch das beste Zusammenleben könnte noch weiter verbessert werden. Anselms Gedanke aber überschreitet diese mögliche Ansammlung von Endlichem. Alle größten Dinge – Wahrheit, Gerechtigkeit, Liebe, Versöhnung – sind auch für Anselm nur vorläufig, verbesserbar. Aber sie verlassen sich letztlich auf das Absolute, *Un*endliche, das nicht mehr weiter verbessert, vergrößert werden kann. Es geht Anselm um den in aller Gerechtigkeit, Güte, Barmherzigkeit und Liebe *verborgenen Grund.* Diesen kann auch er nicht mehr zutreffend sprachlich fassen. Er muß negativ umschreiben, was er positiv nicht mehr ausdenken oder aussprechen kann. Deshalb ist seine denkwürdige Formel mit dem negativen Komparativ mehr als jeder Superlativ. Denn dieser könnte nur das relativ Größte unter anderem Großen ausdrücken.

Thomas von Aquin (1225-1274)

Thomas von Aquin. Gemälde von Carlo Crivelli

„Indem Thomas, wie es sich gebührt, zwischen Vernunft und Glaube genau unterschied, beide aber wie in einem Freundschaftsbunde einte, hat er die Rechte beider gewahrt, aber ebenso für beider Würde Sorge getragen. Die Vernunft, gleichsam auf den Flügeln des heiligen Thomas zu höchster Vollendung emporgetragen, vermag kaum noch höher zu steigen; der Glaube hingegen kann kaum noch weitere und wirksamere Hilfe fordern, als ihm durch Thomas schon zuteil wurde." (Papst Leo XIII., Enzyklika „Aeterni Patris", 1879)[4]

Das gleichwertige Verhältnis zwischen Glaube und Vernunft, das der Papst in seinem Rundschreiben als Kennzeichen des Denkens von Thomas von Aquin preist, scheint in diesem Bild dargestellt zu sein.

Warum wurde dieser „Predigerbruder" so bedeutend, daß er schon 1323 heiliggesprochen und 1567 durch Pius V. zum Kirchenlehrer erklärt wurde?

Das Leben

Thomas wurde 1225 als Sohn eines Grafen südlich von Rom geboren. Im Alter von fünf Jahren wurde er nach Monte Cassino gebracht und dem hl. Benedikt als „puer oblatus" (= zum Dienst Gottes im Kloster „dargebrachtes" unmündiges Kind) geweiht. Nach Kriegswirren verließ er 1239 Monte Cassino und studierte in Neapel die *septem artes liberales*: Grammatik, Rhetorik, Dialektik (= das *Trivium*); Arithmetik, Geometrie, Musik, Astronomie (= das *Quadrivium*). Hier kam er mit den Gedanken des Aristoteles und mit Dominikanern in Kontakt. 1243 trat er in deren Orden ein.

Nach Studien in Köln (Schüler des Albertus Magnus) und Paris begann er 1252 seine Lehrtätigkeit in Paris. Zwischen 1259 und 1268 wirkte er in Rom und an italienischen Dominikanerschulen. 1266 begann die Arbeit an seinem Hauptwerk, der *Summa Theologiae*. In die Zeit seines zweiten Aufenthaltes in Paris (1268-1272) fällt die heftige Auseinandersetzung mit dem Franziskanerorden und der sog. *Aristotelismusstreit*. Danach arbeitete Thomas noch zwei Jahre in Neapel am dritten Teil seiner Summa. Eines Tages brach er seine Arbeit abrupt ab.

Das Werk

Wie vor ihm Anselm hält auch Thomas einen Gegensatz zwischen Glaube und Vernunft, zwischen Theologie und Philosophie für unmöglich. Die Wahrheit kann niemals der Offenbarung widersprechen. Diesem außerordentlichen Vertrauen auf die Vernunft entspricht bei Thomas das Verhältnis von *Gnade* (*gratia*) und *Natur* (*natura*): Die Gnade des Glaubens setzt die Natur des Geistes geradezu voraus; auf *natürlicher* Grundlage soll die Erkenntnis der Wahrheit gesucht und durch die Gnade vervollkommnet werden: *Gratia supponit naturam, non destruit, sed perficit eam.* Thomas sagte in der Auseinandersetzung mit den anderen Bettelorden einmal (1271): „Wenn wir die Probleme des Glaubens nur auf dem Wege der Autorität lösen, werden wir gewiß die Wahrheit besitzen, aber in einem leeren Kopf“.[5] Das wollte er vermeiden. Er verlangte, über den Glauben nachzudenken. Der Theologe müsse nach allen Gründen für die Wahrheit suchen, die er nur finden kann. *Der Glaube auf der Suche nach Einsicht*: Das Programm des Anselm ist hier unverfälscht aufgegriffen. Seine reifste Form hat dieser Gedanke in der Summa Theologiae des Thomas gefunden. Diese nahezu vollständige Sammlung von Einzelfragen der Theologie ist zu einem dreifachen Zweck geschrieben: Sie soll auf kurze, knappe Weise die Gesamtheit der Theologie darstellen, also *enzyklopädisch* sein; über eine Analyse hinaus die Gesamtheit der Gegenstände ordnen, also *synthetisch* sein; für die Studierenden als *pädagogisches* Werk benutzbar sein.

Der Plan der Summa ergibt sich aus dem Prinzip von Ausgang und Rückkehr. Die Teile I und II verhalten sich zueinander wie dieses Prinzip: Erörtert Thomas im *Teil I* den *Ausgang der Schöpfung von Gott* als ihrem Ursprung, so entspricht dem in *Teil II* die Darlegung der *Rückkehr aller Schöpfung und allen menschlichen Strebens zu Gott*. M.-D. Chenu, einer der besten Thomaskenner, sagt hierzu: „Es ist ein vollständiges Verstehen: Alle Kreatur, und besonders die menschliche

Im Bild dieser Initiale erscheint der Grundgedanke der Summa Theologiae des Thomas von Aquin: *eine* Natur im Ausgang von Gott und auf der Rückkehr zu ihm.

Kreatur, jedes Ereignis, und zumal die menschlichen Ereignisse, fügen sich ein zwischen zwei Ursachen, der Wirkursache, Gott als Schöpfer und Erhalter (I^a^ Pars), und der Zielursache, Gott, der selig macht und verherrlicht wird (II^a^ Pars).“[6] Im dritten Teil spricht Thomas über die christlichen Bedingungen zur Rückkehr zu Gott, also über die Erlösung durch Christus und die Sakramente als Wege zum Heil.

Die fünf Wege der Gotteserkenntnis (quinque viae)

In seinen *fünf Wegen* entfaltet Thomas einen Gedanken, den er in einer anderen Schrift schon früher vorgetragen hatte: Es muß etwas geben, was für alle Dinge dadurch die Ursache des Seins ist, daß es selbst *nur das Sein* ist. Wäre dem nicht so, so ginge die Reihe der Ursachen ins Endlose, weil jedes Ding, das nicht nur Sein wäre, eine Ursache für sein Sein haben müßte.

Die *fünf Wege* bewegen sich zwischen diesen beiden Gedanken und fragen nach deren Verhältnis zueinander: Sein und Seiendes. Alle Ausgangspunkte entfalten den Grund, daß allem Seienden, den Dingen, Menschen, Eigenschaften *das Sein gegeben* ist, also *zukommt*. Das, was ist, also das Seiende, wird in den fünf Wegen befragt. Thomas interessiert das Erstbewegende, die erste Wirkursache, das Ziel der Handlungen. In seinen Antworten auf diese Fragen verweist er auf das, was *über den Dingen, über dem Seienden* ist. Er nennt es das *Transzendente*. Reine Ursachenketten befriedigen ihn nicht. Er fragt nicht mehr nach dem, was ist, sondern danach, *daß*, warum etwas ist. „*Erstes*“ bedeutet demnach für Thomas *vor allem*: eine Macht, die das Ganze der Welt und der Schöpfung überhaupt erst ermöglicht. Dieses Erste kann Thomas nur negativ bezeichnen: Es ist das *Un*aussprechliche, das *Un*ausdenkbare. Diese Erkenntnis hat Thomas in weiteren 120 Artikeln seiner Summe entfaltet: Gott ist nicht in irgendeiner Weise des Seienden – er ist *ganz anders*. Thomas gelangt also wie Anselm an die Grenze menschlichen Denkens: Er kann wieder nur sagen, was, wie Gott *nicht* ist.

Die Bedeutung: theologische Weltlichkeit und weltoffene Theologie

Thomas hatte sich zur Aufgabe gemacht, das Natürliche mit dem Übernatürlichen, das Gewußte mit dem Geglaubten zu vereinen. Beide Pole wurden im 13. Jahrhundert mit Autoritäten belegt: Aristoteles und die Bibel.

Mit *Aristotelismus* bezeichnete man jenes Denken, das auch in der Theologie die natürliche Wirklichkeit bejahte, die sichtbar sinnfällige Welt, leibhaftige-materielle Dinge. Auf den Menschen bezogen hieß das: Sinnlichkeit, Leibhaftigkeit und natürliche Erkenntniskraft, die Vernunft. Mit *Bibel* bezeichnete man den Bereich des Übernatürlichen, die nur im Glauben zugängliche Wirklichkeit, die Heilslehre des Evangeliums. Das 13. Jahrhundert stand vor der Gefahr einer tödlichen Bewußtseinsspaltung zwischen dem, was man *wußte*, und dem, was man *glaubte*. Thomas erkannte die einander gegenüberstehenden Positionen ungeschmälert an. Er wandte sich der natürlichen Wirklichkeit, der Welt, ebenso zu wie dem Ideal der evangelischen Armut und Vollkommenheit. Er schätzte die Seele nicht höher als den Leib ein, er sagte vielmehr: „Mehr als die vom Leibe getrennte Seele ist die mit dem Leibe verbundene Seele Gott ähnlich, weil sie auf vollkommenere Weise ihre Natur besitzt“.[7] Für Thomas ist der *ganze* Leib mit all seinen Funktionen Schöpfung Gottes. Aus Apg 10,15 zitiert er in seiner „Summa“: „Was Gott für rein erklärt, nenne du nicht unrein“.[8]

Das gilt auch für die Sinnlichkeit und die Geschlechtskraft. Aber trotz dieser positiven Grundaussagen verbleibt Thomas im Gefolge der Tradition, insbesondere der augustinischen Erbsündelehre, im Bereich der Sexualmoral *pessimistisch*. Beispielsweise lehrt auch er die untergeordnete Stellung der Frau in biologischer, rechtlich-gesellschaftlicher, ja sogar religiöser Hinsicht (mit Ausnahme der Nonne). Dies war insofern verhängnisvoll, als Thomas bald der bedeutendste Kirchenlehrer wurde und damit auch seine „irrigen“ Anschauungen lange unwidersprochen weiterwirkten.

Auch heute kann es uns nicht gelingen, gegen das Prinzip der Scholastik zu leben: das Gewußte mit dem Geglaubten zu verknüpfen. Aber selbst Thomas konnte diese Frage nicht zu einem Ende bringen. Walter Nigg sagt zu seinem Lebenswerk:

„Diesem Riesengeist kam zuletzt die Unzulänglichkeit seines Unternehmens deutlich zum Bewußtsein, was der ergreifendste Vorgang seines Lebens ist. Als er einst aus der Messe in seine Zelle zurückkehrte, war er seltsam verändert, legte den Gänsekiel beiseite und antwortete auf die eindringliche Befragung seines Freundes nur: ‚Alles, was ich geschrieben habe, erscheint mir wie Spreu, verglichen mit dem, was ich geschaut habe und was mir offenbart worden ist.‘

Erschütternder urteilte wohl kaum je ein großer Denker am Ende seines Lebens über sein eigenes Werk. Wie Spreu kamen ihm seine mächtigen Ausführungen gegenüber der lichtvollen Gottesschau vor, die ihn in der Kirche überflutet hatte. Der schreibgewaltige Thomas trat hierauf in das Schweigen ein, und man hat den scharfsinnigen Dominikaner nicht begriffen, achtet man nicht auf dieses Verstummen. Dieser Abschluß von Thomas' Denkarbeit zeigt besser als viele Worte, daß der Fürst der Scholastiker kein Gefangener seines Systems war, und enthüllt überwältigend seine echte Christlichkeit.“[9]

Demnach ist der Triumph des hl. Thomas von Aquin nicht vollkommen. Er mag arabische Philosophen und theologische Lehrmeister anderer Orden überragt haben, aber in dem Versuch, das unbegreifliche Geheimnis Gottes zu berühren, hat auch er noch einen Meister gefunden. Der Religionsphilosoph Bernhard Welte schreibt dazu:

„Einer aber, den man auch, freilich in anderem Sinne, zur Schule des Thomas rechnen muß, hat gerade dieses begriffen und hat sich unter Berufung auf Thomas ganz darein versenkt. Es ist der andere große Dominikaner nach Thomas von Aquin, Meister Eckhart. Er bildet die in Kürze dargestellten Ansätze bei Thomas vollständig und bis ins Äußerste durch. Er entwickelt die Weise des berührenden Denkens jenseits alles Begreifens. Es wird für ihn die Weise der Abgeschiedenheit. Er macht Ernst mit dem ‚Jenseits aller Weisen‘ und läßt Bilder, Figuren und Denkbestimmungen fallen, zuletzt auch das Bild und die Denkbestimmung ‚Gott‘. Er versenkt sich ins Weiselose, ins Nichts, in die Wüste Gottes und ist sich seines Weges doch sicher.

Er ist darin ein der Schule und der Scholastik gegenüber anderer und größerer Thomist. Er hat den größten und verborgensten Gedanken des Thomas zur Frage ‚Wer ist das – Gott?‘ in einer Konsequenz durchgeführt, die erschrecken machen kann und die Thomas freilich nicht kennt. Darin aber hat er diesen Ansatz erst voll ausgearbeitet und sichtbar gemacht. Dies hatte für Meister Eckhart freilich die Folge, daß der Gedanke Verwirrung anrichtete in der Christenheit und daß er seinen Prozeß bekam. Aber für die uns bedrängende Frage ‚Wer ist das eigentlich – Gott?' ist er, wie es scheint, heute denkwürdiger denn je. Er, und darin auch jener ‚andere' Thomas von Aquin, an den er anknüpft und von dem wir sprachen."[10]

Kathedralen – „Scholastik des Steins"

An den theologischen Fakultäten wird heute nicht mehr nach den Methoden des Thomas von Aquin gelehrt. Kein Theologe ist heute mehr in der Lage, eine „Summa" zu schreiben. Die Studierenden lernen nicht mehr aus Lehrbüchern in scholastischer Form.

Kann uns die Scholastik deshalb gar nichts mehr sagen? Sollten wir sie vergessen?

Immerhin: Das Anliegen der Philosophie und Theologie des Mittelalters, Glaube und Vernunft zusammenzuhalten, hat sich nicht nur in Büchern niedergeschlagen. Neben den Meistern der theologischen Schulen gab es auch Meister des Kirchenbaus. Sie konnten auch dem theologisch nicht geschulten Gläubigen etwas vom Ringen um Gott zeigen: In den *gotischen Kathedralen* des 12. und 13. Jahrhunderts sind Glaube und Vernunft gleichsam durch das technische Mittel des Spitzbogens und die Mystik des Lichts miteinander verbunden. Diese Kirchen erscheinen als *Scholastik des Steins*. Denn wer sich in der Skulpturenvielfalt der Portale, im Reichtum der Säulenreihen und Glasfenster nicht verliert, der sieht noch etwas anderes. Wer von Wirkungen auf Ursachen schließen, ein Prinzip in logische Folgen gliedern kann, der erblickt in den Gewölben, vom Schiff bis zum Chor, das Bild einer Einheit und das Bild der theologischen Lehre.

Wenn wir auch wenig darüber wissen, was die Architekten dachten, so wissen wir doch aus den Werken des Thomas, was die Theologie über die Architekten dachte, wie sie deren praktische und geistige Tätigkeit nach dem Bild der Tätigkeit Gottes auffaßte, der alles mit Weisheit nach Maß, Zahl und Gewicht ordnete (vgl. Weish 11,20): „Alles Geschaffene steht so zu Gott wie das Werk zum Werker."[11]

Die gotischen Kathedralen öffnen den Blick hinaus auf das Licht, weisen in die Höhe, ohne das aus der Ferne strahlende Geheimnis im Kirchenraum faßbar machen zu können. Dieser Verweis auf die jenseits aller Gipfel strahlende Sonne kann uns eine *Ahnung* des Unbegreiflichen vermitteln.

Die gotische Kathedrale von Amiens (Frankreich)

„Eines und einfach ist das göttliche Licht im Ersten Ursprung; je mehr die Geistesgeschöpfe von diesem Ersten Ursprung abstehen, um so mehr verteilt es sich und tritt auseinander, so wie es Linien tun, die von einer Mitte ausgehen."[12]

„Das Verlangen nach Erkenntnis der Wahrheit … kommt erst zur Ruhe beim höchsten Gipfel und Schöpfer aller Dinge, bei Gott. Deshalb sagt die Weisheit treffend: ‚Ich wohne ganz in der Höhe, und mein Thron ist eine Wolkensäule …'"[13]

„Deine Augen werden Jerusalem sehen, die reiche Stadt, das Zelt, das niemals verrückt werden kann: seine Pflöcke werden in Ewigkeit nicht herausgerissen, und alle seine Stricke werden nicht reißen; denn nur dort weilt in Pracht der Herr unser Gott."[14]

XII. Herbst des Mittelalters

Von der Mystik zur „neuen Frömmigkeit“

Vom 12. bis zum 15. Jahrhundert wurde in vielen Klöstern mystisches Gedankengut gepflegt. Gerade die Frauenmystik war von visionär-prophetischer Kraft, getragen von einer innigen Christusliebe, und weniger lehrhaft. Im 16. Jahrhundert erlangte die Mystik besondere Bedeutung in Spanien, wo sie reformerische Impulse für die Kirche ausstrahlte. Herausragende Vertreter dieser *spanischen Mystik* sind die Karmelitin *Theresia von Avila* (1515-1582), die aus tiefer mystischer Erfahrung sich rastlos um eine Ordensreform mühte, und der asketische, mystisch hochbegabte *Johannes vom Kreuz* (1524-1591), der die „Nacht des Geistes“ auf dem Weg zur Anschauung Gottes beschrieb und durchlitt.

Im Roman „Der Name der Rose“ (U. Eco, 1982), der die Welt des Spätmittelalters faszinierend zu Wort kommen läßt, berichtet der Erzähler an zentraler Stelle von zwei höchst gegensätzlichen Erlebnissen: der Hinrichtung eines Ketzers auf dem Scheiterhaufen und der Liebesbegegnung mit einem jungen Mädchen. Ekstatisch entflammt, kommen ihm dabei jeweils dieselben Worte in den Sinn, Worte der Mystikerin und prophetischen Seherin Hildegard von Bingen: „Die Flamme brennt in glänzendem Lichte, in purpurner Kraft und in feuriger Glut; durch das glänzende Licht aber leuchtet sie, durch die purpurne Kraft aber flammt sie, durch die feurige Glut aber wärmet sie.“[1]

Bei Hildegard werden diese Bilder in übertragenem Sinn verwandt:

„Auch die *Flamme* hat in dem einen Brand drei Kräfte. So ist der eine Gott in drei Personen:

Die Flamme brennt in glänzendem Licht,
in purpurnem Hauch und in feuriger Glut.
In dem glänzenden Licht betrachte den Vater,
in dem purpurnen Hauch erkenne den Sohn,
in der feurigen Glut schaue den Heiligen Geist.

Wo weder das glänzende Licht noch der purpurne Hauch noch die feurige Glut ist, da ist auch keine Flamme. Wie in der einen Flamme diese drei Kräfte erschaut werden, so die drei Personen in der Einheit der Gottheit.“[2]

Das Bild *„Die wahre Dreiheit in der wahren Einheit“* illustriert diese Aussagen. Dargestellt ist in der Mitte Christus in menschlicher Gestalt,

Faksimile des Hildegardis-Kodex, Kloster Eibingen

umgeben vom göttlichen Kreis des ewigen Vaters, der sichtbargewordenen väterlichen Liebe. „Dazwischen" – verbindend „wehend" – angedeutet der Heilige Geist: Trinität, Schöpfung und Erlösung werden zusammengeschaut und zusammengedacht.

„Wisse die Wege": Hildegard von Bingen

Hildegard von Bingen (1098-1179) besaß die Gabe der „Schau", d.h. sie hatte Visionen. Sie wurde Benediktinerin und gründete und leitete später als Äbtissin zwei Klöster bei Rüdesheim. Mit vielen der Großen ihrer Zeit stand sie in brieflichem Kontakt, darunter Kaiser Friedrich Barbarossa. Sie litt unter schweren Krankheiten und machte sich doch – für eine Frau in den damaligen Zeiten sehr ungewöhnlich – auf große Reisen, um zu predigen! Ihre „Gesichte" drängten sie, öffentlich für die Reform der Kirche einzutreten. Hildegard erfuhr ihre Visionen in einer „innerlichen" Schau, wie sie selbst sagt: „Ich sehe diese Dinge vielmehr einzig in meiner Seele, mit offenen leiblichen Augen ... wachend schaue ich dies bei Tag und bei Nacht ... Ich sehe, höre und weiß gleichzeitig, und wie in einem Augenblick erlerne ich das, was ich weiß."[3]

Ihre vielfältigen Schriften beschäftigen sich mit theologischen, aber auch naturwissenschaftlichen Fragen oder geistlicher Dichtung; gerade ihr Werk „Wisse die Wege" (lat. Sci vias) hat in jüngster Zeit wieder verstärktes Interesse gefunden. – Bemerkenswert war ihr Verhalten gegenüber der hohen Mainzer Geistlichkeit: Trotz kirchlichem Verbot ließ sie einen exkommunizierten Edelmann, der aber noch gültig gebeichtet hatte, auf dem Klosterfriedhof beisetzen. Darauf wurde über ihre Gemeinschaft das Interdikt verhängt, d.h. es durfte kein Gottesdienst mehr stattfinden. Hildegard und ihre Nonnen ertrugen dies und blieben standhaft; schließlich verhalf der Erzbischof von Mainz Hildegard und ihrem Kloster wieder zu ihrem Recht.

„daß dir got grôz werde": Meister Eckhart

Er war der größte deutsche Mystiker (ca. 1260-1328), ein geistreicher Theologe und begeisternder Volksprediger. Und so verstand er sich selbst: als *„Lebmeister"*, nicht einfach als „Lesmeister" (= Lektor = Professor). Dabei knüpfte er an die (kirchliche) Tradition an, ging aber auch eigene Wege, die nach seinem Tode teilweise als häretisch verurteilt wurden (etwa in dem Sinne: Gott und Mensch würden nicht deutlich genug unterschieden). Er sagte selbst, seine Mitbrüder hätten ihn geradezu bedrängt, „Neues und Ungewöhnliches" zu erörtern.

Eckharts ausschließliches Thema in seinen Predigten und Traktaten ist die Trennung und Einung von *Gott und der Seele*. Die eigentliche Menschwerdung des Menschen geschehe durch die „Gottesgeburt im Seelengrund" („Einwohnung Gottes"). Erreichbar werde dies durch die *„Abgeschiedenheit"*, einen grundsätzlichen Zustand der Selbstlosigkeit und „Gelassenheit" („Weiselosigkeit", „Ledigkeit"). Seine mystischen Grundgedanken benannte er so:

„Wenn ich predige, so pflege ich zu sprechen von Abgeschiedenheit und daß der Mensch ledig werden soll seiner selbst und aller Dinge.

Zum zweiten, daß man wieder eingebildet (= hineingebildet) werden soll in das einfaltige Gut, das Gott ist.

Zum dritten, daß man des großen Adels gedenken soll, den Gott in die Seele gelegt hat, auf daß der Mensch damit auf wunderbare Weise zu Gott komme.

Zum vierten von der Lauterkeit göttlicher Natur – welcher Glanz in göttlicher Natur sei, das ist unaussprechlich. Gott ist ein Wort, ein unausgesprochenes Wort."[4]

Wie alle Mystiker versuchte Eckhart also Gott (die Wahrheit) durch meditative Versenkung unmittelbar zu erfassen. Der Weg des Mystikers geht dabei aufsteigend in drei Stufen (so bereits im Neuplatonismus):

- die Reinigung der Seele von äußeren und äußerlichen Eindrücken (via purgativa),
- die Erleuchtung der Seele (via illuminativa)
- und die Vereinigung der Seele mit Gott (via unitiva).

Eckharts Schüler, Heinrich Seuse (ca. 1295-1366), drückte diese Stufen so aus:

- Entbildetwerden von der Kreatur,
- Gebildetwerden mit Christus
- Überbildetwerden in der Gottheit.

Letztlich laufen alle genannten Schritte und damit alle mystische Spiritualität für Eckhart auf ein einziges Ziel hinaus: *„Dar ûf setze al* *dîn studieren daz dir got grôz werde.*“[5] Er selbst hat dieses Ziel nicht in „weltverachtender“ Abkehr gesucht, vielmehr legte er Wert auf die christliche Praxis: „Aus der schönen Muße der Gottversunkenheit gilt es zu dem Armen hinzueilen, der nach Suppe schreit.“[6] Unter „den Leuten“ und „an allen Stätten“ hat mystische Frömmigkeit ihren Ort, also nicht nur in der mönchischen Zelle: „Ich wurde gefragt: manche Leute zögen sich streng von den Menschen zurück und wären gern immerzu allein, und darin läge ihr Friede und (daran), daß sie in der Kirche wären – ob dies das Beste sei? Da sagte ich: Nein. Und gib acht, warum.

Mit wem es recht steht, wahrlich, dem ist's an allen Stätten und unter den Leuten recht. Mit wem es aber unrecht steht, für den ist's an allen Stätten und unter Leuten unrecht. Wer aber recht daran ist, der hat Gott in Wahrheit bei sich; wer aber Gott recht in Wahrheit hat, der hat ihn an allen Stätten und auf der Straße und bei allen Leuten ebenso wohl wie in der Kirche oder in der Einöde oder in der Zelle. Wenn er ihn recht und nur ihn hat, so kann einen solchen Menschen niemand behindern ...“[7]

Von der Nachfolge Christi: die „neue Frömmigkeit“

In der Tat erreichte diese Frömmigkeitsbewegung die Laien in breiter Weise und wurde ab Ende des 14. Jahrhunderts zu einer Art religiöser Erneuerungsbewegung. Als Gründer der neuen Frömmigkeitsform, *„Devotio moderna“* genannt, gilt der niederländische Mystiker Gerhard Groote (1340-1384). Seine Schüler schlossen sich zu Laiengemeinschaften der Schwestern bzw. Brüder vom Gemeinsamen Leben zusammen. Ihre „neue Frömmigkeit“ war – bei aller (mit Recht) vorgebrachten Kritik an religiösen Veräußerlichungen – nicht einfach kirchenfeindlich, aber sie ging teilweise doch neben der Kirche her oder an ihr vorbei. Hier artikulierte sich die private Frömmigkeit kleiner Kreise, die selbst das Evangelium lasen und sich persönlich in das Leben Jesu versenkten.

Eine predigende Frau. Aus Limoges (Frankreich), um 1564

Greifbar wird diese individuelle Religiosität im vielgelesenen Andachts- und Erbauungsbuch „Nachfolge Christi“, vermutlich verfaßt von Thomas von Kempen (ca. 1380-1471), das stärkste Nachwirkungen hatte – es soll nach der Bibel das meistverbreitete Buch sein. In einfacher Sprache betrachtet es das Leben Jesu und fordert die Christen zu Nachfolge und Selbstentäußerung auf. Im Grunde ist es eine Sammlung geistlicher Kernsprüche zur eigenen Vervollkommnung. Der Titel entstammt dem ersten der vier Bücher: „*Von der Nachfolge Christi* und der Verachtung aller Eitelkeit der Welt“ (= *De imitatione Christi* et contemptu vanitatum mundi). Das Werk hat eine gewisse Tendenz zur Flucht aus der Welt und zum Rückzug in die Passivität und eigene Innerlichkeit. Daraus einige Leseproben:

„Was nützte es dir, über die Dreieinigkeit gelehrte Reden zu führen, wenn du der Demut ermangeltest, ohne die du der Dreieinigkeit ferne stündest? Nein, gescheite Worte machen dich nicht zum Heiligen und nicht zum Gerechten, aber ein Leben der Tugend macht dich zu Gottes Freund. Mir wäre es viel lieber, lebendige Empfindung der Buße selbst zu spüren, als recht gelehrt darüber reden zu können …

‚Das Reich Gottes ist in euch selbst‘, spricht der Herr. Aus der Tiefe deines Herzens wende dich zu Ihm und kehre dieser Welt und ihrem Elend den Rücken; so nur wird deiner Seele Ruhe werden! Lerne deine Umwelt verschmähen und dich deiner Innenwelt hingeben, und du wirst sehen, wie Gottes Reich in dich einzieht … Ja, Christus wird zu dir kommen und wird dir Seine Tröstung weisen, wenn du Ihm eine würdige Herberge schaffst in deinem Herzen …

Sieh, auf das Kreuz kommt alles an, und am Sterben ist alles gelegen; es führt kein anderer Weg zum Leben und zum wahren inneren Frieden als der Weg des heiligen Kreuzes und des täglichen Absterbens. Wandle, wo immer du willst, suche, was du auch willst: du wirst oben keinen höheren Weg und unten keinen sichereren finden als den Weg des heiligen Kreuzes! …

Daran halte fest, daß du deinen Lebensweg als Sterbender gehen mußt. Und je mehr einer sich selbst abstirbt, desto mehr beginnt er zu leben für Gott.“[8]

„Herbst des Mittelalters“: Religiöse Suche

Das Spätmittelalter ist eine Zeit der reifen Fülle und reichen Ernte, aber auch eine Zeit des Zu-Ende-Gehens und des Absterbens – dies zeigt anschaulich das klassische Buch von J. Huizinga, „Herbst des Mittelal-

Totentanz. Holzschnitt, Ende des 15. Jh.

ters", aus dem Jahre 1923. Auf der einen Seite findet sich in dieser Epoche ein reiches religiöses Leben mit starkem Engagement der Gläubigen, woran später die Reformation und die katholische Reform anknüpften. Dieser Aspekt ist bedeutsam, weil sich bei allen eingetretenen Brüchen im 16. Jahrhundert auch eine erstaunliche Kontinuität der christlichen Kirchen feststellen läßt. Auf der anderen Seite gab es in Kirche, Theologie und Volksfrömmigkeit unübersehbare Zerfallserscheinungen, die kaum mehr reformfähig schienen. Dabei verwehrte der „grundsätzliche Traditionalismus" (G.A. Benrath) den Rückgriff auf die biblischen Quellen und eine umfassende Neuorientierung.

Das religiöse Leben im Spätmittelalter war von schillernder Vielfalt und, zumindest teilweise, widersprüchlich. Die ständige Gegenwart des Todes prägte das Lebensgefühl der Menschen, und zwar nicht am Rande oder Ende ihres Lebens, sondern mitten drinnen – so wie es in dem alten Kirchenlied heißt: „Mitten wir im Leben sind von dem Tod umfangen ..." (Media vita in morte sumus); Holzschnitte hielten den Gedanken der Vergänglichkeit nachhaltig fest, genauso wie die Predigt und die Memento-mori-Literatur (= Gedenke des Todes!).

Die Episode vom Pfeifer von Niklashausen zeigt wie in einer Momentaufnahme, was im Spätmittelalter möglich war: Religiöser Wahn äußert sich in Massenhysterie und Wunderglauben. Es kommen vor: ein degenerierter niederer Adel und ein korrupter Pfarrer. Askese und

Exzesse stehen sich hart gegenüber. Es begegnen „kommunistische“ Ideen (allen soll alles gehören), Ungehorsam und Auflehnung, Blutrausch. Und über allem schwebt eine Art Weltuntergangsstimmung und eine „Todesliebe“ (amor mortis), die für diese Zeit kennzeichnend sind. Das Ganze geschah im Jahre 1476, sieben Jahre ehe Martin Luther geboren wurde.

Der Pfeifer von Niklashausen

Diese Geschichte hat sich im Jahre 1476 nach Christi Geburt zugetragen. Ein gewisser Hans Böhm aus dem Dorfe Helmstedt, von Jugend auf ein halber Tor, wie man wußte, wurde von drei ehrbarn Edelleuten, vielleicht bösen Christen und Ketzern, genannt die von Stetten, und von Pfarrer Konrad Thunfeld, der dort wohnte, um Geldes und Gutes willen dazu angestiftet, angewiesen und gelehrt, er solle öffentlich auftreten und predigen. Und solle sprechen, unsere liebe Frau Maria, die Mutter Gottes, sei ihm drei- oder viermal persönlich erschienen und erschiene ihm täglich und habe ihm gesagt, er solle öffentlich predigen ..., daß alles Volk aus allen Landen sollte als Pilger zu ihr kommen in ihre Kirche oder Kapelle zu Niklashausen im Taubertal bei Wertheim ... Das tat der arme Mensch auf Veranlassung der ehrbaren Leute und des Pfarrers und trat auf und predigte und sprach, alle Dinge sollten allen gemeinsam gehören, und es nahte sich die Zeit, da man alle Priester töten sollte, und wer 30 Priester töten konnte, hätte große Verdienste. Sie hätten nämlich keine Macht mehr von Gott ... Und er verdammte gleichermaßen Brusttücher, kurze Kleider und spitze Schuhe. Denn das mißfiele unserer lieben Frau gar sehr, und Gott wollte deswegen hart strafen ... Er sprach auch, unsere liebe Frau habe zu ihm gesagt, für wen und um was er bete, das sollte geschehen und erhört werden. Und das Volk glaubte ihm und hielt ihn für einen Propheten, da er doch ein schlichter Laie und halber Tor war ...
Von dem Geschrei und Predigen wurden auf Eingebung des bösen Geistes fast das ganze Land zu Franken und auch andere Lande bewegt. Und das Volk lief zu großen Haufen aus allen Bistümern und Landen mit Bannern und Fahnen gen Niklashausen, und trugen mit sich großmächtige Lichter und Wachskerzen so groß, daß drei oder vier Männer kaum eine tragen konnten ...: die Jungfrauen liefen mit offenen Haaren, Wöchnerinnen, junge Knaben, junge und alte Männer, schrien und sangen Leisen* durch Städte und Dörfer ... An einem Sonnabend kamen bei 70 000 Menschen zusammen,

* Ein *Leis*, eine *Leise* = mittelalterliches Kirchenlied mit dem Refrain „Kyrie*leis*“ = Kyrie eleison = „Herr, erbarme dich “

Kinder und alte Leute, Frauen und Männer, daß es also schrecklich anzusehen war; und ein jeder kam mit seinem Werkzeug: ein Ackermann mit seiner Geißel, ein Steinmetz mit seiner Picke, ein Schmied mit seinem Hammer und so weiter.
Der Bischof von Würzburg ließ es verbieten – es half nichts ... Da schickte er gen Niklashausen 34 Gewappnete zu Pferde, die griffen den genannten Hans Böhm. Der saß nackt in der Schenke und predigte den Leuten große Wunderwerke, die ihn der Pfarrer und die ehrbaren Leute gelehrt hatten. Sie banden ihn also nackt auf ein Pferd und führten ihn gen Würzburg in einen Turm auf der Burg Frauenberg. Es waren dabei etwa 6 000 Menschen, als sie ihn fingen. Aber es nahm sich ihrer niemand an, und waren zumeist Fronleute.
[Unter Führung der Edelleute ziehen sie, schnell vermehrt auf etwa 12 000 Menschen, mit 500 Kerzen aus der Kapelle durch die Nacht vom 12. zum 13. Juli 1476 vor den Frauenberg zu Würzburg, wo der Bischof Verteidigungsvorbereitungen trifft.]
Zwei ehrbare Ritter, fromme Männer, ermahnten das Volk gütlich und mit guten Worten, daß sie von der Torheit abließen und ein jeglicher heimzöge in sein Land ... Also zog ein Teil von ihnen heim; ein Teil aber blieb und wollte den Turm erobern oder dabei sterben ... Hans Böhm bekannte in dem Gefängnis, daß es ihn die Junker von Stetten und ihr Pfarrer gelehrt und ihm eingegeben hätten ..., und hätten ihm auch Geld dafür gegeben ... Als der Bischof sah, daß es Täuscherei war und keine wahrhaftige Zeichen waren, sondern eitel Phantasie, mit der das Volk verleitet worden war ..., ließ er den Hans Böhm zur Abschreckung anderer und wegen solcher Ketzerei, die daraus entstehen konnte, brennen.[9]

Mitte des 14. Jahrhunderts erschütterten Pestseuchen Europa. Seit damals erlebten die *Geißlerfahrten* einen großen Aufschwung, kirchliche Verbote halfen kaum.

Ein Geißlerzug

Da man zählte 1349 Jahre und 14 Nächte nach Sonnwende, da kamen gen Straßburg wohl zweihundert Geißler ... Sie hatten die kostbarsten Fahnen von Sammettüchern, rauh und glatt, und von Baldachinen die besten. Die trug man vor, wo sie in die Städte und Dörfer gingen, und man läutete alle Glocken ihnen entgegen ...Zwei oder vier sangen einen Leis [vgl. Anm. *, S.165] vor, die andern sangen nach. So sie in die Kirchen kamen, knieten sie nieder und sangen:

„Jesus ward gelabet mit Gallen,
Drum solln wir kreuzweis niederfallen.“

Bei diesen Worten fielen sie alle kreuzweis auf die Erde, daß es klapperte. Als sie eine Weile also gelegen, so hub ihr Vorsänger an und sang:

„Nun hebet auf eure Händ',
Daß Gott das große Sterben wend'.“

Dann standen sie auf und wiederholten das zweimal. Man lud sie dann zum Essen ein. Das Geißeln geschah auf einem Feld vor der Stadt. Wenn die Geißler büßen (sich geißeln) wollten, zogen sie sich nackt aus bis auf die Hose und sie taten Kittel oder weiße Tücher um sich, die reichten von dem Gürtel bis auf die Füße. Sie ... legten sich nieder in einen weiten Ring ... so fing ihr Meister an, wo er wollte, und schritt über einen und schlug ihn mit der Geißel auf den Leib und sprach:

„Steh auf durch der reinen Martel Ehre,
Und hüt' dich vor der Sünden mehre.“

Wer gegeißelt worden war, gesellte sich zum Meister, bis die Reihe um war. Hernach gingen sie je zwei um den Ring und geißelten sich mit Geißeln von Riemen, die hatten Knoten voran, darein waren Nägel gesteckt, und sie schlugen sich über ihren Rücken, daß mancher sehr blutete. Dann knieten sie alle nieder, streckten ihre Arme kreuzweise aus und sangen:

„Jesus, der ward gelabet mit Gallen,
Drum solln wir kreuzweis niederfallen.“

Nun fielen sie alle kreuzweise auf die Erde und lagen eine Weile da, bis daß die Sänger abermals anhuben zu singen:

„Nun hebet auf eure Händ',
Daß Gott dies große Sterben wend'.
Nun hebet auf eure Arm',
Daß Gott sich über uns erbarm',
Jesus, durch deine Namen drei,
Du mach' uns, Herr, von Sünden frei!
Jesus, um deiner Wunden rot,
Behüt uns vor dem schnellen Tod.“

Eine Geißelfahrt (die jeweils viel Volk anzog) währte länger denn ein Vierteljahr, so daß alle Wochen gar manche Schar mit Geißlern kam. Darnach machten sich auch Frauen auf und fuhren auch über Land und geißelten sich. Darnach unternahmen auch junge Knaben und Kinder die Geißelfahrt. Und wie es zu Straßburg ergangen ist, also war es am Rhein in allen Städten, dasselbe war in Schwaben, in Franken, im Westreich und in vielen Gegenden deutschen Landes.[10]

Geißler.
Holzschnitt, Ende des 15. Jh.

Zu Buße und Sittenreform riefen die *Volksprediger* der Bettelorden auf. Sie hatten großen Zulauf und wußten mit ihrer volkstümlichen, derben Sprache die Zuhörer stundenlang zu fesseln. Der bedeutendste dieser Prediger war Geiler von Kaisersberg (1445-1510), der im Straßburger Münster eine eigene Kanzel hatte.

Eine Predigt Geilers von Kaisersberg

Text: Spr 30,26. „Das Häslein, ein schwaches Volk, hat seine Ruhstatt gesetzt in den Felsen." –

1. Das Häslein ist furchtsam, so lebt der Christ in der Furcht Gottes.
2. Es ist schnell zum Laufen, so ist der geistliche Mensch schnell zum Guten, und ist ihm nichts zu schwer.
3. Es läuft schneller bergauf als bergab, so ist der Christ auf dem Berg Gottes.
4. Dem Häslein sind die Hunde aufsetzig, so uns die bösen Geister.
5. Es setzt seine Sache auf die Flucht, so müssen wir fliehen vor bösen Anfechtungen.
6. Es bewegt alle Zeit die Lippen und muffelt, so sollen wir allezeit Gott fürchten.
7. Es hat lange Ohren, so soll auch der Christ lange Ohren haben, um mit Fleiß und Begier das Wort Gottes zu hören.

8. Es setzt seine Ruhestatt in den Felsen, das ist hier Christus.
9. Man muß dem Häslein die Haut abziehen, so müssen wir uns eine dreifache Haut abziehen: zeitlich Gut, eigenen Willen und äußern Wandel.
10. Es wird am Feuer gebraten, so wir in Leiden und Widerwärtigkeiten.
11. Es wird gespickt, so müssen wir uns gegen solche Anfechtungen spicken mit dem Speck der Gnade Gottes, mit Andacht und göttlicher Liebe.
12. Man muß es prüfen, ob es gut gebraten sei, so auch wir uns.
13. Man muß es in einem Pfeffer machen, das ist das Kloster und alles darin, was unsern weltlichen Menschen wie Pfeffer beißt und brennt.
14. Man trägt das Häslein in goldenen Platten auf den Tisch, so werden auch wir einst Gott vorgesetzt als ein angenehmes Gericht im Himmelreich und von ihm verzehrt und ihm einverleibt …[11]

Diese Predigt mit ihren anschaulichen Bildern zeigt beispielhaft, wie die Gläubigen damals mit der ausgleichenden Gerechtigkeit Gottes rechnen durften – im *künftigen* Leben! Insofern gehörte der Blick auf die (vier)„letzten Dinge“ wie Tod, Jüngstes Gericht, Himmel und Hölle zum normalen Leben. Unabdingbar war die stete Vorbereitung auf das „rechte Sterben“. Bei diesem Bild wird der Sterbende auf der einen Seite von teuflischen Mächten in der Gestalt von wilden Tieren bedrängt, auf der anderen Seite trösten ihn die Segnungen der Kirche. Angesichts des Todes rettet letztlich aber allein der Blick auf den leidenden und gekreuzigten Herrn.

Über die persönliche Lebensangst hinaus beherrschte das ganze Spätmittelalter eine *apokalyptische Grundstimmung*. Wie in manchen politisch und religiös unruhigen

Holzschnitt, Ende des 15. Jh.
Engel nehmen die Seele des Sterbenden auf, die als kleine, nackte Gestalt dessen Kopf entsteigt.

Zeiten (etwa um das Jahr 1000) erwartete man die baldige Wiederkunft Christi (so auch Martin Luther). Der Abt *Joachim von Fiore* (ca. 1130-1202) hatte eine apokalyptische Geschichtstheologie entwickelt, die das Spätmittelalter stark beeinflußte (vor allem die Franziskaner) und sich mit vielerlei religiösen Reformideen verband. Nach Joachim entspricht das Alte Testament der Zeit des Vaters, das Neue Testament der des Sohnes. Letztere Zeit der „petrinischen" Kirche lasse sich mit 1260 Jahren berechnen (= 42 Generationen à 30 Jahre nach dem Matthäusprolog). Das *dritte* „johanneische" Zeitalter gehöre nicht mehr der klerikalen Kirche, sondern den geistlich bestimmten Menschen, den Mönchen. Sie lebten aus dem Geiste die Armut der Bergpredigt und ließen so das „ewige Evangelium" (Offb 14,6) Wirklichkeit werden.

Das Abendländische Schisma

Der bedeutendste Papst des Mittelalters war Innozenz III. (1198-1216), unter ihm errang die katholische Kirche Weltgeltung und Weltherrschaft. Der Höhepunkt bedeutete zugleich den Wendepunkt – die Nachfolger konnten diese universale Stellung nicht behaupten. Die erwachenden Nationalstaaten verfolgten eigene Interessen, vor allem Frankreich mit Philipp dem Schönen (1285-1314).

So war es in der Tat „ein seltsamer Anachronismus" (A. Franzen), als Papst Bonifaz VIII. (1294-1303) noch einmal die päpstlichen Herrschaftsansprüche in scharfer Form formulierte (Bulle „Unam Sanctam", 1302). Im Anschluß an Lk 22,38 und Mt 26,52 (!) heißt es darin u.a.: „Beide Schwerter hat die Kirche in ihrer Gewalt, das geistliche und das weltliche. Dieses aber ist für die Kirche zu führen, jenes von ihr." – Philipp ließ den Papst gefangennehmen und zeigte damit aller Welt die tatsächlichen Machtverhältnisse.

Avignon (1309-1378)

Das Papsttum hielt jedoch seine gewohnten Machtansprüche aufrecht, auch in der *„babylonischen Gefangenschaft"* des Avignoner Exils: Papst Klemens V. (1305-1314) und seine Nachfolger residierten seit 1309 in Avignon (Südfrankreich) – die universale Kirche wurde sozusagen zu einer Kapelle des französischen Königs! Beschämend deutlich zeigte sich das im Templer-Prozeß, in dem der Orden auf Betreiben Philipps der Häresie und Unzucht angeklagt wurde. Nach furchtbaren Folterungen Unschuldiger fiel das Unrechtsurteil: Der Papst hob den Orden auf, der König eignete sich die reichen Besitztümer der Templer an (vgl. Kap. IX).

Drei sich verstärkende Tendenzen bestimmten die Entwicklung des Papsttums in Avignon:

- *Zentralismus*: Die Päpste versuchten immer mehr selbst und „von oben" her, alle kirchlichen Vorgänge in den Griff zu bekommen und zu regeln.
- *Fiskalismus*: Fast alle geistlichen und kirchlichen Vorgänge wurden unter finanziellen Aspekten gesehen und entschieden, z.B. Amtsvergaben; Abgaben wurden rücksichtslos eingetrieben (z.B. unter Bannandrohung).
- *Nepotismus*: Das Erbübel der päpstlichen Verwandtenbegünstigung („Vetternwirtschaft") wurde immer wieder auch bekämpft, erwies sich damals aber als unausrottbar und verschärfte sich noch.

Insgesamt bestimmten immer mehr ungeistliche Motive die päpstliche „Politik". Die Kirche wurde immer mehr *verrechtlicht*, die geistlichen Belange traten in den Hintergrund. Nach außen hin „wirkte" das Papsttum allerdings tatkräftig und mächtig – die gewaltigen Bauten des Avignoner Papstpalastes bezeugen dies augenfällig.

Das Schisma (1378-1417)

Aus einer Chronik

„1376. Ungefähr um St. Michael verließ Gregor XI. Avignon, begab sich nach Italien, um das verlorene Gebiet in Besitz zu nehmen, nachdem er, wie man sagte, den Palast in Avignon und Zubehör dem Herzog von Burgund um 100 000 Gulden verpfändet hatte, kam in das Reich der Königin von Neapel und hielt sich dort lange auf ...
1378. Am Samstag vor dem Sonntag Laetare stirbt Papst Gregor XI. in der Stadt Rom. Nach seinem Tode wird Urban VI. zum Papste gewählt, am Palmsonntag eingesegnet und Ostern gekrönt. Er war vorher Erzbischof von Bari gewesen, aber nicht Kardinal. Er folgte den Spuren Urbans V., seines Vorgängers, eines gottseligen Mannes ... Noch in demselben Jahre kam es zu einem heftigen Konflikt zwischen dem Papst und den Kardinälen, von denen ihm nur wenige treu blieben; von den anderen wurde behauptet, er sei nicht kanonisch gewählt worden und zum Papste erhoben, weil ihn die Kardinäle unter dem Druck der Römer erkoren hätten. Der Papst

setzte die Kardinäle, die ihn gewählt hatten, ab und ernannte andere, weil die ihm nicht gehorchen wollten. Daraufhin traten alle Kardinäle, die ihn erhoben hatten, zusammen und wählten einen anderen Papst ... und nannten ihn Clemens VII. Am Allerheiligentage krönten sie ihn ...
1379. Papst Clemens begab sich mit allen früheren Kardinälen nach Avignon und blieb dort ... "[12]

Die Verwirrung im Abendland war allgemein und steigerte sich noch, als jeweils eigene Kardinalskollegien geschaffen wurden, die wiederum eigene Papstnachfolger wählten. Die einzelnen Länder entschieden zumeist nach politischen Aspekten, welchen Papst sie anerkannten. Für *Rom* sprachen sich z.B. das Deutsche Reich aus oder England; für *Avignon* z.B. Frankreich oder Schottland. Doch gingen die Brüche und Auseinandersetzungen weiter und quer durch die Länder, Bistümer, Pfarreien, Orden. Die Päpste bannten ihre Gegner mit deren Anhängern – *so war die ganze Christenheit aus der Kirche ausgeschlossen!* Das Ende des verfaßten Christentums schien gekommen.

Als die Päpste sich nicht näher kamen, fanden sich schließlich deren Kardinäle in Pisa zusammen (1409) und wählten ein neues Oberhaupt der katholischen Kirche: Alexander V. und dann seinen Nachfolger Johannes XXIII. (!) (1410-1415). Damit war die Situation völlig verfahren und die Katastrophe vollständig, denn von nun an gab es drei Papstreihen: Und kein Papst vermochte „nachzugeben" („non possumus"), denn aus Gewissensgründen meinte jeder persönlich die apostolische Nachfolge garantieren und wohl auch erleiden zu müssen.

Das Konstanzer Konzil (1414-1418)

Dem deutschen König Sigismund (1410-1437) gelang es schließlich, ein Allgemeines Konzil in Konstanz zu versammeln. Erstmals wurde dort nach Nationen abgestimmt (je eine Stimme für Deutschland, Frankreich, England, Italien und das Kardinalskollegium). Dennoch waren die anstehenden Probleme schier unüberwindbar. Schließlich erklärte sich das Konzil als oberste kirchliche Instanz (= *konziliare Idee, Konziliarismus*).

Die „Papstfrage" überschattete weit alle anderen Fragen, und so wurden auch die längst fälligen Reformen nicht beraten und beschlossen. Die Verbrennung von Jan Hus als Ketzer, dem freies Geleit zugesichert war (galt nicht für den hartnäckigen Ketzer!), bewegte die Kirchenversammlung eher am Rande (1415). Am 11. 11. 1417 wurde der neue

Papst gewählt: Martin V. – die gespaltene Christenheit war wieder vereint.

Aus dem Dekret „Haec sancta" vom 6. 4. 1415:

„Diese heilige Synode zu Konstanz ... erklärt erstens, daß sie, im Heiligen Geist rechtmäßig versammelt, ein allgemeines Konzil abhaltend und die katholische Kirche repräsentierend, von Christus unmittelbar Vollmacht hat. Ihr ist ein jeder, welchen Standes und welcher Würde auch immer, einschließlich der päpstlichen, in denjenigen Stücken zu gehorchen verpflichtet, die sich auf den Glauben beziehen, auf die Ausrottung des besagten Schismas und auf die Reform der Kirche an Haupt und Gliedern."[13]

In Konstanz war die konziliare Idee zum Durchbruch gekommen, weil der bestehende kirchliche Notstand keinen anderen Ausweg bot. In der Folgezeit versuchten die Päpste, wieder die Oberhoheit in der Kirche zu erlangen. Auf dem Konzil von Basel (1431-1438) kam es darüber nochmals zu harten Auseinandersetzungen. Daraufhin vermieden es die Päpste, Konzilien einzuberufen. Dies ist einer der Gründe, warum die Forderungen nach einem Reformkonzil in der Reformationszeit von Rom zu spät aufgenommen wurden.

XIII. Allein der Glaube: Reformation

Der Ruf nach Reform der Christenheit an Haupt und Gliedern durchzog das ganze Spätmittelalter. Einzelne Universitätstheologen, Bischöfe und Geistliche forderten eine Besserung der unhaltbaren Zustände in der Kirche. Reformkonzilien diskutierten notwendige Maßnahmen. Das Papsttum zeigte freilich kein Interesse an einer kirchlichen Reform. Das letzte vorreformatorische Konzil, das Fünfte Laterankonzil, schloß 1517 ohne greifbare Ergebnisse. 1517 aber war auch das Jahr, in dem der Wittenberger Augustinermönch Martin Luther seine Thesen gegen den Ablaß veröffentlichte. Dieser Angriff auf eine besonders anstößige Praxis der mittelalterlichen Kirche löste eine Bewegung weltgeschichtlichen Ausmaßes aus.

Das Wort „Reformation" weist auf die eigentliche Absicht Martin Luthers und der anderen Reformatoren hin. Sie wollten keine neue Kirche gründen. Auch ihre Lehre hielten sie nicht für neu, sondern für die alte, wahrhaft christliche Lehre gegenüber den Neuerungen des mittelalterlichen Papsttums. Sie hofften und arbeiteten für eine Reform der gesamten Kirche.

Titelblatt des Preisgesangs von Hans Sachs auf Luther, die Wittenbergische Nachtigall, 1523. Martin Luther wird als Nachtigall dargestellt, die die Stimme für das reine Evangelium erhebt. Die Nachtigall läßt sich nicht abschrecken von den gefährlichen Tieren, die die Luther bedrohenden Menschen symbolisieren. Links sieht man Christus als Lamm Gottes.

In der Reformationszeit zerbrach die Einheit der abendländischen Christenheit. Früher hielten Katholiken und Protestanten jeweils die andere Seite für allein verantwortlich für den Bruch. Heute sieht man – aus dem Abstand von fast 500 Jahren – die Vorgänge differenzierter. Sicher spielten persönliche Schuld und kollektives Versagen bei den Trennungen der Reformationszeit eine gewichtige Rolle. Zentraler ist wohl die Erkenntnis, die der Evangelische Erwachsenenkatechismus so formuliert: „Aus Verantwortung für die unverfälschte Heilsbotschaft meinte man, sich von den anderen trennen zu müssen. Solche *Trennungen um der Wahrheit des Evangeliums willen* waren tragische Notwendigkeiten. Sie lassen sich mit dem Begriff ‚Sünde' nicht voll erfassen und durch Buße und Schuldbekenntnis allein nicht überwinden. Hier kann nur das gemeinsame Bemühen um ein rechtes Verständnis des Evangeliums weiterführen."[1]

Es begann mit Martin Luther

Mit der Veröffentlichung seiner Thesen wider den Ablaß trat der Wittenberger Augustinermönch Martin Luther plötzlich ins Rampenlicht der Öffentlichkeit. Wer war dieser Mönch, und was befähigte ihn, eine solche weltgeschichtliche Bewegung auszulösen?

Martin Luther wurde am 10. November 1483 in Eisleben (Thüringen) geboren. Der Sohn eines Bergmanns, der sich mit eisernem Fleiß hochgearbeitet hatte, sollte auf Wunsch seines Vaters Jurist werden. 1501 bezog er die Universität in Erfurt. 1505 schloß er sein Grundstudium mit dem Magisterexamen ab und begann sein juristisches Studium. Doch nur ein paar Wochen später trat er in den strengen Bettelorden der Augustinereremiten ein. Äußerer Anlaß hierfür war ein bei einem Gewitter, in das Luther geraten war, abgelegtes Gelübde. Wahrscheinlich war Luther damals – angestoßen durch Erfahrungen mit dem Tod anderer – umgetrieben von der Frage, wie er nach dem eigenen Tod vor dem strengen Richtergott bestehen könnte. Ihn beschäftigte die Frage: Wie kann ich selig werden? Für ihn und die meisten seiner Zeitgenossen war klar: Selig werden kann man am sichersten als Mönch oder Nonne; sie führen das wahre christliche Leben, wie es Gott gefällt. Über seine Zeit im Kloster schrieb Luther später:

„Wahr ist's, ein frommer Mönch bin ich gewesen und habe meine Ordensregeln so streng gehalten, daß ich sagen darf: Ist je ein Mönch in den Himmel gekommen durch Möncherei, so wollte ich auch hineingekommen sein. Das werden mir bezeugen alle Klostergesellen, die mich

Luther als Augustinermönch mit Kutte und Tonsur. Kupferstich von Lukas Cranach d.Ä., 1520. Die Unterschrift heißt auf deutsch: „Das unvergängliche Abbild seines Geistes drückt Luther selbst aus, Lukas dagegen zeichnet die sterbliche Gestalt. 1520.“

je gekannt haben. Denn ich hätte mich, wenn es noch länger gewährt hätte, zu Tode gemartert mit Wachen, Beten, Lesen und anderer Arbeit.“[2]

Luther machte in seinem Orden rasch „Karriere“. Nach der Priesterweihe (1507) studierte er Theologie. 1510 unternahm er im Auftrag seines Ordens eine Reise nach Rom. Zwar nahm er die dortigen Mißstände wahr; größere Zweifel an der Kirche bekam er freilich nicht. 1511 siedelte Luther nach Wittenberg über. 1512 wurde er nach seiner Promotion zum Doktor der Theologie Professor an der Universität Wittenberg. Er mußte für seine Studenten die Bücher des Alten und Neuen Testaments auslegen.

Wie er selbst gelernt hatte, so lehrte er nun seine Studenten: Trotz des Sündenfalls kann der Mensch das Gute tun. Durch fromme Leistungen, z.B. durch Beten, Fasten und Almosengeben, kann der Mensch Gott zufriedenstellen. Doch fand Luther auf die Dauer bei dieser Lehre keine Ruhe. Er wußte nie, ob Gott wirklich mit ihm zufrieden war. Eine Hilfe in diesen „Anfechtungen“ wurde ihm durch seinen Ordensoberen Johannes von Staupitz zuteil. Der wies ihn weg von dem richtenden Christus hin zu dem für uns gekreuzigten Christus. Die entscheidende und ihn befreiende Erkenntnis fand Luther selbst in der Heiligen Schrift: Der biblische Begriff von Gerechtigkeit Gottes bezieht sich nicht auf einen richtenden Gott, der die Guten belohnt und die Bösen bestraft, sondern auf den barmherzigen Gott, der den Sünder annimmt aufgrund seines Glaubens. Die Botschaft von der Rechtfertigung des Menschen *allein aus Gnade (= sola gratia), allein aus Glauben (= sola fide)* wurde zum Zentrum reformatorischer Predigt. Die „guten Werke“ sind nicht mehr Voraussetzung der Rechtfertigung, sondern ihre Folge.

Dies drückte Luther 1520 so aus: „Also fließet aus dem Glauben die

Liebe zu Gott und aus dieser Liebe ein freies, williges, fröhliches Leben, dem Nächsten zu dienen umsonst." 1545 berichtete Luther noch einmal von dieser Entdeckung:

„Ich haßte dies Wort ‚Gerechtigkeit Gottes'; denn durch den Brauch und die Übung aller Doktoren war ich gelehrt worden, es philosophisch zu verstehen, von der sogenannten ‚formalen' oder ‚aktiven' Gerechtigkeit, durch die Gott gerecht ist und die Sünder und Ungerechten straft ...
Da erbarmte sich Gott meiner. Unablässig sann ich Tag und Nacht, bis ich auf den Zusammenhang der Worte merkte, nämlich: ‚Die Gerechtigkeit Gottes wird im Evangelium offenbar, wie geschrieben steht: Der Gerechte lebt seines Glaubens.' [Röm 1,17] Da fing ich an, die Gerechtigkeit Gottes als eine solche Gerechtigkeit zu begreifen, durch die ‚der Gerechte als durch Gottes Geschenk lebt', d.h. also ‚aus Glauben', und merkte, daß dies so zu verstehen sei: ‚durch das Evangelium wird die Gerechtigkeit Gottes offenbar', nämlich, die sogenannte ‚passive', d.h. die, durch die uns Gott aus Gnaden und Barmherzigkeit rechtfertigt durch den Glauben, wie geschrieben steht: ‚Der Gerechte lebt seines Glaubens.' Nun fühlte ich mich ganz und gar neugeboren: die Tore hatten sich mir aufgetan; ich war in das Paradies selber eingegangen. Da zeigte mir sogleich auch die ganze Heilige Schrift ein anderes Gesicht. Von daher durchlief ich die Schriften, wie ich sie im Gedächtnis hatte, und fand auch an anderen Stellen den gleichen Sinn, z.B. ‚Werk Gottes' bedeutet: das Werk, das Gott wirkt, ‚Kraft Gottes': die Kraft, damit er uns kräftig macht, ‚Weisheit Gottes': die Weisheit, durch die er uns weise macht. Ebenso ist es mit: ‚Stärke Gottes', ‚Heil Gottes', ‚Herrlichkeit Gottes'.
Wie ich zuvor das Wort ‚Gerechtigkeit Gottes' mit allem Haß haßte, so erhob ich nun mit heißer Liebe das gleiche Wort als süß und lieblich über andere. So wurde mir diese Stelle bei Paulus eine rechte Pforte zum Paradies."[3]

Man weiß nicht genau, wann Luther diese grundlegende Entdeckung machte. Viele Forscher gehen vom Jahr 1513/14 aus, andere datieren die Entdeckung auf die Zeit nach der Veröffentlichung der Ablaßthesen, in das Jahr 1518. Bekannt wurde Luther zunächst durch seine Ablaßthesen. Ablaß ist nach katholischer Auffassung „die von der kirchlichen Autorität aus dem Kirchenschatze, für Lebende durch Lossprechung, für Verstorbene durch Fürbitte gewährte Nachlassung zeitlicher Strafe vor Gott, die geschuldet ist für Sünden, die der Schuld nach bereits getilgt

Das Gemälde von Lukas Cranach d.Ä. entstand um 1535. Es trägt den Titel Gesetz und Gnade. Das wohl bedeutendste Lehrbild reformatorischer Theologie stellt links den Sünder dar, gehetzt vom Teufel und vom Tod, dessen Spieß die Sünde ist (vgl. 1 Kor 15,56). Er verfällt dem Gericht, zu dem der Weltenrichter in den Wolken erschienen ist. Rechts ist der gekreuzigte und auferstandene Christus zu sehen. Kraft der Erlösungstat Christi (Blutstrahl, der vom Gekreuzigten ausgeht) darf der Sünder als Gerechter leben. Cranach macht hier Luthers Theologie, entsprechend vor allem der Aussagen des Apostels Paulus, „sichtbar".

sind" (CIC [1983], c.992). Solcher Nachlaß wird gewährt bei entsprechender Bußleistung, wie z.B. einer Wallfahrt nach Rom. Eine solche Leistung konnte im Spätmittelalter in eine Geldbuße umgewandelt werden. Wer einen Ablaßbrief kaufte, erhielt den Nachlaß. Man konnte auch Ablaßbriefe für Tote erwerben und diesen so die Zeit des Fegefeuers verkürzen, jenem Ort, an dem die nicht nachgelassenen Sündenstrafen abgebüßt werden.

Im Spätmittelalter wurde ein furchtbarer Mißbrauch mit dem Ablaß getrieben. Für die Kurie wurde er zu einer bequemen Geldquelle. 1517 schrieb Papst Leo X. einen Ablaß aus, weil er Geld für den Bau der Peterskirche in Rom benötigte. Dieser Ablaß wurde seit Beginn des Jahres 1517 in Deutschland von dem Dominikanermönch Tetzel vertrieben, auch in der Nähe Wittenbergs. Luther sah vor allem die verheerenden Folgen für die religiöse Praxis. Viele meinten nämlich, daß nach Kauf eines Ablaßbriefes Buße nicht mehr nötig sei.

Luther verfaßte 95 Thesen gegen den Ablaß. Sie sollten für eine Disputation unter Gelehrten dienen; darum waren sie lateinisch abgefaßt.

Der Ablaßverkauf war der Funke, der den Reformationsstreit entzündete. Der Titelholzschnitt einer gegen den Ablaß gerichteten Flugschrift von 1520 zeigt links unter dem Papstwappen einen Dominikanermönch, der die päpstliche Ablaßbulle verliest, rechts unter dem Wappen von Papst Leo X. den Verkauf der Ablaßbriefe.

Er verschickte sie an den zuständigen Bischof, auch an einzelne Freunde. Vielleicht schlug er sie auch an der Tür der Wittenberger Schloßkirche an, dem „Schwarzen Brett" der Universität, wahrscheinlich aber erst in der Mitte des Monats November 1517. Luther dachte nicht daran, mit seinen Thesen eine neue Lehre aufzustellen; doch griff er nicht nur Mißbräuche des Ablaßwesens an, sondern stellte den Ablaß auch prinzipiell in Frage. Aus den 95 Thesen:

„1. Unser Herr und Meister Jesus Christus hat mit seinem Wort ‚tut Buße' gewollt, daß das ganze Leben der Gläubigen [nichts als] Buße sein solle.

35. Unchristlich predigen die, welche lehren, wer Seelen aus dem Fegefeuer loskaufe oder Beichtbriefe löse, habe die Reue nicht nötig.

36. Jeder Christ ohne Ausnahme, der wahrhaft Reue empfindet, hat völlige Vergebung von Strafe und Schuld, die ihm auch ohne Ablaßbrief gebührt."[4]

Zu Luthers großem Erstaunen verbreiteten sich die Thesen, alsbald ins Deutsche übersetzt, schnell in ganz Deutschland. Darauf wurde Luther 1518 in Rom wegen des Verdachts der Ketzerei angezeigt. Er wurde nach Rom zitiert. Luthers Landesherr, Kurfürst Friedrich der Weise von Sachsen, erreichte, daß Luther in Augsburg vom päpstlichen Legaten Cajetan verhört wurde. Das Verhör blieb ohne Ergebnis, weil Luther sich weigerte, seine Thesen zu widerrufen. Die Leipziger Disputation 1519 zwischen Luther und dem Ingolstädter Theologieprofessor Johann Eck machte deutlich, daß es Luther nicht nur um die Abschaffung einiger Mißbräuche ging. Luther bestritt in Leipzig die Heilsnotwendigkeit des päpstlichen Primats und die Irrtumslosigkeit der Konzilien. Letzte Norm in bezug auf Lehre und Ordnung der Kirche war für ihn nur noch die Heilige Schrift *(sola scriptura)*. Damit stellte Luther das mittelalterliche Kirchenverständnis in Frage.

In drei großen Schriften entfaltete Luther 1520 seine reformatorische Entdeckung und ihre Konsequenzen für Kirche und Gesellschaft. *Von der Freiheit eines Christenmenschen* bietet die erste kurzgefaßte evangelische Glaubenslehre. Darin schreibt Luther:

„Ein Christenmensch ist ein freier Herr über alle Dinge und niemand untertan. – Ein Christenmensch ist ein dienstbarer Knecht aller Dinge und jedermann untertan.

Diese zwei Beschlüsse sind klar: St. Paulus, 1. Kor. 9: ‚Ich bin frei in allen Dingen und habe mich eines jedermanns Knecht gemacht'; item Römer 13: ‚Ihr sollt niemand in etwas verpflichtet sein, außer daß ihr euch untereinander liebet.'

Liebe aber, die ist dienstbar und untertan dem, was sie lieb hat; also auch von Christo, Galat. 4: ‚Gott hat seinen Sohn ausgesandt, von einem Weibe geboren, und dem Gesetz untertan gemacht.'"[5]

In *Von der babylonischen Gefangenschaft der Kirche* entwickelte Luther sein Sakramentsverständnis. Ein Sakrament ist für ihn ein mit der Zusage der Sündenvergebung verbundenes Zeichen, das Christus selbst gestiftet hat. Deshalb konnte Luther nur noch Taufe und Abendmahl (anfangs auch die Buße) als wirkliche Sakramente verstehen. Weiter bestritt Luther in dieser Schrift die Wandlungslehre, den Opfercharakter und den Kelchentzug bei der Messe.

In der Schrift *An den christlichen Adel deutscher Nation von des christlichen Standes Besserung* wies Luther eindrücklich auf die Mißstände in der Kirche hin und legte ein Reformprogramm vor. Gegen die althergebrachte Sonderstellung des geistlichen Standes in der Kirche setzte Luther die These vom allgemeinen Priestertum der Gläubigen:

„Alle Christen sind wahrhaft geistlichen Standes und ist unter ihnen kein Unterschied denn des Amtes halber, wie Paulus 1. Kor. 12,12 sagt, daß wir allesamt ein Körper sind, doch ein jeglich Glied sein eigen Werk hat, womit es den anderen dienet …

So folgt daraus, daß Laien, Priester, Fürsten, Bischöfe und, wie sie sagen, ‚Geistliche' und ‚Weltliche' keinen anderen Unterschied haben, denn des Amtes oder Werkes halber und nicht des Standes halber; denn sie sind alle geistlichen Standes, wahrhaftige Priester, Bischöfe und Päpste ..."[6]

Nicht lange nach der Leipziger Disputation reiste Johann Eck nach Rom, um den Ketzerprozeß gegen Luther voranzutreiben. Er kehrte im Sommer 1520 mit der Bannandrohungsbulle nach Deutschland zurück. Im gleichen Jahr wurden in Löwen (heute Belgien) Lutherschriften öffentlich verbrannt. Am 10. Dezember 1520 verbrannte Luther in Anwesenheit vieler Wittenberger Studenten die päpstliche Bulle.

Am 3. Januar 1521 wurde Martin Luther endgültig gebannt.

Schon 1520 hatte der päpstliche Legat vom sächsischen Landesherrn die Auslieferung Luthers verlangt. Friedrich der Weise konnte es bei dem jungen deutschen König Karl V. erreichen, daß Luther vor ein Schiedsgericht auf dem Wormser Reichstag 1521 geladen wurde. Luther erhielt auch freies Geleit. Unter Berufung auf die Bibel verweigerte Luther den Widerruf: „Wenn ich nicht überwunden werde durch die Zeugnisse der Schrift oder mit klaren Vernunftgründen, so bleibe ich von den klaren Schriftstellen besiegt, die ich angeführt habe, und mein Gewissen ist im Wort Gottes gefangen."[7]

Karl V. ließ daraufhin im Wormser Edikt die Reichsacht gegen Luther und seine Anhänger verhängen. Er befahl den Fürsten, „daß ihr nach Ablauf von zwanzig Tagen den Martin Luther nicht beherbergt, speist, tränkt noch schützt, noch ihm heimlich oder öffentlich Hilfe, Beistand oder Vorschub leistet, sondern wo ihr seiner habhaft werdet, ihn gefangen nehmt und Uns wohlbewahrt zusendet ..."[8]

Um Luther zu schützen, ließ ihn Friedrich der Weise bei der Heimreise nach Wittenberg zum Schein überfallen. Zehn Monate verbrachte Luther unter dem Namen „Junker Jörg" auf der Wartburg bei Eisenach. Dort übersetzte er in kurzer Zeit das Neue Testament ins Deutsche. Im September 1522 erschien das „Septembertestament", 1534 die deutsche Übersetzung des Alten Testaments. Luther übersetzte die Bibel aus dem Urtext. Er zeigte sich in seiner Bibelübersetzung als Meister der deutschen Sprache.

Der Fortgang der Reformation bis 1530

Das Wormser Edikt konnte den Fortgang der Reformation zunächst nicht hindern. Kaiser Karl V. war in Kämpfe mit Frankreich und der Türkei verwickelt und war auf die Unterstützung durch die Reichsstände angewiesen. So mußte er ihnen Zugeständnisse machen. Auf dem Reichstag zu Speyer 1526 wurde entschieden, daß jeder Reichsstand es mit Luthers Lehre so halten sollte, „wie er es gegen Gott und Kaiserliche Majestät hoffet und vertrauet zu verantworten"[9]. Vor allem die Bürger einiger großer süddeutscher Reichsstädte führten alsbald die von Luther empfohlenen Reformen (s.u.) durch. Das erste deutsche Land, das evangelisch wurde, war 1525 das Ordensland Preußen (später: Ostpreußen). Es folgten Kursachsen und Hessen.

Der Bauernkrieg von 1525 beeinflußten auch den Fortgang der Reformation. Bauernunruhen hatte es schon lange vor der Reformation gegeben. Es war durchaus nicht immer wirtschaftliche Not, die die Bauern drückte. Sie beklagten sich vor allem auch über die zunehmende Einschränkung der bäuerlichen Selbstverwaltung. Auch wurden die althergebrachten Nutzungsrechte an Weide, Wasser und Wald von der Landesherrschaft in Frage gestellt. Die Bauern fühlten sich durch Luthers Botschaft von der Freiheit eines Christenmenschen unterstützt. Sie schlossen sich in Bauernbünden zusammen. In den „12 Artikeln der Bauernschaft in Schwaben" legten sie ein gemäßigtes Reformprogramm vor, das durchgehend biblisch begründet wurde. Sie forderten die Aufhebung der Leibeigenschaft aufgrund der biblischen Freiheitsbotschaft:

> „Zum dritten ist der Brauch gewesen, daß man uns für Eigenleute [= Leibeigene] gehalten hat, welches zum Erbarmen ist, wenn man bedenkt, daß uns Christus alle mit seinem kostbaren Blut erlöst und erkauft hat (Jesaja 53; 1.Petr. 1; 1.Korinther 7; Römer 13) den niederen Hirten eben sowohl als den Allerhöchsten, keinen ausgenommen. Darum findet sich in der Schrift, daß wir frei sind und wir wollen frei sein. Nicht, daß wir völlig frei sein wollen und keine Obrigkeit haben; das lehrt uns Gott nicht. Wir sollen in seinen Geboten leben, nicht aber in freiem Mutwillen. Nicht allein vor der Obrigkeit, sondern vor Jedermann sollen wir uns demütigen (Römer 13). So wollen wir auch gerne unserer erwählten und gesetzten Obrigkeit, so uns von Gott gesetzt ist, in allen ziemlichen und christlichen Sachen gehorsam sein. Wir sind auch außer Zweifel, ihr werdet uns der Leibeigenschaft als wahre und rechte Christen gern entlassen, oder uns aus dem Evangelium dessen berichten, daß wir zu recht leibeigen sind …"[10]

Dieser Prophet sihet dem Thomas Muntzer gleich.

Angebliches Porträt von Thomas Müntzer aus Johann Lichtenberger, Weissagungen, 1527. Müntzer erscheint dabei als Prediger.

Die Grundherren ließen sich nicht auf Verhandlungen ein, nur manchmal, und zwar aus taktischen Gründen. Jetzt erst gewannen die radikalen Kräfte die Oberhand. In Schwaben verloren die schlecht ausgerüsteten Bauern mehrere Schlachten. Mehr Erfolg hatten sie in Franken. Schließlich wurde auch Thüringen vom Aufstand ergriffen. Geistiger Führer der aufständischen Bauern war dort *Thomas Müntzer*. Ursprünglich Anhänger Luthers, hatte er immer stärker zu einem eigenen reformatorischen Ansatz gefunden. An erster Stelle stand für ihn nicht das Wort der Bibel, sondern die unmittelbare Erleuchtung durch das „innere Wort“. Müntzer erwartete unmittelbar das Tausendjährige Reich, wo allen alles gemeinsam war und alle das gleiche Recht hätten. Als „ein neuer Johannes“ wollte Müntzer Christus den Weg bereiten, nicht zuletzt durch die Vernichtung der Gottlosen. In der Entscheidungsschlacht von Frankenhausen (1525) hieß Müntzer wie ein alttestamentlicher Richter (z.B. Gideon) seine Bauern, ihre Hoffnung allein auf Gott zu setzen. Die Niederlage der Bauern war entsetzlich. Auch Müntzer wurde hingerichtet.

Luther schrieb auf die 12 Artikel der Bauernschaft eine *„Ermahnung zum Frieden“*, in der er Fürsten und Bauern ins Gewissen redete und sie am Schluß zu Verhandlungen aufrief. Bei den Bauern kritisierte er vor allem, daß sie christliche und weltliche Freiheit miteinander vermischten. Beide sind zu unterscheiden. Dies entsprach seiner Anschauung von den beiden Regimenten, die er 1524 ausgeführt hatte (s.u. S. 185).

Luthers Schrift übte keine Wirkungen auf die Bauern mehr aus. Längst war der Bauernkrieg voll entbrannt. Luther hatte sich selbst ein Bild vom Krieg gemacht. Eine Predigt, die er den aufständischen Bauern hielt, wurde mit Spott beantwortet. Nun rief er in einer erneuten Schrift, die ursprünglich als Anhang zur ersten gedacht war, die Fürsten mit harten Worten auf, gegen die Bauern vorzugehen. Darin heißt es:

„Dreierlei greuliche Sünden wider Gott und Menschen laden diese Bauern auf sich, daran sie den Tod verdient haben an Leib und Seele mannigfältig. Zum ersten, daß sie ihrer Obrigkeit Treue und Huld geschworen haben, untertänig und gehorsam zu sein ... Weil sie aber diesen Gehorsam brechen mutwillig und mit Frevel und dazu sich wider ihre Herren setzen, haben sie damit verwirkt Leib und Seele ... Denn Gott will Treue und Pflicht gehalten haben.
Zum andern, daß sie Aufruhr anrichten, rauben und plündern mit Frevel Klöster und Schlösser, die nicht ihre sind, womit sie als die öffentlichen Straßenräuber und Mörder allein wohl zwiefältig den Tod an Leib und Seele verschulden. Ein aufrührerischer Mensch, dem man es nachweisen kann, ist auch schon in Gottes und kaiserlicher Acht, daß, wer denselben am ersten erwürgen kann oder mag, der tut recht und wohl.
Zum dritten, daß sie solche schreckliche, greuliche Sünde mit dem Evangelio decken, nennen sich christliche Brüder, nehmen Eid und Huld und zwingen die Leute, zu solchen Greueln mit ihnen zu halten. Damit werden sie die allergrößten Gotteslästerer und Schänder seines heiligen Namens und ehren und dienen also dem Teufel unter dem Schein des Evangeliums ..."[11]

Als die Schrift unter die Leute kam, war der Krieg bereits zu Ende. Die Fürsten hatten furchtbare Rache genommen.

Um Luthers Haltung zu verstehen, genügt es nicht, auf sein grundsätzliches „Aber" gegen jeden Aufruhr und seine Lehre von der Obrigkeit hinzuweisen. Luther war viel zu sehr auf Thomas Müntzer fixiert, den er für einen falschen Propheten hielt. Für ihn nahm die Auseinandersetzung geradezu apokalyptisch-eschatologische Züge an. Eine Trennung zwischen dem Fall Müntzer und den Bauern hätte vielleicht eine

Der zeitgenössische Holzschnitt zeigt eine Szene aus dem Bauernkrieg: Die Bauern besetzen und plündern ein Kloster, während die Mönche unter Mitnahme der heiligen Geräte fliehen.

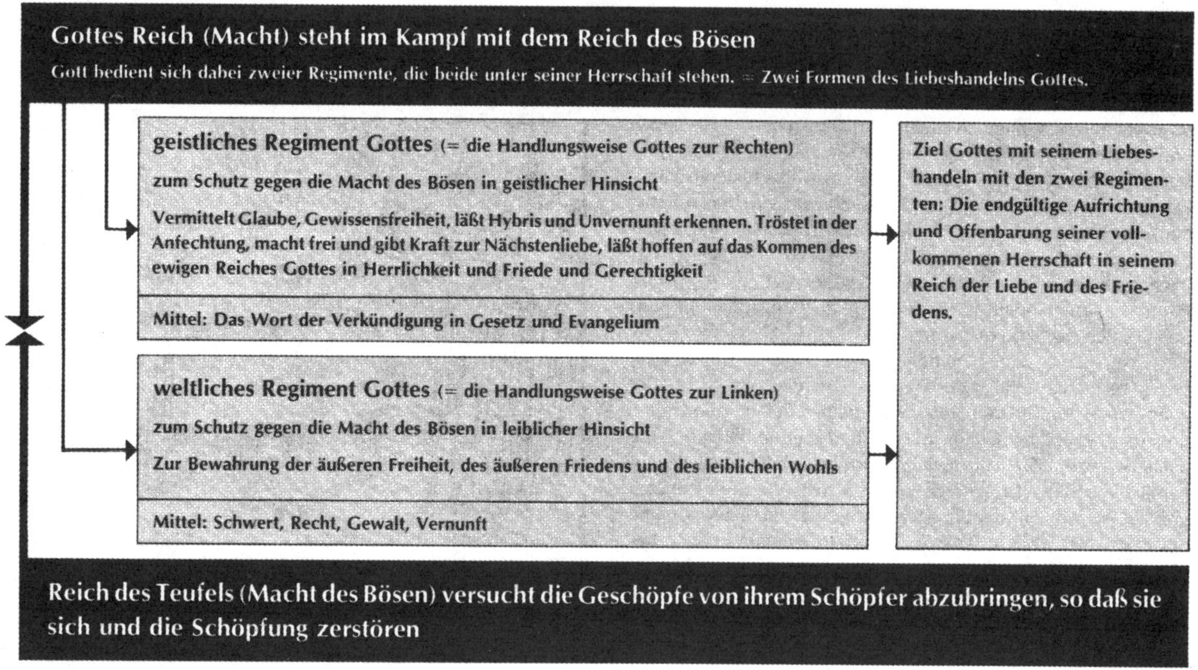

Die zwei Regimente Gottes bei Luther (frei nach U. Duchrow)

besonnenere Stellungnahme Luthers zur Folge gehabt, wie man sie bei einigen süddeutschen Reformationstheologen finden kann. Auch sie trennten weltliche und geistliche Freiheit, sahen aber doch deutlich, daß die geistliche Freiheit Folgen für die weltliche haben müsse.

Luthers Haltung im Bauernkrieg hatte tiefgreifende Folgen. Er büßte sein Ansehen bei den Bauern ein, auch hatte er es sich mit vielen Fürsten verdorben; sie sahen in Luther den Urheber des Bauernkriegs. Die Ausbreitung der Reformation ging trotzdem weiter.

Auf dem 2. Speyerer Reichstag von 1529 stimmte nun eine Mehrheit der Fürsten und Städte für die Durchführung des Wormser Edikts. Fünf Fürsten und vierzehn Städte protestierten dagegen, daß man Fragen des Glaubens durch Mehrheitsbeschlüsse entscheiden wollte. Dieser Protest gab den Evangelischen den Namen „Protestanten". 1529 konnte sich Kaiser Karl V. nach Ende der Kämpfe gegen Frankreich endlich wieder den deutschen Verhältnissen zuwenden. Er berief einen Reichstag nach Augsburg ein. Auf dem Weg der Verhandlungen wollte er die Querelen beenden. Sehr freundlich lud er die Reichsstände ein. „Eines jeglichen Gutdünken, Opinio und Meinung"[12] sollte gehört werden. Die evangelischen Fürsten beschlossen hierauf, von *Philipp Melanchthon*, Luthers Kollege an der Wittenberger Universität und Freund, einen Text ausarbeiten zu lassen, der die eigene theologische Position enthielt. So entstand das *Augsburger Bekenntnis (= Confessio Augustana).* Melanchthon ging es vor allem darum, den Nachweis zu führen, daß die Evangelischen zur Kirche gehörten. Nichts weiche in der „neuen Lehre" von der der katholischen Kirche ab. Die eigentlichen Meinungsverschiedenheiten bestünden nur in wenigen Mißverständnissen. Auch wenn dies sicher übertrieben war, muß man zugeben, daß es Melanchthon gelungen ist, „für die Lehre der Reformation einen Ausdruck zu finden, der klassisch genannt werden muß"[13]. Wesentliche Streitpunkte, wie die Stellung zum Papsttum, blieben freilich unerwähnt. Zur Rechtfertigung hieß es im Augsburger Bekenntnis:

„4. Von der Rechtfertigung
Weiter wird gelehrt, daß wir Vergebung der Sünde und Gerechtigkeit vor Gott nicht erlangen können durch unsere Verdienste, Werke oder Genugtuung, sondern daß wir Vergebung der Sünde bekommen und vor Gott gerecht werden aus Gnade um Christi willen durch den Glauben, wenn wir glauben, daß Christus für uns gelitten hat und daß uns um seinetwillen die Sünde[n] vergeben, Gerechtigkeit und ewiges Leben geschenkt wird. Denn diesen Glauben will Gott als Gerechtigkeit, die vor ihm gilt, ansehen und zurechnen, wie St. Paulus sagt zu den Römern im 3. und 4. [Kap.]."[14]

Der Kaiser ließ im Anschluß an die Verlesung des Augsburger Bekenntnisses eine Widerlegung ausarbeiten. Nachdem sie verlesen war, hielt er die evangelische Lehre für widerlegt. Im Schlußdokument des Reichstags gab er den Protestanten noch einmal eine Frist von einem halben Jahr, um zum alten Glauben zurückzukehren. Alle Neuerungen sollten bis dahin verboten bleiben.

Neuordnungen

In den Jahren nach 1521 kam es zu ersten Neuordnungen in den von den reformatorischen Ideen erfaßten Gebieten. In Wittenberg versuchte in Luthers Abwesenheit sein Kollege von der Universität, der Theologieprofessor *Andreas Karlstadt*, eine umfassende Reform des kirchlichen und sozialen Lebens durchzusetzen. Mönche und Nonnen sollten die Klöster verlassen, Pfarrer sich verheiraten. Im Gottesdienst sollten auch die Laien den Abendmahlswein zu sich nehmen können („Laienkelch"). Die Heiligenbilder in der Kirche sollten als „Götzen" verbrannt werden. Es kam zu erheblichen Unruhen. Luther verließ die Wartburg und kehrte nach Wittenberg zurück. Er kritisierte weniger den Inhalt der Reform als das Vorgehen. Reformen konnten nach seiner Meinung erst durchgeführt werden, wenn die Menschen zuvor durch die Predigt überzeugt würden: „Predigen will ich's, sagen will ich's, schreiben will ich's, aber zwingen, dringen mit Gewalt will ich niemand, denn der Glaube will willig, ungenötigt angezogen werden."[15]

In unzähligen Schriften entwickelte Luther in den nächsten Jahren Vorschläge zur kirchlichen Reform. Er gab Muster heraus, wie die Pfarrer den Hauptgottesdienst halten könnten. Der Gottesdienst wurde immer mehr in deutscher Sprache

Da pacem dñe. zu Teütsch.

¶ Verley vns fryden gnediglich/ herr Gott zu vnsern zeytten/ es ist doch hie kein ander nicht/ der für vns künde streytten/ on dich vnser Got alleyne.

Versickel.
Got geb fryd in allen landen.
Glück vnd hayl zu allen standen.

Herr Gott hymlischer vater der du heyligen mut guten radt/ vñ rechte werck schaffest/ gib vns deinen diener den fryden welchen die welt nicht kan geben/ auff das vnser hertzen an deinen gebotten hangen/ vñ wir vnser zeyt durch deinen schutz für feynden stille vñ sicher leben. Vmb Jesus Christus vnsers Herren willen.

Jobst Gutknecht.

Deutsche Bearbeitung der Litanei (= Wechselgesang) durch Martin Luther, entstanden angesichts der Türkengefahr 1529. Die letzte Seite des Drucks zeigt oben die von der Gemeinde zu singende Liedstrophe.

gehalten. Die erste „Deutsche evangelische Messe" verfaßte noch vor Luther Thomas Müntzer. Die Predigt gewann jetzt ihren zentralen Platz im Gottesdienst. Die Gemeinde wurde viel stärker als zuvor am Gottesdienst beteiligt, z.B. über den Gemeindegesang. Luther schrieb viele deutsche Kirchenlieder, die zum großen Teil heute noch im evangelischen Gottesdienst gesungen werden.

Luther forderte auch eine Reform des Schulwesens. Ein großes Problem entstand den Gemeinden dadurch, daß nun viele der bisher üblichen Stiftungen von Messen und andere Einnahmequellen der Kirche fortfielen. Die Frage war, wie Kirche und Schule weiter unterhalten werden sollten. In der „Ordnung des Gemeinen Kastens" von 1523 schlug er vor, alle kirchlichen Einnahmen in einer Zentralkasse zu sammeln, die unter der Aufsicht von 10 Vorstehern stand. Von hier aus sollten nicht nur Pfarrer, Mesner und Lehrer, sondern auch die Armen versorgt werden. Das „allgemeine Priestertum der Gläubigen", das Luther 1520 gefordert hatte, machte es notwendig, daß nicht nur der Priester, sondern auch der Laie über den Glauben Bescheid wissen muß. Luther schrieb für ihn 1529 den kleinen Katechismus, der u.a. das Glaubensbekenntnis und die 10 Gebote mit Luthers Erklärungen enthält. Dieser Katechismus wird bis heute in der kirchlichen Unterweisung behandelt. Er hat Generationen evangelischer Christen geprägt.

Doch wer sollte die Neuordnung in den evangelisch gewordenen Gebieten übernehmen? Papst und Bischöfe kamen hierfür nicht in Frage. Bis auf wenige Ausnahmen verschlossen sie sich den Anliegen der Reformation. Die Päpste verzögerten die Einberufung eines allgemeinen Konzils. Und die Gemeinden selbst sahen sich dazu nicht in der Lage; jahrhundertelang waren sie in Unmündigkeit gehalten worden. So rief Luther für Kursachsen seinen Landesherrn zu Hilfe. Als Glied der christlichen Gemeinde sollte er eine Visitation anordnen, um schließlich zu einer neuen Kirchenordnung zu kommen. Dieser Notbehelf wurde zur Dauereinrichtung. So entstand das sog. *Landesherrliche Kirchenregiment*: Der Landesherr ist der oberste Bischof der Kirche seines Landes. Die kirchlichen Behörden werden den staatlichen mehr oder weniger gleichgestellt. Die Regelung, daß die Fürsten zugleich Leiter der Kirchen waren, bestand bis ins Jahr 1918. Sie trug wesentlich zur „Obrigkeits- und Staatsergebenheit des deutschen Protestantismus" bei.[16]

Ausprägungen der Reformation

Die von Luther ausgehende Reformation blieb nicht die einzige. In der Schweiz, zunächst in Zürich, entwickelte sich ein zweiter eigenständiger Typus der evangelischen Christenheit. Seit Ende 1518 amtierte am Züricher Großmünster *Huldrych Zwingli* (1484-1531) als Leutpriester.

Entscheidende Anstöße zur Reformation erhielt Zwingli vom Humanisten *Erasmus von Rotterdam*. Wie er wollte er zunächst eine Regeneration der Kirche von innen heraus. Durch die Ergebnisse der Leipziger Disputation kam er in den Bannkreis Luthers. Ab 1522 trat er offen gegen bestimmte kirchliche Zustände, wie etwa das Fasten, auf. Nach der ersten Züricher Disputation von 1523 ordnete der Rat von Zürich an, daß von jetzt ab alle Prediger das Evangelium zu predigen hätten. Nach der zweiten Disputation von 1523 wurden die Heiligenbilder beseitigt, allerdings auf geordnetem Weg, unter der Aufsicht der Obrigkeit. Zwingli bemühte sich vor allem um eine grundlegende

Der Kupferstich aus dem 17. Jahrhundert zeigt einen reformierten Abendmahlsgottesdienst im Fraumünster in Zürich. Die Abendmahlsgemeinde versammelt sich um einen Tisch. In der Mitte stehen der Pfarrer (A), der Diakon (B) und ein weiterer Geistlicher (C). Sie sprechen die Abendmahlsliturgie im Wechsel. Um den Tisch knien u.a. Geistliche und Theologiestudenten (DDD, rechts) sowie Kirchenpfleger (E, links). Beim reformierten Abendmahl wird der Gemeinschaftscharakter betont.

Neugestaltung des kirchlichen Lebens. Dabei ging er viel weiter als Luther. Bei diesem blieb der, allerdings „gereinigte“, Meßgottesdienst der Hauptgottesdienst; Zwingli knüpfte bei seinen Gottesdienstordnungen an den mittelalterlichen Predigtgottesdienst an. In Zürich kam es, sehr viel stärker als in Wittenberg, zu einem radikalen Bruch mit der katholischen Kirchenordnung. Nichts sollte beibehalten werden, was nicht aus der Heiligen Schrift begründet werden konnte. Das Kirchenregiment lag auch in Zürich in der Hand der Obrigkeit.

Zu einem verhängnisvollen Streit kam es zwischen den Lutheranern und den Schweizern in bezug auf das Abendmahlsverständnis. Luther hielt an der wirklichen Gegenwart („Realpräsenz“) Christi im Abendmahl fest. Im Abendmahl ereignet sich Vergebung der Sünden für den Glaubenden. Zwingli übersetzte das Abendmahlswort: „Dies *ist* mein Leib“ (Mt 14,22) mit „Das *bedeutet* mein Leib“. Im Abendmahl gedenkt die Gemeinde des Todes Christi. Wer am Abendmahl teilnimmt, bekennt sich zur Gemeinde, verpflichtet sich zu christlichem Lebenswandel und wird im Glauben gestärkt.

1529 lud Landgraf Philipp von Hessen die streitenden Parteien zu einem Religionsgespräch nach Marburg ein. Die dogmatischen Gegensätze und damit die Hindernisse für ein Bündnis der evangelischen Reichsstände sollten beseitigt werden. Die theologischen Differenzen in der Abendmahlsfrage konnten aber nicht überbrückt werden.

Von Zürich aus konnten einige Schweizer Orte für die Reformation gewonnen werden. Zeitweise war Zwinglis Einfluß auch in Oberdeutschland (entspricht etwa dem heutigen Bundesland Baden-Württemberg und dem Elsaß) ziemlich

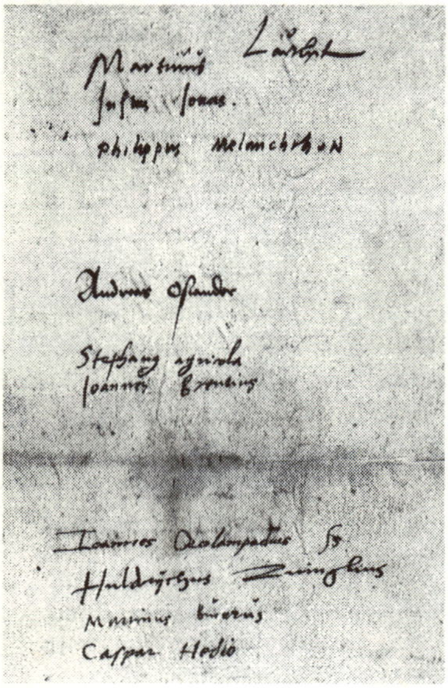

Unterschriften der Reformatoren unter die Artikel des Marburger Religionsgesprächs von 1529. Zuerst unterschrieben die Wittenberger: Martin Luther, Justus Jonas und Philipp Melanchthon, dann Vertreter der lutherfreundlichen Reichsstädte: Andreas Osiander (Nürnberg), Stephan Agricola (Augsburg) und Johannes Brenz (Schwäbisch Hall), und schließlich die Vertreter der schweizerisch-oberdeutschen Reformation: Johannes Oekolampad (Basel), Huldrych Zwingli (Zürich) sowie Martin Bucer und Caspar Hedio (Straßburg)

groß. Zwinglis Wirkung blieb im ganzen gesehen begrenzt, weil er schon früh ums Leben kam. 1531 fiel er als Feldprediger bei Kappel; dort war es zum Krieg zwischen Zürich und fünf katholischen Orten der Schweiz gekommen. Zwinglis Leichnam wurde vom Henker gevierteilt und verbrannt.

Federzeichnung zu Calvin, angefertigt von dem Studenten Jacques Bourgouin von Nevers während einer Vorlesung

Fünf Jahre später erschien in Basel die „Institutio christianae religionis“ (= Unterweisung in der christlichen Religion). Ihr Verfasser war der damals noch weitgehend unbekannte Franzose *Johannes Calvin* (1509-1564). Nach seinem Jurastudium hatte sich Calvin der evangelischen Sache zugewandt, mußte 1534 aus Frankreich fliehen und wurde schließlich Reformator Genfs. Er hat neben Luther die protestantische Christenheit am stärksten geprägt. Viel mehr als Luther sah sich Calvin vor die Frage gestellt, welche praktischen Folgerungen aus der reformatorischen Entdeckung für die Gestaltung von Kirche und Gesellschaft zu ziehen sind.

Christliche Existenz verstand er als Leben zur Ehre Gottes. Zur Sicherung von Gottes Ehre und Freiheit dient bei Calvin die Lehre von der doppelten Prädestination, daß nämlich das ewige Los jedes einzelnen Menschen von Gott vorherbestimmt ist. Man wird Calvins Prädestinationslehre einerseits kritisch betrachten müssen. Sie ist eben doch ein bedenklicher, letztlich nicht befriedigender Versuch, das Geheimnis von Gottes Ratschluß logisch aufzulösen. Andererseits wollte Calvin mit dieser Lehre gerade den Geschenkcharakter des Glaubens herausstellen: „Wenn unser Glaube also nicht in der ewigen Erwählung Gottes gegründet wäre, so könnte er uns sicher in jeder Minute durch den Satan entrissen werden. Auch wenn wir die standhaftesten Leute von der Welt wären, so könnten wir doch unterliegen.“[17]

In der Genfer Kirchenordnung entwickelte Calvin die Lehre von den vier leitenden Ämtern der Kirche:

„Das Amt des Pastoren ist es, das Wort Gottes zu verkündigen, um zu lehren, zu ermahnen und zu tadeln, öffentlich und von Mensch zu Mensch, die Sakramente zu verwalten und zusammen mit den Ältesten die brüderliche Zucht zu handhaben ... Das eigentliche Amt der Lehrer ist es, die Gläubigen in der reinen Lehre zu unterrichten, damit die Reinheit des Evangeliums nicht durch Unwissenheit oder falsche Meinungen verdorben werde ...
Das Amt der Ältesten ist es, Obacht zu geben auf den Lebenswandel eines jeden. Wen sie straucheln oder einen unordentlichen Wandel führen sehen, den sollen sie in Liebe mahnen. Wo es nötig ist, sollen sie Bericht erstatten an das Pfarrerkollegium, das die brüderliche Zucht zu handhaben hat, und sie mit ihm zusammen ausüben. – Der städtischen Verfassung entsprechend wird es sich empfehlen, zu diesem Amt der Ältesten auszuwählen zwei aus dem engeren Rat, vier aus dem Rat der Sechzig und sechs aus dem Rat der Zweihundert, Männer von gutem, anständigem Lebenswandel, untadeligem Ruf und erhaben über jeden Verdacht, vor allem gottesfürchtig und klug. Und man wird sie so auswählen müssen, daß in jedem Stadtviertel welche wohnen, damit sie überall ihr Auge haben ...
Diakonen hat es in der alten Kirche immer zwei Arten gegeben: die einen waren beauftragt, die Güter für die Armen ... in Empfang zu nehmen, zu verteilen und zu verwalten. Die anderen waren eingesetzt unmittelbar zur Kranken- und Armenpflege. Die Zweiteilung halten wir auch für die Gegenwart bei; denn wir haben Verwalter und Pfleger ...“[18]

Mit der Mitverantwortung der Laien, der kollegialen Leitung der Gemeinden und der freien Wahl der leitenden Personen trägt die Genfer Kirchenordnung demokratische Züge. In Genf wurde eine strenge Kirchenzucht geübt. Auch das Leben der Christen sollte im Zeichen der Ehre Gottes geführt werden. Bemerkenswert an dieser Kirchenzucht war es, daß sie ohne Ansehen der Person durchgeführt wurde. Man muß freilich auch die Gefahren einer jeden strengen Kirchenzucht sehen, daß sie nämlich zu Heuchelei und Gewissenszwang verführt.

In der Zeit von Calvins Tätigkeit in Genf wurde dort der Spanier Michael Servet als Ketzer auf dem Scheiterhaufen verbrannt. Der gelehrte Arzt, damals Leibarzt beim Bischof von Vienne, hatte in einem anonym erschienenen Buch die überlieferte Dogmatik, insbesondere die Trinitätslehre, scharf kritisiert. Mit Hilfe Calvins konnte die (katholische) Inquisition in Vienne den Ketzerprozeß gegen Servet eröffnen. Doch dieser konnte fliehen und kam nach Genf. Dort wurde er erkannt und verhaftet. Als Servet nicht bereit war, zu widerrufen, wurde er aufgrund geltenden Reichsrechts zum Tod auf dem Scheiterhaufen verurteilt.

Grundsätzlich war Calvin wie Luther davon überzeugt, daß man „Ketzerei“ nicht mit Gewalt austreiben könnte. Andererseits hielt er es für die Pflicht einer christlichen Obrigkeit, die Ketzer mit dem Tod zu bestrafen. Calvin stand in dieser Frage noch ganz im Schatten des Mittelalters. Man muß dabei bedenken, daß Gewissensfreiheit, wie sie in vielen Verfassungen heute verankert ist, erst in der Aufklärung breit durchgesetzt werden konnte. Auch wenn Calvin viel Unterstützung für seine Position erhielt, so wurde er andererseits überall in Europa auch angegriffen, obwohl zur gleichen Zeit in katholischen Gebieten Hunderte von Menschen Opfer der Inquisition wurden. Gerade das letztere zeigt, daß man von der Reformation eben ein neues Verhalten gegenüber Andersgläubigen erwartete. Am 27. Oktober 1903 errichtete die Bürgerschaft Genfs zum 350. Todestag Servets ein Denkmal. Die Inschrift lautet: „Als ehrerbietige und dankbare Söhne Calvins, unseres großen Reformators, doch seinen Fehler, der seiner Zeit Fehler war, verwerfend, und gemäß den wahren Grundlagen der Reformation und des Evangeliums an der Gewissensfreiheit festhaltend, errichten wir dieses Sühnedenkmal.“[19]

Von Genf aus verbreitete sich das reformatorische Gedankengut in ganz Europa. Noch heute ist der Protestantismus in Frankreich, Schottland und den Niederlanden reformiert, d.h. von dem auf Calvin zurückgehenden Kirchentum geprägt.

„Ohne die deutsche Reformation Martin Luthers ist Calvin nicht denkbar, wie umgekehrt gilt, daß Luthers Reformation ohne Calvin eine historische Episode geblieben wäre. Denn am westeuropäischen Calvinismus ist der Ansturm der Gegenreformation zerbrochen, und ohne diese Rückversicherung im Westen hätte der deutsche Protestantismus den Dreißigjährigen Krieg schwerlich in dieser Weise überstanden.“[20]

Den „linken Flügel“ der Reformation bilden die *Täufer*. Man hat sie früher gerne als „Schwärmer“ abqualifiziert. Die Bezeichnung „Täufer“ ist präziser. Sie weist auf die Ablehnung der Kindertaufe bzw. die Forderung der Erwachsenentaufe bei dieser Bewegung, die ansonsten sehr vielschichtig ist, hin. Die Täufer begründeten die Erwachsenentaufe aus ihrem Gemeindebegriff. Danach ist die Gemeinde die freiwillige Gemeinschaft derer, die zu persönlichem Glauben gekommen sind. Frucht dieses Glaubens war ein sittenstrenges Leben nach der Bibel, insbesondere nach der Bergpredigt. Vielfach vertraten die Täufer chiliastische Gedanken vom nahen Weltende, oft verbunden mit sozialrevolutionären Ideen. Die Täufer standen der Obrigkeit zumeist kritisch gegenüber und verweigerten den Eid. Sie galten darum als Aufrührer und wurden von der Obrigkeit, vor allem in den altgläubigen, aber auch in den evangelischen Gebieten, scharf verfolgt. Die Reichstage von Speyer (1529) und Augsburg (1530) erließen scharfe Bestimmungen gegen die Täufer. Man rechnete, daß insgesamt mehr als 4000 Täufer hingerichtet wurden.

Die *erste Täufergemeinde* entstand in Zollikon bei Zürich. Wegen der Verfolgungen mußten die Täufer immer wieder ihre Heimat verlassen und verbreiteten sich über ganz Mitteleuropa. Unterschiedlich war die Einstellung der Täufer zur Gewalt. Die von Zürich ausgehende Täuferbewegung vertrat das Prinzip der Wehrlosigkeit gegenüber der Obrigkeit, anders die Anhänger des 1500 in Schwäbisch Hall geborenen Melchior Hofmann, die sog. Melchioriten. Sie waren von einer glühenden Erwartung des nahen Reiches Gottes erfüllt und vertraten den Gedanken, daß dieses Reich mit Waffengewalt herbeigeführt werden müsse.

Anfang 1534 gelang es den Melchioriten, die Macht in der westfälischen Stadt Münster zu erringen. Nach der Ratswahl wurde einer der Ihren Bürgermeister. Die (Wieder-)Taufe aller Bürger wurde angeordnet, die „Gottlosen" aus der Stadt vertrieben und die Gütergemeinschaft eingeführt.

Die Errichtung des Königtums sollte das Königreich Christi auf Erden, das unmittelbar bevorstehe, vorbereiten. 1535 konnte der Bischof von Münster nach langer Belagerung Münster einnehmen. Die Führer wurden gefoltert und hingerichtet; ihre Leichname in eisernen Käfigen am Turm der Lambertikirche hochgezogen und zur Schau gestellt.

Das „*Täuferreich in Münster*" und sein schreckliches Ende lieferten erneut Gründe für eine schwere Verfolgung der Täufer. Bei den Täufern selbst wurde durch die Ereignisse von Münster die gemäßigte Richtung gestärkt. Der ehemals katholische Priester *Menno Simons*, der sich der Täuferbewegung angeschlossen hatte, grenzte sich von den Münsteraner Täufern klar ab. Seine Anhänger, die „*Mennoniten*", breiteten sich in Friesland und den Niederlanden aus. Sie fühlten sich dem Liebesgebot und dem Gewaltverzicht so verpflichtet, daß sie den Kriegsdienst ablehnten. Die Mennoniten gehören zu den traditionellen Friedenskirchen.

Eine besondere Ausprägung fand die Reformation in *England*. Weil der Papst seinen Ehescheidungswünschen nicht entgegenkam, vollzog *König Heinrich VIII.* (1509-1547) 1534 die Trennung von Rom. Das englische Parlament wählte den König zum „oberen irdischen Haupt der Kirche von England". Bis auf die Verwerfung des Papsttums und die

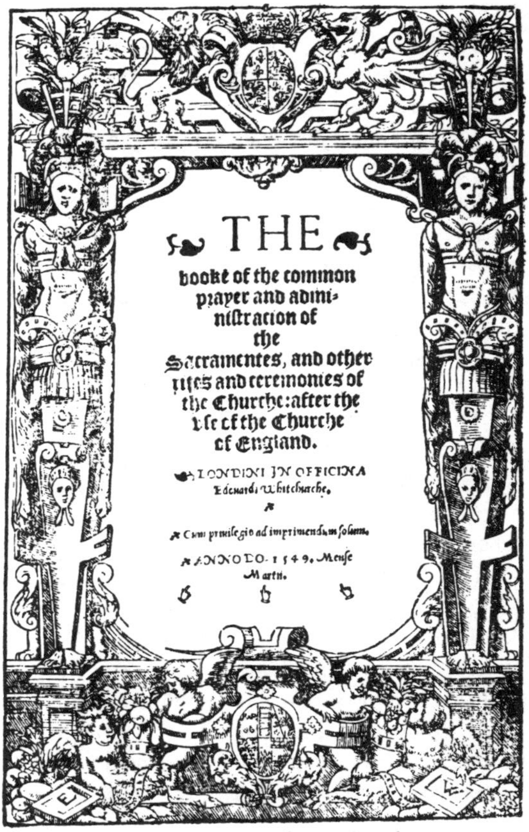

Titelseite des ersten „Book of Common Prayer“ von Cranmer aus dem Jahr 1549

Aufhebung der Klöster blieb die *„anglikanische“ Staatskirche* zunächst ganz katholisch. Und das „blutige Statut“ von 1539 verpflichtete bei Strafe auf die katholischen Anschauungen über das Abendmahl, die Ehelosigkeit der Priester und die Ohrenbeichte. Erst unter Heinrichs Nachfolger Eduard VI. (1547-1553) wurden Liturgie und Glaubenslehre in gemäßigt protestantischer Weise reformiert. Das Glaubensbekenntnis von 1552, die sog. 42 Artikel, enthalten die gemeinreformatorische Rechtfertigungslehre und die reformierte Abendmahlslehre. Wichtiger für die anglikanische Kirche wurde das 1549 vom Parlament erlassene „Book of Common Prayer“, das das gesamte gottesdienstliche Handeln der anglikanischen Kirche ordnete. In dem Buch sind römisch-katholische, altenglische und reformatorische Ordnungen eindrucksvoll verarbeitet worden. Es galt bis 1928 in allen anglikanischen Kirchen der Welt.

Unter Königin Maria der „Katholischen“ (1553-1558) wurde England wieder katholisch. Doch ihre Nachfolgerin, Elisabeth I. (1558-1603), führte die Reformen wieder ein. Der Inhaber der Königswürde bekam laut Gesetz von 1559 nun den Titel „oberster Regent des Staates in kirchlichen und politischen Angelegenheiten“. Die Verwaltung von Wort und Sakrament lag somit außerhalb seines Einflusses. Die Bischöfe mußten laut Gesetz den sog. Suprematseid leisten, der auf den jeweiligen Regenten verpflichtete. 15 der 16 Bischöfe verweigerten den Eid und wurden vertrieben. 1559 wurde der neue Erzbischof von Canterbury geweiht. In den 39 Artikeln von 1563 fand die anglikanische Kirche ihr endgültiges Glaubensbekenntnis.

Die Entwicklung bis zum Augsburger Religionsfrieden (1555)

Am Schluß des Augsburger Reichstags von 1530 erneuerte die „altgläubige“ Mehrheit auf dem Reichstag das Wormser Edikt. Die evangelischen Fürsten und Räte der Reichsstädte sahen sich so bedroht, daß sie 1531 ein politisches Bündnis schlossen, den *Schmalkaldischen Bund*. An der Spitze standen Luthers Landesherr, der Kurfürst von Sachsen, und der Landgraf von Hessen. Dieser Bund, der darüber hinaus Kontakte zum französischen König hatte, mußte von Kaiser und Reich als Bedrohung angesehen werden. Gleichzeitig kam Kaiser Karl V. durch einen erneuten Türkeneinfall in Bedrängnis. So kam es zu Verhandlungen zwischen dem Kaiser und dem Schmalkaldischen Bund. Im sog. Nürnberger Anstand von 1532 einigte man sich auf einen Waffenstillstand bis zu dem vom Papst einzuberufenden Konzil. Bis dahin wurde der Religionsstand der Protestanten garantiert. Für fast 10 Jahre verließ Kaiser Karl V. nun wieder deutschen Boden. Erst Anfang der 40er Jahre konnte er sich wieder der Religionsfrage in Deutschland widmen. Erneut versuchte der Kaiser, zu einem Ausgleich mit den evangelischen Ständen zu kommen, deren Unterstützung er bei seinen Auseinandersetzungen mit den Türken dringend benötigte. 1540/41 ließ er in Worms bzw. Regensburg Religionsgespräche abhalten. In strittigen Punkten, wie z.B. der Lehre von der Rechtfertigung, konnte man sich auf Kompromißformeln einigen, die dann doch von den beiden Seiten wieder verworfen wurden.

Zwei Vorgänge stärkten die Position des Kaisers. Einmal schloß Landgraf Philipp von Hessen im Geheimen eine Doppelehe. Diese verstieß gegen das geltende Reichsrecht. Philipp sah sich gezwungen, mit dem Kaiser einen Vertrag abzuschließen, um nicht als Landgraf abgesetzt zu werden. Er mußte seine Opposition gegen den Kaiser aufgeben; damit war der Schmalkaldische Bund seines fähigsten politischen Kopfes beraubt. Zum anderen wechselte Herzog Moritz von Sachsen ins Lager des Kaisers über; der Herzog, ein außerordentlich fähiger Politiker, sah hier größere Möglichkeiten zur erstrebten Erweiterung seines Besitzes.

1544/45 konnte sich der Kaiser wieder verstärkt der Religionsfrage zuwenden; alle auswärtigen Kriege waren beendet. Der Papst berief 1545 das immer wieder geforderte Konzil ein, allerdings nach Trient im südlichsten Teil des Reiches. Die Protestanten weigerten sich, am Konzil teilzunehmen; sie bezeichneten es als unfrei.

In der gespannten Lage von 1546 starb Luther am 17. Februar. Im Juli 1546 brach der Schmalkaldische Krieg aus. Der Papst rief die katholischen Fürsten zum Glaubenskrieg auf. Er endete mit einer schweren Niederlage der Protestanten. Luthers Landesherr verlor seine Kurwürde. Sie ging auf Moritz von Sachsen über. Ihm, dem „Judas von Meißen", gaben viele Protestanten die Schuld an ihrer Niederlage.

1548 mußten die Protestanten das Augsburger Interim hinnehmen. Alle „Neuerungen" sollten abgeschafft werden bis auf den Laienkelch und die Priesterehe, und zwar bis zum endgültigen Beschluß des Konzils. Vor allem in Württemberg und den süddeutschen Reichsstädten wurde die Annahme des Interims erzwungen. Zahlreiche Prediger mußten weichen. Sie flohen oder hielten sich versteckt. Als dann 1551 das Konzil erneut in Trient tagte, schickten drei evangelische Stände (Württemberg, Sachsen und die Reichsstadt Straßburg) Abgesandte mit eigens angefertigten Bekenntnissen. Sie wurden auf dem Konzil überhaupt nicht angehört. Immer deutlicher wurde, daß das Konzil vielleicht eine Konsolidierung der katholischen Position, keinesfalls aber eine Lösung der Religionsfrage bringen würde.

1552 wechselte Kurfürst Moritz von Sachsen erneut die Fronten. Mit anderen Fürsten und unterstützt von Frankreich gelang es ihm, den völlig ungerüsteten Kaiser in Innsbruck beinahe zu verhaften. Der Kaiser floh und mußte im Passauer Vertrag die Duldung der Protestanten bis zum nächsten Reichstag zugestehen. Dieser fand 1555 in Augsburg statt. Der Kaiser hatte zuvor seinem Bruder Ferdinand die Verhandlungen übertragen. Er wollte den Zusammenbruch seiner Politik nicht auch noch bestätigen. Diese Politik hatte darin bestanden, „als Vogt der Kirche die Christenheit vor inneren und äußeren Feinden zu schirmen"[21]. Auch die Kurie war am Friedensschluß nicht beteiligt. Der *Augsburger Religionsfriede* gab den Lutheranern, nicht den Reformierten, das gleiche Recht. Die Fürsten hatten das Recht, über die Konfession ihrer Untertanen zu bestimmen. *(„cuius regio, eius religio“)*. Den Andersgläubigen blieb nichts anderes übrig, als auszuwandern, wollten sie ihren Glauben öffentlich bekennen. Damit war die konfessionelle Spaltung in Deutschland besiegelt.

XIV. Katholische Reform und Gegenreformation

Während des gesamten Spätmittelalters war in der ungetrennten Christenheit immer wieder der Ruf nach Reform der Kirche an Haupt und Gliedern laut geworden. Die Zeit vor der Reformation kennt neben den zahlreichen Mißständen, die schließlich die Krise in der Kirche offen zum Ausbruch brachten, auch das echte Bemühen um Reform in Klöstern, bei Weltgeistlichen und Laien. Den großen christlichen Humanisten *Erasmus von Rotterdam* (1466/69-1536) widerten die Formen des Aberglaubens und die Veräußerlichung des kirchlichen Lebens an. Rückkehr der Theologie zu biblischer Einfalt und Läuterung der Frömmigkeit erschienen ihm ebenso notwendig wie die Reform des kirchlichen Verwaltungsapparates. Kirchenreform war für ihn vorrangig persönliche Aneignung der biblischen Botschaft. Er nannte sie *Philosophia Christi.* Einsichtige Zeitgenossen trauten dem Niederländer zu, die Kirche in diesem Geiste zu reformieren. Die Einsicht, nur durch eine ehrlichere Lebensführung könne der Niedergang der Christenheit aufgehalten werden, wuchs auch in höheren Kreisen. Trotz der Zerwürfnisse, die die Jahre 1519-1521 zwischen Martin Luther und der „Papstkirche" gebracht hatten, lebte die Hoffnung auf einen Weg aus der tiefen Krise.

Wo ist der Weg aus der Krise der Kirche?

1522 schien mit der Wahl des Niederländers Adrian von Utrecht zum Papst Hadrian VI. auch der langersehnte Reformpapst gekommen zu sein. Aber er fand in Rom wenig Verständnis für seine Vorstellungen. Seine schlichte, asketische und materiell bedürfnislose Lebensweise stach deutlich

Desiderius Erasmus von Rotterdam. Medaille von Quentin Matsys, um 1519

vom luxuriösen Leben seines Vorgängers Leo X. ab. Für ein durchgreifendes Handeln war die Regierungszeit Hadrians zu kurz und das eingefahrene System zu starr. Gleichwohl hat dieser Papst der notwendigen Reform der Kirche das Programm gegeben: Als im November 1522 der Reichstag in Nürnberg zusammentrat, erhoffte sich der Papst von ihm Hilfe gegen die Türken und einen Beschluß zur Ausführung des Wormser Ediktes von 1521 (Reichsacht gegen Martin Luther). Um dies zu erreichen, beauftragte er seinen Gesandten, am 3. Januar 1523 in Nürnberg ein bemerkenswertes Schuldbekenntnis zu verlesen:

> „Wir bekennen aufrichtig, daß Gott diese Verfolgung seiner Kirche geschehen läßt wegen der Menschen und sonderlich der Priester und Prälaten Sünden; denn gewiß ist die Hand des Herrn nicht verkürzt, daß er uns nicht retten könnte, aber die Sünde scheidet uns von ihm, so daß er uns nicht erhört. Die Heilige Schrift verkündet laut, daß die Sünden des Volkes in den Sünden der Geistlichkeit ihren Ursprung haben ... Wir wissen wohl, daß auch bei diesem Heiligen Stuhle schon seit manchem Jahre viel Verabscheuungswürdiges vorgekommen: Mißbräuche in geistlichen Sachen, Übertretungen der Gebote, ja daß alles sich zum Ärgeren verkehrt hat. So ist es nicht zu verwundern, daß sich die Krankheit vom Haupt auf die Glieder, von den Päpsten auf die Prälaten verpflanzt hat. Wir alle, Prälaten und Geistliche, sind vom Wege des Rechts abgewichen ... Deshalb müssen wir alle Gott die Ehre geben und uns vor ihm demütigen; ein jeder von uns soll betrachten, weshalb er gefallen, und sich lieber selbst richten, als daß er von Gott am Tage seines Zornes gerichtet werde. Deshalb sollst du in unserem Namen versprechen, daß wir allen Fleiß anwenden wollen, daß zuerst der römische Hof, von dem vielleicht alle diese Übel ihren Anfang genommen haben, gebessert werde; dann wird, wie von hier die Krankheit gekommen ist, auch von hier die Gesundung beginnen. Solches zu vollziehen, erachten wir uns um so mehr verpflichtet, weil die ganze Welt eine solche Reform begehrt ... Doch soll sich niemand wundern, daß wir nicht mit einem Schlage alle Mißbräuche beseitigen. Denn die Krankheit ist tief eingewurzelt und vielgestaltig. Es muß daher Schritt für Schritt vorgegangen und den schwersten und gefährlichsten Übeln durch rechte Arzneien begegnet werden."[1]

Die erhoffte Wirkung dieses Bekenntnisses blieb jedoch aus, sowohl auf dem Reichstag als auch innerhalb der römischen Kurie. Die Reichsstände wollten gegen Luther erst *nach* einer grundlegenden Reform der Kirche (Abschaffung überflüssiger Ämter, Verzicht auf überhöhte Gebühren usw.) vorgehen. Dazu verlangten sie die Einberufung eines *Konzils*. Dieses sollte *gemein* (= allgemein: Bischöfe, Kleriker und Laien als Teilnehmer), *frei* (= papstfrei, vom Kaiser geleitet), *christlich* (= über alle Streitfragen sollte allein nach der Hl. Schrift geurteilt werden) sein und *in deutschen Landen* stattfinden, weil hier auch der Streit ausgebrochen war. Der Reichstag machte sich durch diese „revolutionäre Forderung" (H. Jedin) ein Anliegen zu eigen, das Luther schon in den Jahren zuvor mehrfach vertreten hatte. Aber auch als Kaiser Karl V. sich 1524 dafür aussprach, ein Konzil einzuberufen, rang sich die Kurie nicht zu diesem Schritt durch. Aus Furcht, von einer reformfreudigen und -willigen Mehrheit des Konzils wie in Konstanz (1414-1418) überstimmt und des monarchischen Anspruchs beraubt zu werden, sperrten sich die Päpste mehr als zwei Jahrzehnte lang gegen die Einberufung des Konzils. Hubert Jedin, der große Geschichtsschreiber des Konzils von Trient, schreibt dazu:

„Ein Konzil von Trient, allen entgegenstehenden Bedenken zum Trotz als Erfüllung der reichsständischen Forderung eines freien, christlichen Konzils in deutschen Landen im Jahre 1524 berufen, ehe noch die neue Lehre und Frömmigkeit tiefe Wurzeln geschlagen hatte, in demselben Augenblicke, als die soziale Revolution, der große Bauernkrieg, bei allen Verantwortlichen die Reaktion auslöste – wir dürfen die Perspektive nicht weiter ausmalen. Genug, daß der Vorschlag des Kaisers kein Gehör fand."[2]

Erst 1545 konnte das langersehnte Konzil zusammentreten. Viele Versuche, die zerbrochene Einheit wiederherzustellen, waren inzwischen gescheitert: zuletzt 1541 in Regensburg eines von vielen Religionsgesprächen mit den Protestanten. Als diese die von einem früheren Konzil definierte Lehre von der Wesensverwandlung

Der Papst als böser Schächer im Kreuzigungsbild, um 1550.
Das Kreuzigungsbild dieses Blattes ersetzt die Figur des bösen Schächers durch den Papst als Antichrist, dessen Kreuz als unfruchtbares Holz von einem Teufel gefällt und in Brand gesetzt wird.

von Brot und Wein in der Eucharistie ablehnten, hatte der päpstliche Gesandte jedes weitere Nachgeben für sinnlos und das Gespräch für beendet erklärt. Auch die „militärische" Lösung, die Kaiser Karl daraufhin betrieb, hatte keinen Erfolg. Der Krieg gegen die im *Schmalkaldischen Bund* zusammengeschlossenen evangelischen Fürsten und Städte brachte dem Kaiser zunächst einen Sieg (1546). Wenige Jahre später aber erhoben sich die protestantischen Fürsten erneut und erreichten schließlich im Augsburger Religionsfrieden (1555) die gleichberechtigte Anerkennung der lutherischen mit der römisch-katholischen Konfession.

Auch im einfachen Volk hatten sich in zwei Jahrzehnten die Gegensätze zunehmend verschärft. Flugblätter und Streitschriften trugen die Polemik überall hin. Die Verteufelung des Gegners war so weit verbreitet, tief verwurzelt und für einen Streit schnell als Argument greifbar.

Das Konzil von Trient (1545-1563)

Pius III. berief 1542 das immer wieder geforderte Konzil nach Trient und löste damit ein den Protestanten gegebenes Versprechen ein: Trient, an der „Pforte des Reiches" gelegen, gehörte rechtlich zum Deutschen Reich. Die wichtigere Forderung aber erfüllte der Papst nicht: Er stellte das Konzil unter *seine* Leitung. So war die im Grunde erwünschte und notwendige Teilnahme der Protestanten, die ein *papstfreies* Konzil verlangt hatten, erschwert, wenn nicht unmöglich gemacht. Daher blieb der Besuch deutscher protestantischer Abgesandter während der zweiten Tagungsperiode (1551/52) eine geschichtlich bedeutungslose Episode. Das eigentliche Ziel, die Einheit der Christen wiederherzustellen, rückte in weite Ferne. Das Konzil konzentrierte sich in den drei Sitzungsperioden (1545/49, 1551/52, 1562/63) auf die Festlegung der katholischen Glaubenslehre und die Kirchenreform.

Maßnahmen zur Reform und Verbesserung der Seelsorge

Die Reformbeschlüsse des Konzils von Trient haben keine geringere geschichtliche Bedeutung als die dogmatischen Entscheidungen. Sie trugen wesentlich dazu bei, die schwere Existenzkrise zumindest anzugehen, nicht schon zu meistern. Die wichtigsten Reformbestimmungen waren:

Bischöfe und Kardinäle wurden verpflichtet, auch in ihrem Bistum zu leben (sog. Residenzpflicht). Die in weiten Teilen eingerissene Unsitte,

Sitzung des Konzils von Trient. Zeitgenössischer Stich aus dem Speculum Romanae Magnificentiae.
An der Stirnseite links: kirchliche Gesandte, Diplomaten (oratores); Mitte: Legaten des Apostolischen Stuhles, davor Berater (coadiutores); rechts: ein Theologe bei einer Rede, davor weitere Gesandte.
In der Mitte des Raumes: der Sekretär des Konzils, davor ein Gesandter des Königs Philipp II. von Spanien.
Im Halbrund: Laien (Gesandte von Fürsten und Königen), Bischöfe und Ordensleute. Der Papst selbst ist nicht anwesend.

das Bischofs- und Pfarramt durch Stellvertreter bei eigener Abwesenheit verwalten zu lassen, sollte bestraft werden: Wer sechs Monate hintereinander seine *Residenzpflicht* versäumte, dem wurde ein Viertel seiner Einkünfte entzogen.

Die Vereinigung mehrerer Bistümer in einer Hand wurde verboten. Gleichwohl gab es bis zum Ende des Heiligen Römischen Reiches (1803/06) einzelne Bischöfe, denen mehr als ein Bistum zugeteilt war.

Die Absicht, künftig nur noch Ordensmitgliedern eine Abtei zu übertragen, konnte nicht verwirklicht werden. So konnten bis 1803 ordensfremde Geistliche und Laien ein Kloster verwalten und Einkünfte daraus beziehen, ohne auch ein kirchliches Amt im Kloster oder der Abtei wahrzunehmen.

Die dritte Tagungsperiode brachte wichtige Reformen zur Verbesserung der persönlichen Qualifikation der Geistlichen. In allen Diözesen sollten bischöfliche Priesterseminare errichtet werden. Die Priester sollten nicht nur die Messe lesen können, sondern wirkliche Seelsorger sein. Dazu wurde ein Studium, möglichst der Theologie, verlangt. Die Predigt im Gottesdienst wurde auch den Bischöfen als Pflicht auferlegt.

Die Verpflichtung zum Zölibat (Ehelosigkeit) der Kleriker wurde neu eingeschärft.

Das Konzil erteilte den Auftrag, einen Katechismus zu erarbeiten, der den Geistlichen als Grundlage für ihre Lehraufgabe und Predigttätigkeit dienen sollte. 1566 konnte Pius V. diesen *Catechismus Romanus* veröffentlichen.

Damit die Reformmaßnahmen wirkten, sollten die Bischöfe regelmäßig die Gemeinden besuchen (visitieren). Auch auf Synoden wurde die Durchsetzung der Reformen vorangetrieben. Mit welchen Schwierigkeiten dabei zu rechnen war, zeigen die *Fragepunkte der Visitation im Bistum Münster* nach dem Konzil von Trient.

Über Leben und Sitten der Pfarrer

1. Wie sie heißen und wie alt sie sind? Ehelich oder unehelich geboren? Wenn unehelich: Haben sie wegen dieser Irregularität einen Dispens? Sollen ihn vorweisen.
2. Wo und von welchem Bischof sie geweiht sind? ...
3. Ob sie selbst Inhaber der Pfarrpfründe sind? Ob und von wem ihnen die kanonische Institution [= kirchenrechtlich: Amtsübertragung] erteilt worden ist? Sollen dieselbe vorweisen.
4. Falls sie Pfarrverweser sind: Ob sie vom Archidiakon oder Bischof zugelassen bzw. bestätigt sind, und ob ihr Einkommen für eine würdige Lebensführung ausreicht?
6. Ob sie das pflichtgemäße tägliche Stundengebet einhalten? Sollen ihr Brevier vorweisen.
7. Ob sie eine Konkubine im Hause haben oder eine andere Frau, mit der sie sich vielleicht zu einer de facto-Ehe haben trauen lassen? Wer sie getraut hat? Wieviel Kinder vorhanden sind? Ob sie mehrere Konkubinen hatten oder haben?
8. Ob sie geistliche Kleidung und Tonsur tragen, und wieviel Male im Jahre sie sich die Tonsur schneiden lassen? Ob sie sich einen langen und wilden Bart stehen lassen?
9. Ob sie Weinsäufer und Trinker, Raufbolde, Krämer, Händler, Jäger, Glückspieler sind? ...[3]

Lehramtliche Abgrenzung der katholischen Kirche gegen die Reformation

In der Glaubenslehre mußte das Konzil auf Fragen antworten, die von den Reformatoren gestellt waren. Das verständliche Bedürfnis, sich von ihnen abzugrenzen, verschärfte für lange Zeit die in der Propaganda bereits verbreiteten Gegensätze. Ökumenische Gespräche nach dem Zweiten Vatikanischen Konzil (1962-1965) haben gezeigt, daß beide Seiten nicht immer so weit auseinanderlagen, wie es die volkstümliche Glaubensvermittlung der vergangenen Jahrhunderte vorgab. Die wichtigsten Entscheidungen des Trienter Konzils werden zur Unterscheidung von den reformatorischen Grundsätzen gerne mit der Überschrift versehen: Dem lutherischen *Sola*-Prinzip habe die katholische Kirche das ihr eigene *et – et* („sowohl als auch") entgegengesetzt. Was damit gemeint ist, soll kurz erläutert werden:

Schrift und Tradition oder Sola scriptura (allein die Schrift)?
Bereits in der ersten Tagungsperiode fiel eine wichtige Entscheidung: *Die apostolischen Traditionen seien mit der gleichen Ehrfurcht anzunehmen wie die Heilige Schrift.* Hintergrund war die Bildung zahlreicher neuer Traditionen und Gewohnheiten im Laufe des Mittelalters. Sie bestimmten vielfach das Glaubensleben ohne Rücksicht auf die Aussagen der Schrift. Demgegenüber griff Martin Luther energisch auf die Schrift als allein verbindlichen Maßstab für die Erkenntnis der göttlichen Offenbarung zurück. Im Zweifel konnten für ihn nur Argumente gelten, die sich aus der Schrift begründen ließen. Dabei hat er nie radikal mit der Tradition gebrochen. „Nie hat er die Lehrentfaltung der alten Kirche in Frage gestellt. Traditionen in Lehre und Leben, die mit der Heiligen Schrift nicht in Widerspruch standen, hat er fortbestehen lassen."[4] Ihm ging es also nicht um eine Alternative Schrift *oder* Tradition, sondern um eine neue Verhältnisbestimmung. Dieser Absicht hätte die Entscheidung des Konzils nicht im Wege stehen müssen. Erst die Festlegung, der *Kirche* allein stehe „das Urteil über den wahren Sinn und die Erklärung der heiligen Schriften zu", bedeutete die Zurückweisung der reformatorischen Intention. Hier schien nun doch die Kirche über die Schrift gestellt – eine Sichtweise, die von den Kirchen der Reformation bis heute kritisiert wird.

Gnade und Rechtfertigung
Die Einheit der Kirche zerbrach im 16. Jahrhundert nicht am Streit über Schrift und Tradition, sondern an der Frage, welche Bedeutung für unser

Heil die göttliche Gnade einerseits und die Werke des Menschen andererseits hätten. Was Artikel IV der *Confessio Augustana* (1530) dazu sagt (s. S. 186f), hatten schon Martin Luther und vor ihm Nikolaus von Kues (†1464) formuliert. Cusanus schrieb, der sündige Mensch werde durch den Glauben, aus Gnade und ohne eigenes Verdienst vor Gott gerechtfertigt. Dem schloß sich das Konzil von Trient *grundsätzlich* an. Während aber Luther betonte, daß *Gott* uns in Jesus Christus Heilsgewißheit geschenkt habe, stellte das Konzil das Gerechtwerden des Sünders in den Zusammenhang des Gnadenhandelns der *Kirche.* Durch diese Bindung an Sakrament und Kirche erhielten die Begriffe Gnade, Barmherzigkeit, Wachstum in der Gerechtigkeit doch einen anderen Sinn als bei Luther. Vielleicht lassen sich die Standpunkte beider Seiten heute miteinander verbinden, wenn man das Dialektische des Prozesses der Rechtfertigung des Sünders vor Gott im Blick behält: Kein Heil *ohne* Buße und gute Taten, aber nicht Heil *durch* Buße und gute Werke; Rechtfertigung *allein* aus dem Glauben – aber echter Glaube bleibt nicht ohne gute Werke. So hatte es Luther 1520 selbst formuliert.

Sakramente

Das Konzil legte die Siebenzahl der Sakramente (Taufe, Firmung, Buße, Eucharistie, Ehe, Priesterweihe, Krankensalbung) fest und machte Aussagen über weitere Einzelfragen.

Bis heute wird vielfach die katholische Lehre von der Wesensverwandlung von Brot und Wein in Leib und Blut Jesu Christi während der Eucharistiefeier als trennendes Hindernis empfunden. Zwar hat das Konzil diese Lehre in zeitgebundener Redeweise vorgetragen. Aber der Gedanke wird auch auf evangelischer Seite verstanden. So spricht W. Pannenberg von einem „Bedeutungs*wandel*“ von Brot und Wein, weil in diesen Gaben Leib und Blut Jesu Christi wahrhaft gegenwärtig sind (vgl. Conf. Aug. X). Statt die Gemeinsamkeiten zu betonen, hat man auf katholischer Seite nach Trient bewußt und auch demonstrativ die Unterschiede in Lehre und Frömmigkeit hervorgehoben, z.B. in den Fronleichnamsprozessionen und bei der Verehrung der geweihten Hostie in der Monstranz.

Größere Hindernisse für die Einheit der Kirchen liegen wohl in den Aussagen des Konzils von Trient über die *Messe als Opfer* und über das Weihesakrament der Priester. Sie verhindern nach katholischer Auffassung bis heute die Abendmahlsgemeinschaft. Gleichwohl meinen namhafte Theologen, die Altargemeinschaft sollte trotz bestehender Unterschiede *Beginn und Ziel* der Einheit der Christen sein (K. Rahner/ H. Fries).

Hubert Jedin sagt zusammenfassend über das Konzil von Trient: Es „war die Antwort des höchsten kirchlichen Lehramtes auf die protestantische Reformation und die, wenn auch nicht vollkommene, so doch eben erreichbare Erfüllung des lang angestauten Verlangens nach einer inneren Erneuerung der Kirche. Es gab der Theologie wie der Glaubensverkündigung klare Normen, es grenzte lehramtlich ab, aber es trennte nicht, wo nicht schon die Trennung war. Es stellte der protestantischen Reformation die katholische Reform entgegen, aber es restaurierte nicht einfach das Mittelalter, sondern modernisierte Verfassung und Seelsorge.“[5]

Ignatius von Loyola und die Jesuiten

Zur praktischen Durchführung der beschlossenen Reformen brauchte die katholische Kirche auch neue Methoden. In der Gründung des Jesuitenordens durch Ignatius von Loyola (1491-1556) erhielt sie ihr wirksamstes Instrument für die anstehende Aufgabe.

Ignatius wurde nach Hof- und Militärdienst 1521 schwer verwundet. Er las in der Zeit seiner Krankheit geistliche Literatur, es entstanden auch die Grundzüge seiner Exerzitien. Nach einer mißglückten Wallfahrt nach Palästina studierte er in Paris, wo er 1534 mit sechs Freunden (darunter Franz Xaver) Armut, Keuschheit, eine erneute Wallfahrt nach Jerusalem und die *Arbeit an den Seelen* gelobte. Die Reise nach

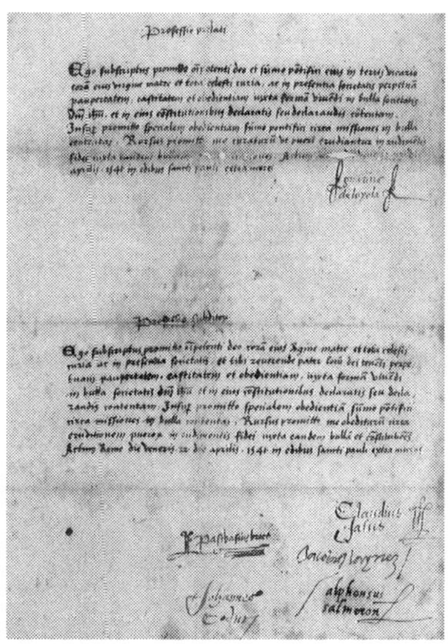

Profeßurkunde der ersten Jesuiten: Am Osterdienstag, den 22. April 1541, legte Ignatius mit fünf seiner Gefährten in der Sakramentskapelle der Basilika Sankt Paul vor den Mauern die feierlichen Ordensgelübde ab. Die Profeßurkunde zeigt oben die Unterschrift des hl. Ignatius – er war kurz zuvor zum Ordensoberen gewählt worden – , unten die Namenszüge seiner fünf Pariser Studienfreunde: Claudius Jajus, Jakob Laynez, Alphons Salmerón, Paschasius Broet und Johannes Codure.[6]

Jerusalem ließ sich nicht verwirklichen. Ignatius zog nach Rom und bot die Dienste der neu entstandenen Klerikergemeinschaft dem Papst an. Paul III. bestätigte sie als *Gesellschaft Jesu*, deren Ziele dem inneren Gesetz der tridentinischen Reform entsprachen: „Das Heil der Seelen ist maßgebend."

Der Dienst der Jesuiten fächerte sich auf in *Predigt*, *Unterricht* und Werke der *Caritas*. Den traditionellen Ordensgelübden (Armut, Keuschheit, Gehorsam) fügten sie ein viertes hinzu: Zum Heil der Seelen und zur Ausbreitung des Glaubens wollten sie jeden Befehl des Papstes ohne Zögern befolgen:

„Wir müssen jeden Auftrag mit großer Schnelligkeit, geistlicher Freude und Standhaftigkeit ausführen. Alles müssen wir als gut und richtig ansehen, jede entgegenstehende Meinung und unser eigenes Urteil gewissermaßen in blindem Gehorsam verleugnen, und zwar ausnahmslos allen Anordnungen des Oberen gegenüber …

Jeder, der unter dem Ordensgehorsam lebt, muß darin einwilligen, daß seine Oberen nach Gottes Vorsehung so mit ihm umgehen können, wie wenn er ein lebloser Körper (*cadaver*) wäre, d.h. daß er sich überall hinschicken und auf jede Weise behandeln läßt. Er gleicht dem Stock eines alten Menschen, der ihm in seinen Händen immer dient, ganz gleich, wo und wozu er ihn gebrauchen will. In diesem Gehorsam muß jedes Ordensmitglied mit heiterem Herzen ausführen, wozu ihn der Obere in seiner Sorge für den ganzen Orden verwenden will."[7]

Petrus Canisius

Mit dem „Kadavergehorsam" verbanden die Jesuiten eine ausgeprägte Weltoffenheit in verschiedensten Tätigkeitsbereichen, Zielstrebigkeit und jugendliche Ungebrochenheit. In der *Seelsorge* wirkten sie vor allem durch Predigt, Beichthören und Volksunterricht. Neben der Individualseelsorge widmeten sie sich der Standesseelsorge, z.B. bei Soldaten in Garnisonen und Festungen. Kennzeichnend war ihr Dienst in Schlüsselstellungen: Jesuiten erscheinen als Domprediger und Theologieprofessoren, als Berater, Helfer und Organisatoren von

Kirchenvisitationen, als Hofkapläne an Fürstenhöfen, Beichtväter und Prinzenerzieher. Festliche Gestaltung der Gottesdienste, Organisation von Wallfahrten, Bau und prunkvolle Ausstattung der Kirchen wurden zum Mittel der „Rückgewinnung verlorener Gebiete". Die Kirchen drückten die römische Gesinnung des Ordens aus. Die Baupläne wurden zentral geprüft. Auch Kirchen, die im Innern barock ausgestattet waren, erhielten eine *römische*, glatt und streng nach oben steigende Fassade. Nicht das Spiel mit den Formen, sondern die triumphierende Kirche im römischen Stil präsentiert sich hier.

Bevorzugte Städte, in denen sich die Jesuiten niederließen, waren die Fürstenresidenzen. Hier suchten sie die Herrscherhäuser im katholischen Glauben zu stärken oder sie dazu zurückzubringen. Innerhalb protestantischer Gebiete errichteten sie ihre Zentren, um das Umland der Städte zu rekatholisieren.

Im *Schulwesen* suchten die Jesuiten fromme und zuverlässige katholische Christen zu erziehen. Als Erneuerer wirkte in Deutschland vor allem *Petrus Canisius* (1521-1597). Für die verschiedenen Altersstufen verfaßte er Katechismen, in denen die Hauptinhalte des katholischen Glaubens zusammengefaßt waren. Man hat ihn wegen seiner Verdienste um die Weitergabe des Glaubens später als *zweiten Bonifatius* und *Lehrer Deutschlands (Praeceptor Germaniae)* bezeichnet.

Mit Gewalt zum „Heil der Seelen"?

Zweifellos haben die Jesuiten in Schule und Erziehung große Leistungen vorzuweisen. Aber die Unbekümmertheit, mit der der aus der katholischen Reform hervorgegangene Orden gegen die Reformation stritt, hatte auch ihre Schattenseiten. Entschlossenheit und Selbstsicherheit, das Freisein vom Ballast der Traditionen, auch von der Tradition der früheren Polemik gegen die Reformation – das führte nicht zum toleranten Wettstreit, sondern oft zu Gewalt gegen Sachen und Menschen. Im Zweifel griff man lieber zum Verbot, zu Verfolgung und Verbrennung, statt allein mit dem Wort zu fechten. Wir können, erst recht nach den leidvollen Erfahrungen unseres Jahrhunderts, diese Maßnahmen der Gegenreformation nur beklagen. Sie erklären, warum zwischen den Konfessionen auch heute noch Toleranz eingeübt und gelernt werden muß. Dem Verbieten und Verbrennen mißliebiger Bücher entsprach die Verfolgung und Verbrennung der „Ketzer". Wieviel Unheil der Kampf um das „Heil der Seelen" in ganz Europa über zahllose Menschen gebracht hat, können Bilder besser zeigen als ausführliche Erörterungen über Ursachen und Folgen: Index, Inquisition, Religionskriege sind von der Geschichte zwar überholt, ihr Un-Geist lebt aber auch noch in unserem Jahrhundert.

Ganz Europa wurde zum Schauplatz der Auseinandersetzungen zwischen Protestanten und Katholiken. Vor allem Spanien galt als Hort des katholischen Glaubens. König Philipp II. (1556-1598) sagte man nach, er sei katholischer als der Papst. Gemeinsam gründeten sie eine „heilige Liga“ zur Bekämpfung des Protestantismus. Verkündung und Vollstrekkung von Inquisitionsurteilen wurden noch immer gerne mit feierlichen Gottesdiensten verknüpft (sog. *Autodafé* = Glaubensakt). Außerdem kam es zu regelrechten Massakern an Andersgläubigen: z.B. in der sog. *Bartholomäusnacht* vom 23. auf 24. August 1572, als in Frankreich mehrere tausend Hugenotten (reformierte Protestanten) ermordet wurden.

Auch vor den *Juden* machte die katholische Inquisition nicht halt. Schon Ende des 15. Jahrhunderts waren viele Juden aus Spanien vertrieben worden. Tausende fielen dem Scheiterhaufen zum Opfer, andere wurden zur Annahme der Taufe und zum Genuß von Schweinefleisch gezwungen. Sie bildeten jene unglückliche Gruppe von Scheinchristen, die insgeheim dem jüdischen Glauben und seinen Bräuchen treu blieben und diskriminierend „Schweinekerle“ (= *Marranen*) genannt wurden. Bis ins 17. und 18. Jahrhundert wurden sie von der allgegenwärtigen Inquisition aufgespürt, kontrolliert und verfolgt. Denn die weitverbreitete Zwangsvorstellung von der *„Reinheit des Blutes“* versperrte auch den letzten Ausweg, nämlich durch die Taufe zu überleben, rigoros. Wer eine Schule, eine Universität besuchen oder bestimmte Berufe ergreifen wollte, der mußte mit Hilfe eines Ahnennachweises zei-

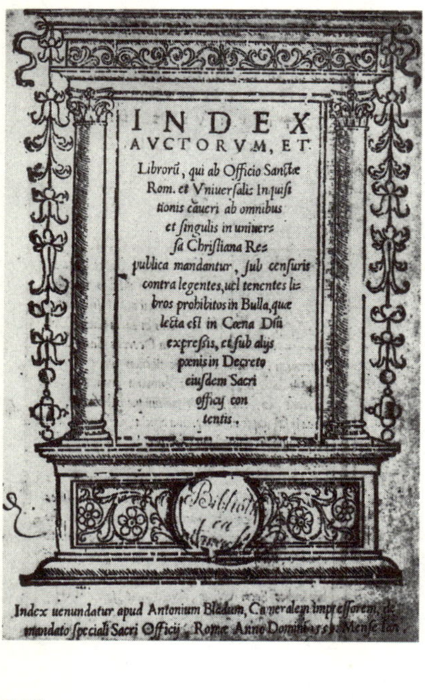
INDEX
AVCTORVM, ET
Librorũ, qui ab Officio Sanctæ
Rom. et Vniuersalis Inquisi
tionis caueri ab omnibus
et singulis in uniuer=
sa Christiana Re=
publica mandantur, sub censuris
contra legentes, uel tenentes li=
bros prohibitos in Bulla, quæ
lecta est in Cœna Dñi
expressis, et sub alijs
pœnis in Decreto
eiusdem Sacri
officij con
tentis.

[illegible]

Index uenundatur apud Antonium Bladum, Cameralem impressorem, de mandato speciali Sacri Officij, Romæ Anno Domini [illegible] Mense Ian.

Index librorum prohibitorum: „Verzeichnis von Schriftstellern und Büchern, vor denen die römische und allgemeine Inquisition unter Androhung von Strafen und Zensuren allen Christen sich zu hüten gebietet“. Titelblatt der Erstausgabe, 1559.

Inquisition: Anhänger des reformierten Glaubens werden wegen ihrer religiösen Überzeugung hingerichtet. Haarlem 1573

gen, daß er nicht zur jüdischen Rasse gehörte. Zum ersten Male trat hier, vor allem betrieben durch die Inquisitoren aus den Reihen des Dominikanerordens, neben dem schon traditionellen religiösen Antisemitismus auch ein biologischer Antisemitismus in Erscheinung, der geradezu als Vorläufer des modernen Rassismus angesehen werden kann.

Einer der wenigen, die auf das Tabu der „Reinheit des Blutes" überhaupt keine Rücksicht nahmen, war Ignatius von Loyola. Seine hohe Geburt wie auch seine Begabung als Missionar machten ihn gegen eine Ansteckung durch den Rassismus gefeit. Er rief eines Tages aus, er hätte es als eine große Gunst angesehen, des gleichen Blutes wie Christus zu sein. Da er auf die öffentliche Meinung seiner Zeit keine übertriebene Rücksicht nahm, bestimmte er einen Konversen – einen vom Judentum zum Christentum Bekehrten – zu seinem Nachfolger: Diego de Lainez. Trotz allen Drucks hielt die Gesellschaft Jesu diese Einstellung nach dem Tode des Ignatius mehr als dreißig Jahre lang aufrecht. Schließlich kapitulierte aber auch sie (1592), beugte sich dem Mythos der „Reinheit des Blutes" und wies alle Neuchristen aus ihrer Mitte aus. Sogar den Stammbaum von Diego de Lainez fälschte man nach dessen Tod.

XV. Weltentdeckung und Mission in der Neuzeit

Katholische Mission im 16./17. Jahrhundert

Als Kolumbus 1492 Amerika entdeckte, erwartete er auch eine Ausbreitung des Christentums. „Es frohlocke Christus auf Erden, wie er immer frohlockt, denn er sieht, daß die vorher verlorenen Seelen so vieler Völker gerettet werden“[1], so schrieb Kolumbus in seinem ersten Bericht über die Fahrt nach Amerika, und er täuschte sich nicht. Nicht nur die Entdeckung Amerikas, sondern auch die des Seewegs nach Indien wurde zum Anlaß einer umfassenden Missionsbewegung. Zunächst waren an dieser Missionsarbeit nur Spanien und Portugal beteiligt; 1493 grenzte Papst Alexander VI. die Interessensphären der beiden Staaten in Amerika ab. Fast alle katholischen Orden schickten Missionare.

Welche Methoden bei der Mission anfangs angewandt wurden und welche Erwartungen die Kolonialherren damit verbanden, macht eine Instruktion des portugiesischen Königs Emmanuel (1469-1521) für seinen Admiral deutlich:

„Ehe ihr die Götzendiener in jener Gegend mit dem wirklichen und weltlichen Schwert angreift, sollt ihr den Priestern und Mönchen erlauben, ihr geistliches Schwert zu gebrauchen, nämlich die Verkündigung des Evangeliums mit den Ermahnungen und Forderungen der Kirche: Die Heiden sollen ihren Götzendienst und ihre teuflischen Riten und Gebräuche aufgeben und sich zum Glauben an Christus bekehren, damit alle vereint in der Klarheit der Religion und Liebe seien … Sollten sie aber so widerspenstig sein und dieses Gesetz des Glaubens nicht annehmen und sollten sie das Gesetz des Friedens verwerfen, das unter den Menschen zur Erhaltung der Menschheit aufrecht erhalten werden sollte, und sollten sie den Handel- und Warenaustausch verbieten – welches doch die Mittel sind, durch die der Friede bewirkt und gehalten wird – dann sollt ihr die Heiden mit Feuer und Schwert bekämpfen und einen grimmigen Krieg gegen sie führen.“[2]

Die Spanier führten 1503 auf der Insel Haiti eine Art Zwangsarbeit ein. Die Eingeborenen mieden nämlich nach der Eroberung der Insel den Umgang mit Weißen, waren nicht an geregelte Arbeit zu gewöhnen und konnten so keine Abgaben bezahlen. Auch entzogen sie sich den Missionaren. Nun wurden die Eingeborenen zur Arbeit dienstverpflichtet. Der königliche Erlaß begründete es so: „… und weil Wir wünschen, daß die genannten Indianer sich zu unserem heiligen katholischen

Glauben bekehren und darin unterrichtet werden, dies sich aber besser tun läßt, wenn die Indianer mit den auf der Insel wohnenden Christen in Berührung kommen, mit ihnen umgehen und zu tun haben, beide einander helfen und so die Insel kultiviert, bevölkert und ertragreich gemacht wird, auch Gold und andere Metalle gefördert werden und Meine Königreiche und deren Bewohner daraus Nutzen ziehen."[3]

Protest gegen diese Dienstverpflichtung der Eingeborenen legten vor allem die Franziskaner und Dominikaner ein. Geradezu zum Anwalt der Indianer wurde der Dominikaner Bartolomé de las Casas (1484-1566). Er nahm als junger Priester im Gefolge spanischer Eroberer selbst an Expeditionen nach Mittelamerika teil. Auch er bewirtschaftete zunächst Ländereien mit den ihm zur Verfügung gestellten Arbeitskräften. Später kämpfte er leidenschaftlich gegen die menschenunwürdige Behandlung der Indianer und gegen die kirchlichen Zwangsbekehrungen. Nicht zuletzt durch die Betrachtung von Sir 34,21 („Ein Brandopfer von unrechtem Gut ist eine befleckte Gabe") wurde er zu einem Verteidiger der Rechte der Indianer. Ab 1543 verfaßte er einen „Kurzgefaßten

Ausschnitt aus dem großen Wandgemälde des mexikanischen Malers Diego Rivera (1886-1957) im Nationalpalast von Mexiko-Stadt. Dargestellt ist Las Casas, wie er die Indianer vor Menschenhandel und Quälerei schützt.

Bericht über die Verwüstung der Westindischen Länder“; er beeinflußte die „neuen Gesetze“, mit denen Kaiser Karl V. die Versklavung der Indianer verbieten ließ. Diese Gesetze stießen freilich auf den Widerstand der Kolonialisten und wurden bald verwässert. Nicht vergessen werden darf, daß Las Casas die Einfuhr von Negersklaven befürwortete – ein Ratschlag mit schlimmen Folgen für die Schwarzafrikaner, den er später tief bedauerte.

Einen besonderen Beitrag für die katholische Missionsarbeit zu Beginn der Neuzeit erbrachte der 1540 gegründete Jesuitenorden. Die Jesuiten sahen die Missionsarbeit als eine so wichtige Aufgabe an, daß sie ihre Mitglieder in einem besonderen Gelübde dazu verpflichteten. Sie drängten ganz bewußt über die Grenzen der Kolonialländer hinaus und kamen so nach Indien, China und Japan.

Der Jesuit Roberto de Nobili (1577-1656) wirkte seit 1606 in Indien. Nach dem Wort des Apostels Paulus im Korintherbrief (1Kor 9,20) lebte er wie ein Brahmane (= vornehmer Hindu), um die Brahmanen für das Evangelium zu gewinnen. Er knüpfte in seiner Predigt bewußt an die indische Religiosität an und verzichtete auf abendländische Vorstellungen. Auch durften die Gläubigen viele gewohnte Sitten beibehalten, z.B. die Waschung. Um 1650 gab es in der Kirche Nobilis bereits 40 000 Christen.

Der Chinamissionar P. Matteo Ricci SJ und Paul Ly in chinesischer Tracht

In Japan fand das Christentum durch den Jesuiten Franz Xaver (1506-1552) Eingang. Er paßte das Christentum dem damals in Japan vorherrschenden Buddhismus an („Akkomodation“). Es entstand eine bedeutende japanische Kirche. In der ersten Hälfte des 17. Jahrhunderts wandte sich in Japan die Stimmung gegen die Christen. Es kam zu schweren Verfolgungen, die 350 000 japanischen Christen das Leben kostete.

In China hatte es schon seit dem frühen Mittelalter (s.o. S. 105). Christengemeinden gegeben, die allerdings wieder zerstört worden waren. Ab 1572 begründete der italienische Jesuit Matteo Ricci eine chinesische Missionskirche. Vor allem wegen seiner mathematischen und astronomischen Kenntnisse war er am Kaiserhof in Peking hoch geschätzt. Er galt als Freund und Ratgeber des Kaisers. Auch Ricci versuchte, das Evangelium an chinesische Gebräuche und Denkgewohnheiten anzupassen. Er versicherte den Chinesen, daß sie auch bisher eine richtige Religion hatten. Das Christentum lehre nur, sie besser zu verstehen. Die Jesuiten gestatteten die Verehrung des Konfutse und der Ahnen. Sie übersetzten das Wort „Gott" mit den chinesischen Worten für Himmel bzw. höchster Herr, Kaiser. Sie verwendeten die Landessprache im Gottesdienst. Sie trugen die chinesische Gelehrtentracht und nicht die Mönchskutte.

Der Vatikan in Rom hatte die Missionsbemühungen der Jesuiten in Ostasien anfangs begrüßt. Papst Gregor XV. schuf 1622 eine Zentralbehörde zur Glaubensausbreitung (De propaganda fide). Die Instruktion von 1659 zeigt, daß man in Ostasien nicht einfach „europäisches Christentum" verbreiten wollte: „In keiner Weise sollt ihr jene Völker dazu zwingen, ihre Gebräuche, Gewohnheiten und Sitten zu ändern, sofern sie nicht offensichtlich gegen den Glauben und die guten Sitten verstoßen. Was könnte es auch Törichteres geben, als Frankreich, Spanien, Italien oder ein anderes Land nach China übertragen zu wollen! Nicht dies, sondern den Glauben ... sollt ihr ihnen bringen ... Daher sollt ihr die Sitten jener Völker niemals mit den europäischen herabsetzend vergleichen, vielmehr euch mit aller Sorgfalt ihnen anpassen."[4]

Doch den Dominikanern und Franziskanern gingen die Jesuiten mit ihrer „Akkomodation" zu weit. Die Jesuiten wurden in Rom angezeigt. Es kam zu schweren Auseinandersetzungen um die „chinesischen Riten". Die Jesuiten hielten an ihnen fest bis 1742, als der damalige Papst sie verbot. Damit war die ostasiatische Mission an ihr Ende gekommen. Erst in unserem Jahrhundert wurden die päpstlichen Verbote zurückgenommen.

Evangelische Mission im 18. Jahrhundert

Die evangelischen Kirchen fingen später als die katholische Kirche mit der Missionsarbeit an. Das hing auch damit zusammen, daß die evangelischen Länder erst im 17./18. Jahrhundert in den Überseeverkehr eintraten und Kolonien gründeten. Sicher ist auch, daß der Pietismus und die nachfolgenden Erweckungsbewegungen den Missionswillen gewaltig gestärkt haben (s.u. S. 238ff).

Die deutsche Missionsarbeit begann im südindischen Tranquebar. Diese Stadt war am Anfang des 18. Jahrhunderts im Besitz des dänischen Königs Friedrich IV. Dieser suchte Missionare, um die Untertanen zu Christen zu machen. Er fand sie nicht in der dänischen Kirche, sondern bei August Hermann Francke in Halle. 1706 kamen die beiden deutschen Missionare Bartholomäus Ziegenbalg und Heinrich Plütschau in Tranquebar an.

Ziegenbalg lernte sehr schnell die Sprache der Eingeborenen, das Tamil; er übersetzte die Bibel in die fremde Sprache. Die christliche Gemeinde wuchs nur langsam. Man verzichtete ganz bewußt auf eine oberflächliche Massenbekehrung. Auch war das Beispiel der „christlichen Europäer" für die Tamilen wenig attraktiv. Man muß auch bedenken, daß die Getauften von ihren Angehörigen ausgestoßen und enterbt wurden. Die Missionare schufen Schulen für die Einheimischen und kleinere Betriebe wie eine Wollspinnerei, um für die Ausgestoßenen Arbeit zu beschaffen. Diese ganzheitliche Sorge für die Missionierten war typisch auch für die Missionsarbeit der späteren Zeit.

Ziegenbalg hatte eine große Achtung vor der Hindureligion und ihren Anhängern. Er beschäftigte sich so intensiv mit ihr, daß er zu einem beliebten Gesprächspartner indischer Frommer wurde. Als er ein eigenes Buch über die Hindureligion in Europa drucken lassen wollte, wurde ihm das verwehrt. Seine Aufgabe sei es, so sagte man ihm, das Heidentum in Indien auszurotten, nicht den „heidnischen Unsinn" in Europa zu verbreiten.

Evangelien und Apostelgeschichte in Tamil vom Jahr 1714

Von Anfang an hatte Ziegenbalg Schwierigkeiten mit manchen Europäern. Sie befürchteten von der Missionsarbeit eine Minderung ihrer Profite. Andere, wie der dänische Ortskommandant, konnten es nicht verstehen, daß die Missionare die einheimischen Gemeindeglieder als gleichberechtigte Menschen ernstnahmen. Einmal wurde Ziegenbalg sogar vier Monate lang eingesperrt. Er erhielt aber vom dänischen König Unterstützung. Als er 1719 starb, bestand die Gemeinde aus etwa 250 Mitgliedern.

Einen originellen Beitrag zur Mission leistete (und leistet bis heute) die Herrnhuter Brüdergemeine (vgl. u. S. 244f). Graf Zinzendorf, ihr Gründer, wurde in jungen Jahren in Halle von den Berichten Ziegenbalgs aus Tranquebar sehr beeindruckt. Die Herrnhuter Mission war staatsfrei, d.h. die Gemeinde selbst war Träger der Mission. Ausgesandt als Missionare wurden Gemeindeglieder, vor allem aus dem Handwerkerstand. Die Herrnhuter wollten keine ganzen Völker christianisieren, sondern sie wollten unter möglichst vielen Völkern Gemeinden bilden, sogenannte Erstlingsgemeinden, im Horizont einer endzeitlichen Hoffnung auf die Christianisierung der ganzen Erde. Dabei hatten sie das Vertrauen, daß die europäischen Sendboten bald überflüssig wären und einheimische Kirchen entstehen würden.

1732 kamen herrnhutische Missionsboten auch nach Westindien. Sie begannen, unter den mißhandelten und verachteten Negersklaven auf der Karibikinsel St. Thomas (damals dänisch) zu missionieren. Sie trafen zunächst auf große Schwierigkeiten. Die weißen Farmer wollten keine „bekehrten" Negersklaven. Für sie waren Neger Menschen zweiter Ordnung; ihre Mädchen sollten Freiwild der Farmer bleiben. Zinzendorf aber konnte es beim dänischen Staat durchsetzen, daß seine Brüder weiter arbeiten konnten. Es entstanden Gemeinden mit Negersklaven, die sich taufen ließen und trotz Schikanen der Sklavenhalter fest blieben.

Für die Herrnhuter war – so sagte es einer von ihnen – „die Sklaverei in Westindien … ein so unmenschliches Ding, daß einem die Haare zu Berge stehen, wenn man die Sache recht einsieht"[5]. In ihren Gemeinden und auf den von ihnen betriebenen Plantagen wurden keine Unterschiede gemacht. „Das war der erste indirekte Angriff auf die Sklaverei"[6]. Ein direkter Angriff war nicht möglich, wollten sich die Herrnhuter in Westindien halten. Es war wohl auch ihr Vorbild, das den dänischen Staat 1792 dazu brachte, den Sklavenhandel in seinen Einflußgebieten verbieten zu lassen und schließlich 1803 die Sklaverei abzuschaffen.

Das 19. Jahrhundert – das Jahrhundert der Mission

War in der Zeit der Aufklärung (s.u. S. 251ff) das Interesse an der Mission in weiten Kreisen der Kirchen ziemlich gesunken, so brachte das 19. Jahrhundert einen gewaltigen Aufschwung für die christliche Missionsarbeit. Auf evangelischer Seite begann dieser Aufschwung mit der englischen Erweckungsbewegung am Ende des 18. Jahrhunderts; diese Bewegung strahlte auch auf den Kontinent hinüber. Auf der katholischen Seite förderte das Wiedererstarken des Katholizismus in der ersten Hälfte des 19. Jahrhunderts den Missionseifer.

Voraussetzung für den Aufschwung waren die modernen Verkehrsmittel, mit denen alle Teile der Erde gut erreicht werden konnten, und die Entdeckung weiterer, noch unbekannter Länder. Die Missionare handelten im Gehorsam gegen den Missionsbefehl (Mt 28,18-20). Sie wollten auch Wiedergutmachung leisten für die Opfer des Kolonialismus, für die Wunden, die durch die Sklaverei geschlagen worden waren. Sie konnten sich aber dem Zeitgeist nicht entziehen. „Der blöde Hochmut des weißen Mannes" (Karl Barth)[7] prägte auch viele von ihnen. Sie kamen zwar primär, um als „Diener Gottes" das Evangelium zu verkündigen; doch viele von ihnen entwickelten sich, ohne es vielleicht zu merken, zu „Herren", die sich gegenüber den Kulturen und religiösen Traditionen der „unzivilisierten Völker" überlegen fühlten. Die Missionare pauschal als „Lakaien des Kolonialismus" zu diskreditieren, ist wohl ungerecht. Es gab immer wieder Missionare, die die Kolonialpolitik ihrer eigenen Regierungen kritisierten, wenn sie die Rechte der ihnen anvertrauten Menschen gefährdet sahen.

Die Arbeit der Missionare wurde immer wieder behindert. So litten die Missionare oft unter der Konkurrenz anderer christlicher Missionsgesellschaften und unter der Rivalität zwischen den Kolonialmächten. Vielfach wirkte auch das Verhalten vieler „christlicher" Kolonialbeamter und Kaufleute wenig attraktiv auf die „Heiden".

Die katholische Missionsarbeit hatte den Vorzug einer einheitlichen Leitung. Die meisten Missionsbezirke unterstanden der päpstlichen Missionszentrale (vgl. S. 215). Auf evangelischer Seite wurde die Missionsarbeit von einer großen Zahl von eigenständigen Missionsgesellschaften betrieben, die von den Kirchenleitungen unabhängig waren. Auf katholischer Seite nahmen die alten Orden, wie etwa der wieder zugelassene Jesuitenorden, die Missionsarbeit wieder auf; daneben entstanden eine Fülle von Missionsbruder- und -schwesternkongregationen.

In beiden Kirchen wurde die Missionsarbeit durch eine breite Bewegung an der Basis gestützt. Eine große Missionsliteratur, Missionszeitungen, Missionskollekten und Missionsfeste hielten die Verbindung zwischen Mission und Gemeinden.

Der Beginn der Mission in Ghana

1828 erreichten vier Missionare der Basler Mission Ghana, das früher von weißen Seefahrern und Händlern Goldküste genannt wurde. Die „Evangelische Missionsgesellschaft" in Basel war 1815 gegründet worden und hatte zunächst nur eine Schule zur Ausbildung künftiger

Calwer Missionsblatt

Eine allgemeine illustrierte Missions-Zeitschrift.

scheint monatlich
urch alle Buchhandlungen und
ämter bezogen werden.
nnement erstreckt sich auf ein
ganzes Jahr.

63. Jahrgang.

Januar 1890. Nr. 1.

Preis des Jahrgangs:
Direct unter Kreuzband . . . . M. 1. 40.
Durch unsere Agenten frei geliefert:
In Württemberg . . . . M. 1. 10.
Im übrigen Deutschland . . . . M. 1. 20.
In der Schweiz . . . . Fr. 1. 60.

s die Missionsgemeinde sein soll. — Geduld ist euch vonnöten. — Zwei Kartoffelgeschichten. — Die Kirchensteuer in Johannesburg. —
. — Sechs Pfleglinge der Basler Mission in Malabar. — Briefe: 1) Aus Kamerun. 2) Aus Labrador. — Nachrichten. — Anzeigen.

Eine der bekannten und vielverbreiteten Missionszeitungen des 19. Jahrhunderts

Missionare betrieben. Ab 1828 jedoch schickte sie selbst Missionare aus. Ghana war vor allem im 17./18. Jahrhundert das Ziel europäischer Sklavenhändler gewesen. Unzählige Afrikaner waren hier gefangengenommen und als Sklaven nach Amerika verkauft worden. Die weißen Sklavenjäger hatten die afrikanische Bevölkerung durch viele Überfälle beunruhigt. Sie hatten das familiäre und gesellschaftliche Leben des alten Afrika völlig durcheinander gebracht. An der Küste Ghanas hatten dänische, englische und holländische Handelshäuser ihre Niederlassungen errichtet.

Die vier Missionare zogen in das Hinterland von Accra, der heutigen Hauptstadt Ghanas. Drei starben kurz nach ihrer Ankunft; der vierte überlebte seine Mitreisenden um zwei Jahre. Eine zweite Gruppe von Missionaren kam 1832, darunter Andreas Rijs. Dieser, von Beruf Glaser, stammte aus dem heute zu Dänemark gehörenden Ort Lügumkloster. 1828 war er an die Missionsschule von Basel gekommen. Rijs ließ sich in Akropong, 60 km nördlich von Accra nieder. Dort, auf dem Hochland, waren die klimatischen Bedingungen besser. Die folgende Geschichte, die Rijs selber erzählt hat, kann einen Einblick in die Missionssituation geben:

„Fürst Ado kam zu mir, um mich zu grüßen. Er erzählte: ‚Ich erfuhr vom Fetisch, daß ein Mann aus Akropong vom neuen Yams [= Knolle ähnlich der Kartoffel] gegessen hat, ehe es der Fetisch erlaubt. Deshalb regnete es auch nicht, weil der Fetisch den Regen zurückhielt. Der Mann sollte zur Strafe ein Schaf und eine Flasche Branntwein an den Fetisch geben. Das habe ich nun in Ordnung gebracht. Deshalb ist der Fetisch zufrieden, daß er uns heute wieder Regen gibt.' – Es regnete eben.

Andere würden bei solchen Erzählungen widersprechen. Und das wäre sicher auch richtig. Ich aber schwieg und hörte die Sache an. Denn das viele Widersprechen erbittert nur. Die Gebote der Afrikaner halte ich auch, soweit ich das ohne Sünde tun kann. So habe ich auch noch nicht vom neuen Yams gegessen. Wenn irgendein Unglück kommt, soll niemand sagen können, ich sei schuld, weil ich vor der erlaubten Zeit vom Yams gegessen habe. Wenn die Rede darauf kommt, so sage ich: ‚Ich esse jetzt keinen Yams. Aber nicht wegen eurer Fetische. Denn ich kenne nur einen Gott. Ich tue es euretwegen, damit mich niemand ohne Grund beschuldigen kann.' Dann sagen sie: ‚Du hast recht. Du hast Verstand. Was du tust, ist gut. Du wirst schon mit uns leben können.'"[8]

Das Leben in Akropong war für Andreas Rijs und seine später hinzugekommene Frau schwer. Vor allem der Ahnen- und Geisterglaube der Bevölkerung ließen sie bald an ihrer Aufgabe verzweifeln. Kein Afrikaner wollte sich taufen lassen. In Basel überlegte man, Ghana ganz aufzugeben.

1840 wagte man einen letzten Versuch. Rijs holte aus Jamaika befreite, ehemals afrikanische Sklaven nach Ghana. Sie waren in Jamaika Christen geworden. Diese Menschen konnten das Klima in

Das Bild aus dem Missions-Magazin von 1874 zeigt die Missionskirche von Akropong, die 1868 anstelle der alten, die nicht mehr genügend Platz bot, gebaut wurde.

Ghana besser vertragen, sie wurden das Rückgrat der jungen Gemeinde. 1847 wurde der erste Afrikaner in Akropong getauft.

Während des Ersten Weltkriegs mußten die Basler Missionare, meistens Deutsche, Ghana verlassen. Ghana war damals eine englische Kolonie, und England befand sich mit Deutschland im Krieg. Die afrikanischen Christen beschlossen daraufhin auf einer Synode in Akropong, die Leitung der Kirche in die eigenen Hände zu nehmen. So entstand eine eigenständige Kirche, die presbyterianische von Ghana, die heute eine der größten Kirchen im Land ist.

Im nördlichen Ghana begannen 1929, also hundert Jahre nach der Basler Mission, drei kanadische katholische Missionare unter dem Stamm der Dagabas zu wirken. 1932 wurde dort Dery, der zuvor zum Fetischpriester ausgebildet worden war, mit elf Stammesbrüdern getauft. Danach arbeitete er als Hausboy auf der Missionsstation. Daneben konnte er in die Schule gehen. Später studierte er in Kanada und Belgien Theologie. 1951 wurde er zum Priester geweiht. Als Ghana 1960 selbständig wurde, entstand im Stammesgebiet der Dagabas das Bistum Wa. Dery wurde dessen erster Bischof.

Selbständige Diözesen und „junge" Kirchen

Aus katholischen Missionsgebieten, die der päpstlichen Missionszentrale unterstanden, und evangelischen Gebieten, die von Missionsgesellschaften betreut wurden, entstanden in diesem Jahrhundert im Zuge der Entkolonisierung selbständige Diözesen und junge Kirchen. Die Verbindung mit den früheren Missionsgesellschaften ist im allgemeinen immer noch stark. So erhalten junge protestantische Kirchen Afrikas vielfach noch finanzielle Unterstützung von europäischen Missionszentralen. Das Bistum Wa wird heute u.a. vom Erzbistum Freiburg unterstützt. Mitarbeiter aus den europäischen Kirchen, sog. „fraternal workers", helfen bei der Entwicklung des Landes. Aber auch Geistliche und Laien aus afrikanischen Kirchen arbeiten in europäischen Gemeinden. So hielt sich z.B. in den 80er Jahren Akua Rose Ampofo aus Ghana für einige Zeit als Mitarbeiterin in der Pfälzischen Landeskirche auf.

Wenn die Kirchen der Dritten Welt heute auf ihre missionarische Vergangenheit zurückblicken, tun sie es nicht ohne Kritik. Welche Kritik sie haben und was sie von den europäischen Missionaren heute erwarten, zeigen die Sätze des mittelamerikanischen Bischofs F. Pagura aus unserer Zeit.

Missionary: Go Home ... oder?

Wenn Du nicht begreifen kannst, was auf diesem Kontinent vor sich geht, in dieser Stunde, in der er erwacht und ihm eine neue Befreiung dämmert,

dann, Missionar, geh nach Hause.

Wenn Du das ewige Wort Gottes nicht zu unterscheiden vermagst von den Formen der Kultur, in der Du aufgewachsen und erzogen bist,

dann, Missionar, geh nach Hause ...

Wenn Du nicht fähig bist, jene als Partner zu lieben und zu respektieren, die damals als „Heiden" missioniert wurden,
[...]

dann, Missionar, geh nach Hause.

Wenn Du Dich nicht darüber freuen kannst, daß neue Völker und Kirchen ihre Unabhängigkeit und Verantwortlichkeit erlangen, selbst um den Preis jener Fehler, die Du und Deine Landsleute bereits hinter sich haben,

dann, Missionar, ist es Zeit, daß Du gehst.

Wenn Du aber – auch um den Preis der Selbstverleugnung – bereit bist, die Risiken und Schmerzen dieser Stunde der Geburt zu teilen, die unsere Völker durchleben, wenn Du beginnst, Dich mit ihnen zu freuen an der Freude, daß das Evangelium nicht nur eine weit entfernte Hoffnung ankündigt und zusichert, sondern eine Hoffnung und Befreiung ankündigt, die bereits die Geschichte verändert, wenn Du bereit bist, mehr Deiner Zeit, mehr Deines Lebens dem Dienst an diesen erwachenden Völkern zu widmen,

dann bleib;

denn viel ist noch zu tun, und es braucht Hände und ganze Hingabe für das große Unterfangen, dessen Pionier und Vorkämpfer Jesus Christus ist.[9]
Bischof F. Pagura

XVI. Streit um die Rechtgläubigkeit im 17. Jahrhundert

Luthrisch, Päpstisch und Calvinisch, diese Glauben alle drei,
Sind vorhanden; doch ist Zweifel, wo das Christentum dann sei.

Friedrich Freiherr von Logau (1604-1655)[1]

Für die Zeitgenossen des schlesischen Barockdichters war es in der Tat eine bedrängende Frage, wo der *rechte Glaube* sei. Immer mehr wurde aber der rechte Glaube in den christlichen Kirchen selbst zum Problem, und so lautete ein anderer Logauscher Sinnspruch:

„Daß kein Christ jetzt Wunder tut,
Macht, der Glaub' ist nicht recht gut.
Drum ist rechter Glaub' jetzunder
Für sich selbst ein großes Wunder."[2]

Das Wort „Orthodoxie" (= Rechtgläubigkeit) wird oft gleichgesetzt mit „Strenggläubigkeit" oder gar „engstirnigem Festhalten an Lehrmeinungen". Schon ein Blick auf die Geschichte und das Selbstverständnis der orthodoxen Kirchen (Kap. VIII) zeigt, daß diese Sicht (zu) einseitig ist. Im engeren Sinn wird theologischerseits besonders die Zeit nach der Reformation als „Orthodoxie" angesehen, die das Erbe Luthers als „reine Lehre" zu wahren suchte. Nach der Spaltung der europäischen Christenheit hieß es, den eigenen, konfessionell errungenen Besitzstand zu halten und zu festigen. Für die jeweilige „Konfession" wurde es geradezu notwendig, sich von *den anderen* als Andersartigen abzugrenzen, um so die eigene Lehre zu sichern. Was einmal „Bekenntnis" war und so auch verbindlich festgelegt wurde, prägte nun das jeweils eigene christliche Selbstverständnis der „Konfession" – diese galt es zu „bewahren" und zu bewähren.

Diese Entwicklung war wohl zwangsläufig und sollte – bei aller offenkundigen Problematik – nicht nur negativ gesehen werden. In der zweiten Hälfte des 16. Jahrhunderts formulierten alle Kirchen ihren Glauben mehr und mehr systematisch und schriftlich: katholischerseits die Beschlüsse des Konzils von Trient, 1563; im Luthertum vor allem Konkordienformel und -buch, 1580; im Bereich des Calvinismus verschiedene nationale Bekenntnisschriften. *So wußte jeder Christ, was er zu glauben hatte – in jeder Kirche etwas anderes*, und die Trennung der Christenheit wurde sozusagen festgeschrieben und verewigt.

Andererseits ermöglichte die Beschränkung auf die jeweilige Konfession, die eigene Lehre vertieft zu leben und Reformen durchzuführen. Die Unklarheiten und Unsicherheiten (aber auch die Weite!) der theologischen Lehre (etwa des Spätmittelalters) wurden aufgehoben, indem die (eigene) Glaubenslehre fixiert und dogmatisiert wurde, was man durchaus als Sicherung und Bereicherung des eigenen Glaubens empfand. Beide Aspekte verbanden sich bei dem Bemühen, den „wahren Glauben" nach innen und außen durchzusetzen: im Streit um die rechte Lehre und im Kampf gegen die Andersgläubigen. Dabei gab die Selbstvergewisserung der eigenen Konfession geradezu die Kraft für den leidenschaftlichen Kampf gegen „die anderen", und beides ging oft nebeneinander: die wilde Polemik der Konfessionstheologen und gleichermaßen die Forderungen nach Reform und *gelebtem* Christentum in der jeweiligen Kirche.

Zur Ursache heftiger Auseinandersetzungen wurde für den Calvinismus die Lehre von der *Prädestination* (= Vorherbestimmung): Sie besagt, daß Gott von Ewigkeit her den einen Menschen zur Seligkeit, den anderen zur Verdammnis erwählt („doppelte Prädestination"). Eine solche Lehre ist nur glaubbar, wenn man die absolute Freiheit und Majestät Gottes überstark hervorhebt. Daß sie angesichts des universalen göttlichen Heilswillens nur schwer zu vermitteln ist, ist keine Frage. Andererseits braucht das Wissen bzw. Nichtwissen um das eigene Heil oder Unheil nicht zu lähmen – im Gegenteil: Der Calvinist fühlte sich als erwähltes Werkzeug Gottes und handelte aktiv in seinem Namen.

Der Dreißigjährige Krieg

Entgegen landläufigen Meinungen bestand nach dem Augsburger Religionsfrieden von 1555 zwischen den Konfessionen nicht einfach „nur bis zur Jahrhundertwende" äußere Ruhe, vielmehr brachte besagter „Religionsfriede" Deutschland eine der längsten Friedenszeiten seiner Geschichte. Dies geschah allerdings in begrenztem Rahmen: Bestehende Zustände wurden festgeschrieben und damit naturgemäß provinzielle Tendenzen begünstigt. Die fortbestehenden konfessionellen Spannungen und Auseinandersetzungen verschärften sich zu Beginn des 17. Jahrhunderts und spitzten sich zu. 1606 benutzte Herzog Maximilian von Bayern den Auftrag, an dem evangelischen Donauwörth die Reichsacht zu vollstrecken (dort war eine Prozession gestört worden!), die Stadt gewaltsam zu rekatholisieren. Daraufhin formierten sich die Lager: Mehrere lutherische und reformierte Fürsten verbanden sich in der

Union (1608), Maximilian und einige geistliche Fürsten antworteten darauf mit der *Liga* (1609), wobei politische und religiöse Motive unlösbar miteinander verwoben waren.

1618 erfolgte der Ausbruch der Kämpfe: Die böhmischen Stände erhoben sich gegen ihren König – der „Prager Fenstersturz" ist in der Tat das Symbol für den Ausbruch der kriegerischen Auseinandersetzungen. Symptomatisch ist auch, wie dieses eher nebensächliche Ereignis „verwendet" wurde: Fast 100 Jahre nach dem Gedächtnistag der Reformation wurden zwei kaiserliche Räte aus der Hofburg gestürzt – sie kamen mit dem Leben davon. Die einen (Katholiken) verwiesen auf die wunderbare Rettung, die anderen (Protestanten) auf den „Sturz" (in den Misthaufen!).

Der Fenstersturz zu Prag, 1618

Der sogenannte „Dreißigjährige" Krieg war in Wirklichkeit eine Abfolge von mehreren Kriegen, in deren Verlauf sich die leitenden Interessen stark veränderten: Mochten zunächst religiöse Motive eine wichtige Rolle gespielt haben, so wurden diese immer mehr von politischen überlagert. Zunächst siegte Kaiser Ferdinand II. (1619-1637) mit seinen Verbündeten (*Böhmisch-pfälzischer Krieg, 1618-1623*). Er eroberte mit seinen Heeren (Wallenstein, Tilly) ganz Norddeutschland und schlug die Dänen (*Dänisch-niedersächsischer Krieg, 1625-1629*). Die Sache des Protestantismus war in Deutschland entscheidend geschwächt, da brachte das Jahr 1630 die Wende: Der große schwedische König Gustav Adolf (1611-1632) griff in den Krieg ein. Dafür sprachen machtpolitische Interessen (Abwehr der kaiserlichen Vorherrschaft an der Ostsee), aber auch das entschieden religiöse Motiv, den deutschen Protestanten beizustehen (*Schwedischer Krieg, 1630-1635*).

Bei den Beratungen des schwedischen Reichsrates vom 13. 11. 1629 wurde der Kriegseintritt folgendermaßen begründet:

„Man weiß, daß der Kaiser einen unauslöschlichen Haß gegen Schweden trägt, nicht allein in dem Fundamentalvorsatz aller Papisten, alle Evangelischen auszurotten, sondern auch in dem alten brennenden

Verlangen des Hauses Österreich nach der Universalmonarchie. Drei Mächte allein erkennt es in der Lage, das zu verhindern: Frankreich, Holland, Schweden …

Es denkt nur an den Krieg mit Schweden, wie all seine Vornahmen in der letzten Zeit beweisen …

Will man aber mit Ehre und Reputation zu einem solchen Vergleich kommen, so ist es … besser, man begegnet dem Kaiser mit einer Armee an seinen eigenen Grenzen und traktiert mit ihm unter dem Helm, als daß man ihn hier in Schweden erwartet.

Es gibt keinen besseren Schutz für die Ostsee – und folglich keine andere Sicherheit für Schweden – als die Offensive …

Auch würde es vor Gott und Menschen unverantwortlich sein, wenn Schweden seine Bundes- und Religionsverwandten … so plötzlich verließe."

Und im Schlußwort des Königs Gustav Adolf heißt es:

„Eure Vota beruhen auf solchen Gründen, daß, wer an ihnen zweifelt, entweder die Sache nicht versteht oder eine schlechte Gesinnung gegen das Vaterland hegt … Meine Meinung ist, daß ich zu unserer Sicherheit, Ehre und endlichen Frieden nichts dienlicher befinde als einen kühnen Angriff auf den Feind …"[3]

Als sich der Kaiser mit Sachsen, Brandenburg u.a. über einen Frieden einigte, verbündete sich Frankreich mit den Schweden, um die Habsburger zu schwächen – offenkundig triumphierte die Staatsräson (Kardinal Richelieu) über konfessionelle Interessen (*Schwedisch-französischer Krieg, 1635-1648*). Das letzte größere Gefecht fand am 17. 5. 1648 bei Zusmarshausen in der Nähe von Augsburg statt: Das kaiserliche Heer hatte 33 000 Soldaten, aber einen Troß von 127 000 Menschen, und befehligt wurde es von einem hessischen Protestanten!

Die äußeren Daten sagen wenig über das Kriegsgeschehen selbst. Selbstverständlich „propagierten" die jeweiligen (konfessionellen?) Lager lautstark ihre Wunschsicht der Dinge.

Die traurige Wirklichkeit war eine andere: Deutschland wurde in weiten Gebieten verwüstet und ausgeraubt, die Menschen demoralisiert; sie waren gedemütigt, verängstigt, die Sitten verroht. Die rücksichtslose Ausbeutung der Bevölkerung war eine Folge des *Söldnerprinzips* („Der Krieg ernährt den Krieg") – zwischen Freund und Feind wurde dabei nicht unterschieden.

In Deutschland und Österreich war durch den Krieg die Bevölkerung um ein Drittel von ungefähr 21 Millionen auf 13,5 Millionen zurückgegangen. Die Schrecken dieser Jahre zittern noch in dem Kirchenlied nach, das Paul Gerhardt nach dem endlichen Friedensschluß dichtete:

Gustav Adolfs Landung, zeitgenössisches Flugblatt

„Gott Lob, nun ist erschollen / das edle Fried- und Freudenwort, daß nunmehr ruhen sollen / die Spieß und Schwerter und ihr Mord. Wohlauf und nimm nun wieder / dein Saitenspiel hervor, o Deutschland, und sing Lieder / im hohen, vollen Chor! Erhebe dein Gemüte zu deinem Gott und sprich: Herr, deine Gnad und Güte bleibt dennoch ewiglich.

Wir haben nichts verdienet / als schwere Straf und großen Zorn, weil stets noch bei uns grünet / der freche, schnöde Sündendorn. Wir sind fürwahr geschlagen / mit harter, scharfer Rut, / und dennoch muß man fragen: Wer ist, der Buße tut? Wir sind und bleiben böse, Gott ist und bleibet treu, hilft, daß sich bei uns löse / der Krieg und sein Geschrei."[4]

Der Westfälische Friede wurde nach langwierigen Verhandlungen am 24. 10. 1648 unterzeichnet. Der Augsburger Religionsfriede von 1555 wurde auf die Calvinisten ausgedehnt, wogegen die Lutheraner protestierten. Als religiöser „Besitz-Stand" wird das Jahr 1624 zum „Normaljahr" erklärt. Damit wird der konfessionelle Status fixiert; die Untertanen sind nicht mehr automatisch und willkürlich dem Bekenntnis(*wechsel*) ihres Landesherrn ausgeliefert. Mit der grundsätzlichen Gleichstellung von Katholiken, Lutheranern und Reformierten ergab sich

Zeitgenössisches Flugblatt mit der Friedensnachricht

für das Reichsgebiet eine Art Toleranzprinzip. Dagegen und gegen den Verlust kirchlicher Rechte protestierte der Papst scharf, freilich wirkungslos:

„Mit dem tiefsten Gefühl des Schmerzes haben Wir vernommen, daß durch mehrere Artikel des am 6. August 1648 zu Osnabrück und ebenso des am 25. Oktober 1648 zu Münster in Westfalen abgeschlossenen Friedens der katholischen Religion, dem Gottesdienste, dem Apostolischen und Römischen Stuhl … die schwersten Nachteile zugefügt worden sind …

… Aus sicherem Wissen, nach reiflicher Überlegung und kraft der Vollmacht der apostolischen Gewalt bestimmen und erklären Wir, daß besagte Artikel … von selbst schon nichtig, ungültig, unkräftig, unbillig, ungerecht, verdammt, verworfen und aller Kraft und Wirkung bar gewesen sind, sind und ewig sein werden, und daß niemand verpflichtet ist, sie oder irgendeinen von ihnen zu halten, mögen sie auch mit Eiden beschworen worden sein …“[5]

Tatsächlich begann die Säkularisierung des Heiligen Römischen Reiches Deutscher Nation, die konfessionell-kirchliche Zeit geht 1648 in Deutschland zu Ende.

Gnadenstreit in der katholischen Kirche: Der Jansenismus

Der Jansenismus bildet ein ziemlich unbekanntes Kapitel in der Kirchengeschichte. Was war diese Bewegung eigentlich? „Eine gefährliche Verirrung, die unter dem Schein besonderer Frömmigkeit und Strenge eine einseitig überspitzte augustinische Erbsünden- und Gnadenlehre … in die katholische Theologie und Frömmigkeit einführte" (A. Franzen) oder „eine äußerst komplexe Bewegung dogmatischer, sittlicher und politischer Art" (L. Willaert)? Jedenfalls wollte der Jansenismus ursprünglich die nachtridentinische Theologie reformieren, dieses Anliegen wurde dann aber im *Jansenistenstreit* von sachfremden Motiven und Interessen überlagert: Kirchenpolitische Machtfragen verdrängten die theologischen Probleme und das reformerische Anliegen.

Als asketisch-geistliche Reformbewegung geriet der Jansenismus in Frankreich naturgemäß in eine gewisse Distanz zur Kirche und der mit ihr verbündeten Monarchie. Die Auseinandersetzungen selbst mit ihrer höchst verwickelten Geschichte sind hier nicht nachzuzeichnen. Zum Verständnis sei nur soviel angemerkt: Im sogenannten *Gnadenstreit* ging es um die rechte Verhältnisbestimmung von Gott und Mensch. Diese Grundfrage aller Theologie nach der Wirksamkeit der Gnade und dem Stellenwert des menschlichen Tuns (vgl. Kap. V) war in der Reformation bei Luther und Calvin entschieden aufgebrochen. Das Trienter Konzil hatte zu dieser Frage eine mittlere Position eingenommen, ohne sich eindeutig festzulegen – so konnte *weiter* diskutiert (und gestritten) werden.

Cornelius Jansenius (1585-1638) war ein angesehener, frommer Gelehrter und reformeifriger Bischof in Ypern (Belgien). Sein dreibändiges Hauptwerk „Augustinus" wurde erst zwei Jahre nach seinem Tod von Freunden herausgegeben (1640):

Dies war das Jahr, in dem die Jesuiten ihr hundertjähriges Jubiläum feierten. Mit Recht fühlten sie sich in diesem Werk angegriffen, wurde ihnen doch vorgeworfen, sie überschätzten die menschliche Willensfreiheit und seien in der Moral zu lax (= lasch). Demgegenüber betonte Jansenius die All(ein)wirksamkeit der göttlichen Gnade.

Im selben Jahr erreichten die Jesuiten in Rom, daß das Buch „Augustinus" verboten wurde.

„Rom hat gesprochen, die Sache ist zu Ende" (Roma locuta, causa finita) – dieser Satz Augustins, den er im Gnadenstreit mit Pelagius im Jahr 417 geschrieben hatte, stimmte für die nun folgenden Jahre nicht: Rom hatte gesprochen, und die Sache ging weiter! Schwer nachvollziehbare Auseinandersetzungen folgten in variantenreichen Formen und mit subtilen Fragestellungen. Mittelpunkt der Kontroversen wurde in Frankreich das Zisterzienserinnenkloster *Port Royal* bei Paris, das ganz im augustinisch-jansenistischen Geiste lebte. Seit 1656 veröffentlichte Blaise Pascal, dessen Schwester dort im Kloster lebte, pseudonym „Les Provinciales ...", „Briefe von Louis de Montalte an einen Provinzial seiner Freunde und an die Jesuiten über die Moral und über die Politik dieser Patres". Darin wandte er sich polemisch-satirisch und höchst geistreich-wirkungsvoll, aber auch einseitig karikierend, gegen die Jesuiten, insbesondere gegen ihren (vermeintlichen) *Laxismus*. Als Laxismus bezeichnet man die moralische Lehre, daß im Zweifelsfall der einzelne sich persönlich frei entscheiden könne. Demgegenüber waren die Jansenisten eher streng („*Rigorismus*"), aber doch auch gelegentlich „eng", und erschwerten eine „normale" Glaubens- und Frömmigkeitspraxis.

Der Streit eskalierte, und die Öffentlichkeit nahm engagiert bis entrüstet Anteil. Der Kampf wurde mit leidenschaftlicher Härte geführt und schließlich von der großen Politik entschieden: Der „Sonnenkönig" Ludwig XIV. (1661-1715) hegte den Argwohn, es könnten sich neue oppositionelle Gruppen in seinem Land bilden, und mißtraute der päpstlichen (zuweilen eher jansenistenfreundlichen) Politik. Er verbot, Neubewerberinnen in Port Royal zuzulassen – damit war das Kloster zum Aussterben verurteilt. 1709 ließ er die noch ungefähr 20 verbliebenen Nonnen „deportieren", das Kloster selbst 1711 niederreißen. 1715 wurde der Jansenismus noch einmal und abschließend von Rom verurteilt.

Nun schien die kirchenpolitische Landschaft befriedet – auf Staatskosten. Andererseits nährte diese verordnete Ruhe radikale Tendenzen, die sich nicht zuletzt in der Französischen Revolution lautstark äußerten. In Wirklichkeit war der Triumph der Jesuiten ein Scheinsieg: Im Grunde erholten sie sich nie von den Wunden, die ihnen Pascal mit seinen Briefen zugefügt hatte. Ihr Ansehen war in der französischen Öffentlichkeit unwiderruflich geschädigt. Mancherlei Affären und

Rückseite einer Silbermünze, die 1773 anläßlich der Aufhebung des Jesuitenordens geprägt wurde: Christus mit Petrus und einem weiteren Jünger weist drei Jesuiten zurück und sagt dabei: „Ich habe euch nie gekannt, weichet von mir!"

Skandalgeschichten wurden ihnen angelastet, teilweise zu Unrecht. Aber es hieß nicht ganz ohne Grund im Schreiben des Papstes Klemens XIV. von 1773, mit dem er auf Drängen katholischer (!) Monarchen die Gesellschaft Jesu als vermeintlichen Erzfeind der Aufklärung auflöste: „Endlich fehlte es nie an den schwersten Beschuldigungen, die man den Mitgliedern dieser Gesellschaft machte und welche den Frieden und die Ruhe in der Christenheit nicht weniger störten."[6]

Blaise Pascal (1623-1662)

Pascal war eine große, überragende Persönlichkeit. Wie kaum ein anderer vermochte er Verstand und Herz, Wissenschaft und Glauben zu verbinden. Daß er gerade auch auf religiösem Gebiet ein Genie war, ist unbestreitbar. Er ist insofern ein Vater der Moderne, als er den Glauben existentiell erfährt und lebt. Sein großes Werk „*Pensées*" (= Gedanken) blieb unvollendet, aber noch die Fragmente verteidigen das Christentum kraftvoll gegen die zeitgenössischen Skeptiker und setzen gegen den bloßen Rationalismus die biblische Offenbarung. Es sind tiefsinnige Reflexionen, die unsystematisch, doch formvollendet vorgetragen werden und über den uralten Streit zwischen Glaube und Vernunft weit hinausführen.

Für Pascal wurde eine Nacht zum Schicksal: seine „Bekehrung". Er konnte dieses Ereignis datieren und trug stets ein Papier bei sich, auf dem er eigenhändig dieses Grunderlebnis stammelnd in Worte gefaßt hatte. Hier der Anfang des Textes des „*Mémorial*" (= Denkschrift):

„Jahr der Gnade 1654
Montag, den 23. November, Tag des heiligen Klemens, Papst und Märtyrer, und anderer im Martyrologium. Vorabend des Tages des heiligen Chrysogonus, Märtyrer, und anderer.

Seit ungefähr abends zehneinhalb bis ungefähr eine halbe Stunde nach Mitternacht.

Bildnis Pascals

Feuer
Gott Abrahams, Gott Isaaks, Gott Jakobs,
nicht der Philosophen und der Gelehrten.
Gewißheit, Gewißheit, Empfinden. Freude. Friede.
Gott Jesu Christi …"[7]

Pascal erfuhr seine Bekehrung beim Betrachten der Passion Jesu. Wie Augustinus begegnete er dem Wort des leidenden Jesus selbst: „Du könntest mich nicht suchen, wenn du mich nicht schon gefunden hättest."[8] Und er erlebte leibhaftig, daß „das Herz seine Gründe hat, die die Vernunft nicht kennt". (Im „Kleinen Prinz" von Antoine de Saint-Exupéry heißt das Geheimnis des Lebens: „… man sieht nur mit dem Herzen gut. Das Wesentliche ist für die Augen unsichtbar.") Damit diskreditierte Pascal nicht den Verstand, im Gegenteil: „Das Denken macht die Größe des Menschen." Es komme nur darauf an, den Menschen richtig zu orten, seine wahren Größen-Verhältnisse zu sehen: „Nur ein Schilfrohr, das Zerbrechlichste in der Welt, ist der Mensch, aber ein Schilfrohr, das denkt."[9]

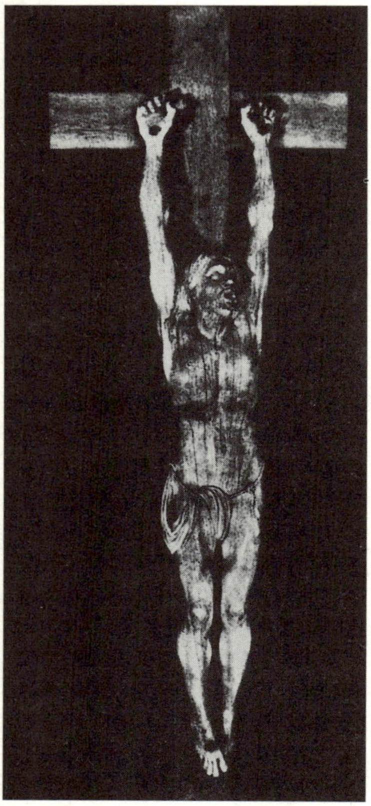
Pascals Kruzifix

Angesichts des unendlichen Alls erkennt Pascal das „Mißverhältnis (= disproportion) des Menschen" und fragt: „Was ist ein Mensch in der Unendlichkeit? … Denn, was ist zum Schluß der Mensch in der Natur? Ein Nichts vor dem Unendlichen, ein All gegenüber dem Nichts, eine Mitte zwischen Nichts und All …"[10]

Die Frage nach dem rechten Verhältnis des Menschen zu Gott und seinem richtigen Verhalten in der Welt bestimmten Pascal zutiefst. Letztlich ist dies auch der Grundgedanke der berühmten „*Wette*", in der er den Leser verstandesmäßig dazu bewegen will, sich *ganz*, d.h.

auch mit Herz und Willen, der Wahrheit zu unterwerfen. Er argumentiert so: Gott ist oder ist nicht – man muß sich entscheiden: „Wägen wir Gewinn und Verlust für den Fall, daß … Gott ist. Schätzen wir diese beiden Möglichkeiten ab. Wenn Sie gewinnen, gewinnen Sie alles, wenn Sie verlieren, verlieren Sie nichts. Setzen Sie also, ohne zu zögern, darauf, daß er ist."[11]

Streitbarer Glaube und Frömmigkeit im Luthertum

„Es ist eine mohammedanische Lehre, daß jeder in seiner Religion gerettet werden kann."[12] So hart urteilte der „ehrwürdige" Theodor Beza (1519-1605), der Nachfolger Calvins und von „größerer persönlicher Milde" als dieser (K. Heussi). Unerbittlich verdammte man den Gegner, wobei Lutheraner und Reformierte sich untereinander besonders hart bekämpften. Die Zeitgenossen sahen das anders, für sie war „dieses Zanken und Streiten … doch auf der andern Seite ein Beweis, wie *furchtbar ernst* (!) man es mit dem wiederhergestellten Christentum nahm" (O. Jäger). Ein Paradebeispiel dafür ist der Konflikt zwischen dem lutherischen Geistlichen Paul Gerhardt (1607-1676) mit dem Großen Kurfürsten Friedrich Wilhelm (1640-1688). Letzterer versuchte in Brandenburg einen modernen Staat zu gestalten und betrieb dabei – gegen den Widerstand der Lutheraner – eine für damalige Zeiten beachtliche Toleranzpolitik (Aufnahme der französischen Hugenotten nach der Aufhebung des Edikts von Nantes, 1685). Er verbot den lutherischen und reformierten Geistlichen, sich gegenseitig von den Kanzeln zu verketzern (1664). Heftige Proteste waren die Folge! Prominentes „Opfer" dieser auf Ausgleich bedachten Kirchenpolitik wurde Paul Gerhardt, der aus Gewissensgründen die ihm eigens gemachten Zugeständnisse ablehnte und deshalb 1666 sein Kirchenamt in Berlin verlor. In einem Brief an seinen „durchlauchtigsten Kurfürst" und „gnädigen Herrn" erläutert Gerhardt, warum er sein Amt nicht wieder antreten könne, und schreibt zum Schluß:

„Wenn denn aber, gnädigster Kurfürst und Herr, ich wohl weiß, daß Ew. Kurfl. Durchl. gar nicht gemeint sind, einigen Menschen, auch den allergeringsten, in seinem Gewissen kränken und betrüben zu lassen, also bitte ich um so viel desto herzlicher und inständiger in allem demütigstem Gehorsam, Ew. Kurfl. Durchl. wollen mir nicht verdenken, daß ich bei höchstgedachter mir erwiesenen kurfl. Gnade die ängstliche Sorge und Kümmernis meines Gemüts offenbare: Ich fürchte mich vor Gott, in dessen Anschauen ich hier auf Erden wandle und vor dessen

Gericht ich auch dermaleinst erscheinen muß, und kann nach dem, wie mein Gewissen von Jugend auf gestanden und noch jetzt steht, nicht anders befinden, als daß ich, wenn ich auf die vorher berührte Art und Weise wieder in mein Amt treten sollte, seinen Zorn und schwere Strafe auf mich laden würde. Solches große, unaussprechliche Unheil zu vermeiden, werden Ew. Kurfl. Gnaden mir gnädigst gestatten, daß ich mich des bisher in etwas wieder verrichteten Kirchendienstes enthalte und mit völliger Bestellung des Predigtamtes anstehe, bis ich nach Gottes Willen und mit Ew. Kurfl. Durchl. gnädigstem Zulassen und besserem Gewissen, als jetzt geschehen kann, solches hohe, heilige und göttliche Amt, wofür wir armen Leute dermaleinst so schwere Rechenschaft geben sollen, antreten werde. Inmittelst sei Ew. Kurfl. Durchl. Stuhl allemal im Segen des Allmächtigen, und dero ganzes kurfl. Haus stehe unverrückt in dem Schutz und Schirm des Allerhöchsten, welches zu wünschen und zu bitten ich Zeit meines Lebens nicht unterlassen werde, als Ew. Kurfl. Durchl. untertänigster gehorsamster Diener und getreuester schuldigster Fürbitter bei Gott
Paulus Gerhardt.“[13]

Dieser streitbare lutherische Glaube ist bei Gerhardt allerdings mit empfindsamer Frömmigkeit gepaart. Als großer geistlicher Dichter spricht er von dem starken Gottvertrauen, das ihn die Schrecken des Dreißigjährigen Krieges sowie persönliches Leid bestehen ließ. Keine Frage, die lutherische Orthodoxie bewährte sich in der Zeit des Elends und erfuhr teilweise einen neuen Aufschwung. Auch im sogenannten „Zeitalter der Orthodoxie“ gab es viel lebendige und gelebte Frömmigkeit. Davon zeugen Gerhardts bekannte Lieder wie „Nun ruhen alle Wälder“, „Wie soll ich dich empfangen“, das eindrucksvolle „O Haupt voll Blut und Wunden“ oder das tiefreligiöse Lied zu Psalm 37,5:

„Befiehl du deine Wege / und was dein Herze kränkt / der allertreusten Pflege / des, der den Himmel lenkt. Der Wolken, Luft und Winden / gibt Wege, Lauf und Bahn, der wird auch Wege finden, da dein Fuß gehen kann.

Dem Herren mußt du trauen, wenn dir's soll wohlergehn; auf sein Werk mußt du schauen, wenn dein Werk soll bestehn. Mit Sorgen und mit Grämen / und mit selbsteigner Pein / läßt Gott sich gar nichts nehmen: es muß erbeten sein.“[14]

Der Große Kurfürst wiederum knüpfte bei seiner Amtsauffassung an das späte 16. Jahrhundert an, wo die lutherischen Fürsten ihr Land in patriarchalischer Fürsorge regierten. Dabei waren eigene Glaubensüberzeugung und politische Praxis eng verbunden, denn der Landesherr sah sein Amt in persönlicher Verantwortung gegenüber Gott. So sorgte sich mitten im Dreißigjährigen Krieg der Herzog Ernst I. der Fromme (1620-1675) in Sachsen-Gotha-Altenburg um die Kirchenreform und das Schulwesen und führte beispielsweise in seiner Schulordnung die Schulpflicht ein (1642).

Doch markierte der Wechsel vom 16. zum 17. Jahrhundert bei aller Kontinuität auch eine Wende. Äußerlich blieb vieles beim alten, selbst die Orthodoxie dauerte fort, aber allenthalben regte sich Neues. Dazu gehörte ganz gewiß der *Pietismus* (Kap. XVII), der zwar immer die Kontinuität zur Reformation betonte, tatsächlich aber alles auf die sittlich-religiöse Praxis setzte, also auf die *Früchte* des Glaubens. Mit der Hervorhebung des Ethischen gegenüber dem Dogmatischen gerieten die Pietisten in Gegensatz zur herrschenden Orthodoxie. Diese argwöhnte, daß hier die „wahre Religion", insbesondere die lutherische Rechtfertigungslehre, ausgehöhlt würde, weil statt des Glaubens „alles in die Werke gesetzt werde". Doch dieser Streit wurde nicht theoretisch, sondern in der Tat durch die „praxis pietatis", die Betätigung der Frömmigkeit in den Werken, entschieden.

Am (vorläufigen) Ende dieser Entwicklung stand der radikale Pietist Gottfried Arnold (1666-1714). Es war ein geniales, freilich revolutionäres Unternehmen im Bereich der Geschichtsschreibung, als er 1699-1700 seine „Unparteiische Kirchen- und Ketzerhistorie" herausgab. In Wirklichkeit war diese Darstellung mehr als parteilich, sah sie doch in der bisherigen Kirchengeschichte nichts als „Irr- und Umwege", wogegen die wahre Kirche stets unsichtbar sei. Hier ein kurzer Auszug:

„Deswegen, wenn auch eine unparteiische Kirchenhistorie sonst nichts nütze wäre, so kann sie doch darin einem Gemüte, dem es allein um die Rettung der Seligkeit zu tun ist, dazu hauptsächlich dienen, daß es durch die Erkenntnis des allgemeinen Elends desto kräftiger zu Christo, dem ewigen lebendigen Wort des Vaters, allein getrieben wird und sich bei so augenscheinlicher Gefahr in innigster Begierde des Glaubens in ihn hinein senkt. Denn wenn von allen Seiten her mit vollem Halse gerufen wird: Sehet, hier ist Christus!, da ist Christus!, Sehet, er ist in dieser Kirche oder Schule, in der oder in jener Predigt oder Übung, in diesem Kollegium oder Kammer- und Hausversammlung, bei der oder jener Person ist er allein!, so folget ein Herz, das Christus wahrhaftig kennt, nicht, geht auch nicht außer sich und außer der Gemeinschaft und dem steten Umgang mit dem Herrn."[15]

Man wird Arnold selbst zubilligen, was er so kräftig beschreibt: Angesichts des „allgemeinen Elends" und des lauten Geschreis von allen Seiten zählte für ihn nur (noch) die „innigste Begierde des Glaubens", die sich in das ewig-lebendige Gottes-Wort versenkt. Dazu spürte er allen religiösen Phänomenen des „wahren und echten“ Christentums sozusagen außerhalb der offiziellen Lehre nach, vor allem bei den Sektierern, Mystikern und Theosophen. Längst hatte er alle kirchlichen und konfessionellen Grenzen gesprengt, die offiziellen Kirchen hatte er abgeschrieben:

„Aus dieser bitteren Wurzel der eigenen Liebe und Ehre hat sich der ganze Baum des Irrtums und falschen Christentums in so viel hundert Äste, Zweige und Früchte der Ketzereien, Spaltungen, Sekten und Haufen durch die ganze Welt ausgebreitet. Ich will nichts sagen von den offenbarlich bösen und ganz verwerflichen großen Kirchengemeinden, deren Greuel auch ein Vernünftig-Kluger sehen kann …“[16]

Zum Schluß dieses Kapitels soll noch ein Mann skizziert werden, der in seiner Person den konfessionellen Gegensatz der Zeit mit der genannten innigsten, ja mystischen Glaubensbegierde vereinigte:

Zeitgenosse und Außenseiter: Angelus Silesius

Der Lebensweg dieses schlesischen Dichters und Mystikers ist ungewöhnlich. Schon sein Name besagt es: „der schlesische Engel“; ursprünglich hieß er Johann Scheffler (1624-1677). Geboren in Breslau und streng lutherisch erzogen, lernte er bei seinem Studium die Mystiker kennen, vor allem seinen Landsmann Jakob Böhme. Er schrieb die „Geistreichen Sinn- und Schlußreime“, die später unter dem Titel „Der Cherubinische Wandersmann“ weltbekannt wurden. Darin meint er über sich selbst:

„Ich weiß nicht, was ich bin;
Ich bin nicht, was ich weiß;
Ein Ding und nicht ein Ding,
Ein Stüpfchen und ein Kreis.“

Oder unglaublich kühn:

„Ich auch bin Gottes Sohn, ich sitz an Seiner Hand:
Sein Geist, Sein Fleisch und Blut ist Ihm an mir bekannt.
Gott ist in mir das Feu’r und ich in Ihm der Schein;
Sind wir einander nicht ganz inniglich gemein?“[17]

Keine Frage, diese Zeilen zeugen genauso von Inspiration und mystischer Erfahrung wie von barockem Überschwang, ja Exaltiertheit. Als seine Texte vom lutherischen Hofprediger zensiert wurden, „konvertierte" er zur katholischen Kirche und nannte sich fortan Angelus Silesius. Dieser Schritt war aber nur der Abschluß eines längeren inneren Prozesses. Vier Jahre nach seiner Konversion verdichtete er diese Erfahrungen in dem Lied „Ich will dich lieben, meine Stärke", wo er sagt (dritte Strophe):

„Ach, daß ich dich so spät erkannte,
du hochgelobte Schönheit du,
daß ich nicht eher mein dich nannte,
du höchstes Gut, du wahre Ruh;
es ist mir leid, ich bin betrübt,
daß ich so spät geliebt."[18]

Er studierte katholische Theologie und wurde mit 36 Jahren Priester. Gegen die lutherischen Theologen, die ihn scharf angriffen, verteidigte er seinen Konfessionswechsel und veröffentlichte viele kontroverstheologische Schriften. Noch nicht 53jährig starb er.

Hier noch ein Beispiel aus dem „Cherubinischen Wandersmann":

„Halt an, wo läufst du hin, der Himmel ist in dir;
Suchst du Gott anderswo, du fehlst Ihn für und für!"

Und zum Schluß heißt es eindringlich:

„Freund, es ist auch genug. Im Fall du mehr willst lesen,
So geh und werde selbst die Schrift und selbst das Wesen!"[19]

XVII. Den Glauben leben und „tun“: Pietismus

„Es ist jetzt stadtbekannt der Nam' der Pietisten.
Was ist ein Pietist? Der Gottes Wort studiert
Und nach demselben auch ein heilig Leben führt.“

„Ich habe jüngst gedacht der hiesgen Pietisten,
Und zwar im Grundverstand und sonder Ketzerey.
Und wo ist Ketzerey? Der Nam' ist auch nicht neu,
Und brauchbar, wie man nennt von Jure die Juristen:
Ich selbsten will hiemit gestehen ohne Scheu,
Daß ich ein Pietist ohn' Schmeich' und Heuchelei sey.“[1]

Durch diese zwei Gedichte aus dem Jahr 1689, verfaßt von J. Feller, Professor für Poesie in Leipzig, wurde der Name Pietisten bekannt, und zwar als Bezeichnung für die Anhänger einer im ausgehenden 17. Jahrhundert sich schnell ausdehnenden großen Frömmigkeitsbewegung, die den deutschen Protestantismus zwischen 1690 und 1730 stark prägte. Der deutsche Pietismus ist freilich ein Teil einer großen interkonfessionellen Bewegung, die nach den tiefgreifenden politischen Umwälzungen (Dreißigjähriger Krieg) sowie einer gewissen Erstarrung des offiziellen Kirchentums im 17. Jahrhundert mehr und mehr an Einfluß gewann. Parallelerscheinungen sind z.B. der englische Puritanismus und – auf katholischer Seite – mystische Erneuerungsbewegungen. Er hat eine Nachgeschichte, die bis in unser Jahrhundert reicht.

Der Pietismus betonte die *praktische* Frömmigkeit. Wichtig war ihm, daß der Glaube *Frucht* bringt. War das zentrale theologische Stichwort der Reformation die Rechtfertigung gewesen, so das des Pietismus die *Wiedergeburt*. Damit wollte man nicht zuletzt den tiefen Wandel herausstellen, der eintritt, wenn ein Mensch zum Glauben kommt. In manchen pietistischen Kreisen spielten und spielen Tag und Stunde der „Bekehrung“ eine zentrale Rolle. Vielfach erwartete der Pietismus die Wiederkunft Christi in naher Zukunft.

Der Hauptgegner des frühen Pietismus war die Orthodoxie (s.o. S. 223; 233ff). Ihr warf der Pietismus vor, daß sie vor allem an der reinen Lehre interessiert sei und gegen Katholiken und Reformierte bzw. Lutheraner polemisiere. Sie stelle den Glauben über die Liebe und verstoße so gegen Jesu Hochschätzung der Liebe und gegen das Hohelied der Liebe, wie es Paulus im 1. Korintherbrief, Kap. 13, verfaßt hat.

Der Vorwurf gegen die „tote“ Orthodoxie war freilich viel zu pauschal und ließ die Reformen, die die Orthodoxie teilweise in die Wege geleitet hatte und an die der Pietismus anknüpfen konnte, weitgehend außer acht.

Der Pietismus verstand sich vielfach als Vollendung der Reformation. Genauere Untersuchungen zeigen, daß es zwischen Luther und dem Pietismus bezeichnende Unterschiede gibt. Auch für Luther gehörten zwar Glaube und gute Werke zusammen, doch: „Die Früchte des Glaubens wurden für die Pietisten wichtiger als ihr Ursprung, der Glaube, an dem Luther alles gelegen war.“[2] Auch gingen die Pietisten mit dem wiedergeborenen Menschen gleichsam wie mit einer festen Größe um. Für Luther blieb es beim Kampf zwischen dem „alten“ und dem „neuen“ Menschen; die Anfechtung gehört zum Christsein dazu.

Der Pietismus verzichtete auf konfessionalistische Abgrenzungen. Ihm kam es auf den gelebten Glauben an. Das machte ihn offen für ökumenische Bestrebungen.

Philipp Jakob Spener

Als eigentlicher Begründer des Pietismus auf lutherischem Boden kann man den elsässischen Theologen Philipp Jakob Spener (1635-1705) ansehen. Er studierte Theologie in Straßburg. Die dortige Theologische Fakultät war vom Geist einer weltweiten und ökumenischen Orthodoxie geprägt, die offen für die Forderung der Kirchenreform war. Spener wurde schon im Alter von 31 Jahren Senior der evangelisch-lutherischen Pfarrerschaft in Frankfurt.

20 Jahre lang betätigte er sich dort intensiv im Gemeindeaufbau. Er förderte die Jugendunterweisung. Zum Katechismusunterricht am Sonntagnachmittag kam nicht nur die Jugend, sondern immer mehr erschienen auch Erwachsene. In seinen Auslegungen begegnen

Der Kupferstich zeigt Philipp Jakob Spener als Senior (= Oberpfarrer) in Frankfurt.

die pietistischen Grundanliegen wie das der Wiedergeburt und des lebendigen Glaubens, den man an seinen Früchten erkennen kann. Er bürgerte die *Konfirmation*, die in Hessen-Kassel schon seit der Reformationszeit als Abschluß des Katechismusunterrichts geübt wurde, in Frankfurt ein und empfahl sie weiter. Er trat für die Armenfürsorge ein und gründete ein Armen-, Waisen- und Arbeitshaus. Er bemühte sich um ein neues Verhältnis zu der in Frankfurt besonders zahlreich vertretenen Judenschaft. Für Spener war die Verheißung des Paulus von der endzeitlichen Rettung der Juden nicht durch die urchristliche Judenmission erfüllt wie für die lutherischen Theologen seiner Zeit. Die Erfüllung stand vielmehr noch aus. Daraus ergab sich die Aufgabe der Christen zur Judenmission. Andererseits warb Spener für Respekt vor der besonderen Eigenart des Judentums und ließ sich hier vom Gesichtspunkt der Gewissensfreiheit leiten.

1675 veröffentlichte Spener seine Vorschläge zur Kirchenreform, zunächst als Vorwort einer Neuausgabe eines bekannten Andachtsbuches, dann als eigenständige Schrift mit dem Titel „Pia desideria, oder herzliches Verlangen nach gottgefälliger Besserung der wahren evangelischen Kirchen". Sie wurde zur Programmschrift des Pietismus. Im 3. Teil machte er folgende Vorschläge zur Kirchenreform:

„Vorschläge, durch welche dem verderbten Zustande der evangelischen Kirche abzuhelfen wäre.

Erster Vorschlag. – Das Wort Gottes reichlich unter uns bringen: 1. Mit fleißigem Lesen der Schrift selbst. 2. Zu gewissen Zeiten sollten in öffentlicher Gemeinde die biblischen Bücher nacheinander, ohne weitere Erklärung verlesen werden. 3. Sollte auch vielleicht dienlich sein, wenn wir wiederum die alte apostolische Art der Kirchenversammlungen in Gang brächten, nach welcher neben unsern gewöhnlichen Predigten auch andere Versammlungen gehalten wurden, wo nicht einer allein auftritt, zu lehren, sondern auch andere, welche mit Gaben und Erkenntnis begnadet sind – jedoch ohne Unordnung und Zanken – mit dazu reden und ihre gottseligen Gedanken über die vorgelegten Materien vortragen, während die übrigen darüber richten.

Zweiter Vorschlag. – Die Aufrichtung und fleißige Übung des geistlichen Priestertums. Im Papsttum hat man alle geistlichen Ämter allein der Klerisei überwiesen, die sich daher auch hochmütigerweise allein den Namen der ‚Geistlichen', der tatsächlich allen Christen gemein ist, zugemessen hat. Aber nach Luther ist jeder Christ befugt und gehalten, in dem Worte des Herrn emsig zu studieren, andere, besonders seine Hausgenossen, nach der Gnade, die ihm gegeben ist, zu lehren, zu strafen, zu ermahnen, zu bekehren, zu erbauen, ihr Leben zu beobachten, für alle zu beten und für ihre Seligkeit nach Möglichkeit zu sorgen.

Dritter Vorschlag. – Den Leuten fleißig einzuprägen, das Christentum bestehe nicht im Wissen, sondern in der Tat. Es wäre den Leuten nicht nur fleißig zu sagen von der Vortrefflichkeit der Nächstenliebe und der großen Gefahr der Eigenliebe, sondern sie wären auch in der Liebe zu üben, indem man sie gewöhnt, nicht leicht eine Gelegenheit außer acht zu lassen, bei welcher sie dem Nächsten eine Liebestat erweisen könnten.

Vierter Vorschlag. – Verhalten in Religionsstreitigkeiten. Den Ungläubigen und Falschgläubigen schulden wir 1. eifriges Gebet, daß Gott sie erleuchte; 2. gutes Exempel, daß wir ihnen kein Ärgernis geben; 3. bescheidene und nachdrückliche Vorstellung der Wahrheit, die wir bekennen, nebst ebenso kräftiger wie ruhiger Widerlegung ihrer Irrtümer ohne fleischliche und unziemliche Leidenschaft; 4. die Übung herzlicher Liebe, da der rechtmäßige Haß einer falschen Religion die der Person schuldige Liebe weder aufheben noch schwächen soll; 5. daß wir nicht alles allein auf das Disputieren setzen, da a) nicht alles Disputieren nützlich und gut ist, sondern oft mit fleischlichem Eifer und Ehrgeiz geschieht und b) auch das rechte Disputieren nicht das einzige Mittel zur Erhaltung der Wahrheit ist, sondern die heilige Liebe zu Gott mit den Früchten eines würdigen Wandels."[3]

Spener wurde zum führenden Theologen der evangelisch-lutherischen Kirche Deutschlands. 1686 wurde er Oberhofprediger in Dresden, schied aber schon nach fünf Jahren aus dem Amt. Sein vornehmstes Beichtkind, der sächsische Kurfürst Johann Georg III. (1680-1691), entzog sich bewußt den seelsorgerlichen Ratschlägen seines Oberhofpredigers. 1691 wurde Spener Propst an der Berliner Nicolaikirche, an der vor ihm Paul Gerhardt gewirkt hatte. Als er starb, hatten seine „Pia desideria" weite Verbreitung in Deutschland gefunden.

August Hermann Francke und der hallische Pietismus

In Dresden lernte Spener August Hermann Francke (1663-1727) kennen, der damals in Leipzig studierte. Mit ihm tritt die zweite Generation des lutherischen Pietismus auf den Plan. Das entscheidende Datum in der Entwicklung Franckes wurde das Jahr 1687. Bei der Vorbereitung einer Predigt über Johannes 20,31 geriet er in die tiefste Verzweiflung. Nicht an der Gerechtigkeit Gottes wurde er irre wie Luther; er bezweifelte wie viele damals in der beginnenden Aufklärung die Existenz Gottes und die Bibel als Gottes Wort. In der Nacht seiner Bekehrung stieß Francke durch zur Gewißheit, daß es einen lebendigen Gott gebe und daß dieser Gott sein Vater sei. „Er hatte die Wiedergeburt, die Mitte des pietistischen Denkens und Trachtens, an sich selbst in voller Kraft erfahren und dankte Gott auf den Knien wie noch nie zuvor in seinem Leben."[4] Auch wenn Francke seine Bekehrungserfahrung nicht zur Norm machte, so ging er doch von der *Bekehrung* als Voraussetzung wahren Christseins aus. 1692 wurde er Pfarrer in Glaucha bei Halle und zugleich Professor für orientalische Sprachen an der Universität Halle. Franckes große Schöpfung wurde das Waisenhaus in Halle. Es begann mit einer Schule für arme Kinder in seinem Pfarrhaus, die von Studenten der Universität unterrichtet wurden. Bei Franckes Tod 1727 zählte das Waisenhaus 2234 Kinder. Davon waren nur noch 137 Kinder Waisen. Viele vermögende, vornehme Eltern schickten ihre Kinder nach Halle. Dem Waisenhaus gliederten sich mit der Zeit eine Druckerei, eine Apotheke und eine Bibelanstalt, heute die v. Cansteinsche Bibelanstalt, an.

Von Halle gingen weltweite Wirkungen aus. 1706 begannen die jungen Theologen Bartholomäus Ziegenbalg und Johann Heinrich Plützschau die Missionsarbeit der deutschen evangelischen Kirchen, und zwar in dem südindischen Tranquebar.(s.o. S. 215ff)

Francke sah in der staunenerregenden Entwicklung des Waisenhauses „einen zeitgemäßen Gottesbeweis"[5]. Sein weitverbreiteter Bericht über die Arbeit in Halle erschien 1709 unter dem Titel: „Segensvolle Fußstapfen des noch lebenden und waltenden liebreichen und getreuen Gottes zur Beschämung des Unglaubens und Stärkung des Glaubens entdecket durch eine wahrhaffte und umständliche Nachricht von dem Wäysen-Hause und übrigen Anstalten zu Glaucha vor Halle"[6].

Francke gebührt ein wichtiger Platz in der Geschichte der *Pädagogik*. Unter seinem Einfluß wurde in Preußen die allgemeine Schulpflicht eingeführt. In Halle versuchte er die fortschrittlichsten schulischen Ideen seiner Zeit zu verwirklichen. Im Unterricht wurden die „Realien" betont. Halle hatte die erste Schulsternwarte, eine Lehrmittelsammlung, eine

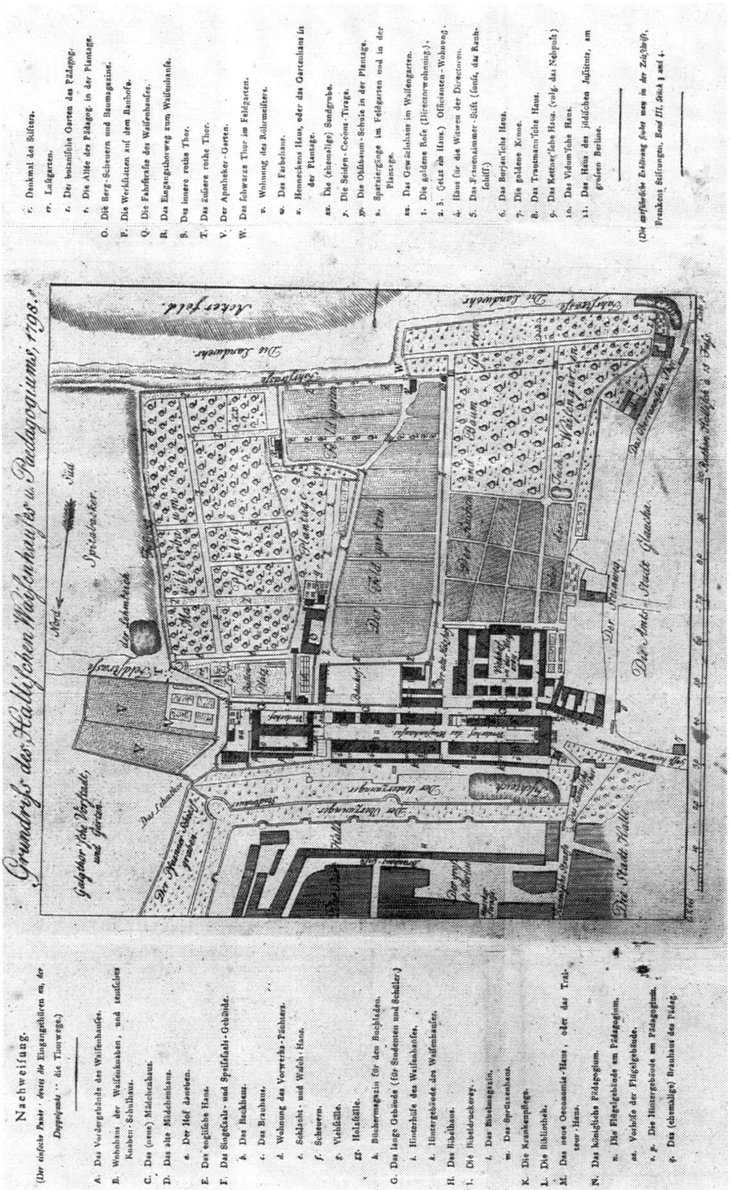

Die hallischen Anstalten 1798

mechanische Werkstatt und einen botanischen Garten. Die Schüler erhielten Werkunterricht und sollten viel Bewegung haben. Die Erziehungsmethoden waren streng. Doch wurde das hemmungslose Prügeln, das bis ins 19. Jahrhundert im Schulwesen durchaus üblich war, in Halle unterbunden. Francke forderte, daß bei der Erziehung stets die kindliche Wesensart berücksichtigt werde. Auf ihn geht freilich auch der Vorschlag zurück, in der Erziehung den Eigenwillen des Kindes zu brechen. Durch eine solche – in unseren Augen untaugliche – Erziehungsmethode hoffte er, eine Erziehung zu Selbstsucht und Eigennutz verhindern zu können. Im Mittelpunkt des Unterrichts stand auch bei Francke der Religionsunterricht.

Theologisch betonte Francke wie schon Spener die Lebendigkeit des Glaubens in den guten Werken. Mit dem Leben des Wiedergeborenen verbindet sich ein asketisches Ethos. Mitteldinge zwischen gut und böse, die man unbeschwert genießen kann, gibt es für einen Christen nicht. Vor allem die Francke nachrückende Generation vertrat die Anschauung, „daß Scherz, Tanz, Spiel und Theater wie der Genuß geistiger Getränke an sich Sünde sei, als ob darin zu erkennen wäre, ob jemand bekehrt sei oder nicht“[7]. Diese Haltung wirkte im Pietismus weiter.

Nikolaus Ludwig Graf von Zinzendorf und die Herrnhuter Brüdergemeine

Zinzendorf (1700-1760) war Schüler im Waisenhaus in Halle. Dort erhielt er auch Impulse für sein großes Lebenswerk, die Gründung der Herrnhuter Brüdergemeine. Auf einer Europareise 1719 wurde er stark von einem Bild des gekreuzigten Christus angesprochen mit der Unterschrift: „Das erlitt ich für dich, was tatest Du für mich?“[8] Auf dieser Reise besuchte er auch Gottesdienste der verschiedensten christlichen Konfessionen und begegnete dem katholischen Erzbischof von Paris. Dies weitete seinen ökumenischen Horizont. 1722 baten mährische Brüder auf der Flucht vor der Gegenreformation um Aufnahme auf seinen Besitzungen in Berthelsdorf (Oberlausitz). Zinzendorf nahm sie auf. Er formte aus dieser Gemeinschaft die Herrnhuter Brüdergemeine. Sie sollten als eine urchristliche Gemeinschaft gleichsam ein Mahnruf für die gesamte Christenheit sein.

Zinzendorfs theologisches Denken kreiste vor allem um den 2. Artikel des Glaubensbekenntnisses, um die Lehre von Christus und der Erlösung durch ihn. Zinzendorf sprach sich dafür aus – und dies wohl auch kritisch gegenüber dem übergroßen Ernst hallischer Frömmigkeit –,

Der Kupferstich von 1757 zeigt die Ostermorgenfeier auf dem Gottesacker in Herrnhut. Der Brauch wurde aus der Ostkirche übernommen. Man gedachte dabei der verstorbenen Brüder und Schwestern.

daß die erfahrene Erlösung bei den Christen sichtbarer werden müßte, denn: „Das hat die Atheisten in der Welt gemacht: nicht so sehr die Streitigkeiten über die Schrift, als daß so viel darin steht von Seligkeit, die Jesus seiner Gemeinde erworben hat, und doch man niemanden hat entdecken können, der diese Seligkeit besitzt."[9]

In Herrnhut pflegte man den Brauch, ein Bibelwort oder einen Liedvers als *Losung* für den Tag auszugeben. Seit 1731 werden sie – bis heute – für ein Jahr im voraus gedruckt. Sie wurden in manchen Jahren „ausgelost".

Glieder der Herrnhuter Brüdergemeine bauten eine blühende Missionsarbeit, z.B. in Nordamerika, auf. Mit der Herrnhuter Brüdergemeine „entstand die erste Freikirche auf europäischem und amerikanischem Boden, die eindeutig missionarisch und diakonisch wie im ökumenischen Geist tätig war"[10].

Der württembergische Pietismus

„Keine Landschaft Deutschlands ist so tief und bleibend in ihrem geistigen Gepräge durch den Pietismus bestimmt worden wie Württemberg."[11] Württemberg hatte im 17. Jahrhundert nicht nur unter den Folgen des Dreißigjährigen Krieges zu leiden. Auch die französischen Raubkriege am Ende des 17. Jahrhunderts verwüsteten das Land und forderten viele Menschenleben. Dagegen stand der ausschweifende Stil

Herrnhuter Losung von 1731. Das Herrnhuter Losungsbuch, das für jeden Tag Losung, Lehrtext und Lied- bzw. Gebetsvers bringt, stellt bis zur Gegenwart das bedeutendste Andachtsbuch der evangelischen Christenheit dar.

des württembergischen Herzogs Eberhard Ludwig. Es kam zu immer stärkeren Differenzen zwischen dem Herzogshof und der alten, früher tonangebenden bürgerlichen Schicht, der sogenannten „Ehrbarkeit", zu der auch die Theologenschaft gehörte. Man deutete die Verwüstungen des Landes vielfach als Strafgericht Gottes über die Unbußfertigkeit des württembergischen Volkes und seines Herzogshauses. Es bahnte sich eine Bundesgenossenschaft zwischen der Ehrbarkeit und dem Pietismus von Spener an, der Württemberg 1662 besucht hatte. Beide suchten eine christliche Erneuerung des gesamten Kirchenvolkes wie des einzelnen Christen. Die Voraussetzungen für den Pietismus waren in Württemberg recht günstig. Man hat nachgewiesen, daß der Pietismus sich vor allem in solchen Gebieten ausbreitete, die in der Reformationszeit von den Täufern geprägt waren (s.o. S. 193f). Und zwischen den Pietisten und den Täufern gab es durchaus gemeinsame Züge wie ein ausgeprägter Biblizismus und ein hohes christliches Ethos. Lange vor Spener gab es auch in Württemberg Persönlichkeiten, die in seinem Sinne wirkten, wie etwa Johann Valentin Andreae (1586-1654). Dieser vielseitig gebildete Theologe hatte in seinen Schriften zum intensiven Lesen der Bibel und zur praktischen Liebestätigkeit aufgerufen. Er hatte Landesgesetze angeregt, die die allgemeine Sittlichkeit fördern sollten. So wurde eine strenge Sonntagsheiligung angeordnet und die Möglichkeit des Tanzens rigoros begrenzt.

Der Pietismus fand in Württemberg rasch Eingang. Reformen wurden in die Wege geleitet. Bibelauslegung sollte bei der Theologenausbildung an die erste Stelle treten; betont wurde auch die Verbindung von Theologie und gelebtem Glauben. Schwierigkeiten gab es freilich mit einzelnen Gruppen und Kreisen, sog. Separatisten, die die „Amtskirche“ ablehnten und deshalb aus der Landeskirche hinausdrängten. Die Kirchenleitung versuchte, eine mittlere Linie zu steuern: einmal die Anliegen des Pietismus zu retten, zum anderen den Auswüchsen entgegenzuwirken. Diese Tendenz zeigt auch das berühmte „Generalreskript betreffend die Privaterbauungsversammlungen der Pietisten“ von 1743. Darin wurden neben dem öffentlichen Gottesdienst der Gemeinde freiwillige pietistische Konventikel unter der Aufsicht des Pfarrers erlaubt. Seitdem ist die Privaterbauungsstunde, kurz „d’Stond“ genannt, Teil des Lebens der Landeskirche. Die Landeskirche als ganze hatte sich damit dem Pietismus geöffnet.

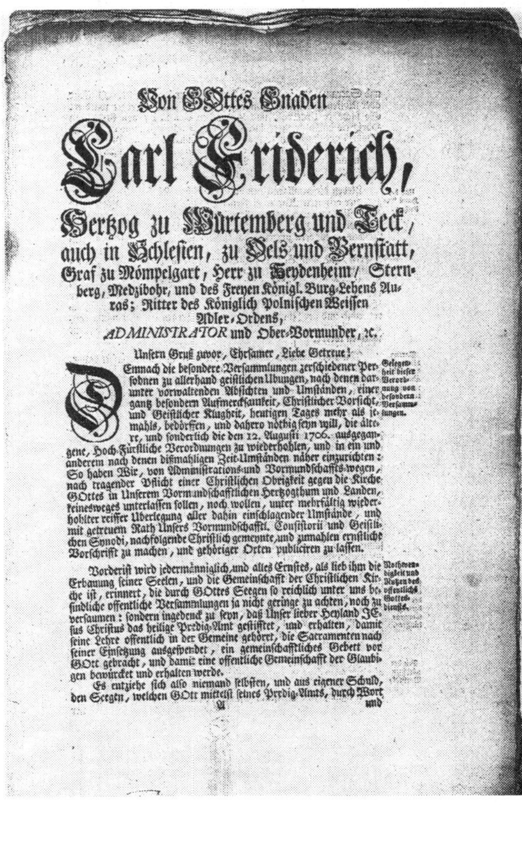

Von GOttes Gnaden

Carl Friderich,

Hertzog zu Würtemberg und Teck, auch in Schlesien, zu Oels und Bernstatt, Graf zu Mömpelgart, Herr zu Heydenheim, Sternberg, Medzibohr, und des Freyen Königl. Burg-Lehens Auras; Ritter des Königlich Polnischen Weissen Adler-Ordens, ADMINISTRATOR und Ober-Vormunder, rc.

Unsern Gruß zuvor, Ehrsamer, Liebe Getreue!

Demnach die besondere Versammlungen zerschiedener Persohnen zu allerhand geistlichen Ubungen, nach denen darunter vorwaltenden Absichten und Umständen, einer gantz besondern Aufmercksamkeit, Christlicher Vorsicht, und Geistlicher Klugheit, heutigen Tages mehr als jemahls, bedörffen, und dahero nöthig seyn will, die ältere, und sonderlich die den 12. Augusti 1706. ausgegangene, Hoch-Fürstliche Verordnungen zu wiederhohlen, und in ein und anderem nach denen dißmahligen Zeit-Umständen näher einzurichten: So haben Wir, von Administrations- und Vormundschaffts-wegen, nach tragender Pflicht einer Christlichen Obrigkeit gegen die Kirche GOttes in Unserem Vormundschafftlichen Hertzogthum und Landen, keineswegs unterlassen sollen, noch wollen, unter mehrfältig wiederhohlter reiffer Uberlegung aller dahin einschlagender Umstände, und mit getreuem Rath Unsers Vormundschafftl. Consistorii und Geistlichen Synodi, nachfolgende Christlich gemeynte, und zumahlen ernstliche Vorschrifft zu machen, und gehöriger Orten publiciren zu lassen.

Gelegenheit dieser Verordnung von besondern Versammlungen.

Vorderist wird jedermänniglich, und alles Ernstes, als lieb ihm die Erbauung seiner Seelen, und die Gemeinschafft der Christlichen Kirche ist, erinnert, die durch GOttes Seegen so reichlich unter uns befindliche offentliche Versammlungen ja nicht geringe zu achten, noch zu versaumen: sondern ingedenck zu seyn, daß Unser lieber Heyland JEsus Christus das heilige Predig-Amt gestifftet, und erhalten, damit seine Lehre offentlich in der Gemeine gehöret, die Sacramenten nach seiner Einsetzung ausgespendet, ein gemeinschafftliches Gebett vor GOtt gebracht, und damit eine offentliche Gemeinschafft der Glaubigen bewürcket und erhalten werde.

Nothwendigkeit und Nutzen des offentlichen Gottesdiensts.

Es entziehe sich also niemand selbsten, und aus eigener Schuld, den Seegen, welchen GOtt mittelst seines Predig-Amts, durch Wort

A

und

Erste Seite des Generalreskripts von 1743, mit dem die „Obrigkeit“ in Württemberg die „Privaterbauungsversammlungen der Pietisten“ erlaubt

Zur Förderung des Pietismus trug auch bei, daß eine ganze Reihe bedeutender Persönlichkeiten im Württemberg des 18. Jahrhunderts den Pietismus glaubwürdig vertraten. Als eigentlichen „Vater des württembergischen Pietismus“ hat man Johann Albrecht Bengel, den Klosterpräzeptor von Denkendorf und späteren Stuttgarter Prälaten, bezeichnet. Seine Bibelerklärung, der sog. „Gnomon Novi Testamenti“ (= Wegweiser in das Neue Testament) wird noch heute von Theologen mit Gewinn gelesen. „Der stille, sorgfältige Bibelgelehrte“[12] wirkte weit über seine Landeskirche hinaus. Recht problematisch waren freilich gewisse Folgen von Bengels lebenslanger Bemühung um das Verständnis der Offenbarung des Johannes. Aufgrund biblischer Auslegung und mathematischer Berechnung bestimmte er den 18. Juni 1836 als Tag des Anbruchs des tausendjährigen Reichs (Offb 20,5). Diese „Fehlleistung, resultierend aus einer nicht zu beschönigenden unkritischen und teilweise spekulativen Schrifttheologie“[13], veranlaßte im 19. Jahrhundert manchen frommen Christen zur Auswanderung in den Osten und später auch nach Palästina.

Im Laufe des 19. Jahrhunderts bildeten sich dann im württembergischen Pietismus festere Gemeinschaften heraus, die sich bis zur Gegenwart erhalten haben, z.B. Altpietisten, die Hahn'sche Gemeinschaft und die Pregizerianer. Glieder dieser Gemeinschaften kommen in den einzelnen Kirchengemeinden – oft am Sonntagnachmittag – zur „Stunde“ zusammen. Im Mittelpunkt steht dabei die Auslegung der Bibel, meist durch Laien.

Der Pietismus hatte in Württemberg auch bedeutende gesellschaftlich-ökonomische Wirkungen. Er relativierte die sozialen Schranken und vermittelte auch den Unterschichten ein größeres Selbstwertgefühl: In der Stunde waren es vor allem Laien, die das Wort ergriffen. Die pietistische Ethik betonte vor allem Fleiß, Gewissenhaftigkeit und Sparsamkeit. Das trug dazu bei, daß in Württemberg „in den bürgerlichen und bäuerlichen Schichten ein Potential an strebsamen und selbstbewußten Bürgern“ geschaffen wurde[14].

Nachwirkungen

Zur Zeit des Todes von Francke 1727 hatte der Pietismus den Höhepunkt seiner Breitenwirkung in Deutschland erlebt. Seine Wirksamkeit hörte damit freilich nicht auf. Immer neue Bewegungen vertraten und vertreten die Anliegen des Pietismus, so etwa die im 18./19. Jahrhundert die Kirchen Nordamerikas und Europas beeinflussende Erweckungs-

Lithographie „Der breite und der schmale Weg“ (vgl. Mt 7, 13f) der Stuttgarter Kaufmannsfrau Charlotte Reihlen von 1866. Das in Württemberg weit verbreitete Bild ist repräsentativ für den württembergischen Pietismus des 19. Jahrhunderts.

bewegung und der stark von Amerika bestimmte Neupietismus des 19./20. Jahrhunderts. Erweckung zu persönlichem Glauben stand im Mittelpunkt der Erweckungsbewegung. Starke Impulse gingen von dieser Bewegung aus in Richtung Äußere Mission und Bibelverbreitung, aber auch in Richtung Schärfung der Gewissen für die soziale Verantwortung der Christen. Die „Innere Mission“ hat ihren Wurzelgrund in der Erweckungsbewegung (s.u. S. 292f).

Als Gegner sah man im neueren Pietismus nicht mehr die theologisch-kirchliche Orthodoxie, sondern die „moderne“ Theologie, die das Anliegen des christlichen Glaubens angesichts der Herausforderung durch die Aufklärung (s.u. S. 251ff) zu formulieren suchte. Durch diesen Frontenwechsel „wurde der ursprünglich revolutionäre Pietismus zu einem konservativen Element innerhalb der Kirche. Er verengte sich häufig zum Kreise der Stillen im Lande, so daß die alte Stoßkraft zurücktrat oder ganz verlorenging“[15]. Trotzdem trägt der Pietismus auch heute noch mit seiner Treue zur Bibel und seinem Engagement viel zur Lebendigkeit in den Gemeinden bei.

XVIII. Glaube im Licht der Vernunft

Am Anfang des Jahrhunderts der Aufklärung schrieb Daniel Defoe das Buch „Leben und wunderbare Abenteuer des Robinson Crusoe, Seemanns aus York“ (1719) – das Buch wurde eine europäische Sensation. In ihm wird erzählt, wie Robinson sich gegen widrige Umstände behauptet und die Wildnis zivilisiert: *Selbst ist der Mensch!* – Die *Autonomie* des Menschen und diese als Maß aller Dinge war das neue, geschichtswirksame Thema der Aufklärung.

Gegen Endes des Jahrhunderts beantwortete der preußische Philosoph Immanuel Kant (1724-1804) die Frage nach dem Wesen der Aufklärung sozusagen abschließend:

„Aufklärung ist der Ausgang des Menschen aus seiner selbst verschuldeten Unmündigkeit. Unmündigkeit ist das Unvermögen, sich seines Verstandes ohne Leitung eines anderen zu bedienen. Selbstverschuldet ist diese Unmündigkeit, wenn die Ursache derselben nicht am Mangel des Verstandes, sondern der Entschließung und des Muthes liegt, sich seiner ohne Leitung eines andern zu bedienen. Sapere aude! Habe Muth dich deines eigenen Verstandes zu bedienen! ist also der Wahlspruch der Aufklärung.“

Am Schluß fragt Kant dann noch: „Leben wir jetzt in einem *aufgeklärten Zeitalter*? Die Antwort ist: Nein, aber wohl in einem *Zeitalter der Aufklärung*. Daß die Menschen, wie die Sachen jetzt stehen, im ganzen genommen, schon imstande wären, oder darin auch nur gesetzt werden könnten, in Religionsdingen sich ihres eigenen Verstandes ohne Leitung eines andern sicher und gut zu bedienen, daran fehlt noch sehr viel. Allein daß jetzt ihnen doch das Feld geöffnet wird, sich dahin frei zu bearbeiten, und die Hindernisse der allgemeinen Aufklärung oder des Ausganges aus ihrer selbstverschuldeten Unmündigkeit allmählich weniger werden, davon haben wir doch deutliche Anzeichen. In diesem Betracht ist dieses Zeitalter das Zeitalter der Aufklärung oder das Jahrhundert Friedrichs [des Großen] …“[1]

Auf dieselbe Preisfrage der Preußischen Akademie der Wissenschaften antwortete ebenfalls im Jahr 1784 der jüdische Philosoph Moses Mendelssohn (1729-1786): „Die Worte Aufklärung, Kultur, Bildung sind in unserer Sprache noch neue Ankömmlinge. Sie gehören vor der Hand bloß zur Büchersprache. Der gemeine Haufe versteht sie kaum.“[2]

Daß die Aufklärung aber doch allgemein die Menschen prägte, zeigt folgender Text, ebenfalls aus dem Jahr 1784, der ein einzigartiges

Zeitdokument darstellt. Aus der 1856 im Turm der Margarethenkirche zu Gotha gefundenen Gedächtnisurkunde:

„Unsere Tage füllten den glücklichsten Zeitraum des 18. Jahrhunderts. Kaiser, Könige, Fürsten steigen von ihrer gefürchteten Höhe menschenfreundlich herab, verachten Pracht und Schimmer, werden Väter, Freunde und Vertraute ihres Volkes. Die Religion zerreißt das Pfaffengewand und tritt in ihrer Göttlichkeit hervor. Aufklärung geht mit Riesenschritten. Tausende unserer Brüder und Schwestern, die in geheiligter Untätigkeit lebten, werden dem Staat geschenkt. Glaubenshaß und Gewissenszwang sinken dahin, Menschenliebe und Freiheit im Denken gewinnen die Oberhand. Künste und Wissenschaften blühen, und tief dringen unsere Blicke in die Werkstatt der Natur. Handwerker nähern sich gleich den Künstlern ihrer Vollkommenheit, nützliche Kenntnisse keimen in allen Ständen. Hier habt ihr eine getreue Schilderung unserer Zeit. Blickt nicht stolz auf uns herab, wenn ihr höher steht und weiter seht als wir; erkennt vielmehr aus dem gegebenen Gemälde, wie sehr wir mit Mut und Kraft euren Standort emporhoben und stützten. Tut für eure Nachkommenschaft ein Gleiches und seid glücklich."[3]

Zumindest der Schlußsatz dieses Dokuments könnte auch aus der Gegenwart stammen: „Be happy!" Das „Streben nach Glück", wie es die amerikanische Unabhängigkeitserklärung von 1776 verbürgte, gehört sozusagen zu den selbstverständlichen Grundrechten des Menschen. Neben dem Lob der Zeit ist auffällig, daß der aufklärerische Prozeß nicht als abgeschlossen, sondern als erst begonnen angesehen wird. Nach dem Selbstverständnis der Aufklärer ist Aufklärung „kein fester Besitz, sondern eine Forderung, eine Aufgabe ohne Ende" (A. Köster). – Gotthold Ephraim Lessing (1729-1781) hat dieses Problem grundsätzlich gesehen. Für ihn gab es keine zeitlose Wahrheit, die man als Besitz ergreifen könnte; niemand könne über den „garstigen Graben" der Geschichte springen. Er schreibt in seiner „Duplik" (= Gegenantwort):

„Wenn Gott in seiner Rechten alle Wahrheit, und in seiner Linken den einzigen immer regen Trieb nach Wahrheit, obschon mit dem Zusatze, mich immer und ewig zu irren, verschlossen hielte, und spräche zu mir: wähle! Ich fiele ihm mit Demut in seine Linke, und sagte: Vater gib! Die reine Wahrheit ist ja doch nur für dich allein!"[4]

Der Name „*Aufklärung*" ist ein Programm: „(les) Lumières" (Frankreich), „Enlightenment" (England), „Illuminismo" (Italien). Diese Erleuchtung ist keine göttliche Erleuchtung von oben her (wie etwa die „illuminatio" Augustins), sondern eine *Selbst*erleuchtung durch das Licht der autonomen Vernunft, die sich gegen die herrschende Orthodoxie mit ihrer Betonung des Dogmas wandte. Hier gab es seltsamerweise Berührungspunkte zwischen Aufklärung und Pietismus: Letzterer setzte sich ebenfalls für „Toleranz“ ein und relativierte die Konfessionen; er betonte die Praxis („praxis pietatis“), schätzte die Erfahrung und legte Wert auf die Erziehung (Pädagogik). Typisch ist dafür vielleicht der Pietist Johann Christian Edelmann (1698-1767), der sich später mit seinem „Freimütigen abgenötigten, andern hinwiederum nicht aufgenötigten Glaubensbekenntnis“ (1746) dem Pantheismus näherte. Gut aufklärerisch übersetzte er den Anfang des Johannesevangeliums: „Im Anfang war die Vernunft“ (griech.: logos = Wort; vgl. Joh 1,1).

„Die Aufklärung“
Stich von Daniel Chodowiecki (1726-1801)

In der *Kirchengeschichte* ist die Aufklärung immer noch umstritten. Vor allem katholische Kirchenhistoriker argwöhnen teilweise, die Überbetonung der Vernunft habe die Religion entleert, wenn nicht gar aufgelöst. Dieser Vorwurf des *Rationalismus* ist wenig differenziert, schließlich versuchten die Aufklärer mit Hilfe eben dieser eigenen Vernunft, neue Wege in die Zukunft zu gehen, zum Beispiel bei der kritischen Bibelexegese. Und letztlich ging es auch dem aufgeklärten „Reformkatholizismus“ vor allem darum, „eine bessere Kirche und einen geläuterten Glauben zu schaffen“ (R. Reinhardt).

Im Protestantismus begann mit der Aufklärung die *historisch-kritische* Betrachtung des Christentums. Noch einmal wurde um die Theologie gestritten, vor allem um das richtige Verständnis der *Bibel*. Mitte der siebziger Jahre erschienen gleichzeitig zwei Schriften, die die bisherige Auslegung der Heiligen Schrift in Frage stellten, ja revolutionierten: Die Autoren galten mit Recht als „Neuerer“ (Neologen):

Johann Salomo Semler (1725-1791) unterschied zwischen öffentlicher und privater moralischer Religion. Für ihn war (nur) das *kanonisch* (= gültig), „was Christum treibet“ (so schon Martin Luther). Er brachte in der Theologie die historische Betrachtung zum Tragen, unterschied konsequent zwischen Schrift und Wort Gottes, zeigte die allmähliche Entstehung des biblischen Kanons auf und stellte die Verbalinspiration (= wörtliche Eingebung der Schrifttexte durch den Heiligen Geist) in Frage. Seine Hauptschrift *„Von freier Untersuchung des Kanons"* (1771-1775) war gegenüber der bisherigen Bibelerklärung ein schlichtweg revolutionäres Unternehmen. Darin wird u.a. festgestellt:

„1. Kanon heißt nichts weiter als ein Verzeichnis; und kanonische Bücher heißen solche, die in dem canone oder catalogo stehen.

2. Dieser Katalog rührt weder bei den Juden noch Christen von einem Urheber her, der aus göttlicher Eingebung die Bücher ... in ein solches Verzeichnis gebracht hätte. Der Kanon oder Katalog an sich ist also auch so wenig göttlich als der Kanon oder Katalog der verworfenen und ausgeschlossenen Bücher ...

3. Folglich ist dergleichen Katalog von Juden und Christen mit Gebrauch ihrer menschlichen Erkenntnis und nach den Absichten gemacht worden, daß diese Bücher den Grund von öffentlichem Unterricht im Judentum und Christentum abgeben sollten."[5]

Seit 1774 gab Lessing posthum Schriften des Hamburger Professors *Hermann Samuel Reimarus* (1694-1768) heraus. Dieser hatte 20 Jahre lang an seinem Lebenswerk gearbeitet, ohne es je zu veröffentlichen, der *„Apologie oder Schutzschrift für die vernünftigen Verehrer Gottes"*. Daraus veröffentlichte Lessing, damals Bibliothekar in Wolfenbüttel, sieben *„Fragmente eines Wolfenbüttelschen Ungenannten"*. Das letzte handelt *„Von dem Zwecke Jesu und seiner Jünger"* und gilt als Beginn der Leben-Jesu-Forschung. Nach Reimarus hätten die Jünger den Leichnam Jesu „weggeschafft":

„Es war ihnen ein leichtes, solche Entwendung des Körpers ins Werk zu richten. Er lag in Josephs Garten, in einem daranschließenden Felsen begraben; der Herr und der Gärtner litten, daß die Apostel bei Tage und Nacht das Grab besuchten ... Kurz, alle Umstände geben, sie haben dies Unternehmen in der Tat ausgeführt und nachmals zum Grundstein ihres neuen Lehrgebäudes gelegt. Es scheint wohl, daß sie damit nicht lange gesäumet, sondern den Leichnam bald nach vierundzwanzig Stunden, ehe er vollends in die Verwesung getreten, beiseite geschaffet haben, und daß sie, als dieses geschehen und kund worden, als voller Verwunderung und unwissend von irgendeiner Auferstehung, sich auch dahin begeben und die leere Stätte beschauet."

Nach einiger Zeit wären sie dann mit ihrer neuen Botschaft, Jesus habe sich ihnen gezeigt, sei zum Himmel gefahren und werde bald in Herrlichkeit wiederkommen, an die Öffentlichkeit getreten:

„Sie warteten damit ganze fünfzig Tage, um hernach, wenn es nicht mehr Zeit wäre, nach dem Körper zu forschen, oder von ihnen zu

„Courieuse oder sog. kleine Bilder-Bibel", Anfang des 18. Jh.

fordern, daß sie den auferstandenen Jesum öffentlich zeigen sollten, desto dreister zu sagen, daß sie ihn hier und da gesehen, daß er bei ihnen gewesen, mit ihnen gesprochen und gegessen hätte, und endlich von ihnen geschieden und gen Himmel gefahren sei, um bald herrlicher wiederzukommen."[6]

Reimarus unterschied also zwischen dem „Zweck" Jesu und dem seiner Jünger. Predigte dieser das Reich Gottes und scheiterte sozusagen am Kreuz, so hätten die Jünger ihre eigenen „Zwecke" verfolgt, Jesu Auferstehung propagiert und eine eigene Gemeinde gebildet. Später formulierte der „Vater des Modernismus", Alfred Loisy (1857-1940), dieses Problem kurz so: „Jesus verkündete das Reich Gottes – gekommen ist die Kirche."

Weit verbreitet wurden die Gedanken der Aufklärung durch die „Moralischen Wochenschriften", meist kurzlebige, aber vielgelesene Zeitschriften. So heißt es in der Wochenschrift „Der Patriot" von 1725, die Heilige Schrift erfordere geradezu die natürliche Moral und die Prüfung aller Dinge nach 1 Thess 5,21: „Prüft alles, und behaltet das Gute!" Nicht zuletzt wegen ihres pädagogischen Interesses und Engagements wurde die Aufklärung zur *Volksbewegung*. Optimistisch glaubten die Aufklärer, der Mensch könne und müsse zum Guten erzogen werden; wichtig waren ihnen dabei Tugenden wie Ordnung, Pünktlichkeit, Fleiß und Arbeitsamkeit. Daher legten sie großen Wert auf den Schulunterricht, in dem gern moralisiert wurde – die Geschichte vom zwölfjährigen Jesus im Tempel etwa diente als Beispiel und Vorbild für ordentliches Betragen in der Schule:

„Jesus ging gern in den Tempel, die Zeit wurde ihm nicht zu lang daselbst, er hörte, er fragte, er antwortete; seine Eltern fanden ihn in dem Tempel. Sehet die Schulen als Gotteshäuser an; denn sie sind es nicht weniger als die Kirchen, eure ganz eigenen Tempel, meine lieben jungen Christen, in denen man sich wie in den Kirchen nicht ohne große Versündigung und Schaden ... unehrerbietig, unachtsam, plauderhaft, ungesittet aufführen kann.“[7]

Besonders protestantische Pfarrer verstanden sich geradezu als Erzieher ihrer Gemeinden. Ein großes, auch eigentümliches Beispiel dafür gab Johann Friedrich Oberlin (1740-1826) im Elsaß: Von Haus aus Pietist, vermochte er in seinem Tun die Anliegen der Aufklärung praktisch-reformerisch umzusetzen. Dabei wurden ihm die konfessionellen Grenzen unwichtig, er nannte sich selbst gern einen evangelisch-katholischen Pfarrer. Nach der Französischen Revolution akzeptierte er die neuen Fakten vorbehaltlos und stellte sich seiner Gemeinde als „Bruder Redner“ vor. Alles, was der Zeitgeist an Neuem und Zukunftsverheißendem mit sich brachte, vermochte er in seiner Person zu integrieren; dabei war er keineswegs abgehoben von der Realität, vielmehr wirkte er immer lebenspraktisch und nützlich. Er kümmerte sich intensiv um die sozialen, desolaten Zustände, regte erfolgreich an, die Verkehrsverhältnisse zu verbessern, holte Spinnereien und Seidenfabriken ins Land, gründete landwirtschaftliche Vereine und Sparkassen. Für alle sichtbar und erfahrbar, zeitigte auf diese Weise der aufklärerische Geist die schönsten Früchte.

Johann Friedrich Oberlin

So *nützte* die „Bildung“ im weitesten Sinn des Wortes und verband bisher getrennte Gruppen, etwa Bürgertum und Adel. Aber es entstanden auch neue Gegensätze, denn häufig wurden Religion bzw. Kirchlichkeit als

Unbildung angesehen, Areligiosität bzw. Unkirchlichkeit dagegen als Zeichen der Bildung, vielleicht „der empfindlichste Schlag, den die Aufklärung dem kirchlichen Leben versetzt hat“ (P. Drews). Jedenfalls ergänzten und bedingten sich Glaube und Bildung nicht mehr ohne weiteres gegenseitig, vielmehr entstand seit der Aufklärung teilweise so etwas wie ein kirchliches Bildungsdefizit, besonders im katholischen Raum.

Die Kirche wird als *„Religions-Gesellschaft“* angesehen, ihre „Lehre“ vom Staat bestimmt und verwaltet; oft führten die Pfarrer in völliger Abhängigkeit vom Landesherrn ihr Amt. Für Preußen etwa wurde lapidar festgestellt:

„Der Landesherr setzt also die Lehrer, bestellt Aufseher usw., kurz er regiert diese ganze Gesellschaft ... Diese Lehrer, welche die Heilige Schrift den Leuten vortragen und erklären, werden, wie alle Welt weiß, von der Landesobrigkeit gesetzt, geprüft und in Ordnung gehalten.“[8]

Diese „Religionsgesellschaften“ finden sich noch in der Weimarer Verfassung von 1919; das Grundgesetz von 1949 übernimmt im Artikel 140 die Weimarer Bestimmungen über das Verhältnis von Kirche und Staat und spricht von „Religionsgemeinschaften“, nicht von „Kirchen“ (vgl. Artikel 7.3). – Beim Versuch, vom Staat her das kirchliche Leben zu reglementieren, tat sich katholischerseits vor allem der österreichische Kaiser Joseph II. (1780-1790) hervor, der aber letztlich mit seinen überstürzten Reformplänen scheiterte.

Darüber waren sich die Aufklärer in Deutschland einig: Die Religion hat dem Staat zu nützen. Am schönsten hat das Christoph Friedrich Ludewig in seinem Werk „Der Christ in der Welt“ (1768) ausgedrückt: *„Der wahre Christ ist der beste Bürger unter allen. Seine Religion ist die beste für den Staat. Durch sie schlafen die Regenten in Ruhe.“*[9]

Und der populäre Kirchenhistoriker Johann Matthias Schröckh (1733-1808), dessen protestantische Religionsgeschichte durch Kaiser Joseph II. offiziell in den katholischen Seminaren der österreichischen Lande eingeführt wurde (1784), vermerkte in seinem vielbändigen Werk, ganz im Sinne der Aufklärung, etwa über Luther: Dieser sei stets besorgt gewesen, daß „keine Unruhen im Staate ausbrechen möchten: und er würde nicht verdienen, der Reformator der Kirche zu heißen, wenn er anders gesinnt gewesen wäre“[10]. – Keine Frage, in der deutschen Aufklärung fehlen alle politisch-revolutionären Töne, „der Bürger ist und bleibt Untertan“ (F.W. Kantzenbach). Ein Grund dafür dürfte sein, daß die bürgerliche Aufklärung vom dekretierten „aufgeklärten“ Absolutismus überlagert wurde. So hat die Aufklärung in Deutschland die Untertanengesinnung des Bürgers nur noch verstärkt.

Der eigentliche Philosoph der Aufklärung war Christian Wolff (1679-1754) in Halle. In 67 Werken breitete er seine „Vernünftigen Gedanken" über Gott, die Welt und die Seele aus und erlangte größte Popularität:

„Da ich von Jugend auf eine große Neigung gegen das menschliche Geschlecht bei mir gespüret, so daß ich alle glückselig machen wollte, wenn es bei mir stünde: habe ich auch mir niemals etwas angelegener sein lassen, als alle meine Kräfte dahin anzuwenden, daß *Verstand* und *Tugend* unter den Menschen zunehmen möchten ... Aus diesem Triebe kommen auch gegenwärtige Gedanken von Gott, der Welt und der Seele des Menschen, auch allen Dingen überhaupt, an das Tageslicht und sollen nun in einer unverrückten Reihe nach und nach mit anderen begleitet werden, welche die Erkenntnis der *Glückseligkeit* des menschlichen Geschlechtes und der wunderbaren Werke Gottes in der Natur vor Augen legen."[11]

Nach Meinung vieler Zeitgenossen hatte Martin Luther als Morgenrot die Religion reformiert, Christian Wolff aber als Mittagssonne der Vernunft die Philosophie allgemein verständlich und zugänglich gemacht. Erst Immanuel Kant hat diese Art von Aufklärung *„auf-gehoben"*, „er war ihr Vollender und ihr Überwinder" (H.-J. Schoeps), er anerkannte die Herrschaft der Vernunft, zeigte aber auch ihre Grenzen auf.

Aufklärung, katholische Kirche und Französische Revolution

„Von hier und heute geht eine neue Epoche der Weltgeschichte aus, und ihr könnt sagen, ihr seid dabei gewesen."[12] Johann Wolfgang von Goethe hatte diese Zeilen in sein Tagebuch am 20. 9. 1792 geschrieben („Von Reisen und Kriegsfahrten: Kampagne in Frankreich 1792") anläßlich der eher unbedeutenden Kanonade von Valmy. Und doch hatte er die Zeichen der Zeit richtig erkannt und trefflich auf einen Nenner gebracht: Mit dem Jahr 1789 beginnt eine neue Zeit, und in dem erwähnten „Gefecht" wichen die Mächte der alten Ordnung vor den Revolutionsheeren zurück und gaben sich „geschlagen".

Zur Vorgeschichte: In der 59jährigen Regierungszeit des leichtlebigen Ludwigs XV. (1715-1774) war es in Frankreich zu keinen Reformen gekommen. 1774 wurde Ludwig XVI. König; auf ihn richteten sich große Hoffnungen, die aber schon bald enttäuscht wurden. Viele in den oberen Gesellschaftsschichten lebten nach dem Wort der Marquise von Pompadour: „Nach uns die Sintflut!" – ein Wort, das diese vielleicht prophetisch-vorausschauend gebraucht hatte. Zum luxuriösen Lebensstil des Hofes und des Adels, aber auch der hohen Geistlichkeit, stand die immense Staatsverschuldung in krassem Gegensatz. Die sozialen Spannungen verschärften sich durch höfische Skandale; dazu kamen in den Jahren vor 1789 Mißernten und Hungersnöte.

1784 wurde in Paris die Meisterkomödie „Der tolle Tag oder die Hochzeit des Figaro" von Beaumarchais uraufgeführt, die vier Jahre darauf von Mozart vertont wurde. Napoleon sagte später, im „Figaro" sei bereits die Revolution auf dem Marsch gewesen. Und es war schon etwas Revolutionäres, freilich noch im zauberischen, selbstironischen Spiel des Rokoko, wenn Figaro den berühmten Satz sprach: „Herr Graf ... was habt Ihr getan, um soviel zu besitzen? Ihr habt Euch die Mühe gegeben, geboren zu werden, und nichts weiter."[13] Begeistert applaudierte das Pariser Publikum – quer durch alle Stände.

Zeitgenössische Karikatur: Der Bauer trägt auf seinen Schultern die große Last des „ancien régime" = die privilegierten Stände von Klerus und Adel.

Ludwig XVI. war eher kindlichen Gemüts und den Realitäten in seinem Versailler Hofzeremoniell ziemlich entrückt. Am 14. Juli 1789 hatte er auf der Jagd nichts getroffen, und so schrieb er in sein Tagebuch: „Rien" (Nichts). Es war der Tag des „Sturms auf die Bastille", mit dem die Französische Revolution datiert wird. Vorbereitet wurden die spektakulären Ereignisse durch zahllose Flugschriften; die berühmteste stammte von Abbé Siéyès, dem Generalvikar des Bischofs von Chartres – ihr bekannter Titel:

„Was ist der dritte Stand? Alles.
Was besitzt er? Nichts.
(Was verlangt er? Etwas zu sein.)"

Für die Kirchengeschichte ist nicht so sehr der weitere, sich zunehmend radikalisierende Verlauf der Französischen Revolution wichtig, sondern die Frage, welche Rolle die Kirche dabei spielte. Die Antwort darauf muß differenzieren: einmal zwischen der Haltung von hoher und niederer Geistlichkeit, zum andern ist die jeweilige Etappe der Revolution zu orten. Die niederen Geistlichen solidarisierten sich weithin mit dem dritten Stand und wirkten an der neuen Entwicklung kräftig mit, während sich der höhere Klerus als eigener Stand mit dem Adel zumeist verweigerte und später teilweise emigrierte. Zunächst überwog der Patriotismus; nur so läßt es sich erklären, daß die Geistlichen auf ihre Standesprivilegien, ja – angesichts des drohenden Staatsbankrotts – sogar auf die Kirchengüter verzichteten. Parallel dazu verliefen innerkirchliche Reformüberlegungen: Insbesondere wollte man die „demokratische" Verfassung der Urkirche realisieren, also z.B. die Bischöfe durch das „Volk" wählen und dabei den Einfluß Roms und des französischen Adels ausschalten.

Nach der „Erklärung der Menschen- und Bürgerrechte" am 26. 8. 1789 (nach amerikanischem Vorbild) wurde am 12. 7. 1790 das „Staatsgesetz über die Geistlichkeit" beschlossen. Dieses Gesetz verpflichtete die Geistlichen zum Eid auf die Verfassung, machte sie praktisch zu Staatsbeamten – und spaltete den Klerus und das christliche Frankreich in zwei Lager.

Denkwürdig war das große *Föderationsfest* am 14. 7. 1790, bei dem sich noch einmal alle verbrüderten: Soldat und Mönch, Arbeiter und Dame usw. In Anwesenheit des ganzen königlichen Hofes feierte bei strömendem Regen der Bischof von Autun, Talleyrand, auf dem Altar des Vaterlands eine Messe, assistiert von 360 Priestern mit weiß-rot-blauen Schärpen. Ein Rausch der Versöhnung erfaßte alle. Als die Sonne durch die Wolken brach, hob die Königin den kleinen Dauphin vor der begeisterten Menge in die Höhe – alle Unterschiede und Gegensätze waren aufgehoben. Noch tagelang wurde auf dem Platz getanzt, wo die (inzwischen niedergerissene) Bastille gestanden hatte.

Kaum ein Jahr später versuchte das Königspaar, Frankreich zu verlassen. Die Flucht mißlang. Schweigend beobachtete eine große Menschenmenge das unerhörte Schauspiel, als die königliche Kutsche unter strenger Bewachung nach Paris zurückgebracht wurde. Wieder ein Jahr später stürmten revolutionäre Massen die Tuilerien, das Stadtschloß des Königs (10. 8. 1792). Er wurde mit seiner Familie gefangengesetzt, er selbst am 21. 1. 1793 hingerichtet, die Königin Marie Antoinette am 10. 10. 1793. Dies geschah mit der neuerfundenen Guillotine. Der französische Arzt Guillotin hatte die Hinrichtungsmaschine der Nationalversammlung empfohlen und unter Heiterkeit des Hauses die Vorzüge dieser humanitären Todesart erläutert: Ich kann „in einem Augenblick und ohne Schmerz Ihnen den Kopf springen lassen"!

Vom Herbst 1793 bis zum Sommer 1794 dauerte die *Schreckensherrschaft* mit vielen Festnahmen Verdächtiger und grausamen Massenexe-

Die Hinrichtung König Ludwigs XVI. mit der Guillotine (Stich von Basset)

kutionen, wobei in der Tat „la terreur" (Todesangst) als Regierungsmittel gebraucht wurde. Eine neue Zeitrechnung mit neuen Monatsnamen wurde eingeführt, Dekaden ersetzten die Wochen; Münze, Maß und Gewicht wurden auf das Dezimalsystem umgestellt. Seltsam wirken die Versuche, neue Symbole für die revolutionären Errungenschaften zu finden. Beispielsweise ließ man bei einem Revolutionsfest 3 000 gefangene Vögel in die Freiheit fliegen; an ihren Füßen waren dreifarbige Bänder mit der Inschrift befestigt: „Wir sind frei, ahmet uns nach."

Bereits die Aufklärer sahen Jesus als einen weisen Philosophen wie Sokrates. Ebenso wurde Jesus in der Französischen Revolution als Bundesgenosse im Kampf um eine neue Gesellschaftsordnung betrachtet. Er galt ebenfalls als Revolutionär gegen Besitz, alte Gesellschaft und staatliches Regime, als Anwalt der Unterdrückten und Entrechteten. Es ist nicht ohne komische Züge, wenn in Straßburg ein patriotischer Nachtwächter das alte Lied „Lobet Gott den Herrn" in „Lobet Gott den Bürger" umdichtete. Ebenfalls in Straßburg dachte man daran, das Münster niederzureißen, weil es die anderen Häuser überragte.

Mit zunehmender Radikalisierung wandte sich die Französische Revolution nicht nur gegen die Kirche, sondern gegen das Christentum überhaupt. In der Pariser Hauptkirche Notre-Dame wurde ein *Vernunftkult* installiert; die durch eine Schauspielerin „verkörperte Vernunft" verkündete etwa: „Ich predige laut, daß es keinen andern Gott gibt als

Eintrittskarte für das Fest des höchsten Wesens (1794)

die Natur, keinen andern Herrscher als das Menschengeschlecht, das göttliche Volk.“

Unter Robespierre wird der Glaube an ein höchstes Wesen und die Unsterblichkeit der Seele *gesetzlich* verordnet: „Art. 2. Die französische Nation ... erkennt an, daß die würdigste Verehrung des höchsten Wesens die Ausübung der Menschenpflichten ist.“[14]

Am 8. Juni 1794 oder, richtiger gesagt, am 20. Prärial des Jahres II verbrannte Robespierre als Priester in den Tuileriengärten ein riesiges Bild des Atheismus mit den Worten: „Morgen wollen wir die Laster und die Tyrannen bekämpfen.“ – Doch die Revolution frißt ihre Kinder: Die vermeintlichen Akteure des Schreckens endeten selbst auf der Guillotine. Am 9. Thermidor (27. Juli) 1794 wird Robespierre gestürzt – bei der entscheidenden Debatte versagt ihm die Stimme! – und am folgenden Tag mit 21 seiner Anhänger hingerichtet.

Im Lauf der Revolutionsjahre hatte das Bürgertum um billiges Geld (Inflation!) den Güterbesitz des Klerus und der adligen Emigranten erworben. Aus dieser wirtschaftlichen Stärke erwuchs fast unmerklich auch politische Macht: Unter dem *Direktorium* (1795-1799) wurde die Revolution gezügelt und teilweise rückgängig gemacht. Das brutale Vorgehen gegen das Christentum, die Hinrichtung der königlichen Familie und weitere Exzesse hatten die anfängliche Verbindung von Kirche und revolutionären Ideen zerbrochen. Das Zusammengehen von „Thron und Altar“ erschien ganz allmählich (wieder) denkbar, ja fast als Garant für öffentliche Sicherheit und Ordnung.

Das Papsttum spielte in dieser Zeit eine eher untergeordnete Rolle. Pius VI. (1775-1799) vermochte nicht viel gegen den aufgeklärten Absolutismus und dann gegen die Ideen, die von Frankreich her in den Kirchenstaat einsickerten. Nach demütigenden Niederlagen der alten

Mächte besetzten 1798 französische Truppen Rom und erklärten den Papst für abgesetzt – der todkranke 80jährige wurde noch nach Frankreich deportiert. Dieser hatte gebeten, in Rom sein Ende erwarten zu dürfen, worauf der französische General die berüchtigte Antwort gab: „Sterben können Sie überall.“[15]

Nachwirkungen

Die Französische Revolution hatte umfassende Nachwirkungen: Zum einen führte der Liberalismus ihr Erbe fort. Aber auch der Konservativismus mit seinen Restaurationsbestrebungen, die die erste Hälfte des 19. Jahrhunderts bestimmten, profilierte sich eben im Widerspruch zu den revolutionären Ideen. Im gemeinsamen Angriff gegen die umstürzlerischen Ideen aus Frankreich konnten sich sogar katholische Romantik mit ihrem Rückgriff auf das idealisierte Mittelalter und der Pietismus mit seinem Kampf gegen die anti-christliche, satanische Revolution treffen.

Jedenfalls bedeutet die Französische Revolution „die größte geistige und politische … Umwälzung der Neuzeit“ (M. Schmidt). Ob dieser „Umwälzung allergrößten Ausmaßes“ dann kirchengeschichtlich das Etikett „Katastrophe“ zugesprochen werden muß (so K. Bihlmeyer/H. Tüchle), ist zumindest fraglich. Jedenfalls waren es aufklärerische, in Frankreich gewiß kirchenkritische Kräfte, die die *Menschenrechte* durchsetzten. Es ist eine alte und schwierige Hypothek für die Kirchen, daß sie die Verwirklichung der Menschenrechte nur indirekt für sich in Anspruch nehmen können; im Grunde widersetzten sie sich diesen „neuen Ideen“ und erkannten nicht deren christliche Wurzeln. Die katholische Kirche hat dazu auf dem Zweiten Vatikanischen Konzil mit der Erklärung über die Religionsfreiheit einen epochalen Schritt getan, der freilich nicht unbestritten blieb und im Binnenraum der Kirche kaum Auswirkungen hat(te) – im Grunde muß diese sich gegen jede Verletzung der Menschenrechte wenden, ja selbst zu einer „Kirche der Menschenrechte“ werden.

XIX. Kirche und Kirchen

Im Rahmen einer Kirchengeschichte spricht sich das Selbstverständnis der großen kirchlichen Gemeinschaften mehr oder weniger deutlich aus. Zur Ergänzung und als Beispiel eines anderen Verständnisses von gelebtem Christentum müssen die *Freikirchen* genannt werden – schon das Wort provoziert.

Einheit und Vielfalt

Grundlegend für jedes Verständnis von Kirche ist deren Einheit – in der Vielfalt, gewissermaßen analog dem einen Gott in drei Personen! Aber auch und gerade diese Einheit ist Mysterium, ein letztlich dem Menschen unzugängliches Geheimnis. Von daher wird deutlich, daß Einheit nicht einfach „machbar" ist oder verordnet werden kann. Diese Glaubensaussage bekennen wohl alle Kirchen; schwierig und umstritten bleibt jedoch die Frage, wie solche Einheit konkret zu realisieren ist.

- Ganz selbstverständlich beansprucht die *römisch-katholische* Kirche nach dem Glaubensbekenntnis „die eine, heilige, katholische und apostolische" Kirche zu sein.
- Andererseits aber behaupten die *orthodoxen* Kirchen, daß sie *„allein"* den ursprünglichen christlichen Glauben „voll und ungebrochen" bewahrt hätten.
- Nach *reformatorischem* Verständnis „genügt" zur wahren kirchlichen Einheit die Übereinstimmung mit dem Evangelium (nach der Confessio Augustana 7: „satis est consentire ...") und die Verwaltung der Sakramente.
- Bei den *Anglikanern* stellt sich die Einheit der Kirche durchaus auch in verschiedenen Kirchen dar (= *Zweigtheorie* = „branchtheory"). – Und in der Tat, es gibt ja viele Kirchen ...[1]
- Dazu kommen die *Freikirchen*, die das gewohnte Kirchenverständnis überhaupt in Frage stellen. Freikirchen, so unterschiedlich sie sein mögen und so wenig sie auf einen Nenner zu bringen sind, sind freiwillige Gemeinschaften von Christen, die sich gegen jede Form staatlicher Einflußnahme wehren. Es lassen sich – vereinfacht – drei Gruppen unterscheiden (nach H. J. Reimers):

  – Den einen geht es um *die reine Gemeinde* (Baptisten, Mennoniten u.a.),

– den anderen um *das reine Leben* (Methodisten, Heilsarmee u.a.),
– den dritten schließlich um die *reine Lehre* (konfessionelle Freikirchen).[2]

Manche Gemeinschaften können aber keiner dieser drei Gruppierungen eindeutig zugeordnet werden (z.B. die Herrnhuter Brüdergemeine). In diesem Kapitel werden als typisches Beispiel einer Freikirche die *Methodisten* genannt und ihre Geschichte kurz skizziert.

Grundsätzlich gab es in der Kirchengeschichte schon immer vielfältige Kirchenbildungen und Ketzerbewegungen; lediglich das Problem der *Vielzahl* der Kirchen entstand erst in der Neuzeit.

Mit der Reformation bildeten sich protestantische Bekenntniskirchen als Landeskirchen. Daneben gab es viele christliche Gemeinschaften, die sich von den offiziellen Kirchen absetzten und als Gemeinde persönlich Erwählter („Heiliger") leben wollten. Besonders in England wandten sich puritanische Kreise gegen die anglikanische Staatskirche, wurden von dieser zumeist verfolgt und wanderten deshalb teilweise in die „neue Welt" Nordamerikas aus. Dort entwickelte sich eine Vielzahl freikirchlicher Gemeinschaften, die zahlenmäßig zumeist Minderheiten waren. Diese „Kirchen" beruhen ganz auf freiwilliger Basis – die amerikanische Bezeichnung *„Denominationen"* drückt dies nur unzulänglich aus: Jeder Bürger kann sich frei für eine bestimmte Glaubens- und Lebensform entscheiden oder gar selbst eine eigene Glaubensgemeinschaft gründen.

Der griechisch-orthodoxe Pfarrer Georgios Vergetis in seiner Reutlinger Kirche

Gegen den aufklärerischen Rationalismus des 18. Jahrhunderts entstanden im Protestantismus biblisch fundierte Erneuerungsbewegungen, eben die Erweckungsbewegungen wie etwa der Pietismus. Dieser stärkte das freikirchliche Prinzip, indem er die *innere Glaubenserfahrung* des einzelnen betonte und ein eigenes Gemeindeleben ausbildete. Dies geschah im Luthertum innerhalb der Kirche quasi als (neue) Reformbewegung. In England führte es zur Entstehung des Methodismus, der eine eigene große Denomination wurde,

Musiker der Heilsarmee in New York

weil die anglikanische Staatskirche sich dessen reformerischem Anliegen versagte. Im Grunde ist der Methodismus die angelsächsische Entsprechung zum deutschen Pietismus.

Der Methodismus

Das Selbstverständnis der Methodisten kennzeichnen zwei Sätze aus der geschichtlichen Einleitung ihrer Kirchenordnung:

„Die Methodistenkirche ist eine Kirche Christi, in der ‚das reine Wort Gottes gepredigt wird und die Sakramente richtig verwaltet werden'.

Diese Kirche ist eine große protestantische Körperschaft, obwohl sie nicht unmittelbar aus der Reformation erwuchs, sondern ihren Ursprung in der Kirche von England hatte."[3]

Begründer des Methodismus war *John Wesley* (1703-1791), ein anglikanischer Geistlicher, der in kleineren Kreisen Gleichgesinnter seinen eigenen Weg zum Christentum fand. Nach seiner „Bekehrung" wirkte er unermüdlich als Missionar und Prediger und sprach dabei vor allem über *Buße, Rechtfertigung und Heiligung*.

Dabei gehen die Sorge um das Seelenheil des einzelnen und Fragen der Kirchenzucht eine eigentümliche Verbindung ein. Beispielhaft sind hierfür die christlichen Regeln der Gemeinschaft Wesleys aus dem Jahre 1743, die heute noch die methodistischen Kirchen leiten:

„Damit man besser erfahren könne, ob es den Mitgliedern ein wirklicher Ernst sei, ihr Seelenheil zu schaffen, ist jede Gemeinschaft nach den verschiedenen Wohnorten der Glieder in sogenannte Klassen eingeteilt. Eine Klasse besteht gewöhnlich aus zwölf Personen, von denen einer Führer ist. Die Pflichten des Führers sind folgende:

John Wesley (1703-1791)

1. Jedes Mitglied seiner Klasse wöchentlich einmal zu sehen, um zu erfahren, wie es in der Gottseligkeit fortschreitet; um Rat zu erteilen, zurechtzuweisen, zu trösten oder zu ermahnen; um in Empfang zu nehmen, was die Mitglieder zum Unterhalt der Prediger in der Kirche sowie zur Unterstützung der Armen beizutragen willens sind.
2. Wöchentlich einmal mit dem Prediger und den Verwaltern der Gemeinde zusammenzukommen, um

   a) dem Prediger von Kranken und von solchen, die einen unordentlichen Wandel führen und sich nicht wollen ermahnen lassen, Nachricht zu geben;

   b) den Verwaltern einzuhändigen, was in der Klasse während der vergangenen Woche an freiwilligen Beiträgen eingegangen ist …

Es wird daher von allen, welche Mitglieder der Gemeinschaft sein und bleiben wollen, erwartet, daß sie ihr Verlangen nach Seligkeit stets dadurch beweisen:

1. daß sie nichts Böses tun, sondern Böses aller Art meiden, wovon sie wissen, daß es nicht zur Ehre Gottes dient, z.B. Gold und kostbare Kleider zu tragen …
2. dadurch, daß sie Gutes tun; in jeder Hinsicht nach ihrem Vermögen sich barmherzig erweisen und bei jeder Gelegenheit Gutes aller Art, soweit die Kräfte reichen, allen Menschen erzeigen.
3. Durch den Gebrauch aller von Gott verordneten Gnadenmittel.

Dieses sind die ‚*Allgemeinen Regeln unserer Gemeinschaft*‘, welche Gott alle in seinem geschriebenen Wort uns zu halten lehrt, der einzigen und hinlänglichen Richtschnur unseres Glaubens und Lebens. Auch wissen wir, daß der Geist Gottes alle diese Regeln in jedes wahrhaft erweckte Herz schreibt. *Ist jemand unter uns, der sie nicht beobachtet* oder es sich zur Gewohnheit werden läßt, einer von ihnen entgegen zu handeln, so teile man es denen mit, welche über jene Seele wachen, als die dafür Rechenschaft geben müssen. Wir wollen ihm seinen Irrweg vorstellen. Wir wollen eine Weile mit ihm Geduld haben. Bessert er sich aber nicht, so kann er nicht mehr unter uns bleiben. Wir haben unsere Pflicht getan."[4]

Wesley selbst stand auf dem Boden der Reformation. Wie für die Pietisten (vgl. Kap. XVII) war für ihn aber nicht die Lehre entscheidend, sondern die *Praxis*: Christentum war für ihn „Erfahrungsreligion" („experimental religion"). Er wollte „Heiligung", die sich aus der Rechtfertigung ergebe, über die Lande verbreiten und betonte unermüdlich nach 1 Tim 2,4 den *Universalismus des Heils*. Dabei ging es ihm nicht um Sonderlehren, sondern vor allem darum, „Seelen zu retten". So ist der „Methodismus" keine bestimmte glaubensmäßige Lehr-Methode, sondern die gewissenhafte, biblisch-christlich bestimmte „Methode", sozial wirksam zu leben und zu handeln. In seiner Programmschrift „Der Charakter eines Methodisten" hält Wesley an der „Schrift allein" fest, vermag aber einzuräumen: „Hinsichtlich aller Meinungen, die den Grund des Christentums nicht berühren, halten wir es mit der Regel: Denken und denken lassen." Bis heute kennzeichnet den Methodismus dieser *ökumenische, offene Geist*.

Bei seinem missionarischen Werk erfuhr sich Wesley offensichtlich „von oben" geleitet. Dies zeigt auch der folgende Auszug aus seiner Schrift „Weiterer Appell an Leute von Vernunft und Frömmigkeit" von 1745, in der er die Laienpredigt verteidigt. Dabei werden auch die damaligen kirchlich-religiösen Zustände in England deutlich:

„... Es gefiel Gott, durch zwei oder drei Geistliche der Kirche Englands Sünder zur Buße zu rufen. Sie wurden an vielen Orten unleugbar von einem Sündenleben zu einem heiligen Wandel bekehrt. Die Pfarrer jener Orte hätten diese Geistlichen mit offenen Armen empfangen und diejenigen, die gerade zum Glauben gekommen waren, in ihre besondere Pflege nehmen sollen, um über sie in herzlicher Liebe zu wachen, damit sie nicht zurück in die Schlingen des Teufels fielen. Statt dessen aber sprachen die meisten Amtsbrüder über diese Geistlichen in einer Weise, als ob der Teufel und nicht Gott sie gesandt habe. Manche wiesen sie vom Tisch des Herrn zurück, andere hetzten das Volk gegen sie auf, indem sie dieselben sogar öffentlich in ihren

Predigten als todeswürdige Subjekte darstellten; als Papisten, Ketzer, Verräter und als Verschwörer gegen König und Vaterland …

Kein Geistlicher wollte Beistand leisten. Das einzige Mittel, das ihnen blieb, war, jemanden unter den Bekehrten selber ausfindig zu machen, der ein aufrichtiges Herz und ein gesundes Urteil in göttlichen Dingen hatte, und ihn zu bitten, mit den übrigen, so oft er konnte, zusammenzukommen, um sie durch Vorlesen, Gebet oder Ermahnung im gottseligen Wandel nach Kräften zu festigen. Hierauf legte Gott sofort seinen Segen. An vielen Orten wurden durch diese schlichten Männer nicht nur diejenigen, die ‚angefangen hatten, fein zu laufen', gehindert, ins Verderben gerissen zu werden, sondern auch Sünder von ihren Irrwegen zu Gott bekehrt. Diesen einfachen Bericht über das Entstehen halte ich für die beste Verteidigung der Laienpredigt. Ich kenne kein Schriftwort, das uns verbietet, solche Hilfsmaßnahmen zu gebrauchen, wenn eine derartige Notwendigkeit vorliegt. Und ich preise Gott, der jenen armen Schafen wenigstens diese Hilfe gab, als ‚ihre eigenen Hirten sich ihrer nicht erbarmten'."[5]

Der Methodismus verbreitete sich vor allem in den USA – der Amerikaner liebt keine abstrakten Spekulationen, sein Verhältnis zum Glauben und zu seiner Kirche ist positiv und praktisch. Nur etwas über die Hälfte der Amerikaner gehört heute einer Religionsgemeinschaft an, was sich geschichtlich erklären läßt: Die ersten Einwanderer verließen Europa, weil sie dort wegen ihres Glaubens verfolgt wurden. Besonders symbolträchtig war 1620 die Landung der puritanischen „Pilgerväter" mit der „Mayflower" in Massachusetts. Von Anfang an lebten in dem neuen Land Menschen verschiedener Bekenntnisse zusammen. In der Folgezeit trennte die amerikanische Verfassung grundsätzlich Kirche und Staat.

In den USA gibt es etwa 250 kirchliche Gruppierungen (Denominationen) mit oft nur geringfügigen konfessionellen Unterschieden. Die Gemeinden sind eher klein, überschaubar und in der Regel sehr

Taufe bei den Baptisten in den USA um 1850

lebendig, denn die Ortskirche ist zugleich der Mittelpunkt der sozialen Tätigkeit und der Geselligkeit. Die Kirchenglieder kommen überwiegend durch freiwillige Spenden selber für ihre Kirche auf. Typisch für die amerikanische Kirchengeschichte waren die Wanderprediger der Methodisten und Baptisten, besonders während der großen *Erweckungsbewegungen.* Diese eigentümliche Erweckungsfrömmigkeit steigerte das Erwählungs- und Sendungsbewußtsein der Amerikaner.

Die Freikirchen

Manche Christen halten die bewußte *Freiwilligkeit* für das eigentlich christliche Kriterium; daher grenzen sie sich entschieden von den Landeskirchen und der Volkskirche ab. Die ersten dieser freikirchlichen Gemeinschaften entstanden in der Reformationszeit. Sie beriefen sich auf das Wort der Schrift als alleiniges Glaubensprinzip und forderten die Erwachsenentaufe mit Untertauchen (etwa die Mennoniten und Baptisten).

Andere Freikirchen formierten sich im Widerstand gegen das Staats- oder Landeskirchentum oder entsprangen religiösen Problemlagen (so die pietistischen Strömungen). Diese Gemeinschaften besitzen mehr kirchlichen Charakter (etwa die Methodisten); sie behielten die Kindertaufe und blieben so mehr oder weniger Nachwuchskirchen. Wegen dieser grundsätzlichen Einstellung gegen das Staatskirchentum entstanden Freikirchen vor allem in den protestantischen Ländern. Auch die Altkatholiken kann man als Freikirche ansehen.

Die Freikirchen haben das konfessionelle Nachdenken befruchtet: Im Zeichen der Ökumene im 20. Jahrhundert wird das „Wesen" der Kirche neu bedacht. Dabei werden statt dogmatischer Regelungen und kirchenrechtlicher Normierungen eher praktische Übereinkünfte gesucht und das ökumenische Gespräch in jeder Form und mit jeder christlichen Gemeinschaft gepflegt.

In der *Bundesrepublik* bestehen die römisch-katholische und die evangelische Kirche als die zwei großen Volkskirchen (letztere organisiert in Landeskirchen). Nach der Volkszählung von 1987 (ohne die ehemalige DDR) gibt es 26,232 Mio. katholische Christen und 25,413 Mio. evangelische Christen.

Die evangelischen Freikirchen sind in unserem Land sehr viel kleiner als die Landeskirchen (ca. 300 000 Mitglieder), weltweit haben sie aber viele Millionen Mitglieder. Alle folgenden Zahlenangaben bei den Freikirchen sind Ungefähr-Angaben, da genaue Mitgliederzahlen oft nicht zu ermitteln sind. Die Klammerangaben benennen Zahlen aus der ehemaligen DDR (soweit bekannt):

Bund Evangelisch-Freikirchlicher Gemeinden (Baptisten)	70.000	(13.000)
Alt-Lutheraner (drei Freikirchen zusammen)	51.000	(15.000)
Evangelisch-Methodistische Kirche	50.000	(35.000)
Christlicher Gemeinschaftsverband (Pfingstbewegung)	40.000	(wurde dort nicht anerkannt)
Alt-Katholische Kirche	30.000	(2-3.000)
Brüderbewegung/Brüdergemeinden	25.000	(2-3.000)
Gemeinschaft der Siebenten-Tags-Adventisten (hier nicht als „Sekte" betrachtet)	25.000	
Mennoniten	14.000	(300)
Heilsarmee	10.000	
Religiöse Gesellschaft der Freunde (Quäker)	380	(50)

Weltweit gibt es zum Beispiel

ca. 100 Mio. Anhänger der Pfingstbewegung (in vielen Pfingstkirchen geschätzt)
ca. 34 Mio. Baptisten (ohne nicht getaufte Kinder)
ca. 25 Mio. Methodisten
ca. 5,5 Mio. Adventisten
ca. 3 Mio. Mitglieder der Heilsarmee
ca. 800.000 Mennoniten
ca. 530.000 Mitglieder der Brüdergemeine
ca. 220.000 Quäker

XX. Glaube unter Vormundschaft: Säkularisation und Staatskirchentum

Die verbündeten Staaten Preußen und Österreich mußten in den Kriegen gegen das revolutionäre Frankreich empfindliche Niederlagen hinnehmen: Frankreich konnte schon 1794 die linksrheinischen Gebiete Deutschlands besetzen. Als wenige Jahre später das Ende der geistlichen Kurfürsten, Bistümer und Abteien erkennbar wurde, bot Joseph Görres in dem von ihm herausgegebenen „Rothen Blatt“ unter der Rubrik „Was zu verkaufen“ an:

„... Drei Kurkappen von feingegerbtem Büffelsfell. Die dazu gehörigen Krummstäbe sind inwendig mit Blei ausgegossen, mit Dolchen versehen, auswendig mit künstlichen Schlangen umwunden. Das oben befindliche Auge Gottes ist blind. – Zwei Bischofsmützen, reich mit Rauschgold verbrämt, etwas von Angstschweiß durchzogen, sehr brauchbar als rothe Mützen auf Freiheitsbäumen. – Endlich mehrere Abt- und Aebtissinnenhabite mit dem Geruche der Heiligkeit durchbalsamirt, daher vortrefflich, um Teufel damit auszutreiben und behexte Kühe zu enthexen. ...“[1]

In polemischer Weise geht dieses Flugblatt auf die Säkularisation ein. Dargestellt ist die ordensgeschmückte Büste eines Kirchenfürsten mit Perücke, Wildschweinskopf und Eselsohren, der in der knöchernen Rechten ein Blatt mit Aufschrift „Status quo“ hält. Auf dem Sockel sind ein zeternder geistlicher Herr und die Inschrift „mein Reich ist nicht von dieser Welt“ zu sehen.

Die drei Kurkappen waren die drei rheinischen Kurfürst-Erzbistümer Köln, Mainz und Trier; die zwei Bischofsmützen die Fürstbistümer Worms und Speyer.

Die Säkularisation 1803/1806

Das Ende der weltlichen Herrschaft der Bischöfe in ihren Bistümern war die unmittelbare Folge der Säkularisation: Die Staaten entzogen der Kirche ohne deren Zustimmung Hoheits-, Besitz- und Nutzrechte und teilten sie unter sich auf. Im Frieden von Lunéville (1801) mußten die deutschen Fürsten der Abtretung des linken Rheinufers zustimmen. Sie hatten sich aber schon zuvor in Geheimverhandlungen mit Frankreich eine Entschädigung „aus dem Schoße des Reiches" zusichern lassen. Der „Reichsdeputationshauptschluß" vom 25. Februar 1803 bestätigte diesen Handel: Die geistlichen Staaten dienten – zum letzten Mal in der Geschichte des Reiches – als „Brandsalben" für die weltlichen Staaten. Der folgende Auszug aus dem Reichsdeputationshauptschluß kann die beiden Aspekte des Vorgangs verdeutlichen:
– die *staatsrechtlich-politische* Säkularisation und
– die *vermögensrechtliche oder Güter*-Säkularisation.

„Die Austeilung und endliche Bestimmung der Entschädigungen geschieht, wie folgt:

[...]

§ 5: Dem Markgrafen von Baaden für seinen Teil an der Grafschaft Sponheim und für seine Güter und Herrschaften im Luxemburgischen, Elsaß u.s.f.: das Bistum Konstanz, die Reste der Bistümer Speier, Basel und Straßburg, die pfälzischen Ämter Ladenburg, Bretten und Heidelberg mit den Städten Heidelberg und Mannheim; ... dann die Abteien Schwarzach, Frauenalb, Allerheiligen, Lichtenthal, Gengenbach, Ettenheim-Münster, Petershausen, Reichenau, Öhringen ...Die Reichsstädte Offenburg, Zell am Hammersbach, Gengenbach, Überlingen, Biberach, Pfullendorf und Wimpfen [...]

§ 35: Alle Güter der ... Abteien und Klöster, in den alten sowohl als den neuen Besitzungen, ... deren Verwendung in den vorhergehenden Anordnungen nicht förmlich festgesetzt worden ist, werden der freien und vollen Disposition der ... Landesherrn, sowohl zum Behuf des Aufwandes für Gottesdienst, Unterrichts- und andere gemeinnützige Anstalten, als zur Erleichterung ihrer

Finanzen überlassen, unter dem bestimmten Vorbehalte der festen und bleibenden Ausstattung der Domkirchen ... und der Pensionen für die aufgehobene Geistlichkeit ...

§ 36: Die namentlich ... zur Entschädigung angewiesenen ... Abteien und Klöster ... gehen überhaupt an ihren neuen Besitzer mit allen Gütern, Rechten, Kapitalien und Einkünften ... über [...]

§ 63: Die bisherige Religionsübung eines jeden Landes soll gegen Aufhebung und Kränkung aller Art geschützt sein; ... dem Landesherrn steht jedoch frei, andere Religionsverwandte zu dulden ...“[2]

Die Säkularisation der geistlichen Fürstentümer besiegelte das Ende der Einheit von geistlicher und weltlicher Gewalt. Zahlreiche Bistümer, z.B. Worms und Konstanz, verschwanden für immer von der Landkarte. Die einzelnen Staaten aber machten ihre Verluste links des Rheins um ein Vielfaches wett. Die Kirche ihrerseits wurde frei von der überlebten Verflechtung mit einer feudalen Welt und fähig zu innerer Erneuerung.

Überblick über den Umfang der wichtigsten linksrheinischen Gebiete, die an Frankreich abgetreten werden mußten, und der Gebietsentschädigungen, die den deutschen Fürsten durch den Reichsdeputationshauptschluß wieder zugewachsen sind:

Baden mußte *abtreten*: 8 Quadratmeilen Land, 25 000 Einwohner, 240 000 Gulden Jahreseinkünfte.
Baden erhielt zur *Entschädigung*: 60 Quadratmeilen Land, 237 000 Einwohner, 1 540 000 Gulden Jahreseinkünfte.

Hessen-Darmstadt mußte *abtreten*: 13 Quadratmeilen Land, 45 000 Einwohner, 390 000 Gulden Jahreseinkünfte.
Hessen-Darmstadt erhielt zur *Entschädigung*: 95 Quadratmeilen Land, 124 500 Einwohner, 753 000 Gulden Jahreseinkünfte.

Preußen mußte *abtreten*: 48 Quadratmeilen Land, 127 000 Einwohner, 1 400 000 Gulden Jahreseinkünfte.
Preußen erhielt zur *Entschädigung*: 235 Quadratmeilen Land, 5 558 000 Einwohner, 3 800 000 Gulden Jahreseinkünfte.[3]

Schwerwiegender für die Kirche war die Säkularisation der Güter. Das eingezogene Vermögen mußte von den neuen Landesherren zwar auch für die Ausstattung der Domkirche und die Pensionen verwendet werden (vgl. § 35). Aber diese Verpflichtung wurde nicht immer eingehalten. Welche Folgen das haben konnte, zeigt das Schicksal eines Wormser Domherrn, mit dessen Bistum zugleich sein Leben endete: Der ehemalige Dechant (Dekan) des Wormser Domstiftes, Franz Christoph Freiherr von Wambold, machte den Landgrafen von Hessen-Darmstadt, der „den Rest des Bistums Worms“ geerbt hatte, darauf aufmerksam:

„Durchlauchtigster Landgraf, gnädigster Fürst und Herr! Bei Ew. Landgräfl. Durchlaucht sehe ich mich als Dechant des ehemaligen Domstiftes von Worms zu der gehorsamsten Anzeige verpflichtet, daß unterm 21. d.M. der dortige Präbendatus von Fabris nach Zeugnis des beigeschlossenen abschriftlichen Zertifikats seines Arztes aus Mangel der notwendigsten Lebensbedürfnisse in einer der elendesten Dachstuben im wahren Sinne des Worts des eigentlichen Hungertodes gestorben sei.
Diese Erinnerung – ich empfinde es ganz – muß dem gefühlvollen Herzen eines gerechten und wohltätigen Fürsten unendlich schmerzhaft fallen; aber schrecklich sollte auch und muß dieser Gedanke des erwachenden Gefühls der Menschlichkeit auf der Seele derjenigen Geschäftsmänner aus Höchstdero Finanzministerio ruhen, durch deren Schuld und unverantwortliche Härte gewiß gegen den erklärten Willen Ew. Landgräfl. Durchlaucht solche erschütternde Szenen hervorgebracht werden.
Dieser traurige Vorfall, der bereits in der ganzen hiesigen Stadt die höchste Sensation erregt hat und eine gerechte Indignation gegen die saumseligen Behörden erwecken muß, wird bei ganz Deutschland laut werden, wird bei der subdelegierten Exekutionskommission zu Frankfurt in Anzeige kommen und öffentlich vor dem Richterstuhle der Welt hart gerügt werden, und dies um so gewisser, da nicht nur mehrere Präbendati der übrigen Wormser Stifter, sondern auch des Ritterstifts Wimpfen, und untern letztern namentlich der Kanonikus von Scheben der Verzweiflung gleich nahe gebracht sind, und letzterer der Gefahr der Ausweisung aus seiner bisherigen Wohnung ebenfalls unterliegt und gleich dem Verstorbenen – wohl aber auch zu spät – zum Erbarmen wohltätiger Menschen der hiesigen Stadt seine Zuflucht zu nehmen gedrungen sein wird.“[4]

Drei Monate nach dem Tod Fabris einigten sich beide Seiten schließlich auf eine Unterhaltszahlung an die Domherren. Für Fabris wurden 225 Gulden festgesetzt. Sie fielen nun dem Landesherrn anheim.

Ähnliche Schicksale sind von zahlreichen Insassen aufgehobener Klöster überliefert. Wer nicht in die Pfarrseelsorge übernommen werden konnte, war auf eine staatliche Pension angewiesen oder fristete sein

Leben in Altersheimen oder sog. Sammelklöstern. Der Volksmund nannte sie zynisch „Krepieranstalten", weil sie nur bis zum Tod des letzten Insassen bestehenbleiben durften.

Solche Umstände erklären die Inschrift, welche die letzten Mönche der Zisterzienserabtei Tennenbach im Breisgau ihrem kurz vor der Säkularisation (hier erst 1806) verstorbenen Abt auf den Grabstein setzten:

„Hier ruht der hochwürdigste Herr August Zwibelhofer –
Praelat und Abt zu Thennenbach – geboren zu Rastadt
den 22. (?) Juni 1739 – er starb den 22. Merz 1806.
EIN MANN VOLL EIFER FÜR DAS GUTE
WOHL IHM DASS ER SCHON RUHTE
DENN NACH EINEM MONDESLAUF
HOB MAN ALLE KLÖSTER AUF"

Der rechtzeitige Tod ersparte dem gelobten Abt, den Niedergang und Abbruch seines Klosters mitansehen zu müssen. Die zunächst geplante Umwandlung in eine Porzellan- und Steingutfabrik unterblieb. Aber in anderen Fällen scheiterte nach wenigen Jahren, was als „blühendes Fabriketablissement" geplant war.

In Tennenbach diente die ehemalige Prälatur während der Befreiungskriege schließlich als Feldspital, in dem 1 500 Österreicher und Bayern an Nervenfieber starben. Zwanzig Jahre danach war von der ganzen Abtei nur noch ein Trümmerhaufen übrig. Die schöne romanische Kirche hatte die Landesherrschaft abbrechen und in Freiburg als evangelische Kirche wieder aufbauen lassen. Sie wurde nach dem Großherzog Ludwig benannt.

Hotel „Badischer Hof" in Baden-Baden. Innenansicht des Speisesaales, der an Stelle des „Gärtchens" im aufgehobenen Kapuzinerkloster eingerichtet wurde (1807-1809). In der ehemaligen Kirche wurde ein großer „Ball-, Musik- und Conversations-Saal" mit „beweglichem Theater" eingerichtet.

Vergleichbare Folgen hatte die Säkularisation in ganz Deutschland: Allein in Köln verfielen über 40 Kirchen und Kapellen der Spitzhacke. Mit den so gewonnenen Steinen besserte man das Straßenpflaster aus. Man verkaufte ganze Kirchen auf Abbruch, wie in Goslar den schönen Dom St. Simon und Juda, der im Jahr 1050 geweiht worden war. Die Existenz des Freisinger Doms ist nur dem glücklichen Umstand zu verdanken, daß er noch für eine Truppenparade Napoleons gebraucht wurde. Er war schon an einen Metzger auf Abbruch versteigert.

Aber auch dort, wo nicht der Zufall half, gab es Bürger, die zu retten suchten, was zu retten war. In Köln lebte der Kanonikus Ferdinand Franz Wallraf. Sein kirchliches Amt erlaubte es ihm, oft eher an Ort und Stelle zu sein als die französischen Kommissare, die den Kirchenraub beaufsichtigten. Er nimmt, was er für besonders wertvoll hält, und bringt es in die alte Dompropstei. Er kauft auch zahlreiche Werke. Sein Beispiel ermuntert wohlhabende Bürger, sich an diesem Rettungswerk zu beteiligen. Die Dompropstei wird allmählich ein wahrer Speicher. Ein Zeitgenosse berichtet später:

„Man fand hier Gemälde aller Zeiten und Schulen, bemalte Fenster aus abgerissenen Kirchen, Handzeichnungen, Kupferstiche, Holzschnitte, Inkunabeln, Bücher, Landkarten, Schnitzereien, kirchliche Gewänder, Kirchengerät, alte Waffen und Rüstungen, Möbel, Porzellan, Marmorbüsten, Bronzen, Edelsteine und Münzen. Das alles häufte sich bei Wallraf zu wirren Massen.“[5]

Wie ein Drache bewahrte er seine Schätze, und doch verlor Tag für Tag etwas Treffliches und Würdiges durch Staub und Moder einen Teil seines Wertes. Erst als man ihm den Oberstock des ehemaligen Jesuitenkollegiums einräumte, konnte mit dem Restaurieren der geretteten Kunstwerke begonnen werden. Als Wallraf 1824 starb, gingen 1 600 Gemälde aus seiner Sammlung in den Besitz der Stadt Köln über. Sie bildeten den Grundstock des Wallraf-Richartz-Museums.

Auch die Dombaumeister Sulpiz und Melchior Boisserée hatten mit ihrem Freunde Bertram in Köln eine bedeutende Gemäldesammlung zusammengebracht. Der Bayernkönig Ludwig I. kaufte sie später für die Münchener Alte Pinakothek. Die Brüder hatten sich über jedes Stück gefreut, das sie aus Staub und Nässe, aus Speichern und Kellern den Händen von Unwissenden entreißen konnten. Was aber die Brüder Boisserée nicht retten können, sind die großen Wandgemälde in den zum Abbruch bestimmten Kirchen. Oft waren diese Fresken früher einmal mit Kalkfarbe übertüncht worden. Jetzt fallen sie den Abbruchtechniken eines sich aufgeklärt wähnenden Jahrhunderts zum Opfer. Ein Zeitgenosse berichtet:

„Man untergrub ein paar Pfeiler und stützte sie mit hölzernen Streben ab. Dann zündete man die Hölzer an. In dem Augenblick, wo die Pfeiler zusammenbrachen, sahen wir, wie die Kalkdecke sich von Wänden und Gewölben löste. Sogleich traten nun die darunterliegenden Wandbilder für Sekunden hervor, um dann für immer zu verschwinden. Und wir konnten nichts anderes tun, als zusehen.“[6]

Das Staatskirchentum und die Folgen

Obwohl die katholische Kirche durch die Säkularisation frei von den Zwängen weltlicher Herrschaftsausübung wurde, konnte sie nach dem Ende der Reichskirche dennoch nicht frei ihre Angelegenheiten regeln. Das scheiterte zunächst an der langen „bischofslosen Zeit“ zwischen der Auflösung alter und der Errichtung neuer Bistümer. Die kirchliche Organisation verfiel. Für eine geregelte Seelsorge, die Spendung des Firmsakraments fehlten oft die Bischöfe. Währenddessen verkündeten evangelische Landesfürsten unbekümmert eine „Kirchenherrlichkeit“ auch über die katholische Kirche, obwohl ihnen dafür die Erfahrung fehlte. Die Kirche sollte in Sakristei und Gottesdienst frei, in allen anderen Angelegenheiten aber der staatlichen Kontrolle unterworfen sein: Die Landesherren wollten die Veröffentlichung kirchlicher Verlautbarungen einschließlich päpstlicher Erlasse von ihrer Zustimmung abhängig machen (= *placetum regium*); sie verlangten eine Kontrolle über die Ausübung der Kirchengewalt; alle Geistlichen sollten an staatlichen Hochschulen ausgebildet und vor staatlichen Kommissionen geprüft werden; die kirchliche Vermögensverwaltung sollte dem Staat unterstellt, Synoden erst nach staatlicher Genehmigung abgehalten werden. Schließlich wollten die Landesherren neben den Kirchen- und Schulbeamten auch den jeweiligen Bischof ernennen.

Der Bischof von Fulda kennzeichnete diese Grundsätze eines Staatskirchentums treffend als „Fußeisen bei feierlicher Erklärung der Freiheit“. Die Neueinteilung der Bistümer (Diözesen) entsprach dem landesherrlichen Wunsch nach sog. *Landesbistümern*: staatliche und kirchliche Grenzen stimmten weitgehend überein. Aber es dauerte oft Jahre, ehe sich Staat und Kirche auf den ersten Bischof in einem neu geschaffenen Bistum einigen konnten. Diese waren jedoch kaum zu öffentlichen Protesten bereit, wenn die Staaten in kirchliche Angelegenheiten hineinregierten. Erst in den 30er und 40er Jahren begannen die Bischöfe der zweiten und dritten Generation den Kampf um die Freiheit der Kirche. Lebhaft unterstützt wurden sie darin von dem 1831 gewählten Papst. Er hatte in bewußter Anspielung auf den Investiturstreit des Mittelalters den Namen Gregor gewählt. Viele Bischöfe, Priester und Laien, auch aus Deutschland und Frankreich, scharten sich nun immer enger um den Papst: Um die staatliche Bevormundung abzuschütteln, warf man sich um so heftiger in die Arme Roms, orientierte sich nach „jenseits der Berge“ (d.i. der Alpen): *ultra montes.* Diese schnell wachsende ultramontane Bewegung verstand die *libertas ecclesiae* einseitig als Freiheit *für* die Kirche. Die Freiheit *in* der Kirche, *durch* die Kirche, lag ihr weniger am Herzen. Maßgeblich beeinflußt hat diese Entwicklung das Buch eines französischen Laien, der als Vorkämpfer für Ultramontanismus und Unfehlbarkeit des Papstes bezeichnet werden darf (J. de Maistre, Du Pape, s. unten).

In seinem Buch entwickelte und begründete de Maistre die Theorie vom Papst als dem letzten Garanten von Autorität und gesellschaftlicher Ordnung überhaupt. Er schrieb:

„Die Unfehlbarkeit in der geistlichen und die Souveränität in der weltlichen Ordnung sind zwei ganz gleich bedeutende Wörter

[...]

Es handelt sich also nur um die Frage, wo in der Kirche die höchste Gewalt sei; denn ist sie einmal erkannt, so wird man von ihren Entscheidungen nicht weiter appellieren dürfen.

Gibt es nun für die Vernunft sowohl als für den Glauben irgend etwas keinem Zweifel Unterworfenes, so ist es das, daß die allgemeine Kirche eine Monarchie ist.

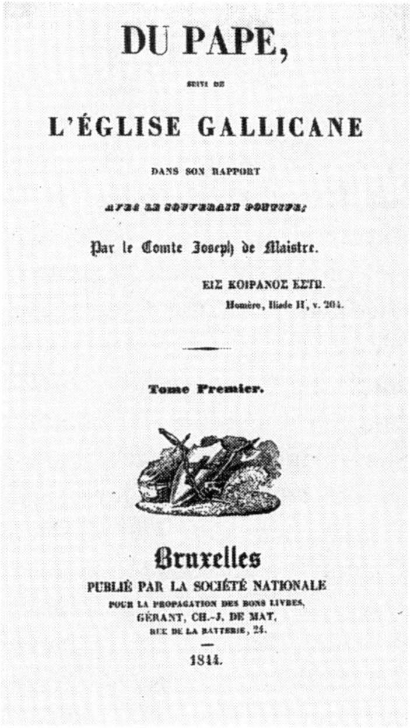
DU PAPE,

SUIVI DE

L'ÉGLISE GALLICANE

DANS SON RAPPORT

[illegible]

Par le Comte Joseph de Maistre.

ΕΙΣ ΚΟΙΡΑΝΟΣ ΕΣΤΩ.
Homère, Iliade II, v. 204.

Tome Premier.

Bruxelles
PUBLIÉ PAR LA SOCIÉTÉ NATIONALE
POUR LA PROPAGATION DES BONS LIVRES,
GÉRANT, CH.-J. DE MAT,
RUE DE LA BATTERIE, 24.

1844.

Titelblatt des Buches „Du Pape“ von J. de Maistre; Übersetzung des griechischen Leitspruchs: „Einer sei Herrscher!“
Joseph Marie Comte de Maistre wurde 1753 in Chambéry (Savoyen) geboren. Er wurde in einer Jesuitenschule erzogen, studierte die Rechte in Turin und wurde 1774 Beamter der Staatsanwaltschaft seiner Heimatstadt. Hier war er 15 Jahre lang Mitglied einer konservativen Freimaurerloge, die den Ideen der Französischen Revolution feindlich gesinnt war. Als die Jakobiner 1792 Savoyen besetzten, floh er in die Schweiz, später nach Italien. 1819 erschien sein Buch „Vom Papste“ in Lyon. De Maistre starb 1821.

Schon der bloße Begriff der Allgemeinheit setzet diese Regierungsform voraus ...

Auch kommen alle katholische, und dieses Namens würdige, Schriftsteller einstimmig darin überein, daß die Regierung der Kirche eine monarchische sei; hinreichend durch Aristokratie gemäßigt, um die beste und vollkommenste aller Regierungen zu sein.“[7]

De Maistre hat in Deutschland viel Beachtung gefunden. Am Mainzer Seminar stimmte man ihm lebhaft zu, aber in der Tübinger Schule wies man seine Ansichten scharf zurück:

„Auch argumentiren katholische und dieses Namens würdige Schriftsteller in Bezug auf die höchste Instanz in der Kirche auf folgende Weise: Die höchste Instanz in der Kirche, über welche keine Rückfrage mehr Statt findet, die richtet und nicht gerichtet wird, kann nur jene seyn, welcher Jesus seinen besondern Beystand versprochen hat, und welche infallibel ist. Dieses erhabene Prärogativ der Untrüglichkeit ist aber nach der Lehre der katholischen Kirche nicht dem Papste, sondern der Gesammtheit der vom heil. Geiste gesetzten Kirchen-Hirten versprochen und gegeben.“[8]

Dieser Standpunkt von der eher organischen Einheit von Papst und Bischofskollegium konnte sich in der Folgezeit nicht durchsetzen. Statt dessen wuchs das monarchische, absolutistische Denken weiter.

Der Kölner Kirchenkonflikt

In den 30er Jahren kam es zu einem ersten großen Eklat zwischen Staat und katholischer Kirche. In der Frage der gemischten (konfessionsverschiedenen) Ehen hatte sich einiger Zündstoff angesammelt. In den von protestantischen Dynastien geführten Ländern (z.B. Preußen, Hessen) hatte sich die Gesetzgebung dahin entwickelt, daß die Kinder in gemischten Ehen in der Konfession des Vaters zu erziehen waren. Im durch die Säkularisation zu Preußen gekommenen katholischen Rheinland führte nun die Entsendung zahlreicher Beamter aus den preußischen Stammlanden zu ungewöhnlich vielen konfessionsverschiedenen Ehen. Da die katholische Kirche aber weiter von der katholischen Braut das Versprechen der katholischen Kindererziehung für eine kirchliche Trauung voraussetzte, mußte es zum Konflikt zwischen Kirche und Staat kommen. Der Kölner Erzbischof Spiegel und die Berliner Regierung erzielten dennoch in Verhandlungen einen erstaunlichen Kompromiß: Der Erzbischof, und nach ihm die Bischöfe von Trier, Münster und Paderborn, wiesen ihre Geistlichen an, nur dann die feierliche Trauung zu verweigern, wenn der katholische Teil aus „Leichtfertigkeit“ mit der „akatholischen“ (d.h. evangelischen) Erziehung der Kinder einverstanden sei. In allen anderen Fällen, auch wenn durch die nichtkatholische Erziehung Familienzwistigkeiten beigelegt werden könnten, sollte der Geistliche die feierliche Trauung vornehmen. Diese Übereinkunft widersprach jedoch einer klaren Anweisung des Papstes. Dieser hatte 1830 für alle Fälle nichtkatholischer Kindererziehung nur eine „assistentia passiva“, also eine bloße Bezeugung des Ehewillens der Partner durch den Geistlichen gestattet. Zum Eklat kam es, als der Trierer Bischof Hommer auf dem Totenbett seine Zustimmung zur Berliner Übereinkunft widerrief und Rom informierte. Schließlich weigerte sich auch der neue Kölner Erzbischof Clemens August Freiherr von Droste-Vischering (1835-1845), die von seinem Vorgänger ausgehandelte Übereinkunft zu praktizieren. Für ihn sei nur die päpstliche Anordnung maßgebend. Die preußische Regierung untersagte daraufhin dem Kölner Erzbischof jede weitere Amtstätigkeit und forderte ihn auf, die Diözese zu verlassen. Der Bischof konnte dies nicht akzeptieren, fügte sich aber der zwangsweisen Wegführung nach Minden (1837). Anklage wurde gegen ihn nie erhoben. Papst Gregor XVI. feierte den gefangenen Erzbischof in einer Ansprache als unbesiegten Vorkämpfer für die Freiheit der Kirche.

Flugblatt zur Wegführung des Erzbischofs Droste-Vischering von Köln nach Minden. In Bibelversen, Zitaten aus der Ansprache des Papstes und geschichtlichen Vergleichen geht dieses Flugblatt auf den Kölner Kirchenkonflikt ein. In der Anmerkung (unten) heißt es: „Die Anbetung der Könige ist genau nach dem Cölner Dombilde copiert, nur haben die zwei hl. Gereon und Ursula am Altare ihre Stellen verlassen, und als Schutzpatrone des Domes und der Stadt begleiten diese den hl. Vater, von Rom kommend, bis vor die Veste von Minden. Die oben zu jeder Seite knieenden Bischöfe sind der hl. Maternus, erster Bischof von Cöln, und der hl. Heimbertus, erster Bischof von Minden. Die römischen Kaiser Otto der Große, Maximilian und andere deutsche Fürsten als Beschützer der katholischen Kirche.“

Neben der Mischehenfrage hatte auch der Kampf des Erzbischofs gegen den Bonner Theologen Georg Hermes (1775-1831) die Beziehungen belastet. Hermes' Grundgedanke war die rationale Begründung des katholischen Dogmas. Er forderte für die wissenschaftliche Untersuchung aller theologischen Fragen einen zunächst unparteiischen Standpunkt. In betonter Frontstellung gegen die Scholastik erklärte er die Vernunft zur *einzigen* Führerin. Indem er so der Autorität der Kirche die Autorität der Erkenntnis vorordnete, provozierte er den Widerstand des Lehramtes.

Erzbischof Droste-Vischering wies seine Geistlichen an, den Gläubigen in der Beichte die Lektüre der Schriften von Hermes zu verbieten. Den Studenten untersagte er den Besuch der Vorlesungen von Schülern des bereits verstorbenen Hermes. Mit den Professoren selbst sprach der Bischof nicht. So blutete die Bonner Theologische Fakultät regelrecht aus. Die Professoren lasen vor ein bis zwei (meist ausländischen) Studenten; die Kirche wartete den Tod der Professoren und weitere Jahre ab, ehe der preußische Staat neue, der Kirche genehme Professoren ernennen mußte.

Zum „Kölner Ereignis" wurde die Wegführung Droste-Vischerings aber erst durch die Kampfschrift *Athanasius* von *Joseph Görres* (1838). Darin hieß es:

„Das Ereigniß der gefänglichen Abführung des Erzbischofs von Cöln, das die Kundigen, die dem Gange der Dinge unter der ruhig gehaltenen, gleißenden Oberfläche seit zwanzig Jahren gefolgt, keineswegs überrascht, hat doch, als es plötzlich hervorgetreten, bei den Ununterrichteten großes Erstaunen und Befremden hervorgerufen, und wie billig die Aufmerksamkeit der ganzen katholischen Welt auf sich gezogen. Der erste Prälat von Niederdeutschland nach der alten Kirchenordnung, persönlich dabei ein Mann, den seine ganze Provinz als einen frommen, tadellosen, gewissenhaften Priester kennt, wird unter Aufführung von Kanonen und bei brennenden Lunten, mitten in seiner Diöcese in der Übung seiner Amtsverrichtungen verhaftet, und an fernen Ort auf die Festung geführt ...

Die erste Frage, die sich bietet, ist: wie stehen fortan die Confessionen in Folge dieses Handels und Alles dessen, was daran sich knüpft, zu einander? Soll fortdauernd *Gewalt* vor *Recht*, oder *Recht* vor *Gewalt* ergehen? Und diese Frage findet durch die Entfaltung des ganzen Apparates der Gewalt bei der Verhaftung vollkommen sich gerechtfertigt. Wäre es also zu verstehen, daß fortan die Macht dem Rechte voranginge, dann wäre freilich jedes in der Sache gesprochene Wort ein verlorenes; der zwischen den Confessionen geschlossene Friede wäre gebrochen und aufgehoben; die Zeit arianischer und anderer Verfolgungen wäre wieder herbeigekommen; der Erzbischof, nachdem er würdig in Wort und That der Wahrheit und dem Rechte ein gewichtig Zeugniß abzulegen sich nicht gescheut, würde mit allem Rechte der ehrenvollen Schaar der Bekenner und Märtyrer zugerechnet, die wie Athanasius, Chrysostomus und so viele Andere der Verfolgung eine muthige Stirne dargeboten; und er stände ohne weiteres vollkommen gerechtfertigt da, wie vor Gott, so vor der Welt; weil die Regierung, im Augenblicke, wo sie zur Gewalt gegriffen, ihrem Rechte ganz und gar entsagt."[9]

Der Kölner Erzbischof war beim Volk und im Klerus nicht gerade beliebt gewesen. Erst Görres hat ihn zum Märtyrer hochstilisiert. Er stellte ihn an die Seite jenes Kirchenvaters, der wegen seines unerschütterlichen Widerstandes gegen die Arianer von der Staatsgewalt aus seinem Bistum vertrieben worden war.

Die Frucht aus drei Jahrzehnten?

Das „Kölner Ereignis" wurde in mehrfacher Hinsicht bedeutsam: Es wurde zum „auslösenden Erlebnis für eine katholische Bewegung"; es war die entscheidende „Krise des Bündnisses von Thron und Altar"; es verstärkte die „päpstlich ultramontane" Ausrichtung des deutschen Katholizismus; es wurde für viele Katholiken (z.B. auch für W.E. von Ketteler) zum „entscheidenden Bekehrungserlebnis"; es hat die „konfessionellen Gegensätze noch mehr vertieft".[10]

Zu fragen bleibt, ob der Kampf gegen die staatliche Bevormundung nicht auch zu einer neuen und bedenklichen Abhängigkeit von Rom führen würde. Noch ist dies nicht entschieden. Denn das Jahr 1848 dokumentiert schließlich eindrucksvoll die Eigenständigkeit und Lebendigkeit der katholischen Kirche in Deutschland:

Die deutschen Bischöfe versammeln sich zum ersten Mal gemeinsam in Würzburg und betonen damit sichtbar ihre Verantwortung für die Kirche in ganz Deutschland.

In Mainz gibt es den ersten deutschen Katholikentag. Er unterstreicht die den Laien in den vergangenen Jahrzehnten zugewachsene Rolle und gibt der „katholischen Bewegung" Auftrieb.

Wilhelm E. von Ketteler hält im Mainzer Dom seine Predigten über die „großen sozialen Fragen der Gegenwart". Damit bereitet er der katholischen Soziallehre bis hin zur Enzyklika Leos XIII. von 1891 (Rerum novarum) den Weg.

XXI. Die Kirchen und die soziale Frage des 19. Jahrhunderts

Seit Beginn des 19. Jahrhunderts gerieten auch die deutschen Länder in den Sog ökonomischer und sozialer Umwälzungen. Diese zogen soziale und politische Mißstände nach sich, die nicht mehr mit der traditionellen christlichen Barmherzigkeit zu lösen waren. Soziale und politische Reformen wurden notwendig. Dies zu erkennen und die nötigen Konsequenzen daraus zu ziehen, fiel den Kirchen schwer.

Sie waren es gewohnt – und haben darin auch Großartiges geleistet –, zur Linderung der Not des Nächsten beizutragen. Die bestehenden Zustände hatte man freilich lange Zeit als unabänderlich oder gar „gottgewollt“ hingenommen. Erst im industriellen Zeitalter wurde die soziale Frage „zur brennendsten aller Fragen“[1]. Dabei umfaßte dieser

Sonntag – eine allegorische Illustration aus einem französischen Katechismus des 19. Jahrhunderts: Im Vordergrund sieht man Leute, die sonntags in der Fabrik arbeiten. Andere sitzen in Straßencafés und vergessen ihre Sonntagspflicht. In die Kirche, die auf dem Hügel liegt, scheinen nur ehrbare, bürgerliche Familien, Schulkinder und Leute vom Land zu gehen – ein sehr sprechendes Bild für die Situation der Kirche im 19. Jahrhundert.

Themenbereich im 19. Jahrhundert vor allem die Arbeiterfrage. Vordergründig ging es dabei um die Bekämpfung der Armut, letztlich aber um die soziale Gerechtigkeit und die Würde des Menschen. Die soziale Frage des 19. Jahrhunderts lehrte die Kirchen die Notwendigkeit sozialer Veränderungen. So kann es heute in einer kirchlichen Denkschrift heißen:

„Christliche Liebe ist nicht nur dem notleidenden Einzelnen zugewandt. Es genügt auch nicht, Schäden und Mängel, die sich aus ungerechten Verhältnissen ergeben, nachträglich aus Gründen christlicher Barmherzigkeit zu lindern. Vielmehr gehören Barmherzigkeit und Gerechtigkeit, Dienst am Einzelnen und an der Gesellschaft, die Beseitigung der Ursachen sozialer Ungerechtigkeit sowie die Fürsorge für deren Opfer gleichermaßen unter die Botschaft des kommenden Gottesreiches."[2]

Die soziale Frage des 19. Jahrhunderts

Für die Entwicklung der ökonomischen und sozialen Verhältnisse im Deutschland des 19. Jahrhunderts gibt es mehrere Ursachen:

– Dank besserer Hygiene, gesünderer Ernährung und fortschrittlicher Behandlung der Kranken kam es zu einer außergewöhnlich starken Bevölkerungszunahme. Allein in den Jahren 1816-1845 nahm in Deutschland (in den Grenzen von 1914) die Bevölkerung von 24,8 auf 34,4 Mio., also um 38,7 % zu.

– Die Bauernbefreiung in Preußen, dem größten Land Deutschlands, ließ viele Bauern verarmen. Die Entschädigungen, die sie für ihre „Befreiung" zu leisten hatten, überforderten viele, so daß ihnen nichts anderes übrig blieb, als ihren Grundbesitz zu verkaufen. Sie bildeten eine ländliche Unterschicht, die nur mit härtester Arbeit sich und ihre vielköpfigen Familien durchbringen konnten. Erst ab den sechziger Jahren fanden viele von ihnen Arbeitsplätze in den neu entstandenen Industriezentren.

– Die Einführung der Gewerbefreiheit zu Beginn des 19. Jahrhunderts ließ die Zahl der selbständigen Handwerker unverhältnismäßig in die Höhe schnellen. Es blieb oft genug nicht mehr genügend Arbeit für den einzelnen Handwerker. Besonders schlimm war das Los des sog. Hausgewerbes. Spinner und Weber erzeugten in ihren Häusern Waren, die von den Verlegern verkauft wurden. Die zunehmende Konkurrenz der billiger produzierenden Fabriken mit ihren Maschinen machte die Situation des Hausgewerbes immer hoffnungsloser. In Schlesien starben

Das Foto aus dem Jahr 1929 zeigt die Mietskaserne Mayershof in der Berliner Ackerstraße. Bankier Mayer ließ sie 1873/74 mit 300 Wohnungen in einem Vorderhaus und fünf Hinterhäusern errichten. In ihr wohnten 2000 Menschen.

in den vierziger Jahren Tausende an Hungertyphus. 1844 kam es in Peterswaldau und Langenbielau zu größeren Aufständen, die von preußischem Militär mit Gewalt niedergeschlagen wurden.

– Seit Beginn des 19. Jahrhunderts wurde Deutschland zuerst schwach, ab 1850 immer stärker von der industriellen Revolution erfaßt. Diese hatte ihren Anfang in England genommen. Die Erfindung von bahnbrechenden Maschinen und die Einrichtung von Fabriken trieben sie voran. In Deutschland gingen zuerst Bergbau und Textilindustrie zum maschinellen Großbetrieb über. Die Unternehmer kamen im allgemeinen aus dem Handwerkerstand. Viele Unternehmen, vor allem kleinere, hatten vor 1850 schwer um ihre Existenz zu kämpfen. Sie suchten die Lasten auf ihre Arbeiter abzuwälzen. Deren Lage verschlechterte sich zusehends. Sie war gekennzeichnet durch sinkende Löhne, die ausgeglichen wurden durch billige Frauen- und Kinderarbeit.

Die Arbeitszeiten betrugen in den vierziger Jahren bis zu 17 Stunden. Schlechte Wohnverhältnisse und eine völlig unzureichende Versorgung bei Krankheit, Alter und Unfall waren festzustellen. Das sog. Trucksystem (vom engl.: truck = Tausch), nach dem die Arbeiter entweder ihren Lohn in Waren erhielten oder aber lebensnotwendige Waren vom Unternehmer zu überhöhten Preisen kaufen mußten, erniedrigte die Arbeiter. Viele Arbeiter, die aus ländlichen Gebieten in die neuen Industriezentren (Ruhrgebiet, Schlesien, Großstädte wie Hamburg und Berlin) kamen, waren entwurzelt. Sie waren aus der Geborgenheit ihrer Familien, auch ihrer Kirchengemeinden herausgefallen und konnten sich nur schwer in den neuen Verhältnissen zurechtfinden. Alkoholismus und Prostitution waren an der Tagesordnung.

Der Bericht von Hermann Enters macht die Situation der Arbeiter deutlich. Dieser Mann, 1846 in Wuppertal geboren, wanderte 1862 nach Amerika aus. Im Alter von 76 Jahren schrieb er an seine in Deutschland gebliebenen Geschwister einen langen Brief. Darin berichtet er über seine Jugend in Wuppertal:

„Mein erster Arbeitsplatz war ... bei einem Bandwirker. Sein Name war Winkelströter. Es waren junge Leute mit 2 kleinen Kindern. Gleich, wenn ich aus der Schule kam und Mittag gegessen hatte, ging ich ... aufs Spulrad. Zwei Bandstühle hatten die Leute. Ich machte Spulen den ganzen Nachmittag bis abends 7 Uhr, manchmal noch länger, kam dann abends zwischen 8 und 9 nach Hause, aß und machte meine Schulsachen und ging gegen 10 Uhr zu Bett ... Was ich dort verdient habe, weiß ich nicht, aber bestimmt nicht mehr wie 15 oder 20 Groschen, das war das erste, was meine Eltern von mir ernten taten ...
Ich ging in die Kinderlehre und wurde 14 Jahre alt, dann kam die Prüfung in der Schule, und ich konnte ganze Tage nach der Arbeit gehen. Das war im Herbst ...
Nun wäre es Zeit gewesen für eine Stelle aufs Kontor, allein da gehörten Kleider zu und Eltern, die die Fähigkeit hatten und Mut dazu, mir solche Stelle zu suchen ...
Nun mußte ich jeden Tag, ohne Unterbrechung, 15 Stunden in der Fabrik liegen. Ich war doch noch ein Kind, ich ging noch in die Kinderlehre beim Pastor Thümmel. Es war Winter. Jeden Morgen $^1/_2$ 6 Uhr mußte ich ... sozusagen in die Hölle, und kam abends um $^1/_2$ 10 Uhr heim.
Zu Ostern wurde ich konfirmiert, und ich weiß noch, daß ich eine schwarze, seidene Atlasweste anhatte. Die Mutter hatte gelaufen, daß ich Konfirmandenkleider geschenkt bekam. Die Weste, das weiß ich, hatte Vater gekauft. Als ich nun nach der Konfirmation meinen Denkspruch holen mußte beim Pastor, fragte mich derselbe, ehe er mich entließ und den Denkspruch gab: ‚Ja, du hast mir wohl viel Freude gemacht, aber du hättest in der ersten Klasse bleiben müssen.' Die erste Klasse mußte nämlich die Predigt des Sonntags in der Kirche aufschreiben und dann bis zum nächsten Unterricht zu Hause in Reinschrift ordnen und dem Pastor abgeben. Das konnte ich unmöglich fertigbringen bei täglich 15stündiger Arbeit in der Fabrik. Deshalb ging ich in die 2. Klasse. Das sagte ich ihm. Da sagte er zu mir: ‚Hast du dich auch bekehrt?' Ich muß ihn wohl recht dumm angesehen haben, als er so fragte. Na, es war kein Sausen und Brausen über mich vom Himmel gekommen, auch redete ich noch keine andere Sprache wie Wuppertaler Platt, und lügen tät ich grundsätzlich nicht. Da sagte ich in meiner Treuherzigkeit ganz aufrichtig: ‚Nein.' ‚So', sagte er zu mir, ‚jetzt läufst du schnurstracks in die Hölle herein.' Ich kam nach Hause. Das Weinen war mit näher wie's Lachen. Ich erzählte dem Vater, daß der Pastor gesagt

hätte, ich liefe jetzt schnurstracks in die Hölle herein. Der Vater lächelte und sagte zu mir, ich solle das nicht so schlimm nehmen. Aber, meine lieben Geschwister, wenn je ein Pastor die Wahrheit gesprochen hat, so war dies eine Wahrheit, was zu mir gesagt wurde, als der Pastor sagte, ich liefe jetzt schnurstracks in die Hölle herein. Denn bis zu meinem Mannesalter ist mein Leben eine Hölle gewesen ..."[3]

Natürlich wurden die Mißstände auf staatlicher Seite zur Kenntnis genommen. Der preußische Staat schritt zunächst aber nur in zwei Teilbereichen ein, einmal bei der Kinderarbeit und zum anderen beim Trucksystem. Bezeichnenderweise wurde das Fabrikgesetz von 1839 über die Beschäftigung jugendlicher Arbeiter auch aus Sorge um den gesunden Nachwuchs der preußischen Armee erlassen. Sein § 1 sagt eigentlich alles: „Vor zurückgelegtem neunten Lebensjahre darf niemand in einer Fabrik oder bei Berg-, Hütten- und Pochwerken zu einer regelmäßigen (!) Beschäftigung angenommen werden."[4]

1849 erließ Preußen ein Gesetz gegen das Trucksystem.

Erste Lösungsversuche

Die ersten Theorien zur Lösung der sozialen Frage entstanden in England und Frankreich. Männer wie Graf *Saint-Simon* (Frankreich) und *Robert Owen* (England) – man nennt sie Frühsozialisten – entwarfen sozialistische, kommunistische und anarchistische Theorien, die die deutschen Frühsozialisten beeinflußten. Im Unterschied zu den englischen und französischen hatten die deutschen Frühsozialisten wenig Einfluß auf das politische Geschehen. Der bekannteste war *Wilhelm Weitling* (1808-1871). Geboren als unehelicher Sohn einer deutschen Magd und eines französischen Offiziers, wurde er Damenschneider. Auf seinen Wanderungen als Geselle kam er nach Paris, lernte die französischen Frühsozialisten kennen und schloß sich dem geheimen „Bund der Gerechten" an. Er wirkte später als Agitator in Deutschland und in der Schweiz. Er gründete kommunistische Arbeiterbildungsvereine. Seine erste Schrift, „Die Menschheit, wie sie ist und wie sie sein sollte" (1838), war als Programmschrift des „Bundes der Gerechten" gedacht. Er „entwarf hier den Plan einer kommunistischen Gütergemeinschaft; er hoffte, daß diese vollkommene Wirtschaftsordnung, nachdem der Staat überwunden sei, auch zu einer vollkommenen Gesellschaft der ganzen Menschheit führen würde"[5]. Weitling war sicher kein Freund der Kirchen, aber durchaus nicht religions- und christentumsfeindlich. Mit recht eigenwilligen Exegesen neutestamentlicher Texte suchte er den christlichen Glauben für seine Ziele nutzbar zu machen. Jesus wurde sozusagen zum ersten Frühsozialisten. Gerade die Mischung von sozialistischen und christlichen Ideen ist typisch für die Veröffentlichungen Weitlings. In einem seiner Aufrufe heißt es:

„Es wird eine Zeit kommen, wo man nicht mehr bitten und verlangen wird …

Zu dieser Zeit wird die Tränenfeuchte der Bruderliebe wieder in das vertrocknete Auge des Eigennutzes zurückkehren, das Herz des Lasterhaften wird sich von einem nie gekannten Tugendgefühle ergriffen fühlen und der Gottesleugner ein Dankgebet zum Himmel schicken …

Also vorwärts, Brüder! Den Fluch des Mammons auf den Lippen, laßt uns die Stunde der Befreiung erwarten, die unsere Tränen in erquickende Tautropfen, die Erde in ein Paradies und die Menschheit in eine Familie verwandeln wird.“[6]

Weitling lernte in Brüssel auch Marx und Engels kennen. Es kam freilich bald zum Bruch mit ihnen. Sah Weitling visionär den Kommunismus unmittelbar heraufziehen, so konnte für Marx und Engels der Kommunismus erst nach der Herrschaft der Bourgeoisie anbrechen. Weit stärker als Weitlings Frühsozialismus wirkte der wissenschaftliche Sozialismus von *Karl Marx* (1818-1883) und *Friedrich Engels* (1820-1895). Ihr populärstes Werk war das *Kommunistische Manifest* von 1848.

Dort entwickelten sie die Grundlagen ihrer Theorie. Ausgangspunkt war die These: „Die Geschichte aller bisherigen Gesellschaft ist die Geschichte von Klassenkämpfen.“ In der Gegenwart stehen nur noch zwei Klassen einander gegenüber, die Bourgeoisie, der die Fabriken und die anderen Produktionsmittel gehörten, und die Proletarier, die lohnabhängigen Arbeiter. Marx und Engels sahen in Bälde den Sturz der Herrschaft der Bourgeoisie kommen und den Anbruch der Diktatur des Proletariats. Doch diese war nur ein Übergangsstadium für eine ganz neue Gesellschaft, die so beschrieben wurde: „An die Stelle der alten bürgerlichen Gesellschaft mit ihren Klassen und Klassengegensätzen tritt eine Assoziation, worin die freie Entwicklung eines jeden die Bedingung für die freie Entwicklung aller ist.“[7] Um freilich die Proletarier aus ihrer schrecklichen Lage zu befreien, müssen sie sich zusammenschließen und die Bourgeoisie in einem revolutionären Akt stürzen. Die Religion betrachteten Marx und Engels als ein Symptom der Entfremdung und vernunftloser gesellschaftlicher Zustände. Sie wirke als „Opium des Volkes“. Nach ihr griffen die verelendeten Menschen, um sich über ihre

Der Mainzer Bischof Wilhelm Emmanuel von Ketteler war einer der wichtigsten Vertreter der katholisch-sozialen Bewegung im 19. Jahrhundert

Lage hinwegzutrösten, statt sie zu verändern. Wenn das Proletariat die Macht ergriffen habe, würde die Religion von selber absterben, weil man keinen Trost mehr brauche.

Die Kirchen lehnten das Kommunistische Manifest ab, nicht nur wegen seiner Religionskritik. Auch die Forderung nach Aufhebung des Privateigentums und die Aufforderung zur Revolution stießen auf ihren erbitterten Widerstand. Zu bedenken dabei ist, daß die Kirchen im allgemeinen eng mit der bestehenden Ordnung verbunden waren. Das gilt besonders für die evangelischen Landeskirchen, in denen die Fürsten das „landesherrliche Kirchenregiment" innehatten (s.o. S. 188). Vielfach gehörten die Pfarrer der herrschenden Schicht an; teilweise waren sie in ihrem Dienst direkt von ihnen abhängig. Die Revolution galt als böse, weil sie die von Gott geheiligte alte Ordnung in Frage stellte. Eben diese galt es zu verteidigen.

In der *katholischen* Kirche wiesen früh Einzelpersönlichkeiten auf die sozialen Mißstände hin. So deckte etwa *Franz von Baader* in einer Schrift „Über das dermalige Mißverhältnis der Vermögenslosen oder Proletairs zu den Vermögen besitzenden Klassen der Sozietät" (1835) die wachsende Verelendung der Arbeiter auf. Und der badische Politiker *Franz Joseph Ritter von Buß* legte im badischen Landtag 1837 ein soziales Reformprogramm vor. Prägend für die soziale Einstellung des deutschen Katholizismus sollte der westfälische Priester und spätere Bischof *Wilhelm Emmanuel von Ketteler* werden.

1848 hielt er im Mainzer Dom sechs Abendpredigten über „die großen sozialen Fragen der Gegenwart". Hellsichtig erkannte Ketteler, daß die soziale Frage die entscheidende Frage der Gegenwart war. Mit bloßer karitativer Mildtätigkeit konnte sie nicht gelöst werden. Es muß – so Ketteler in seiner Frühzeit – zu einer großen Gesinnungsreform kommen:

„Um die sozialen Übel zu heilen, genügt es nicht, daß wir einige

Arme mehr speisen und kleiden und dem Armenvorstand einige Taler Geld mehr durch unsere Dienstboten zusenden, das ist nur der allerkleinste Teil unserer Aufgabe, sondern wir müssen eine ungeheure Kluft, einen tief eingewurzelten Haß zwischen Reichen und Armen ausgleichen, wir müssen eine tiefe sittliche Versunkenheit bei einem zahlreichen Teil unserer armen Mitbrüder, die allen Glauben, alle Hoffnung, alle Liebe zu Gott und den Nebenmenschen verloren haben, wieder heilen, wir müssen die geistige Armut der leiblich Armen wieder heben."[8]

Wanderbüchlein für das Mitglied des Katholischen Gesellenvereins August Bebel, der später Führer der deutschen Sozialdemokratie wurde

Die sozialen Mißstände sollten letztlich durch die Überwindung des Unglaubens beseitigt werden, denn eben dieser – so Ketteler in seiner 5. Adventspredigt von 1848 – „erscheint mir als die einzige Quelle des ganzen Verderbens, der Glaube an Christus in der katholischen Kirche als das einzige Mittel der Heilung".[9]

Der ehemalige Schuhmachergeselle und spätere Priester *Adolf Kolping* hat für eine Gruppe bahnbrechende Sozialarbeit geleistet, für die Handwerksgesellen. 1849 gründete er in Köln den ersten Gesellenverein. Im Haus des Gesellenvereins – es gab solche Häuser bald in vielen deutschen Städten – sollte der junge Handwerksgeselle eine Heimat haben, Geselligkeit finden und die Möglichkeit, sich in Kursen weiterzubilden. Auch sollte er sich in der Kirche wieder heimisch fühlen.

Auf *evangelischer* Seite bekämpften einzelne Persönlichkeiten aus der Erweckungsbewegung (s.o. S. 248) im Zeichen der „tätigen Liebe" einzelne Mißstände. *Johannes Falk* und *Graf von der Recke-Vollmarstein* gründeten in Weimar bzw. Düsseldorf Anstalten für Waisen. *Baron von Kottwitz* gründete in Berlin eine „Freiwillige Beschäftigungsanstalt" für Arbeitslose. Vor allem in Süddeutschland entstanden eine große Zahl sog. „Rettungshäuser", in denen gefährdete Menschen innere und äußere Rettung erfahren sollten.

Der Kaiserswerther Pfarrer *Theodor Fliedner* wurde zum Erneuerer

Johann Hinrich Wichern, mit eigenhändiger Unterschrift und 1 Joh 5,4 als Widmung, war als Gründer der Inneren Mission ein entscheidender Vertreter der evangelisch-sozialen Bewegung.

des Diakonissenamtes in der evangelischen Kirche. 1836 gründete er die „Diakonissenanstalt Kaiserswerth“. Die Diakonissen verpflichteten sich, ehelos zu bleiben. Sie erhielten eine qualifizierte Ausbildung zu einem Beruf. Sie waren den verheirateten Bürgerfrauen gleichgestellt, deren Tracht (Haube!) sie trugen. Die Diakonissen waren auf vielen Arbeitsgebieten tätig, vor allem in der Krankenpflege. Sie gehörten jeweils einem „Mutterhaus“ an. Das Vorbild von Kaiserswerth machte rasch Schule. Als Fliedner 1864 starb, gab es schon 32 Mutterhäuser, z. T. auch außerhalb Deutschlands. Mit dem Amt der Diakonisse wurde erstmals der unverheirateten berufstätigen Frau ein anerkannter Platz in der Gesellschaft ermöglicht.

Ein breiteres Bewußtsein der Verantwortung der evangelischen Kirche für die soziale Frage entstand erst im Zusammenhang der Revolution von 1848. Dies ist vor allem dem Hamburger Theologen *Johann Hinrich Wichern* zu danken. Aus einer verarmten Familie stammend, studierte er unter dem Einfluß der Erweckungsbewegung Theologie. 1833 gründete er das „Rauhe Haus“ in Hamburg, das verwaiste und verwahrloste Jugendliche aufnahm. Bekannt wurde er im ganzen evangelischen Deutschland, als er 1848 auf dem Wittenberger Evangelischen Kirchentag zu Wort kam. Dieser, eine Versammlung von Vertretern der Landeskirchen, wollte sich eigentlich vor allem mit der Einigung des deutschen Protestantismus beschäftigen. Wichern erhielt das Rederecht. In einer $1^{1}/_{4}$ stündigen Stegreifrede wies er die Versammlung auf die soziale Frage hin und rief die Kirche zum Handeln auf. Im Anschluß daran wurde der Centralausschuß der Inneren Mission gegründet. Wichern wurde beauftragt, eine grundlegende Denkschrift zu verfassen. Er schrieb darin:

„Als Innere Mission gilt uns nicht diese oder jene einzelne, sondern die gesamte Arbeit der aus dem Glauben an Christum geborenen Liebe, welche diejenigen Massen in der Christenheit innerlich und äußerlich erneuern will, die der Macht und Herrschaft des aus der Sünde direkt oder indirekt entspringenden mannigfachen äußern und innern Verderbens anheimgefallen sind, ohne daß sie, wie es zu ihrer christlichen Erneuerung nötig wäre, von den jedesmaligen geordneten christlichen Ämtern erreicht werden.
Kein innerer oder äußerer Notstand, dessen Hebung Aufgabe christlich rettender Liebe sein kann, ist der Inneren Mission fremd, und die reichste Fülle der Hilfe steht ihr zu Gebot. Denn die Wurzel ihres Werkes ist Christus, dem alle Not zu Herzen geht und in dessen Herz die Hilfe gegen alles Elend zu finden ist."[10]

Wie Ketteler sah Wichern in dieser Denkschrift die Ursachen für die sozialen Nöte vor allem im Abfall von Gott und in der Sittenlosigkeit. Die Hauptaufgabe der Inneren Mission mußte darum Predigt des Evangeliums, Seelsorge und soziale Fürsorge sein. Dazu gab die Innere Mission wesentliche Anstöße. Vor allem auf dem Gebiet der sozialen Fürsorge hat die Innere Mission, die 1957 mit dem Evangelischen Hilfswerk zum Diakonischen Werk zusammengeschlossen wurde, Überragendes geleistet und leistet es heute noch.

Für die Sozialreform war nach Wichern der Staat zuständig. Wichern machte hierfür durchaus Vorschläge. Z.B. brachte er in seiner Denkschrift den Gedanken einer „Assoziation der Hilfsbedürftigen selbst" vor, eine Art gewerkschaftlicher Selbsthilfe. Doch verfolgte er diesen Gedanken später nicht weiter. Vor allem hat er das Gebiet der Sozialpolitik nie betreten. In einer gerechten Würdigung Wicherns aus unserem Jahrhundert heißt es: „Die Liebe wußte er wie kein anderer Mann seiner Zeit zu predigen und zu tun, aber er wußte nicht die Gerechtigkeit zu gestalten"[11].

Neue Antworten nach 1870

Die Reichsgründung 1870 brachte einen neuen Schub in der wirtschaftlichen Entwicklung Deutschlands. Die Industrialisierung erfaßte immer weitere Gebiete. Die neuen Fabriken benötigten immer mehr Menschen. Der Konkurrenzkampf zwischen den Firmen verschärfte sich. Vielfach wurden die wirtschaftlichen Probleme auf dem Rücken der Arbeiter ausgetragen.

Seit 1871 durften sich die Arbeiter in Deutschland zu Gewerkschaften zusammenschließen. 1875 wurde die sozialistische Arbeiterpartei gegründet. Sie heißt seit 1891 Sozialdemokratische Partei Deutschlands. Im Erfurter Programm von 1891 steht zur Religion: „*Erklärung der Religion zur Privatsache.* Abschaffung aller Aufwendungen aus öffentlichen Mitteln zu kirchlichen und religiösen Zwecken. Die kirchlichen und religiösen Gemeinschaften sind als private Vereinigungen zu betrachten, welche ihre Angelegenheiten vollkommen selbständig ordnen."[12]

Auch wenn viele Arbeiter der Kirche gleichgültig gegenüberstanden, traten sie – vor 1918 – im allgemeinen nicht aus den Kirchen aus. Daran konnte auch eine massive Freidenkerpropaganda nicht viel ändern. „Die Mehrheit der sozialdemokratischen Führer" vermied es, „mit den Freidenkern die Religionsfrage aggressiv aufzunehmen, die Religion würde, so meinten sie, von selbst absterben."[13] Allerdings gingen einzelne Arbeiterführer in vielgelesenen Schriften mit Christentum und Kirche scharf ins Gericht. So kommt August Bebel (1840-1913) in seiner Schrift „Christentum und Sozialismus" (1878) zu folgendem Ergebnis: „Christentum und Sozialismus stehen sich gegenüber wie Feuer und Wasser. Der sog. gute Kern im Christentum ist nicht christlich, sondern allgemein menschlich, und was das Christentum eigentlich bildet, der Lehren- und Dogmenkram, ist der Menschheit feindlich."[14] *Ein* wichtiger Grund für die kritische Haltung gegenüber Kirche und Christentum war sicher die Erfahrung, daß die Arbeiter sich in ihrem Kampf um wirtschaftliche, soziale und politische Gleichberechtigung von den Kirchen weitgehend im Stich gelassen sahen. In England kam es im 18./19. Jahrhundert nicht zu einer entsprechenden Entfremdung der Arbeiter von den Kirchen, weil dort starke Kräfte im englischen Christentum für die notwendige Neuordnung der Gesellschaft eintraten.

Wie verhielten sich nun die *Kirchen* in Deutschland?

Schon in den sechziger Jahren hatte sich der Mainzer Bischof Ketteler erneut zu Wort gemeldet. Nun forderte er über die Gesinnungsreform hinaus auch die Zuständereform. Er trat für die Bildung von Privatgenossenschaften auf der Basis der Selbsthilfe ein. Nach und nach forderte er auch die Staatshilfe. Er stellte einen Katalog von Forderungen auf wie Lohn- und Arbeiterschutz, Arbeitszeitverkürzungen, Einschränkung der Frauenarbeit usw. „Praktisch bilden diese einzelnen Programmpunkte den Übergang von einer Sozialreform im Sinne einer Neugestaltung der Gesamtgesellschaft zur aktiven Sozialpolitik, d.h. zur allmählichen Ausrottung der Schäden des Systems, ohne dieses selbst radikal in Frage zu stellen."[15] Das Zentrum, die 1870 gegründete Partei der deutschen Katholiken, ging den von Ketteler gewiesenen Weg weiter und entwickelte eine breite sozialpolitische Aktivität. 1890 entstand der Katholische Volksverein mit Sitz in München-Gladbach (heute: Mönchengladbach). Dieser war eine Zentrale für Sozialwissenschaft und Sozialpolitik, die zahlreiche Schriften zu den strittigen Fragen herausbrachte und vor Ort Schulungsarbeit leistete. Nicht zuletzt das Anwachsen der Sozialdemokratie im Deutschen Reich war einer der Gründe für die Schaffung des Volksvereins. In seinem Gründungsaufruf hieß es:

„Schwere Irrtümer und bedenkliche Umsturzpläne treten überall in Erscheinung, die bestehende Staats- und Gesellschaftsordnung ist in ihrer Grundlage bedroht. Die Sozialdemokratie ist es vor allem, welche diese Irrlehren nicht nur verbreiten, sondern auch praktisch ins Leben einführen will ... Katholische Männer aus allen Teilen Deutschlands traten dieserhalb zu wiederholter ernster Beratung zusammen und kamen nach reiflicher Überlegung zu dem Entschlusse, einen Verein zu bilden, dessen Zweck sei, die Irrtümer und Umsturzbestrebungen auf sozialem Gebiete zu bekämpfen und die christliche Gesellschaftsordnung zu verteidigen ...“[16]

Zur Grundlage für die Haltung der Katholiken zur sozialen Frage wurde schließlich die Enzyklika (= Rundschreiben) *Papst Leos XIII.* von 1891, die nach ihren Anfangsworten *Rerum novarum* (= „Der Geist der Neuerung, der seit langem durch die Völker geht ...“) heißt. Das Rundschreiben lehnte den Sozialismus als Irrweg klar ab, weil er das Naturrecht auf Privateigentum bestreitet. Es kennt keinen von Natur aus unversöhnlichen Gegensatz zwischen der besitzenden und der nicht besitzenden Klasse. Beide können ohne einander nicht bestehen:

„*Die Kirche*, als Vertreterin und Wahrerin der Religion, hat zunächst in den religiösen Wahrheiten und Gesetzen ein mächtiges Mittel, die Reichen und die Armen zu versöhnen und einander nahezubringen; ihre Lehren und Gebote führen beide Klassen zu ihren *Pflichten gegeneinander* und namentlich zur Befolgung der Vorschriften der Gerechtigkeit.“

In bezug auf die Arbeitgeber heißt es:

„Vor allem aber ist es Pflicht der Arbeitsherren, den Grundsatz: *Jedem das Seine*, stets vor Augen zu behalten. Dieser Grundsatz sollte auch unparteiisch auf die Höhe des Lohnes Anwendung finden, ohne daß die verschiedenen für die Billigkeit des Lohnmaßes mitzuberücksichtigenden Momente übersehen werden. Im allgemeinen ist in bezug auf den Lohn wohl zu beachten, daß es wider göttliches und menschliches Gesetz geht, Notleidende zu drücken und auszubeuten um des eigenen Vorteils willen. Dem Arbeiter den ihm gebührenden Verdienst vorenthalten, ist eine Sünde, die zum Himmel schreit.“

Daneben wird auch der Staat an seine Aufgabe erinnert. Er hat dann einzugreifen, wenn „der staatlichen Gesamtheit oder einzelnen Ständen ein Nachteil“[17] droht. Und das ist nach der Ansicht der Enzyklika jetzt der Fall. Schließlich schlug das Rundschreiben auch die Bildung von Arbeitervereinen und Arbeiterausschüssen vor. Es trat für das Koalitionsrecht der Arbeiter, nicht aber für das Streikrecht ein. Tatsächlich entstanden in der Folge zahlreiche, konfessionell gegliederte Arbeitervereine unter Leitung eines Geistlichen, die sich zu regionalen Verbänden zusammenschlossen. 1899 fand dann in Mainz der 1. Kongreß der „Christlichen Gewerkvereine Deutschlands“ statt. Sie waren überkonfessionell ausgerichtet, jedoch überwog in ihnen das katholische Element. Sie wollten vor allem den „freien“ deutschen Gewerkschaften entgegentreten. Unter ihrem tatkräftigen Generalsekretär Adam Stegerwald entwickelten sie sich so gut, daß sie 1921 schon 350 000 Mitglieder zählten. Diese Zahlen können aber nicht über die Schwierigkeiten hinwegtäuschen, mit denen die christliche Gewerkschaftsarbeit, allen voran der „Volksverein für das katholische Deutschland“, zu kämpfen hatte. Bei einer starken Minderheit der Bischöfe (Breslau und Trier) gab es nämlich große Vorbehalte gegen die Interkonfessionalität der „Christlichen Gewerkschaften“. Sie verlangten nach wie vor katholische Arbeitervereine mit einem Priester als Präses. Darunter verborgen aber lag die Grundsatzfrage, ob überhaupt Gewerkschaften sein sollten oder nicht. Der darüber entbrannte „Gewerkschaftsstreit ist eines der traurigsten und beschämendsten Ereignisse der deutschen Kirchengeschichte; er hat der Kirche einen Verlust an Anhängerschaft und an Vertrauen eingetragen, der nie wieder gutzumachen ist“[18]. Pius XI. beklagte diesen Verlust als „großen Skandal des 19. Jahrhunderts“[19].

Ein evangelischer Sozialethiker würdigte das päpstliche Rundschreiben so: „Die Enzyklika Rerum Novarum hatte in verschiedener Hinsicht Klarheit geschaffen: Weder der Kapitalismus als Wirtschaftssystem noch das Lohnverhältnis waren verworfen worden, auch nicht das Eingreifen des Staates, wohl aber die Auswüchse des Liberalismus und des Sozialismus.“[20]

Auf *evangelischer* Seite ist vor allem *Adolf Stoecker* zu nennen, seit 1864 Hofprediger in Berlin. Aus ganz einfachen Verhältnissen stammend, hatte er als Leiter der Inneren Mission in Berlin die Nöte der Arbeiter kennengelernt. Nach seiner Überzeugung konnten sie mit den Mitteln der Inneren Mission nicht gemeistert werden. Nötig war eine aktive Sozialreform. Für den konservativ und national eingestellten Theologen war der Weg der Sozialdemokratie unbegehbar. Er gründete darum 1878 eine eigene Partei, die „Christlich-soziale Arbeiterpartei“. In ihrem Programm heißt es:

„Die christlich-soziale Arbeiterpartei steht auf dem Boden des christlichen Glaubens und der Liebe zu König und Vaterland. Sie verwirft die gegenwärtige Sozialdemokratie als unpraktisch, unchristlich und unpatriotisch. Sie erstrebt eine friedliche Organisation der Arbeiter, um in Gemeinschaft mit den anderen Faktoren des Staatslebens die notwendigen praktischen Reformen anzubahnen."[21]

Doch Stoecker scheiterte. Die Arbeiter sahen in seiner Partei keine echte Alternative zur Sozialdemokratie. Sie spürten, daß Stoecker sie vor allem für Kirche und Monarchie zurückgewinnen, ihnen zwar sozial helfen, sie aber politisch unmündig halten wollte. Das Ergebnis der Reichswahl von 1878 war für Stoecker niederschmetternd. Seine Partei erhielt in Berlin nur 1421 Stimmen, die Sozialdemokratie hingegen rund 56 000. Auch entzog ihm der Kaiser seine Unterstützung. 1890 wurde er aus seiner Hofpredigerstelle entlassen. Darüber hinaus verlor Stoecker auch seinen Sitz in der Generalsynode sowie sein Reichstagsmandat. Kaiser Wilhelm II. kommentierte Stoeckers Sturz folgendermaßen: „Politische Pastoren sind ein Unding. Wer Christ ist, der ist auch sozial; christlich-sozial ist Unsinn und führt zur Selbstüberhebung und Unduldsamkeit, beides dem Christentum schnurstracks zuwiderlaufend."[22]

Auch der Evangelische Oberkirchenrat in Preußen, Zentralbehörde der weitaus größten deutschen Landeskirche, warnte vor der Sozialdemokratie. 1879 teilte er seinen Pfarrern und Gemeindekirchenräten mit:

„Den Geistlichen legt der Beruf, das Evangelium des Friedens allen ohne Unterschied nahezubringen, insbesondere die Pflicht auf, in der Teilnahme an dem gegenwärtig so leidenschaftlich bewegten politischen und sozialen Leben, sowie bei der Ausübung ihrer staatsbürgerlichen Rechte diejenige Vorsicht und Zurückhaltung zu beobachten, welche das Amt, dem Himmelreich in der Welt den Weg zu bahnen und das Wort von der Versöhnung zu predigen, mit sich bringt. Kaum etwas hat den Einfluß der amtlich organisierten Kirche, nicht nur in den höher gebildeten Kreisen der Bevölkerung so geschädigt, als der Versuch, die Kirche, ihr Bekenntnis und ihre Organe als Mittel für bestimmte politische Parteizwecke zu gebrauchen.

Allerdings weder gleichgültig noch untätig darf die Kirche bleiben gegen die in der sozialistischen Bewegung hervorgetretene Verkehrung der einfachsten sittlichen Grundwahrheiten, wie sie ihre tiefsten Wurzeln in dem Abfall von dem lebendigen Gott, in der Verachtung der ewigen Lebensgüter und der Überschätzung sinnlichen Genusses und irdischen Besitzes hat. Allein ihre nächste und wichtigste Aufgabe bleibt, mit gleichem Maß nach oben und unten, die Betätigung der Gesinnung zu wecken, welche in wohlwollender und tätiger Liebe für die gemeinsamen Aufgaben die Menschen verbindet und den Begüterten wie den Darbenden vorzuhalten, daß die im Reiche Gottes geltende Lebensordnung im Geben und Nehmen des Guten allein der Weg zum Wohlstand und Frieden ist."[23]

Mit dem Regierungsantritt von Kaiser Wilhelm II. (1888) änderte der Oberkirchenrat seinen Kurs. Wilhelm II. galt als arbeiterfreundlich. Nun wurden die Pfarrer aufgerufen, die Bildung von Arbeitervereinen anzuregen und den Kontakt mit den Arbeitern bei deren Versammlungen zu suchen. Doch schon 1895 wurde der Erlaß zurückgenommen, und zwar mit der Begründung, daß einzelne Pfarrer „sozialpolitische Agitation" betrieben und ihre eigentlichen Aufgaben in Verkündigung und Seelsorge vernachlässigt hätten.

Ab 1882 sammelten sich evangelische Arbeiter in Arbeitervereinen. Sie sollten ihnen ein „evangelisches Bewußtsein" vermitteln. Die Arbeiter sollten vor allem dem sozialdemokratischen Einfluß entzogen werden. Ziel war, „ein friedliches Verhältnis zwischen Arbeitgeber und Arbeitnehmer zu wahren und zu pflegen."[24] Die evangelischen Arbeitnehmervereine schlossen sich auf Anregung Stoeckers 1890 zu einem Gesamtverband zusammen. Mit 40 000 Mitgliedern spielten sie nur eine kleine Rolle in der Arbeiterbewegung. Gewerkschaftlich waren sie zum Großteil bei den christlichen Gewerkschaften organisiert.

1890 gründete Stoecker, kurz vor seinem Abgang als Hofprediger, den Evangelisch-sozialen Kongreß als Forum der evangelisch-sozialen Bewegung. Parteipolitisch neutral stellte sich der Kongreß die Aufgabe, „die sozialen Zustände unsres Volkes vorurteilslos zu untersuchen, sie an dem Maßstabe der sittlichen und religiösen Forderungen des Evangeliums zu messen und diese selbst für das heutige Wirtschaftsleben fruchtbarer und wirksamer zu machen als bisher"[25]. Von seinen jährlichen Tagungen gingen beachtliche Impulse für die Lösung sozialer Probleme aus.

So thematisierte der Kongreß auf seiner Erfurter Tagung von 1895 auch „die soziale Lage der Frau". Die Hauptrednerin *Elisabeth Gnauck-Kühne* (1850-1917) stellte dabei fest, daß die Arbeiterinnen in unvorstellbarer Weise ausgebeutet würden. Gleichzeitig aber beklagte sie, daß die Frauen aus dem Bürgertum zu unfreiwilligem, schöngeistigen Müßiggang verurteilt wären. Ihre Forderungen nach materieller Besserstellung der Frau wie nach deren Zulassung zu einem ordentlichen Studium und einem angemessenen Beruf haben ihre Aktualität auch heute nicht verloren. Elisabeth Gnauck-Kühne konvertierte 1900 zum Katholizismus. Sie trug entscheidend zur programmatischen Ausgestaltung der Arbeit des 1903 gegründeten Katholischen Frauenbundes bei.

Christentum und Sozialismus

Unüberhörbar war in den evangelischen und katholischen Antworten auf die soziale Frage die klare Abwehrhaltung gegenüber Sozialismus und Sozialdemokratie. Zu einem Dialog zwischen Kirchen und Arbeiterbewegung, die stark von Marx und Engels beeinflußt war, kam es im 19. Jahrhundert eigentlich nicht.

Eine neue Wertung des Sozialismus finden wir vor allem in der Bewegung des religiösen Sozialismus. Hier sah man im Protest des Sozialismus die „Manifestation des Willens Gottes zur besseren Ordnung der Welt“[26]. Der Schweizer Pfarrer *Hermann Kutter* hielt die Sozialdemokratie für ein Werkzeug Gottes, und zwar im Sinne des Gerichts über die kapitalistische Gesellschaftsordnung. Was ihn bewegte, macht eine Stelle aus seinem berühmten Buch: „Sie müssen!“ von 1903 deutlich:

Lasset die Kinder zu mir kommen!

Und Mütter nahten, brachten ihre Kinder
Und reichten bittend sie dem Heiland dar,
Daß er sie segne. Doch die Jünger schalten
Und fuhren an die, so die Kinder trugen.
Dies sah der Herr und eine Wolke trat
Auf seine Stirn und zürnend sprach er: „Lasset
Die Kindlein kommen, wehret ihnen nicht,
Denn ihrer, wahrlich, ist das Himmelreich!“

Auf ödem Vorstadthof ragt die Fabrik.
Die Räder rasseln und die Hämmer dröhnen,
Dumpf-heiße Stickluft füllt die düstern Räume
Ein Zug von Kindern schreitet durch das Tor.

Hohläugig, früh gealtert, müden Schritts,
In dürft'gem Kleid, mit bleichen Wangen schreiten
Die Kleinen dem gewohnten Tagwerk zu:
Trostlosem Müh'n um kargen Hungerlohn.

Dem Gotte Mammon ist das Haus geweiht,
Dem mächt'gen Gott, dem Christ und Jude dient.
Sein Priester steht am Tor und zählt die Opfer
Mit sattem Blick, und höhnend spricht er: Lasset
Die Kindlein kommen! Not und Siechtum harren
An dieser Stätte ihrer, früher Tod.
Wehrt ihnen nicht, — durch meine Pforte führt sie,
Glaubt mir, der schnellste Weg zum Himmelreich!“ J. S.

Scharfer Angriff auf Gesellschaft und Religion wegen der elenden Lage der Kinder im „Wahren Jakob“ von 1905, einer der Sozialdemokratie nahestehenden politisch-satirischen Zeitschrift

„Die ganze Reihe der Anstalten und christlichen Liebeswerke, wie ein Perlenkranz durch die dunklen Auen menschlichen Elends geschlungen, zeugt davon, daß die Kraft der göttlichen Liebe noch nicht erloschen ist in unserer Christenheit ... aber sie wissen von keiner *andern* Hilfe zu reden. Die innere Mission – das ist alles. Es ist groß, bewundernswert. Unsterblich glänzt der Stern *Wicherns* am Himmel des verflossenen Jahrhunderts. Und doch – zu wenig! ... Was ist das für ein Glaube, der die grausigen *Produktionsordnungen*, die der Mammon geschaffen, für unantastbar erklärt und sich damit bescheidet, die Folgen dieser Ordnungen in ihrer Entsetzlichkeit zu mildern? ... Saget mir: sind alle die furchtbaren moralischen und physischen Leiden, die tausend Wunden, aus denen unser Volkskörper blutet, nicht Folgen dieses *Produktionssystems*?"[27]

Aufsehenerregend war der Beitritt des württembergischen Pfarrers *Christoph Blumhardt* zur SPD 1899. Ab 1900 saß er als Abgeordneter der SPD für mehrere Jahre im württembergischen Landtag. Dieser Schritt kostete ihn das Pfarramt.

Der Schweizer Theologieprofessor *Leonhard Ragaz* (1868-1945), ein führender religiöser Sozialist, stellte vor allem das Reich Gottes in den Mittelpunkt seiner Überlegungen. Er war überzeugt davon, „daß die Selbstverwirklichung des Reiches Gottes nicht an die Kirche gebunden sei, sondern sich auch in der uns Menschen aufgegebenen Gestaltung der Gesamtgesellschaft vollziehe"[28]. 1903 unterstützte er als Basler Münsterpfarrer den Basler Maurerstreik. 1913 trat er als Theologieprofessor in Zürich der Sozialdemokratie bei, übersiedelte 1921 ins Züricher Arbeiterviertel und verzichtete schließlich auf seine Professur. Über das Verhältnis von Christentum und Sozialismus schrieb Ragaz 1929:

„Wenn wir von Sozialismus reden, so denken wir nicht an die verschiedenen sozialistischen Parteien und Programme, worin der Sozialismus eine Ausprägung erfährt, und zwar immer eine unvollständige, sondern an sein Grundprinzip, an das, was sein eigentliches Wesen ausmacht, genau so, wie wir es mit dem Christentum gehalten haben. Was will, fragen wir in diesem Sinne, der Sozialismus?
Wir können wirklich keine tiefere und zutreffendere Antwort geben als die: er will eine Neue Erde, worin Gerechtigkeit wohnt. Er will das wirtschaftliche Leben umgestalten, will die Arbeit von Lohndienst und Profitdienst erlösen und sie zu Menschendienst (ja Gottesdienst) machen. Er will aus dem Kampf aller gegen alle einen Kampf aller für alle machen, an Stelle der Ausbeutung des Menschen durch den Menschen die gegenseitige Hilfe setzen. Er strebt

eine Verteilung des Arbeitsertrages und überhaupt der Güter der Erde an, die den Grundsätzen der solidarischen Verbundenheit der Menschen entspricht. An Stelle der egoistischen Privatwirtschaft soll die Gemeinwirtschaft treten, an Stelle des Geldes und der Maschine überall der Mensch, seine Würde, sein Glück. Eine familienhafte Fürsorge soll alle Schwachen, vom Schicksal Verkürzten, soll die Kinder, die Armen, Kranken, Alten, umfassen. Auf diesem neuen Fundament der wirtschaftlichen soll eine neue politische Demokratie sich erheben, eine *echte* Demokratie, in den einzelnen Völkern, wie in der Völkerwelt ...
Christentum und Sozialismus ... werden die zwei Mächte sein, die die Zukunft gestalten. Jetzt noch sind, im Großen gesehen, diese beiden Ströme durch einen breiten Damm getrennt, den Irrtum und Unrecht aufhäuft ... Der Damm wird eines Tages brechen, und die zwei Ströme werden zu einem einzigen werden. Dann gehen Christentum und Sozialismus auf in dem Einen, Großen, das beiden Erfüllung schafft, dann ergrünt unter dem Neuen Himmel des Christentums die Neue Erde des Sozialismus, dann ist der Ring wieder zusammengefügt, und seine Kraft wird Wunder der Erlösung wirken."[29]

1935 trat Ragaz aus der sozialdemokratischen Partei der Schweiz aus. Sie grenzte sich nach seiner Meinung nicht deutlich genug vom Sozialismus sowjetischer Prägung ab. Der „real existierende Sozialismus" hatte ihn schwer enttäuscht.

Heute – nach dem Zusammenbruch des Kommunismus in Osteuropa – stellt sich die Frage, ob und in welcher Weise die von Ragaz beschworene Utopie des Sozialismus eine Zukunft haben wird.

Die soziale Frage des 20. Jahrhunderts

Vergleicht man die Lage der arbeitenden Bevölkerung heute mit der im 19. Jahrhundert, so hat sich vieles zum Besseren gewendet. Als soziale Frage des 20. Jahrhunderts bezeichnen heute viele die Lage der Menschen in den Ländern der Dritten Welt. Allen Einsichtigen ist klar, daß auch diese Frage nicht mit Mitteln der Mildtätigkeit gelöst werden kann und daß Veränderungen der wirtschaftlichen und politischen Strukturen nötig sind. Vor falschen Alternativen ist freilich zu warnen; denn: „Die Beseitigung der Ursachen sozialer Ungerechtigkeit sowie die Fürsorge für deren Opfer (gehören) gleichermaßen unter die Botschaft des kommenden Gottesreiches" (s.o. S. 285).

XXII. Abgrenzung und Selbstbehauptung: Die katholische Kirche in der zweiten Hälfte des 19. Jahrhunderts

Papst Gregor XVI. (1831-1846) hatte die katholische Kirche neu geordnet und dabei „eine bis dahin unbekannte geistige und organisatorische *Uniformierung*“ (R. Lill) eingeleitet. Dabei griff er auf mittelalterliche Vorstellungen wie den Schlachtruf des Investiturstreites „Libertas ecclesiae“ (= Freiheit der Kirche) zurück. In Auseinandersetzung mit dem Staatskirchentum behauptete er die kirchliche Souveränität gegenüber dem Staat.

Diese Kirchenpolitik setzte Pius IX. (1846-1878) konsequent fort. Zunächst wurde dieser Papst als liberal eingeschätzt, weil er die italienische Freiheits- und Einigungsbewegung vorsichtig begrüßt hatte. Nach der Ermordung seines Ministerpräsidenten Rosse mußte Pius ins neapolitanische Gaeta fliehen (1848-1850). Diese Ereignisse verwandelten ihn zum unerbittlichen Kämpfer gegen den Liberalismus in und außerhalb der Kirche.

Verlust des Kirchenstaates

Im Kampf um den Kirchenstaat mußte das Papsttum empfindliche Niederlagen hinnehmen. 1861 war das Königreich Italien ausgerufen worden, der verbliebene Kirchenstaat (Gebiet um Rom) konnte sich nur noch mit Hilfe französischer Truppen halten. 1867 gelang es noch einmal, den dritten Marsch des Freischarenführers G. Garibaldi auf Rom zurückzuschlagen. Die katholische Presse feierte diese Zeit als die Wiederkehr der „schönen Zeit der Kreuzzüge“ und pries die Soldaten des Papstes als wahre „Makkabäer“. Angeblich drängten sich selbst Protestanten in die päpstliche Armee, um für ihn ihr „Christenblut“ zu „verspritzen“:

Lagerlied der holländischen päpstlichen Zuaven

Wem Christen-Blut durch die Adern sprüht,
Von fremder Makel rein,
Und wem ein Herz für Pius glüht,

Der stimme mit uns ein;
Aus freier Brust mit vollem Klang,
Uns gleichen Sinns gesellt,
Erheb er frommen Ehrensang
Dem Friedens-Herrn der Welt!

O Gott, der du vom Himmelsthron
Stark waltest und gerecht,
Wir bitten dich durch deinen Sohn,
Schirm Unschuld, Treu und Recht!
Uns bangt nicht, wenn die Kugel droht,
Uns schreckt nicht blanker Stahl,
Wir gehen freudig in den Tod;
Für Pius gilt die Wal!

Es siege Wahrheit, Recht und Treu,
Und fällt der letzte Mann;
Herrscht Vater Pius wieder frei,
Dieß Herz erst ruhen kann!
Für ihn verließen wir dich, Strand,
Entrungen Meer und Fluth,
Für ihn, o süßes Heimathland,
Verspritzet unser Blut![1]

(*Zuaven* waren ursprünglich algerische Mietsoldaten, die in Frankreich dienten. Die Bezeichnung wurde auf die päpstlichen Freiwilligen, hier die Holländer, übertragen.)

Der Ausbruch des deutsch-französischen Kriegs brachte sehr schnell das Ende. Die französischen Soldaten wurden zu Hause gebraucht. So konnten italienische Truppen am 20. September 1870 Rom besetzen. Nach mehr als tausend Jahren hörte der Kirchenstaat auf zu existieren. Dem Papst blieben die Paläste des Vatikans, des Laterans und die Villa Castelgandolfo. In einem Garantiegesetz bot der italienische Staat dem Papst eine Jahresrente von $^3/_4$ Millionen Lire. Pius lehnte das Angebot als indirekte Anerkennung der Besetzung ab. Die ausfallenden Einkünfte sollten nun durch den sog. Peterspfennig der Gläubigen ersetzt werden. Erst durch die *Lateranverträge* von 1929 zwischen Pius XI. und Mussolini (s.u. S. 326f) konnte die ungelöste *Römische Frage* geklärt werden: Der Papst verzichtete auf den Kirchenstaat und erhielt dafür die volle Souveränität im kleinen Vatikanstaat (0,44 km^2) und der exterritorialen Bereiche der Hauptbasiliken (Lateran, S. Maria Maggiore, S. Paul), der Verwaltungsgebäude und der Villa Castelgandolfo. Der italienische Staat räumte der Kirche in einem Konkordat zudem weitgehende Mitspracherechte ein (z.B. Verbot der Ehescheidung).

Orientierung nach Rom

Auf die äußere Bedrängnis reagierte die Kirche mit Abgrenzung gegenüber der modernen Geisteswelt. Ihren ersten Höhepunkt erreichte diese Entwicklung 1864 mit der päpstlichen Enzyklika *Quanta cura*. Der ihr beigefügte *Syllabus errorum*, eine *Zusammenstellung der hauptsächlichsten Irrtümer unsrer Zeit*, wirkte wie ein Rundumschlag gegen alle Selbständigkeits- und Freiheitsbewegungen in und außerhalb der Kirche. Verständlicherweise wandte sich die Kirche gegen Sozialismus und Kommunismus, gegen Pantheismus und Rationalismus. Sie verwarf aber zugleich die Forderung nach Religionsfreiheit, nach staatlicher Schulhoheit und klammerte sich vehement an die dem Papst noch verbliebene weltliche Gewalt.

Zusammenstellung der hauptsächlichsten Irrthümer unsrer Zeit, welche in Allocutionen, Rundschreiben und andern apostolischen Schreiben Sr. Heiligkeit des Papstes Pius IX. gerügt werden:

1. Es gibt kein höchstes, allweises, allvorsehendes, von dem Weltall unterschiedenes göttliches Wesen. Gott ist eins mit der Natur und daher Veränderungen unterworfen…

16. Die Menschen können in der Uebung einer jeden Religion den Weg des ewigen Heiles finden und die ewige Seligkeit erlangen.

17. Wenigstens muß man gute Hoffnung haben hinsichtlich der ewigen Seligkeit aller Derjenigen, welche nicht in der wahren Kirche Christi sind.

18. Der Protestantismus ist nichts anders als eine verschiedene Form einer und derselben wahren christlichen Religion, in welcher man Gottes Wohlgefallen erlangen kann, ganz eben so wie in der katholischen Kirche.

77. Zu unserer Zeit ist es nicht mehr zuträglich, die katholische Religion als einzige Staatsreligion, mit Ausschluß aller übrigen Culte, zu haben.

78. Daher ist in ganz löblicher Weise in gewissen katholischen

Ländern gesetzlich festgestellt, daß es jedem Einwanderer erlaubt sein soll, seinen Cultus auszuüben.

80. Der römische Papst kann und soll mit dem „Fortschritt", mit dem Liberalismus und mit „der modernen Bildung" sich aussöhnen und vertragen.[2]

Über viele Verurteilungen ist die Zeit rascher als erwartet hinweggegangen. Mit dem Verlust des Kirchenstaates mußte sich Pius IX. wenige Jahre nach dem Syllabus trotz Exkommunikation der Eroberer Roms abfinden. Andere Positionen konnten erst ein Jahrhundert später auf dem Zweiten Vatikanischen Konzil positiv überwunden werden. So spricht die Konstitution über die Kirche *Lumen Gentium* (1964) auch dem Nichtchristen und Atheisten die Möglichkeit zu, mit Gottes Hilfe das Heil zu erlangen:

„Wer nämlich das Evangelium Christi und seine Kirche ohne Schuld nicht kennt, Gott aber aus ehrlichem Herzen sucht, seinen im Anruf des Gewissens erkannten Willen unter dem Einfluß der Gnade in der Tat zu erfüllen trachtet, kann das ewige Heil erlangen. Die göttliche Vorsehung verweigert auch denen das zum Heil Notwendige nicht, die ohne Schuld noch nicht zur ausdrücklichen Anerkennung Gottes gekommen sind, jedoch, nicht ohne die göttliche Gnade, ein rechtes Leben zu führen sich bemühen."[3]

Im *Denzinger-Schönmetzer* von 1965, dem Handbuch der Definitionen und Erklärungen der Päpste, Konzilien und Synoden, fehlt die ganze Enzyklika Quanta cura. Nur ein Kreuzchen mit dem Vermerk der Nummern in früheren Ausgaben verweist „gleichsam als Grabkreuz auf die hier ruhende Verurteilung der Religionsfreiheit"[4].

Enzyklika und Syllabus verschärften außerhalb der Kirche den Kampf gegen kirchliche Mitspracherechte im öffentlichen Leben. Innerkirchlich förderten sie den engeren Zusammenschluß der Katholiken und die Entwicklung eines politischen Bewußtseins. Ultramontan gesinnte Theologen, vor allem die von den Jesuiten 1850 gegründete Zeitschrift *Civiltà Cattolica*, in Deutschland der Mainzer Theologenkreis und die von ihm herausgegebene Zeitschrift *Der Katholik* legten in der Tradition Joseph de Maistres (vgl. S. 279f) den Syllabus und die Enzyklika als unfehlbar aus. Sie übertrugen den monarchischen Souveränitätsbegriff auf den Papst. Als Instanz mit höchster Regierungs- und Jurisdiktionsgewalt übe er auch die geistliche Lehrgewalt aus. Zusammengefaßt finden wir diese absolutistische Theorie in dem Satz: „Die päpstliche Autorität ist die höchste und *daher* von Irrtum frei"[5].

Solch juristisch enggeführtes Selbstverständnis des päpstlichen Lehramtes kommt in der von Pius IX. 1854 *allein* vorgenommenen Definition der *Unbefleckten Empfängnis Mariens* zum Ausdruck. Bei der Demonstration päpstlicher Unfehlbarkeit waren die in Rom anwesenden Bischöfe nur als Zuschauer willkommen. So verstärkte sich der Eindruck, der Papst allein sei Quelle der Unfehlbarkeit der Kirche.

Dogma von der Unbefleckten Empfängnis Mariens (8. 12. 1854)

Die Lehre, daß die seligste Jungfrau Maria im ersten Augenblick ihrer Empfängnis durch einzigartiges Gnadengeschenk und Vorrecht des allmächtigen Gottes, im Hinblick auf die Verdienste Christi Jesu, des Erlösers des Menschengeschlechts, von jedem Fehl der Erbsünde rein bewahrt blieb, ist von Gott geoffenbart und deshalb von allen Gläubigen fest und standhaft zu glauben.[6]

Das Erste Vatikanische Konzil

Für Papst Pius wurde die Unfehlbarkeit zu einer Lebensfrage der Kirche. In ihrem übertriebenen Papstkult meinte die „Civiltà Cattolica", wenn der Papst meditiere, so denke Gott in ihm. Dagegen regte sich auch innerhalb der katholischen Kirche Widerstand. Der Münchener Professor *Ignaz von Döllinger* sprach neben der Hierarchie (Kirchenleitung) auch der Theologie einen lehramtlichen Auftrag zu. In Frankreich plädierten liberale Katholiken für eine *freie Kirche in einem freien Staat.* Selbst die Mehrheit der deutschen Bischöfe verneinte die Notwendigkeit einer Definition der päpstlichen Unfehlbarkeit.

Aber schon in der Vorbereitung des Konzils ist man über diese Opposition hinweggegangen. Ende Juni 1867 kündigte Pius IX. bei der 1800-Jahr-Feier des Martyriums der Apostel Petrus und Paulus das Konzil öffentlich an. Vom Thema der Unfehlbarkeit war zunächst nicht die Rede. Akute Alarmstimmung bei den Gegnern löste aber ein berühmt gewordener Artikel in der „Civiltà Cattolica" vom Februar 1869 aus. In ihm wurde, getarnt als Berichterstattung aus Frankreich, die eigentliche Aufgabe des Konzils genannt: Dogmatisierung des Syllabus, Definition der päpstlichen Unfehlbarkeit und Annahme dieser Lehre durch einstimmige „geistgewirkte" Akklamation. Eine Flut von Gegenschriften war die Folge. Döllinger griff in der liberalen Augsburger Allgemeinen Zeitung ultramontane Übertreibungen, römischen Zentralismus und die Lehre von der päpstlichen Unfehlbarkeit scharf an.

Zwei unterschiedliche Darstellungen des Ersten Vatikanischen Konzils: Während links deutlich wird, daß in der Konzilsaula über die zu verabschiedenden Texte diskutiert wurde, erscheint das Konzil im rechten Bild als Versammlung finster dreinblickender Dunkelmänner.

Als eifrigste Befürworter des Dogmas erwiesen sich von Anfang an der Erzbischof von Westminster, Henry Edward Manning, und Ignatius von Senestrey, Bischof von Regensburg. Sie erreichten, daß das ursprünglich gar nicht auf der Tagesordnung stehende Thema aufgenommen und seine Beratung gar vorgezogen wurde. In 37 Sitzungen der Generalkongregation wurden 140 harte und leidenschaftliche Reden gehalten. Sie offenbarten die starken Spannungen des Konzils. Dabei ging es nicht nur darum, ob eine Definition angebracht und sinnvoll sei. Die Minderheit, zu deren Hauptvertretern auch die Bischöfe aus Mainz und Rottenburg, Wilhelm Emmanuel von Ketteler und Karl Joseph Hefele, gehörten, hatten auch sachliche Bedenken. Sie verstanden die *Kirche als Communio* (Gemeinschaft), in der der Papst weder *über* noch *unter* einem Konzil, sondern *in der Mitte* desselben zu stehen komme. Immer wieder forderte Ketteler die *sichtbare Rückbindung* des Papstes an die Gesamtheit der Bischöfe. Auch andere Bischöfe argumentierten ähnlich. Dagegen sprach aus den von der Gruppe um Manning und Senestrey ausgearbeiteten Entwürfen unverhohlen die bereits erwähnte Theorie des französischen Philosophen J. de Maistre: Die päpstliche Gewalt ist die höchste Gewalt in der Kirche und *deshalb* unfehlbar.

So kam es zur Annahme der Definition über die Unfehlbarkeit des päpstlichen Lehramtes in der durch das Zweite Vatikanum ausdrücklich bestätigten Fassung. Nach einer Vorabstimmung am 13. Juli 1870, bei der 451 Konzilsväter für die Definition, 88 dagegen und 62 mit bedingtem Ja gestimmt hatten, reisten 60 Gegner der Definition vor der Endabstimmung demonstrativ ab. Besonders brüskiert waren sie durch einen am 14. Juli, also *nach* der Vorabstimmung eingefügten Zusatz (im Text kursiv). Weil sie mit der nun vorliegenden Formulierung nicht einverstanden waren, andererseits aber eine offene Kirchenspaltung (Schisma) vermeiden wollten, blieb ihnen nur die Abreise als Ausweg. Am 18. Juli 1870 stimmten so nur 2 Konzilsväter gegen das Dogma, 533 dafür.

Die dogmatische Definition des 1. Vatikanischen Konzils

Wenn der römische Bischof in höchster Lehrgewalt (ex cathedra) spricht, das heißt, wenn er seines Amts als Hirt und Lehrer aller Christen waltend in höchster, apostolischer Amtsgewalt endgültig entscheidet, eine Lehre über Glauben oder Sitten sei von der ganzen Kirche festzuhalten, so besitzt er auf Grund des göttlichen Beistandes, der ihm im heiligen Petrus verheißen ist, jene Unfehlbarkeit, mit der der göttliche Erlöser seine Kirche bei endgültigen Entscheidungen in Glaubens- und Sittenlehren ausgerüstet haben wollte. Diese endgültigen Entscheidungen des römischen Bischofs sind daher aus sich *und nicht auf Grund der Zustimmung der Kirche* unabänderlich.[7]

Alle Gegner der Definition unterwarfen sich später dem Konzilsbeschluß. Als einer der letzten veröffentlichte Bischof Hefele von Rottenburg im April 1871 die Dekrete in seiner Diözese. Der Entschluß wurde ihm erleichtert durch jenen Abschnitt, in dem der Papst auf die Erforschung der Glaubensüberzeugung der Kirche *vor* seiner ex-cathedra-Entscheidung verwiesen wird. Hefele verstand die historische Bemerkung im Dekret über die Kirche Christi vom 18. Juli zugleich als Norm für die Zukunft: „Die römischen Bischöfe aber haben, entsprechend den Erfordernissen der Zeit und der Sachlage, durch Berufung allgemeiner Kirchenversammlungen oder Erforschung der Ansicht der über den Erdkreis zerstreuten Kirche, durch Teilsynoden oder durch andere Mittel, wie sie die göttliche Vorsehung darbot, das als feste Lehre bestimmt, was sie mit Gottes Hilfe als mit den heiligen Schriften und den apostolischen Überlieferungen übereinstimmend erkannten. Denn auch den Nachfolgern Petri ist der Heilige Geist nicht verheißen, daß sie auf seine Eingebung hin eine neue Lehre veröffentlichen sollten.

Sie sollen vielmehr mit seinem Beistand die durch die Apostel überlieferte Offenbarung, d.h. das hinterlegte Glaubensgut, heilig bewahren und getreulich auslegen.“[8]

In einem Brief vom März 1871 an Döllinger hatte Hefele das Dogma als etwas „noch nicht Fertiges“ bezeichnet. Das Zweite Vatikanum hat dies in seiner Konstitution über die Kirche bestätigt. Es hat die Unfehlbarkeit des päpstlichen Lehramtes durch jene des Bischofskollegiums (*mit* dem Papst) ergänzt und folgt stärker dem von Ketteler schon 1870 vertretenen Gedanken von der Kirche als Communio. Dennoch bleibt die Definition von 1870 in ihrer Schärfe, namentlich in dem zuletzt eingefügten Passus, ein Ärgernis, nicht nur im ökumenischen Dialog. Für den evangelischen Theologen *Karl Barth* war der Satz ein *Frevel*, weil die Kirche nun selbst erkläre, was Schrift sei und zu ihr gehöre.

Der Kulturkampf in Deutschland

Auch innerhalb der katholischen Kirche war die Opposition gegen das Unfehlbarkeitsdogma nicht einfach zu beruhigen. Vor allem unter Theologieprofessoren in Breslau, Braunsberg, Bonn und München war der Widerstand ungebrochen. Sie lehnten die von den Bischöfen geforderte Unterwerfung unter die vatikanischen Beschlüsse ab und wählten 1873 den Breslauer *Joseph H. Reinkens* zu ihrem Bischof. Seine Weihe erhielt er von einem niederländischen Bischof. Mit Ausnahme der letzten Dogmen wollte man am katholischen Glaubensgut festhalten. Deshalb bürgerte sich die Bezeichnung *Alt*katholiken ein.

Karikatur aus dem „Altkatholischen Boten“ (11. 9. 1885): Weil das Unfehlbarkeitsdogma den Ausschlag zur Entstehung der altkatholischen Kirche gab, griffen altkatholische Theologen und Publizisten vor allem Amt und äußere Zeichen der Macht des Papstes an.

Dagegen kam es rasch zu Änderungen in Fragen der kirchlichen Disziplin und Ordnung. Die Bildung altkatholischer Gemeinden in verschiedenen Diözesen (Ermland, Breslau, Köln, Freiburg), denen von den Regierungen vielfach erlaubt wurde, katholische Kirchen zu benutzen, machte aus dem innerkirchlichen Konflikt auch ein öffentliches Problem im Verhältnis zwischen Staat und Kirche. Namentlich konnten die Behörden nicht tatenlos zusehen, als Bischöfe altkatholische Professoren und Lehrer aus ihren kirchlichen Ämtern entfernten, ihnen die Lehrbefugnis an öffentlichen Schulen und staatlichen Universitäten entzogen und schließlich sogar die „Große Exkommunikation“ (*excommunicatio maior*) verhängten, wodurch jeder gesellschaftliche Umgang mit den Gebannten verboten werden sollte. Hier „mußte der bürgerliche Verfassungsstaat des 19. Jahrhunderts nach seinem Selbstverständnis seinen Bürgern Schutz gewähren“[9]. Was der Verteidigung der Einheit und Geschlossenheit der Kirche diente, erschien der deutschen Regierung als Angriff. So ließ *Reichskanzler Otto von Bismarck* in dem berühmt gewordenen „Kreuzzeitungsartikel“ die Zentrumsfraktion im Deutschen Reichstag und damit auch die Öffentlichkeit wissen, die

Karikatur des Kladderadatsch aus dem Jahre 1875 zum Kulturkampf. Auf päpstlicher Seite spielen Enzyklika und Syllabus die Hauptrolle, die Bischöfe (erkennbar an ihren Mützen) sind die Bauernopfer und bereits vielfach „internirt“. Bismarck rückt die bewaffnete „Germania“ nach vorne. Gesetze, Paragraphen und die Presse unterstützen sie.

Deutsche Reichsregierung werde „einer ferneren Aggression auch ihrerseits mit Aggression, und zwar gleichmäßig nach außen wie nach innen,“[10] begegnen. Zeitgenössische Karikaturen stellten diese Lust zum gegenseitigen Angriff im Schachspiel zwischen Papst und Bismarck dar.

Dem Kanzler war vor allem die im Sommer 1870 gegründete Zentrumspartei verdächtig. Ihr ausgeprägter Föderalismus verband sich mit großdeutscher Gesinnung. Die Mehrheit der Katholiken fühlte sich im kleindeutschen Reich von Preußen und dem Protestantismus beherrscht.

Noch 1871 wurde die katholische Abteilung im preußischen Kultusministerium aufgelöst. Der entsprechende Vorschlag zeigt, daß Bismarck in der Entstehung und Existenz der Zentrumspartei den Hauptantrieb zur Führung des kirchenpolitischen Streits gesehen hat.

Vorschlag des preußischen Staatsministeriums vom 30. Juni 1871 zur Aufhebung der katholischen Abteilung im Kultusministerium

Die ultramontane Partei (Zentrum) hat in der jetzt beendigten Session des ersten Deutschen Reichstages zu einer Zeit des höchsten patriotischen Aufschwunges der Nation deutlich gezeigt, daß die Herrschaft des unfehlbaren Papstes und des blind gehorchenden Klerus ihr entschiedenes Ziel ist, daß sie die Regierung bekämpft, wenn sie sich nicht jener Herrschaft beugt, daß sie das Deutsche Reich unter einem evangelischen Kaiser als eine Institution ansieht, zu deren Bekämpfung das Bündnis mit den revolutionären Elementen nicht zu verschmähen ist. Alle Wohltaten ... hindern jene Partei nicht, sich mit Feinden der Regierung aus den verschiedensten Lagern zu verbinden.[11]

Daß der Kampf so erbittert geführt wurde, ist auch begründet in Bismarcks engem Bündnis mit den Nationalliberalen.

Mit Recht haben es die Katholiken als Feindseligkeit des Liberalismus gegen die Kirche empfunden, wenn unter Hinweis auf Syllabus und Erstes Vatikanum zunehmend die Wirkungsmöglichkeiten der Kirche be- und abgeschnitten wurden. Was der Arzt und Abgeordnete der Fortschrittspartei, *Rudolf Virchow*, 1873 bei der Beratung des Gesetzentwurfes über die Vorbildung und Anstellung der Geistlichen als „großen Kulturkampf“ bezeichnete, der letztlich nur der „Emanzipation des Staates“, seiner wirklichen Verweltlichung diene, wurde von der überwältigenden Mehrheit der Katholiken als „Überfall mitten im Frieden“

(so der hessische Zentrumsabgeordnete Joseph Racke 1887) empfunden, gegen den Widerstand geboten war.

Rudolf Virchow am 17. Januar 1873 im Reichstag:

Die Kirche hat ihren Wert dadurch erlangt, daß sie wirklich die Trägerin der *ganzen humanen* Entwicklung war, nicht als Trägerin der dogmatischen Entwicklung. Nach und nach ist es durch diese Thätigkeit der humanen Kirche, durch die Klöster, durch die Klosterschulen, durch die Geistlichen ... dahin gekommen, daß eine größere Menge von Personen an dem Wissen teilnahm, daß die Laien als gleichberechtigte Träger der Kultur sich erheben konnten, und ... von dem Augenblicke an beginnt nicht bloß die Ketzerei, sondern eben auch die einseitige dogmatische Entwicklung der Kirche und des Papstthums ... Die Hierarchie triumphirte, sie nahm mehr und mehr den absonderlichen Charakter des Ultramontanismus an ... Ich sage Ihnen das ..., weil ich die Überzeugung habe, es handelt sich hier um einen großen *Kulturkampf*.[12]

Der katholische Widerstand wurde im Reichstag angeführt von *Ludwig Windthorst* (1812-1891). Er war streng verfassungstreu eingestellt und wurde zum bedeutenden Gegenspieler Bismarcks.

Die Kulturkampfgesetze

Juli 1871: Aufhebung der katholischen Abteilung im Kultusministerium.
Dezember 1871: Einfügung des *Kanzelparagraphen* ins Strafgesetzbuch: Geistliche dürfen in Ausübung ihres Amtes staatliche Angelegenheiten nicht „in einer den öffentlichen Frieden gefährdenden Weise" behandeln.
März 1872: *Schulaufsichtsgesetz* in Preußen: Den Geistlichen wird die Schulaufsicht entzogen, statt dessen werden staatliche Schulinspektionen eingerichtet. Ordensangehörige werden vom Lehrberuf an öffentlichen Schulen ausgeschlossen.
Juli 1872: Die Niederlassungen der Jesuiten und verwandter Orden werden aufgelöst (*Jesuitengesetz*).
Mai 1873: Für kirchliche Angelegenheiten wird ein königlicher Gerichtshof eingerichtet; die Übertragung eines kirchlichen Amtes wird von der Zustimmung des Staates abhängig gemacht; Priester sollten ein staatliches *Kulturexamen* ablegen (Philosophie, Geschichte, Literatur) (*Maigesetze*). – Prozesse gegen oppositionelle Bischöfe.

März 1874: Die Zivilehe wird verbindlich vorgeschrieben.
Februar 1875: Pius IX. erklärt die Maigesetze für ungültig und verhängt die Exkommunikation über alle, die sich an ihrer Durchführung beteiligen.
April 1875: Im sog. *Brotkorbgesetz* verfügt Preußen die Einstellung aller Geldleistungen des Staates an die Kirche.
Mai 1875: Neue Orden und Kongregationen werden in Preußen nicht mehr zugelassen; die bestehenden sollen innerhalb von vier Jahren aufgelöst werden (*Ordensgesetz*).

Einer perfekten Bürokratie ist es zunächst gelungen, die Kirche in ihrer Organisation zu treffen. So waren 1874/75 von elf preußischen Bischöfen fünf inhaftiert, sechs wurden abgesetzt und mußten das Land verlassen. Der Breslauer Bischof Förster konnte seine Diözese nur aus

Die sieben „Schwa-rzen". Karikatur des Kladderadatsch aus dem Jahre 1873. Ernst Ludwig Gerlach, der als konservativer Protestant beim Zentrum „hospitierte", wird als dessen Schutzheiliger („Sankt Gerlach") verspottet. Die Zentrumspolitiker werden als borniert und hinterwäldlerisch mit den „sieben Schwaben" verglichen. Jenen sieben Tölpeln gleich, die mit einem riesigen Speer auszogen, um ein in der Nähe des Bodensees hausendes Ungeheuer zu erlegen, aber nur einen Hasen aufstöberten, sind die sieben Schwarzen zum Kampf gegen die Maigesetze angetreten. Diese erscheinen als eine im Kohl hockende Hasenfamilie. Unter den Zentrumspolitikern sind u.a. zu erkennen: Ludwig Windthorst, Hermann von Mallinckrodt (1821-1874) und der Jurist August Reichensperger (1808-1895).

dem zu Österreich gehörenden Teil seines Sprengels verwalten. Ein Viertel der Pfarreien war unbesetzt. Diese Zustände erklären manche Figuren des oben gezeigten Schachspiels: Bischöfe und Pfarrer waren die Bauernopfer!

Seit 1876 stagnierte der Kampf. Bismarck mußte erkennen, daß seine Ziele, eine romfreie Nationalkirche zu schaffen und das Zentrum zu zerschlagen, nicht erreichbar waren. Bereits 1874 war die Zahl der Sitze des Zentrums im Reichstag von 58 (1871) auf 94 angestiegen. Die Katholiken antworteten also auf die staatlichen Kampfmaßnahmen erkennbar mit verstärktem Zusammenschluß.

Der Kulturkampf war neben der Sozialistenverfolgung der ärgste innenpolitische Fehler Bismarcks. 1878 löste er sich dann von den Nationalliberalen. Auch Papst Leo XIII. (1878-1903) ging auf Deutschland zu. Er zeigte noch am Tag seiner Wahl diese dem Kaiser Wilhelm an und sprach von der Hoffnung auf Ausgleich. In drei Phasen wurde schließlich ein Teil der Kulturkampfgesetze abgebaut. Bestehen blieben bis heute die staatliche Schulaufsicht, die staatliche Führung der Standesregister und die Rechtsgültigkeit der bürgerlichen Eheschließung (*Zivilehe*). Um dies zu erreichen, wäre aber ein jahrelanger Kampf nicht nötig gewesen. Schwerwiegender waren bleibende Schäden:

Das verletzte Rechtsbewußtsein der Deutschen, die verzögerte Integration der Katholiken in den Nationalstaat, die nachhaltige Belastung des Verhältnisses der christlichen Konfessionen und die staatlich geduldete Mißachtung anderer Minderheiten (z.B. Polen, Juden) ließen sich durch die Abschaffung oder Milderung einiger Gesetze nicht in wenigen Jahren wiedergutmachen. Die teils frei gewählte, teils durch die Kampfsituation aufgezwungene Gettomentalität der Katholiken ist in manchen Bereichen noch heute spürbar.

Ausblick

Das Zentrum selbst hat nach dem Abbau der Kulturkampfgesetzgebung, vollends nach dem Rücktritt Bismarcks 1890, an politischer Wirksamkeit gewonnen. Die Partei gelangte zunehmend in den „Vorhof der Macht“ (R. Morsey) und wurde zur sichersten Stütze der Reichsleitungen. Wie auf politischem Gebiet, so versuchten einflußreiche Katholiken (z.B. Carl Muth und seine 1903 gegründete Zeitschrift *Hochland*) der 1906 von Julius Bachem ausgegebenen Devise zu folgen: *„Wir müssen heraus aus dem Turm!“* Der unter diesem Titel vom Redakteur der Kölnischen Volkszeitung in den „Historisch-politischen Blättern“ veröffentlichte

Aufsatz war „eine politisch-publizistische Sensation" (E. Deuerlein). Denn in ihm wurden die Chancen abgewogen, auch breitere protestantische Kreise für die Mitarbeit in der Partei zu gewinnen. Der Gedanke einer großen christlichen „Staatspartei" war ungewohnt. Bachem ging es nicht mehr um Abwehr der „Feinde" des Katholizismus, sondern um Gestaltung von Politik und Gesellschaft im Bunde mit Christen anderer Konfessionen. In einer Zeit, da römische Kreise jede Annäherung der Konfessionen argwöhnisch beobachteten und schließlich untersagten, blieb die Gegenreaktion auf Bachems Initiative denn auch nicht aus. Außer einer Annäherung an den Nationalstaat konnte bis 1914 keine dauerhafte Aussöhnung erreicht werden. Die überschäumend nationalen und chauvinistischen Gesänge, die Deutschlands Katholiken bei Kriegsbeginn wie die Mehrheit des Volkes anstimmten, deckten die bleibenden Probleme und Spannungen nur dürftig zu. Für die Gottesdienste wurden „zeitgemäße" Liedtexte auf bekannte Melodien verfaßt. So sang man zum Beispiel nach der Melodie „Ein Haus voll Glorie schauet":

„1. O Herr, die Feinde toben – Ringsum mit wilder Wut, – Wir aber schaun nach oben, – Wir stehn in Gottes Hut. – Herr, wir rufen Dich, – Herr, wir bau'n auf Dich! – Mach stark der Helden Hand – Zum Kampf fürs Vaterland!

2. Gerecht ist unsre Sache – Und heilig unser Krieg; – Du achtest auf das Schwache – Und gibst ihm Mut und Sieg. – Herr, wir rufen Dich, – Herr, wir bau'n auf Dich! – Du Helfer ewig treu – Zeig Deine Macht aufs Neu!

3. Dann soll sich brausend heben – Der Dankeslieder Klang, – Des ganzen Volkes Leben – Sei Dir ein Hochgesang! – Herr, wir rufen Dich, – Herr, wir bau'n auf Dich! – Errett' mit starker Hand – Das deutsche Vaterland!"[13]

XXIII. Union, Konfession, Theologie: Die evangelische Kirche im 19. Jahrhundert

Union und Konfession

Seit der Reformation gliederte sich der deutsche Protestantismus in eine große Zahl von Landeskirchen auf. An der Spitze dieser Kirchen standen die Fürsten als Träger des „Landesherrlichen Kirchenregiments". Durch die politischen Veränderungen zu Beginn des 19. Jahrhunderts ging die seit dem Augsburger Religionsfrieden von 1555 bestehende konfessionelle Einheit der Länder vielfach verloren. Staaten wie Preußen und Baden hatten nun neben katholischen lutherische und reformierte Einwohner. In einigen deutschen Staaten entstanden Bestrebungen, die verschiedenen evangelischen Bekenntnisse in Unionen zu vereinen. Die Fürsten hatten dabei das Interesse, den Zusammenhalt ihrer Staaten zu stärken. Kirchliche Einheitsbestrebungen waren auch deshalb populär, weil die Konfessionsunterschiede durch die Aufklärung an Bedeutung verloren hatten.

Zusammenschlüsse mit einem gemeinsamen Bekenntnis, sog. *Konsensusunionen*, entstanden 1818 in der Pfalz und 1821 in Baden.

> Ludwig von Gottes Gnaden, Großherzog zu Baden, Herzog zu Zähringen etc.
>
> Wir haben Uns über den Entwurf einer Vereinigungsacte der zwei protestantischen Religionstheile Unserer Lande, nebst den dazu gehörigen Anlagen, Vortrag erstatten lassen, und ertheilen derselben Unsere Genehmigung mit so größerem Wohlgefallen, als bei diesem wichtigen Schritte die Gewissensfreiheit gehörig beachtet ist, und für eine günstige Stimmung der Gemüther die wiederholte Versicherung vorliegt.[1]

Andere Zusammenschlüsse nennt man *Verwaltungsunionen*, weil sie nur eine gemeinsame Verwaltung der verschiedenen Bekenntnisse beinhalten. Eine solche Verwaltungsunion bekamen Kurhessen (1821) und Preußen.

Das Königreich Preußen hatte nach den Freiheitskriegen gegen Napoleon seine Einwohnerzahl verdoppelt. Lutheraner und Reformierte lebten nun in einem Staat zusammen. Das Herrscherhaus war überdies seit 1613 reformiert. 1817 wurde auf Vorschlag des preußischen Königs Friedrich Wilhelm III. die Union eingeführt. Eine Konsensusunion, wie sie der König wünschte, konnte in Preußen freilich nicht durchgesetzt werden. Dagegen erhob sich starker Widerstand. Nicht zuletzt die Erweckungsbewegung hatte inzwischen das konfessionelle Sonderbewußtsein wieder gestärkt. So blieb es in Preußen bei einer Verwaltungsunion. Dazu kam aber noch eine einheitliche Liturgie, die die Einheit weiter fördern sollte.

Seit Beginn des 19. Jahrhunderts gibt es so in Deutschland neben der lutherischen und der reformierten Kirche die *unierte* als dritten evangelischen Kirchentyp. Die Unionsgründungen trafen in einzelnen Landeskirchen auf schweren Widerstand, der so weit ging, daß Evangelische aus den Landeskirchen austraten, weil sie lutherisch bzw. reformiert bleiben wollten. In Preußen entstand so 1873 eine Freikirche, die Altpreußische Lutherische Kirche.

Das 19. Jahrhundert brachte auch Bestrebungen, den *ganzen deutschen Protestantismus zu einigen.* Auf Betreiben des preußischen Königs trafen sich 1846 Vertreter von 17 Landeskirchen zur ersten Deutsch-Evangelischen Kirchen-Konferenz. Zweck dieser Konferenz sollte nach den preußischen Vorstellungen nicht nur sein, „das Bewußtsein der Zusammengehörigkeit und Einheit der Kirchen durch gegenseitige Mittheilung und Verständigung zu beleben, sodann aber auch die Mittel zu berathen, wodurch diese Einheit in Bezug auf die Hauptgegenstände Bekenntnis, Verfassung und Cultus gefördert werden könne“[2]. Doch die preußische Initiative führte nur zu einer lockeren Fühlungnahme der Landeskirchen in der seit 1852 tagenden „Eisenacher Konferenz deutscher evangelischer Kirchenregierungen“, die sich regelmäßig unter der Wartburg traf.

Ein engerer Zusammenschluß scheiterte wohl an der Sorge der verschiedenen Landesregierungen um die Souveränität ihrer Länder. Erst 1922 schlossen sich die deutschen Landeskirchen zum Deutschen Evangelischen Kirchenbund zusammen, und zwar „zur Wahrung und Vertretung der gemeinsamen Interessen der deutschen evangelischen Landeskirchen“, aber alles „unter Vorbehalt der vollen Selbständigkeit der verbündeten Kirchen in Bekenntnis, Verfassung und Verwaltung“[3]. Die Betonung der Selbständigkeit der einzelnen Landeskirchen ist auch ein Merkmal der 1948 endgültig beschlossenen Grundordnung der Evangelischen Kirche in Deutschland (EKD).

Im 19. Jahrhundert wurden sich Lutheraner und Reformierte auch in neuer Weise ihrer konfessionellen Ausrichtung bewußt. Anstöße hierzu gaben einmal der sich wieder stärker seiner Besonderheit bewußt werdende Katholizismus, zum andern die Erweckungsbewegung.

Der Kieler Pastor Claus Harms benutzte das Lutherjubiläum von 1817, um neben Luthers 95 Thesen eigene 95 Thesen zu verbreiten. Darin wandte er sich gegen den Rationalismus der Aufklärung und gegen die Unionsbestrebungen und stellte die Bedeutung der lutherischen Kirche heraus:

„These 32: Die sogenannte Vernunftreligion ist entweder von der Vernunft oder von Religion oder von beiden entblößt …

These 90: Die lutherische Kirche hat in ihrem Bau Vollständigkeit und Vollkommenheit; nur daß die oberste Leitung und letzte Entscheidung auch in eigentlichen geistlichen Sachen bei einer Person, die nicht geistlichen Standes ist, bei dem Landesherrn steht, das ist ein in Eile und Unordnung gemachter Fehler, den man auf ordentlichem Wege wieder gut zu machen hat.

These 92: Die evangelisch-katholische Kirche ist eine herrliche Kirche. Sie hält und bildet sich vorzugsweise am Sakrament.

These 93: Die evangelisch-reformierte Kirche ist eine herrliche Kirche. Sie hält und bildet sich vorzugsweise am Worte Gottes.

These 94: Herrlicher als beide ist die evangelisch-lutherische Kirche. Sie hält und bildet sich am Sakrament wie am Worte Gottes.“[4]

Die Thesen von Harms waren ein erster Schritt in Richtung auf die Erneuerung des orthodoxen Luthertums. Die konfessionelle Renaissance ließ weitergehende Unionsbestrebungen scheitern, führte vielmehr dazu, daß sich die deutschen Lutheraner 1868 zur Allgemeinen Lutherischen Konferenz, die Reformierten 1884 zum Reformierten Bund zusammenschlossen.

Wachsende kirchliche Selbständigkeit

Das ganze 19. Jahrhundert hindurch bestand in den Landeskirchen das Landesherrliche Kirchenregiment, nach dem der Fürst Landesherr und Bischof in einer Person war. Abgeschafft wurde diese Kirchenverfassung erst 1918 mit dem Wegfall der Monarchie in Deutschland. An einzelnen Entwicklungen kann man freilich feststellen, daß die kirchliche Selbständigkeit zunahm.

Die Ausübung der kirchenregimentlichen Rechte wurde immer stärker besonderen kirchlichen Behörden übertragen. In Preußen wurde 1850 der Evangelische Oberkirchenrat als kirchliche Zentralbehörde geschaffen.

In den verschiedenen Landeskirchen entstanden *kirchliche Vertretungen.* In den reformierten Kirchengebieten bestanden schon seit der Reformation Presbyterien und Synoden. Nun wurden auch in den anderen Landeskirchen solche Vertretungen geschaffen. Die württembergische Landeskirche erhielt auf der Ebene der Ortsgemeinde 1851 den Pfarrgemeinderat, auf der Ebene des Kirchenbezirks 1854 die Diözesansynode. Seit 1867 besteht eine aus indirekten Wahlen hervorgegangene Landessynode. Ohne deren Zustimmung konnten kirchliche Gesetze nicht mehr erlassen oder geändert werden. Später bekam die Landessynode dann das Recht, kirchliche Gesetze selbst vorzuschlagen. 1887 wurde in Württemberg die bürgerliche und kirchliche Gemeinde getrennt. Seither vertritt der Kirchengemeinderat unter dem Vorsitz des Pfarrers die Kirchengemeinde. „Damit hatte bis zum Ende des Jahrhunderts die Landeskirche auf allen Ebenen die Möglichkeit, das kirchliche Leben selber zu regeln und für ihre Bedürfnisse zu sorgen."[5] Ähnliche Entwicklungen gab es in anderen Landeskirchen. Die preußische Kirchengemeinde- und Synodalordnung von 1876 sah kirchliche Vertretungen auf vier Stufen vor: (von unten nach oben) Gemeindekirchenrat, Kreissynode (tagt einmal jährlich), Provinzialsynode (tagt alle 3 Jahre) und Generalsynode (tagt alle 6 Jahre).

Freilich: So formal das Landesherrliche Kirchenregiment am Schluß vielfach geworden war, „so gab es doch bis zum November 1918 in den evangelischen Landeskirchen Deutschlands keine irgend bedeutsamen Entscheidungen in personeller oder organisatorischer Hinsicht, die nicht im Namen des jeweiligen Landesherrn getroffen worden wären"[6].

Die wachsende kirchliche Verselbständigung im 19. Jahrhundert war hilfreich, als 1918 das Landesherrliche Kirchenregiment wegfiel. Relativ schnell übernahmen die Landeskirchen selbst das Kirchenregiment.

In den kirchlichen Vertretungen trafen die kirchlichen Richtungen aufeinander. Vor allem „Positive" und „Liberale" stritten um den rechten Weg der Kirche. Manche bedauerten es (bedauern es auch heute), daß es in den Kirchen verschiedene Richtungen gibt; andere hielten und halten das für ganz „normal" und notwendig.

Die badische Kirchenleitung stellte 1903, als die „positive" Minderheit dem „christusleugnerischen Liberalismus" das Daseinsrecht in der Kirche absprechen wollte, fest: „Es ist unzweifelhaft, daß in der evangelischen Kirche von lange her zwei Strömungen vorhanden sind, die beide ebenso natürlich wie unentbehrlich erscheinen: auf der einen Seite diejenige, welche den von der Reformation überkommenen Besitzstand ungeschmälert zu wahren, auf der anderen eine solche, die ihn stets von neuem zu prüfen und mit der modernen Weltanschauung in Einklang zu bringen sucht … Dieser Zustand entspricht dem … Bekenntnisstand unserer Kirche."[7]

Theologische Entwicklung

Die protestantische Theologie des 19. Jahrhunderts umfaßt eine Fülle unterschiedlicher, ja oft einander widerstreitender Ansätze. Verbunden sind sie vor allem dadurch, daß sie sich mit dem Erbe der Aufklärung auseinandersetzen, sei es, daß sie dieses Erbe bestreiten, sei es, daß sie es verteidigen. Eine theologische Auseinandersetzung zwischen evangelischer und katholischer Theologie fand selten statt.

Der evangelische Systematiker Karl Barth beklagte 1957 in einem Vortrag, daß im 19. Jahrhundert die evangelische und die römisch-katholische Theologie „jedenfalls in der zweiten Hälfte des Jahrhunderts in einer Indifferenz aneinander vorbeigelebt haben, angesichts derer man sich fragen kann, ob sie besser war als die in früheren Zeiten so lebhaften und so viel beklagten gegenseitigen Befehdungen, aus welchen immerhin noch das Interesse sprach, das man aneinander nahm"[8].

Gleichsam als „evangelischer Kirchenvater des 19. Jahrhunderts" (H.-W. Krumwiede) wirkt zu Beginn des Jahrhunderts *Friedrich Daniel Schleiermacher* (1768-1834). Der Sohn eines reformierten Feldpredigers wurde von den Herrnhutern erzogen und sollte Prediger der Brüdergemeine werden. Nach seinem Bruch mit der Brüdergemeine studierte er in Halle, das damals noch vom Geist der Aufklärung geprägt war. Später wurde er Pfarrer in Berlin und ab 1810 Professor an der neu gegründeten Berliner Universität.

In seinem frühen Werk „Über die Religion. Reden an die Gebildeten unter ihren Verächtern" beschreibt Schleiermacher die Religionsferne der Gebildeten:

> „Jetzt besonders ist das Leben der gebildeten Menschen fern von allem was ihr [der Religion] auch nur ähnlich wäre. Ich weiß, daß Ihr ebensowenig in heiliger Stille die Gottheit verehrt, als Ihr die verlassenen Tempel besucht, daß es in Euren geschmackvollen Wohnungen keine anderen Hausgötter gibt, als die Sprüche der Weisen und die Gesänge der Dichter, und daß Menschheit und Vaterland, Kunst und Wissenschaft, denn Ihr glaubt dies alles ganz umfassen

zu können, so völlig von Eurem Gemüte Besitz genommen haben, daß für das ewige und heilige Wesen, welches Euch jenseits der Welt liegt, nichts übrig bleibt und Ihr keine Gefühle habt für dasselbe und mit ihm. Es ist Euch gelungen, das irdische Leben so reich und vielseitig zu machen, daß Ihr der Ewigkeit nicht mehr bedürfet, und nachdem Ihr Euch selbst ein Universum geschaffen habt, seid Ihr überhoben an dasjenige zu denken, welches Euch schuf.“[9]

Schleiermacher wirbt um die „Verächter“ der Religion dadurch, daß er Religion gleichsam als Grundbefindlichkeit des Menschen beschreibt. Sie entspringt „aus dem Innern jeder bessern Seele notwendig von selbst“. Ihr gehört „eine eigne Provinz im Gemüthe“[10] an. Sie ist eigentlich „Anschauen des Universums“[11] und „das schlechthinnige Abhängigkeitsgefühl“[12]. Indem Schleiermacher die Religion im Gefühl des Menschen verankert, gewinnt er ein wissenschaftlich unangefochtenes Fundament für sein theologisches Denken.

Von großer Nachwirkung war Schleiermachers Dogmatik „Der christliche Glaube nach den Grundsätzen der evangelischen Kirche im Zusammenhang dargestellt“. Schleiermacher fragte hier zunächst, wie Glaubenssätze überhaupt möglich seien. Aussagbar ist für ihn nur das, was durch das Medium der eigenen *Erfahrung* durchgegangen ist. Glaubenssätze sind darum „Auffassungen der christlich-frommen Gemütszustände, in der Rede dargestellt“[13].

Gegenüber dem Rationalismus der Aufklärung betont Schleiermacher die Person Christi und die Erlösung durch ihn. Christus ist „von allen unterschieden durch die stetige Kräftigkeit seines Gottesbewußtseins, welche ein eigentliches Sein Gottes in ihm war“[14]. Die Erlösung vollbringt er dadurch, daß er die Seinen in die „Kräftigkeit seines Gottesbewußtseins“ aufnimmt. Die Kirche ist der Ort, an dem und durch den die genannten Erfahrungen möglich werden.

In Schleiermachers Theologie finden wir die großen Themen der Theologie des 19. Jahrhunderts angesprochen: „die religiöse Erfahrung als Quelle der einzig noch vertretbaren theologischen Aussagen, die Person Christi als die maßgebende, urbildliche Verwirklichung der vollen Gotteserkenntnis, die Kirche als die Gemeinschaft, zu der sich die am vollen Gottesbewußtsein Partizipierenden zu wechselseitiger Wirkung aufeinander zusammenschließen“[15].

Schleiermacher trug dazu bei, daß der christliche Glaube in den geistigen Auseinandersetzungen des 19. Jahrhunderts einen geachteten Platz einnahm.

Kritisiert wurde immer wieder sein anthropozentrischer Ansatz, der

Friedrich Daniel Schleiermacher, hier auf einem Gemälde, war einer der prägenden evangelischen Theologen des 19. Jahrhunderts.

sich durch seine Begründung der Religion auf dem „Gefühl schlechthinniger Abhängigkeit“ ergibt. Angefragt wurde auch sein Subjektivismus, der die Kirche als Gemeinschaft vernachlässigte.

Es war ein grundsätzlicher theologischer Neuanfang, als nach dem Ersten Weltkrieg die Dialektische Theologie entstand. Ihr Hauptvertreter war der Schweizer Theologe Karl Barth (1886-1968). Er setzte theologisch nicht wie Schleiermacher beim frommen Selbstbewußtsein des Menschen an. Grundlage und Ausgangspunkt aller Theologie bildet bei Barth vielmehr die Offenbarung Gottes in seinem Wort. Als die evangelische Kirche Deutschlands 1933 vom nationalen Rausch bedroht war, rief Karl Barth energisch zur Sache der Theologie. Er war der Hauptverfasser der Barmer Theologischen Erklärung von 1934, die zur Grundlage der Bekennenden Kirche wurde (s.u. S. 336f).

Nationale Ausrichtung

Die Eroberung des Deutschen Reiches durch Napoleon wurde zum Ausgangspunkt eines militanten deutschen Nationalismus. Volkstümliche Dichter wie Ernst Moritz Arndt und Theodor Körner vertraten in besonderer Weise diesen Nationalismus. In ihren Gedichten machten sie zentrale christliche Begriffe für den Kampf um die Befreiung des Vaterlands nutzbar. Biblische Begriffe wurden national umgeprägt. In seinen „Fantasien für ein künftiges Deutschland“ läßt Arndt Gott sagen: „... ich will ihr starker Helfer und Schirm sein und sie sollen mein liebstes Volk sein von allen Völkern, die in Europa wohnen ...“[16]

Die Religion des deutschen Nationalismus machte nicht vor der Kirche halt. Von der Kanzel wurde der Befreiungskrieg als „heiliger Krieg“ angesprochen und Napoleon als „Pharao“ oder „Antichrist“ gekennzeichnet.

Eine neue Welle von religiösem Patriotismus brachte dann die Reichsgründung 1871. Der Stuttgarter Hofprediger Karl Gerok dichtete zu Ostern 1871:

„Ostern, Ostern! Frühlingswonne
Säuselt leis durch Wald und Flur,
Tausend Leben weckt die Sonne
In der schlummernden Natur;
Aber solch ein Frühlingswehen
Hat noch nie die Flur durchbebt,
Aber solch ein Auferstehen
Hat noch nie ein Volk erlebt;
Nimmer noch in allen Landen
Kam ein Ostern diesem gleich:
Auferstanden, auferstanden
Ist das heilge deutsche Reich!“[17]

Der nationale Überschwang wurde nicht von allen geteilt. Der evangelische Theologieprofessor Martin Kähler sprach von der „Vergötzung des Staates“[18]; andere beklagten das „Laster des Patriotismus“[19]. Trotzdem wird man sagen müssen, daß protestantische Christlichkeit im 19. Jahrhundert stark national eingefärbt war.

Der Erste Weltkrieg ließ die nationalen Wellen zunächst sehr hoch schlagen. In den Kriegspredigten wurden christliche Tugenden und nationale Pflichten, Reich Gottes und Deutsches Reich oft in für uns unerträglicher Weise gleichgesetzt. Der evangelische Theologe und Politiker Friedrich Naumann sprach von einer „Mischung von Bethlehem und Potsdam“[20] in den Kriegspredigten. Es läßt aufhorchen, wenn der preußische Feldpropst 1916 mahnte, daß „auch gerade im Kriege

Ehrenblatt für einen Gefallenen aus dem Jahr 1914, mit Faksimile der Unterschrift von Kaiser Wilhelm II. Die militärische „Verwendung“ biblischer Worte war damals gang und gäbe.

die Darbietung des unverkürzten Evangeliums die Hauptaufgabe der Seelsorge"[21] sei.

Die starke nationale Ausrichtung des Protestantismus war in vielerlei Beziehung verhängnisvoll. Sie entfremdete die Kirche der Arbeiterschaft, sie machte blind für die aufkommenden Gefahren des Nationalsozialismus in der Weimarer Republik und war auch theologisch problematisch: Nicht nur, daß Gott und Vaterland auf die gleiche Stufe gestellt wurden; das Vaterland drohte oft genug die erste Stelle einzunehmen, zum Gottesersatz zu werden.

XXIV. Der Nationalsozialismus und die Kirchen

Zahlreiche Themen der Jahre des Dritten Reiches können kaum diskutiert werden, ohne auch auf die Kirchen zu blicken: Wer ließ Hitler an die Macht kommen? Warum gab es keinen entschiedenen Widerstand gegen den rassischen Antisemitismus? Wie konnte sich eine Diktatur entwickeln, die immer mehr Menschen unterdrückte, einsperrte, ermordete? Wer ist für den Ausbruch des Krieges und seinen unmenschlichen Grausamkeiten mitverantwortlich? Wurden aus der Katastrophe dieser Jahre die richtigen Konsequenzen gezogen? – Diese und andere Fragen sind nicht einfach zu beantworten. Obwohl beide Kirchen geschlossener waren, als dies heute der Fall ist, gab es für die neu auftretenden Probleme keine Einheitsrezepte.

In der Weimarer Republik

Weite Teile der *katholischen* Bevölkerung konnten sich mit der Weimarer Republik nie recht anfreunden. Trotz der schlimmen Erfahrungen in den Zeiten des Kulturkampfes sehnten sich viele Katholiken insgeheim und öffentlich nach dem Kaiserreich zurück. Wirtschaftliche und politische Schwierigkeiten wurden dem „System“, der parlamentarischen Demokratie, angelastet. Von einem starken König oder Kaiser erhoffte man sich Besserung. Kein Geringerer als der Münchener Kardinal Michael Faulhaber lieferte diesem Denken die ideenmäßige Grundlage. Auf dem Katholikentag 1922 in München griff er die Verfassung der Republik und ihre Fürsprecher im Zentrum, *der* „katholischen“ Partei, scharf an. Die Republik sei durch das „Kainsmal“ der Revolution gezeichnet, diese sei Meineid und Hochverrat gewesen. Dem ersten Reichspräsidenten Friedrich Ebert versagte der Kardinal 1925 das Totengeläut. Als Führer der „religions- und kirchenfeindlichen“ SPD, der aus der (katholischen) Kirche ausgetreten sei und in Mischehe gelebt habe, konnte der Kardinal den Präsidenten noch im Tode demütigen. Auch andere Bischöfe hatten ähnliche Vorbehalte gegen die Republik.

Das galt aber nicht für die Gesamtheit der deutschen Katholiken. Die Zentrumspartei stand von 1919 an auf dem Boden der Verfassung und hatte bis 1932 eine parlamentarische Schlüsselstellung inne. Entgegen der Schelte des Münchener Kardinals rief auch der Präsident des Münchener Katholikentages, der Kölner Oberbürgermeister Konrad

Adenauer (1876-1967), die Katholiken zu aktiver Mitarbeit im Staate auf. Die Weimarer Reichsverfassung räumte den Kirchen im Vergleich zum Kaiserreich ja auch weitgehende Freiheiten und Rechte ein: Sie gewährleistete die freie Religionsausübung, das Recht der Religionsgemeinschaften, ihre Angelegenheiten selbständig zu regeln, und sicherte das Eigentum und den Besitz der Kirchen. Daß in kulturpolitischen Fragen, vor allem des Schulwesens, katholische Maximalforderungen nach der konfessionellen Schule als Regelschule nicht verfassungsmäßig erfüllt wurden, lag an der Mitwirkung auch anderer, sozialistischer und liberaler Kräfte.

Solange die nationalsozialistische Bewegung verhältnismäßig erfolglos blieb, verhielt sich die katholische Kirche ihr gegenüber uninteressiert. Erst als 1930 bei der Reichstagswahl der Anteil der Nationalsozialisten an den Wählerstimmen auf 18,3% anschwoll und ihnen 107 Reichstagssitze bescherte, sah man sich zu öffentlicher Stellungnahme gezwungen. Dabei lehnten es die deutschen Bischöfe ausdrücklich ab, sich „mit den *staatspolitischen* Zielen des Nationalsozialismus zu befassen“. Sie warnten die Katholiken vor dem Nationalsozialismus dementsprechend nur, „solange und soweit sie [die NSDAP] *kulturpolitisch* Auffassungen kundgibt, die mit der katholischen Lehre nicht vereinbar sind“. Im einzelnen wiesen die Bischöfe die nationalsozialistische Hervorhebung des „Sittlichkeits- und Moralgefühls der germanischen Rasse“, das allgemeine Bekenntnis zum „positiven Christentum“ und die Auffassungen über Schule und Staat, Religion und Rasse, Ehe und Familie als „schief und falsch“ zurück.[1] An dieser ablehnenden Haltung änderte sich bis 1933 nichts. Tatsächlich gelang dem Rechtsradikalismus bis dahin kein entscheidender Einbruch in den katholischen Wählerstamm. Katholische Geistliche, die offen ein nationalsozialistisches Christentum predigten (z.B. Abt Alban Schachleiter), waren Ausnahmen. Aber auch die wenigen Publizisten (Friedrich Dessauer, Walter Dirks), die die antidemokratischen Ziele anprangerten, blieben Außenseiter. Ihre Warnungen vor einem Nationalsozialismus, der sich nach Erringen der Macht durch Betonung des Christlichen im öffentlichen Leben, durch Kampf gegen Gottlosigkeit und Unsittlichkeit als erneuernde Kraft tarnen würde, fanden in der katholischen Öffentlichkeit nicht genügend Widerhall.

Ein außenpolitischer Vorgang hat in den Augen mancher Katholiken auch die autoritäre Bewegung des Nationalsozialismus in Deutschland interessant werden lassen: 1929 schloß der Vatikan mit der Regierung Mussolini in Italien die sog. *Lateranverträge* ab. Danach erhielt der Papst die volle Souveränität über die Vatikanstadt und erkannte seinerseits Rom als Hauptstadt des italienischen Staates an. Damit wurde die seit der Besetzung des Kirchenstaates (1870) offene „Römische Frage“ gelöst. In dem mit den Lateranverträgen verbundenen Konkordat wurde die katholische Religion zum Staatsbekenntnis erklärt. Kirchliche Vorschriften, z.B. über die Eheschließung, wurden zu staatlichen Gesetzen. Eine politische Vertretung des Katholizismus durch eine eigene Partei wurde dadurch „überflüssig“. Wenn aber Papst Pius XI. mit Mussolini einen Vertrag schließen und katholische Forderungen für die Gestaltung der Gesellschaft durchsetzen konnte, warum sollte dann nicht auch in Deutschland ein ähnlicher Vertrag möglich sein, den die Parteiendemokratie von Weimar nicht zugestehen mochte, wenn erst ein autoritärer Führer die Politik zu bestimmen hätte? So fragten sich manche Katholiken, unter ihnen auch der Zentrumsvorsitzende, Prälat Ludwig Kaas, der seit 1920 den Nuntius in Deutschland und späteren Papst Pius XII. in Konkordatsfragen beriet.

Das Ende des Ersten Weltkrieges mit der Abschaffung der Monarchie und der Ausrufung der Republik versetzte auch die *evangelischen* Christen in große Sorge. Radikale Stimmen drangen auf eine klare Trennung von Staat und Kirche, d.h. etwa die Abschaffung der Kirchensteuer und Beseitigung des Religionsunterrichts in der Schule. Doch blieb der Status der Kirchen im ganzen gesehen unangetastet. Das Landesherrliche Kirchenregiment fiel fort. Die Kirchen konnten sich nun selbst verwalten. Sie gaben sich eigene Kirchenverfassungen. Auch schlossen sich die 28 Landeskirchen zu einem – allerdings sehr lokkeren – Kirchenbund zusammen.

Das Verhältnis der meisten kirchentreuen Protestanten zur Weimarer Republik war kühl. Man orientierte sich am vergangenen christlichen

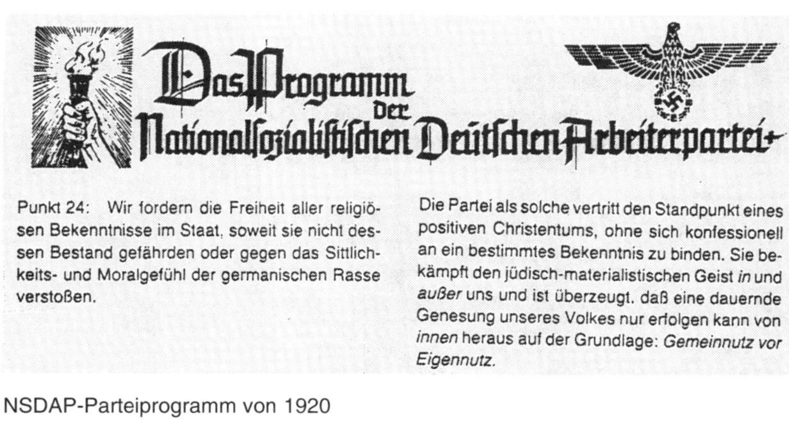
Das Programm der Nationalsozialistischen Deutschen Arbeiterpartei

Punkt 24: Wir fordern die Freiheit aller religiösen Bekenntnisse im Staat, soweit sie nicht dessen Bestand gefährden oder gegen das Sittlichkeits- und Moralgefühl der germanischen Rasse verstoßen.

Die Partei als solche vertritt den Standpunkt eines positiven Christentums, ohne sich konfessionell an ein bestimmtes Bekenntnis zu binden. Sie bekämpft den jüdisch-materialistischen Geist *in* und *außer* uns und ist überzeugt, daß eine dauernde Genesung unseres Volkes nur erfolgen kann von *innen* heraus auf der Grundlage: *Gemeinnutz vor Eigennutz.*

NSDAP-Parteiprogramm von 1920

Obrigkeitsstaat und fand zum modernen demokratischen Staat kein rechtes Verhältnis. Die beiden staatstragenden Parteien, das „katholische“ Zentrum und die „marxistische“ Sozialdemokratie, schätzte man wenig. Viele Protestanten waren stark national und konservativ eingestellt. Sie litten auch an der zunehmenden Säkularisierung. Freidenkerverbände, die von der KPD unterstützt und von der SPD zumindest toleriert wurden, riefen zum Austritt aus den Kirchen auf. 1933 hatten diese Verbände immerhin 700 000 Mitglieder. Der Protestantismus verfügte auch über keine Partei, die seine Interessen engagiert vertrat, wie der Katholizismus mit dem Zentrum.

Den Nationalsozialismus nahm die evangelische Kirche in der Breite erst 1930 wahr. Nach den Septemberwahlen gab die NSDAP ihre bisher geübte kirchenpolitische Neutralität auf und begann einen Vertrauensfeldzug in Richtung Kirchen.

Hitler wußte, daß er nur mit Unterstützung der Christen die Macht im Reich erringen konnte. Die NSDAP gab sich in ihren Reden als ausgesprochen kirchenfreundliche Partei. Uniformierte SA-Abteilungen besuchten die Gottesdienste. Pfarrer wurden zu Gottesdiensten und Fahnenweihen eingeladen. Immer wieder verwiesen die Nationalsozialisten auf ihr Parteiprogramm, vor allem auf den Artikel 24.

Diese Taktik der Nationalsozialisten zeigte durchaus ihre Wirkung bei den Protestanten, zumal sie sich wohltuend unterschied von der Kirchenpolitik der Linksparteien. Überblickt man die Haltung der evangelischen Kirche zum Nationalsozialismus vor 1933, so kann man ein breites Spektrum feststellen. Da gab es an den Rändern Gruppen, die den Nationalsozialismus klar ablehnten bzw. lauthals begrüßten. Vor allem die *Religiösen Sozialisten*, die die Kirche für die Anliegen der Arbeiterschaft öffnen wollten, bekämpften den Nationalsozialismus von

Sonntagsblatt

des arbeitenden Volkes

Herausgegeben vom Bund der religiösen Sozialisten Deutschlands

Durch christlichen Glauben zu sozialistischem Kampf — Durch sozialistischen Kampf zu christlichem Glauben!

Verlag der religiösen Sozialisten, Mannheim, Jungbuschstraße 9, e.G.m.b.H.: Postscheckkonto Karlsruhe i. B. 27566; Fernsprecher Nr. 25667 | Schriftleitung und Geschäftsstelle des Bundes: Pfarrer Eckert, Mannheim, Jungbuschstraße 9 Fernsprech-Nummer 25667 | Durch alle Postanstalten zu beziehen Bezugspreis vierteljährlich RM. 1.50 · Druck: Mannheimer Aktiendruckerei A.-G. Mannheim

Nr. 48 — 30. November 1930 — 12. Jahrgang

Christentum und Faschismus sind unvereinbar!

Ein Wort der religiös-sozialistischen Internationale über Nationalismus und Faschismus an die europäische Christenheit.

Als Vertreter einer Bewegung, zu deren Zielen die Neuordnung der Gesellschaft im Geiste Christi und aus den Kräften des Reiches Gottes gehört, fühlen wir uns durch die steigende Welle des Nationalismus und Faschismus in ihren verschiedenen Formen und die dadurch vermehrte Gefahr des Bürgerkrieges und Völkerkrieges tief beunruhigt und in unserem Gewissen verpflichtet, darüber ein Wort der Mahnung und Bitte besonders an die christlichen Kreise zu richten.

Wochenzeitung der Religiösen Sozialisten

Anfang an. Einzelne Theologen wandten sich scharf gegen die NS-Rassenideologie.

Auf der anderen Seite gab es eine radikale Minderheit, vor allem junge Pfarrer aus der sog. „Frontgeneration", die sich unüberhörbar für Hitlers Ziele einsetzten. Immerhin konnte diese Gruppe jetzt unter dem Namen „Deutsche Christen" bei den preußischen Kirchenwahlen im Herbst 1932 nahezu ein Drittel aller Gemeindekirchenratssitze erringen. In anderen Landeskirchen spielten die *„Deutschen Christen"* vor 1933 faktisch keine Rolle. Die meisten kirchentreuen Protestanten vertraten eher eine Mittelposition. Ihnen gefiel an der NSDAP die christliche und nationale Ausrichtung. Die Rassenideologie und die furchtbare Volksverhetzung der Nationalsozialisten stieß sie eher ab.

Die Richtlinien der Glaubensbewegung „Deutscher Christen" vom Mai 1932 (Auszug)

2 Wir kämpfen für einen Zusammenschluß der im „Deutschen Evangelischen Kirchenbund" zusammengefaßten 29 Kirchen zu einer Evangelischen Reichskirche und marschieren unter dem Ruf und Ziel:
„Nach außen eins und geistgewaltig,
Um Christus und sein Werk geschart,
Nach innen reich und vielgestaltig,
Ein jeder Christ nach Ruf und Art!"
(Nach Geibel)
4 Wir stehen auf dem Boden des positiven Christentums. Wir bekennen uns zu einem bejahenden artgemäßen Christus-Glauben, wie er deutschem Luther-Geist und heldischer Frömmigkeit entspricht.
7 Wir sehen in Rasse, Volkstum und Nation uns von Gott geschenkte und anvertraute Lebensordnungen, für deren Erhaltung zu sorgen uns Gottes Gesetz ist. Daher ist der Rassenvermischung entgegenzutreten. Die deutsche *Äußere Mission* ruft auf Grund ihrer Erfahrung dem deutschen Volke seit langem zu: „Halte deine Rasse rein!" und sagt uns, daß der Christus-Glaube die Rasse nicht zerstört, sondern vertieft und heiligt.
9 In der Judenmission sehen wir eine schwere Gefahr für unser Volkstum. Sie ist das Eingangstor fremden Blutes in unseren Volkskörper. Sie hat neben der Äußeren Mission keine Daseinsberechtigung. Wir lehnen die Judenmission in Deutschland ab, solange die Juden das Staatsbürgerrecht besitzen und damit die Gefahr der Rassenverschleierung und -bastardierung besteht. Die Heilige

Schrift weiß auch etwas zu sagen von heiligem Zorn und sich versagender Liebe. Insbesondere ist die Eheschließung zwischen Deutschen und Juden zu verbieten.[2]

Im Zeichen der Machtergreifung

Die „nationalsozialistische Revolution“ erstreckte sich auf einen Zeitraum von etwa eineinhalb Jahren: von der Übernahme der Regierungsverantwortung bis zum sog. „Röhm-Putsch“ am 30. Juni 1934, an dem zahlreiche politische Gegner der Nationalsozialisten, auch aus den Kirchen, ermordet wurden.

Die *katholische Kirche* blieb zunächst ihrer ablehnenden Haltung treu, stellte sich dann aber rasch auf die neuen Verhältnisse ein: Erzbischof Gröber von Freiburg gab hierfür die Devise aus: „Wir müssen uns umschalten.“

In den letzten „freien“ Wahlen der Weimarer Republik vom 5. März 1933 hatten die NSDAP und die Deutschnationale Volkspartei (DNVP) mit 52% eine knappe absolute Mehrheit errungen. Hitler wollte aber ermächtigt werden, vier Jahre lang ohne Kontrolle durch den Reichstag regieren zu können. Dazu benötigte er eine Zweidrittelmehrheit. Er war entschlossen, sie sich notfalls mit Gewalt zu holen, zog es jedoch vor, den Schein der parlamentarischen Rechtfertigung zu wahren. Deshalb drängte er das Zentrum, der Ermächtigung zuzustimmen. In seiner Regierungserklärung vom 23. März 1933 machte er den Kirchen daher weitgehende Zugeständnisse:

„Die nationale Regierung sieht in den beiden christlichen Konfessionen wichtigste Faktoren der Erhaltung unseres Volkstums. Sie wird die zwischen ihnen und den Ländern abgeschlossenen Verträge respektieren; ihre Rechte sollen nicht angetastet werden. Sie erwartet aber und hofft, daß die Arbeit an der nationalen und sittlichen Erhebung unseres Volkes, die sich die Regierung zur Aufgabe gestellt hat, umgekehrt die gleiche Würdigung erfährt. Sie wird allen anderen Konfessionen in objektiver Gerechtigkeit gegenübertreten … Die nationale Regierung wird in Schule und Erziehung den christlichen Konfessionen den ihnen zukommenden Einfluß einräumen und sicherstellen. Ihre Sorge gilt dem aufrichtigen Zusammenleben zwischen Kirche und Staat. Der Kampf gegen eine materialistische Weltauffassung und für die Herstellung einer wirklichen Volksgemeinschaft dient ebensosehr den Interessen der deutschen Nation wie denen unseres christlichen Glaubens. … Ebenso legt die Reichsregierung, die im Christentum die unerschütterlichen Fundamente des sittlichen und moralischen Lebens unseres Volkes sieht, den größten Wert darauf, die freundschaftlichen Beziehungen zum Heiligen Stuhle weiter zu pflegen und auszugestalten."[3]

Das Zentrum stimmte schließlich dem Ermächtigungsgesetz zu, gegen den Widerstand weniger Abgeordneter. Die Mehrheit der Partei glaubte, sich dadurch einen begrenzten politischen Einfluß erhalten zu können. Entscheidend aber war, daß das Zentrum durch seine Zustimmung erkennbar nicht mehr als *Verfassungspartei* für die Rechte *aller* Staatsbürger eintrat. Der von Hitler auch dem Zentrum gegenüber ausgegebenen Parole „Marxisten vernichten" widersprach in der Führung der Partei niemand mehr.

Hitler ließ nicht zu, daß das Zentrum sich an der Regierungsarbeit beteiligte. Sein Ziel war die endgültige Ausschaltung der Partei. Die von ihm in seiner Regierungserklärung gemachten Zusicherungen machten die Partei, auch in den Augen vieler Bischöfe, überflüssig. Als dies deutlich wurde, löste sich das Zentrum enttäuscht und vielfach verbittert Anfang Juli 1933 selbst auf, um einem drohenden Verbot zuvorzukommen. Hitler setzte zudem die Bischöfe zunehmend unter Druck. Er blieb demonstrativ dem offiziellen katholischen Gottesdienst zur Eröffnung des neugewählten Reichstags am 21. März fern, weil die Bischöfe nach wie vor Mitglieder und Führer der NSDAP als Abtrünnige behandelten. Statt dessen besuchte er „die Gräber seiner ermordeten SA-Kameraden auf dem Luisenstädtischen Friedhof in Berlin".

Hitler auf dem Luisenstädtischen Friedhof in Berlin, März 1933.

Zwei Jahre später (1935) paßte es Hitler, demonstrativ einen Gottesdienst in der Hedwigskathedrale zu besuchen. Als Staatsmann fuhr er im offenen Wagen vor, um am Requiem für den verstorbenen polnischen Staatspräsidenten Marschall Pilsudski teilzunehmen. Die Kirche konnte ihm dies nicht verwehren.

Nach Hitlers Regierungserklärung brachen bei den Bischöfen die Dämme. In einer hastig vorbereiteten und zuletzt von *Kardinal Bertram* aus Breslau, dem Vorsitzenden der Fuldaer Bischofskonferenz, allein verantworteten Erklärung nahmen die deutschen Bischöfe ihre bisherigen Warnungen vor dem Nationalsozialismus zurück (28. März 1933):

„Die Oberhirten der Diözesen Deutschlands haben aus triftigen Gründen, die wiederholt dargelegt sind, … in den letzten Jahren gegenüber der nationalsozialistischen Bewegung eine ablehnende Haltung durch Verbote und Warnungen eingenommen, die solange und insoweit in Geltung bleiben sollten, wie diese Gründe fortbestehen.

Es ist nunmehr anzuerkennen, daß von dem höchsten Vertreter der Reichsregierung, der zugleich autoritärer Führer jener Bewegung ist, öffentlich und feierlich Erklärungen gegeben sind, durch die der Unverletzlichkeit der katholischen Glaubenslehre und den unveränderlichen Aufgaben und Rechten der Kirche Rechnung getragen, sowie die vollinhaltliche Geltung der von den einzelnen deutschen Ländern mit der Kirche abgeschlossenen Staatsverträge durch die Reichsregierung ausdrücklich zugesichert wird. Ohne die in unseren früheren Maßnahmen liegende Verurteilung bestimmter religiös-sittlicher Irrtümer aufzuheben, glaubt daher der Episkopat das Vertrauen hegen zu können, daß die vorbezeichneten allgemeinen Verbote und Warnungen nicht mehr als notwendig betrachtet zu werden brauchen."

Daran anschließend mahnten sie die Gläubigen:

„Für die katholischen Christen, denen die Stimme ihrer Kirche heilig ist, bedarf es auch im gegenwärtigen Zeitpunkte keiner besonderen Mahnung zur Treue gegenüber der rechtmäßigen Obrigkeit und zur gewissenhaften Erfüllung der staatsbürgerlichen Pflichten unter grundsätzlicher Ablehnung allen rechtswidrigen oder umstürzlerischen Verhaltens."[4]

In einer wahren Flut von Vertrauen und Optimismus versuchten viele Katholiken nun den „Brückenschlag" zum Nationalsozialismus. So hieß es zum Beispiel in einem Aufruf des Katholischen Lehrerverbandes des Deutschen Reiches vom 30. März 1933:

„Es darf nun nicht mehr so kommen, daß der Katholizismus abwartend und tolerierend, oder nur geduldet, in dieser Zeitenwende dasteht. Wir legen, vertrauend auf den Führer der deutschen und völkischen Bewegung und vertrauend auf die volksverwurzelten Kräfte des Katholizismus, mit Hand an, den neuen Reichs- und Volksaufbau zu schaffen."[5]

Die nationale Euphorie erfaßte auch einen Großteil der deutschen Bischöfe. Gegen die Bedenken einzelner (*Bischof Graf Preysing* von Eichstätt, später Berlin) legten sie in einem Hirtenbrief ein Bekenntnis zum neuen Staat ab. *Erzbischof Gröber* von Freiburg verkündete öffentlich, er stelle sich „restlos hinter die neue Regierung und das neue Reich"[6]. Hitlers Bereitschaft, in einem Vertrag mit der Kirche deren Rechte und Wünsche zu verbriefen, ließ die Bischöfe über viele Unannehmlichkeiten hinwegsehen: Gegen den Boykott jüdischer Geschäfte am 1. April 1933 erhob sich kein öffentlicher kirchlicher Protest; die Zusicherungen Hitlers für die „konfessionelle Schule" wurden auch dort noch gerne gehört, wo ihr die Aufgabe zugewiesen wurde, „gläubige Soldaten" für Deutschland zu erziehen; nationalsozialistische Übergriffe auf katholische (Jugend-) Organisationen konnten den Abschluß des Reichskonkordates nicht mehr hemmen. Das Konkordat garantierte den Bestand katholischer Schulen und Vereine, den Religionsunterricht und die konfessionelle Lehrerbildung, verbot aber die politische Tätigkeit von Geistlichen in Parteien: Der „politische Katholizismus" war tot.

Nationalsozialisten und Bischöfe feierten den Vertrag als „außenpolitischen Triumph von einzigartiger Größe", die Kirche erhoffte sich „innenpolitisch eine Rechtsbasis". Nicht nur in der NS-Propaganda, sondern auch in der kirchlichen Öffentlichkeit mußte der Eindruck entstehen, Papst und Reichskanzler hätten sich durch ihre Verhandlungsleiter Pacelli und von Papen die Hand gereicht.

Die Bischöfe, an vorderster Stelle Erzbischof Gröber von Freiburg, *Bischof Berning* von Osnabrück und auch Kardinal Bertram von Breslau, hofften, mit der NS-Regierung zu gedeihlicher Zusammenarbeit zu kommen. Dieser Vorschuß an Vertrauen hielt bis 1936/37 weitgehend an. Weder die nationalsozialistische Sterilisationsgesetzgebung seit 1934 noch die Ermordung Erich Klauseners, des Vorsitzenden der „Katholischen Aktion" (= organisierte Mitarbeit der Laien in der Kirche) im Bistum Berlin, am 30. Juni 1934 führten zu einer nachhaltigen Ernüchterung.

Freilich war die Politik des „Sich-Umschaltens" in der Kirche nicht allgemein anerkannt. Es hat auch Laien und Geistliche gegeben, die gegen den Strom schwammen: *Domkapitular Bernhard Lichtenberg* und *Oscar Wassermann* aus Berlin, *Alois Wurm* aus Stuttgart, die die Bischöfe zu einem Protest gegen den Boykott jüdischer Geschäfte bewegen wollten; Konrad Graf von Preysing, der vor Ergebenheit gegenüber den Machthabern warnte und für Distanz plädierte; *Maria Schmitz*, die Vorsitzende des Vereins katholischer deutscher Lehrerinnen, die die Gleichschaltung ihres Vereins durch den NS-Lehrerbund wenigstens bis 1937 verhindern konnte. Dagegen überwogen aber die Tendenzen zum Umschwenken. Viele Bischöfe sahen im Nationalsozialismus schließlich auch einen Bundesgenossen im bislang so erfolglosen Kampf gegen den gottlosen Bolschewismus, weitverbreitete Unsittlichkeit und andere Gefahren. Hitler hatte „seine Hand erhoben gegen alle diejenigen, die gegen das Kreuz anstürmten" (Erzbischof Gröber).[7] Daß darunter Sozialdemokraten, Kommunisten und, wie immer in der Geschichte, die Juden von Anfang an zu leiden hatten, wurde als unvermeidbarer Preis für die erhofften Segnungen für den christlichen Glauben in Kauf genommen.

Auch wenn sich die *evangelischen* Kirchenleitungen zunächst ruhig verhielten – noch wußte man nicht, wie sich die neue Regierung den Kirchen gegenüber verhalten würde –, war eines unübersehbar: Der Großteil des deutschen Protestantismus begrüßte die „Machtergreifung" der nationalen Rechten. Das verstärkte sich noch durch die Eröffnung des Reichstags in der traditionsreichen Potsdamer Garnisonskirche und die großen Zusicherungen, die Hitler in seiner Regierungserklärung vor dem neugewählten Reichstag machte. Nun gaben auch die Kirchenleitungen ihre Zurückhaltung auf und begrüßten begeistert die „Wende":

„Evangelische Glaubensgenossen!

Was wir seit Jahren gehofft und ersehnt haben, ist gekommen: Unser deutsches Volk hat sich in seiner großen Mehrheit zu einer starken nationalen Front zusammengeschlossen und sich einmütig hinter die Männer gestellt, die das Oberhaupt unseres Reiches zur Führung des deutschen Volkes berufen hat.“[8]
(Aus dem Hirtenbrief des späteren badischen Landesbischofs Kühlewein vom 28. März 1933)

Was uns heute besonders bedrückt, ist die Tatsache, daß dieses Ja zum neuen Reich erging, während Demokratie und Rechtsstaat beseitigt, Regimegegner massenhaft in die Konzentrationslager gesperrt wurden und die Judenverfolgung begann. Auch wenn einzelne Protestanten auf ein klares Wort der Kirche gegen die Judenverfolgung drängten, konnten sich die Kirchenleitungen nicht dazu entschließen, ihre Stimme zu erheben. Teilweise war man von der Rechtmäßigkeit der gegen die Juden ergriffenen Maßnahmen überzeugt; teilweise hielt man es nicht für eine Aufgabe der Kirche, das staatliche Handeln zu kritisieren; vor allem aber wollte man die Beziehungen zum neuen Staat nicht verschlechtern.

Für die *Deutschen Christen* brachte die Machtergreifung einen großen Aufschwung. Mit ihnen wollte Hitler die evangelischen Kirchen gleichsam von innen erobern und „gleichschalten“. Im April 1933 traten sie mit einem neuen Programm an die Öffentlichkeit. Vor allem ihr Ruf nach einer „Reichskirche“, in die alle 28 Landeskirchen vereinigt würden, traf auf große Sympathien, weit über die Deutschen Christen hinaus. Die Kirchenleitungen nahmen eine Verfassungsreform der evangelischen Kirche Deutschlands in Angriff. Dabei arbeitete als Hit-

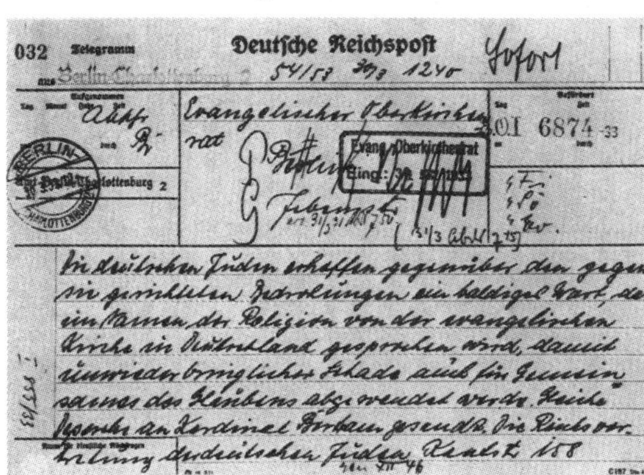
032 Telegramm Deutsche Reichspost

Sofort

Berlin-Charlottenburg 2

Evangelischer Oberkirchenrat

OI 6874-33

Evang. Oberkirchenrat Eing.:

Die deutschen Juden erhoffen gegenüber den gegen sie gerichteten Bedrohungen ein baldiges Wort, das im Namen der Religion von der evangelischen Kirche in Deutschland gesprochen wird, damit unwiederbringlicher Schade auch für Gemeinsames des Glaubens abgewendet werde. Gleiche Depesche an Kardinal Bertram gesandt. Die Reichsvertretung der deutschen Juden. [illegible] 158

Telegramm der Reichsvereinigung der Juden an den Evangelischen Oberkirchenrat in Berlin, 30. 3. 1933 lers „Vertrauensmann“ für die evangelische Kirche der Königsberger Militärpfarrer *Ludwig Müller* mit. Bald war die Verfassung der neuen Deutschen Evangelischen Kirche (DEK) in Grundzügen fertig. Sie sah einen Reichsbischof an der Spitze vor. Zunächst wählten die Landeskirchen *Friedrich von Bodelschwingh*, den Leiter der Betheler Anstalten, zum Reichsbischof; doch der trat nach einem Monat zurück; er fand immer weniger Unterstützung in der Kirche. Nun war der Weg frei für Ludwig Müller. Er ließ die neue Verfassung fertigstellen. Am 14. Juli 1933 wurde sie vom Kabinett gebilligt – am gleichen Tag, an dem dieses auch dem Entwurf eines Reichskonkordates zustimmte. Schon am 23. Juli wurde im ganzen Reich gewählt. Die Deutschen Christen, von Hitler massiv über den Rundfunk unterstützt, errangen einen großen Wahlsieg. Viele Landeskirchen bekamen eine deutschchristliche Kirchenleitung. Und als dann im September 1933 Ludwig Müller zum Reichsbischof gewählt wurde, schien Hitlers Ziel, die evangelische Kirche gleichzuschalten, erreicht zu sein.

Doch gerade an diesem Tiefpunkt der evangelischen Kirche regten sich Gegenkräfte. Es entstand eine Gemeinde- und Pastorenbewegung, die später zur *Bekennenden Kirche* wurde. Einen entscheidenden Anstoß hierfür gab der Bonner Theologieprofessor *Karl Barth*. Mitten im nationalen Rausch des Sommers 1933 publizierte er eine weitverbreitete Schrift: „Theologische Existenz heute!“ Darin rief er die evangelische Kirche weg von einer politisch inspirierten Kirchenreform hin zu einer Besinnung auf Wesen und Auftrag der Kirche. Gruppen von Pfarrern und Gemeindegruppen begannen, Bibel und Bekenntnis nach dem richtigen Weg der Kirche zu befragen. Zum ersten Kristallisationspunkt der kirchlichen Opposition wurde der Versuch der preußischen Deutschen Christen, in ihrer Landeskirche den Arierparagraphen einzuführen. Kein evangelischer Christ jüdischer Herkunft sollte in Zukunft noch Pfarrer oder Beamter der Kirche sein dürfen. Unter wesentlicher Mitwirkung von *Martin Niemöller*, seit 1931 Pfarrer

Wahlpropaganda vor einer Berliner Kirchentür für die Wahlen am 23. Juli 1933

in Berlin-Dahlem, entstand der *Pfarrernotbund*. Jeder, der ihm beitrat, unterschrieb, daß mit der Anwendung des Arierparagraphen „eine Verletzung des Bekenntnisstandes“ gegeben sei. In wenigen Monaten trat über ein Drittel der deutschen Pfarrerschaft diesem Notbund bei. In einzelnen Landes- und Provinzialkirchen entstanden sog. Freie Synoden; auf die deutschchristlich bestimmten Synoden wollte man nicht mehr hören. Vor allem die württembergische und bayerische Landeskirche wehrten sich gegen Übergriffe und Eingriffe des Reichsbischofs.

Im Frühjahr 1934 schlossen sich die Vertreter der verschiedenen Oppositionsgruppen zusammen. Sie trafen sich vom 27. - 31. Mai 1934 zur ersten Reichsbekenntnissynode in Barmen-Gemarke (heute Stadtteil von Wuppertal). Die Synodalen verabschiedeten eine theologische Erklärung. Dieses *Barmer Bekenntnis* wurde zur Grundlage für die Arbeit der Bekennenden Kirche.

Zum ersten Mal seit der Reformation hatten lutherische, reformierte und unierte Protestanten ein gemeinsames Wort gesprochen. Barmen ist zur Geburtsstunde der Bekennenden Kirche (= BK) geworden.

Theologische Erklärung zur gegenwärtigen Lage der Deutschen Evangelischen Kirche

Wir, die zur Bekenntnissynode der Deutschen Evangelischen Kirche vereinigten Vertreter lutherischer, reformierter und unierter Kirchen, freier Synoden, Kirchentage und Gemeindekreise erklären, daß wir gemeinsam auf dem Boden der Deutschen Evangelischen Kirche als eines Bundes der deutschen Bekenntniskirchen stehen. Uns fügt dabei zusammen das Bekenntnis zu dem einen Herrn der einen, heiligen, allgemeinen und apostolischen Kirche ...

1. „Ich bin der Weg und die Wahrheit und das Leben; niemand kommt zum Vater denn durch mich.“ (Joh. 14,6).
   „Wahrlich, wahrlich ich sage euch: Wer nicht zur Tür hineingeht in den Schafstall, sondern steigt anderswo hinein, der ist ein Dieb und ein Mörder. Ich bin die Tür; so jemand durch mich eingeht, der wird selig werden.“ (Joh. 10,1.9).
   Jesus Christus, wie er uns in der heiligen Schrift bezeugt wird, ist das eine Wort Gottes, das wir zu hören, dem wir im Leben und im Sterben zu vertrauen und zu gehorchen haben.
   Wir verwerfen die falsche Lehre, als könne und müsse die Kirche als Quelle ihrer Verkündigung außer und neben diesem einen Worte Gottes auch noch andere Ereignisse und Mächte, Gestalten und Wahrheiten als Gottes Offenbarung anerkennen ...[9]

Im Oktober 1934 fand in Berlin-Dahlem die zweite Reichsbekenntnissynode statt. Die Synodalen sprachen den deutschchristlichen Kirchenleitungen das Recht, die Kirche zu leiten, ab und schufen eigene Kirchenleitungen der BK. Sie wurden vom NS-Staat nie anerkannt; mit allen Mitteln versuchten Partei und Staat, ihre Wirksamkeit zu unterbinden.

Zwischen Anpassung und Widerstand

Viele christliche Autoren hatten 1933 auf einen inneren Gleichklang zwischen Nationalsozialismus und Christentum hingewiesen. Die Deutschen Christen glaubten gar an die Synthese beider. Nach 1934 mußten die Kirchen freilich erkennen, daß sich der Nationalsozialismus zu einer eigenen Religion entwickelte. Im Mittelpunkt dieses „Neuheidentums", wie die Kirchen diese Pseudoreligion bezeichneten, stand der Glaube an die Rasse, die Vergötterung der Nation und der Führerkult.

Die Kirchen wurden vor allem dadurch hellhörig, daß Hitler den Chefpropagandisten dieser neuen Religion, Alfred Rosenberg, Anfang 1934 mit der weltanschaulichen Schulung der Partei beauftragte. Die Kirchen nahmen den Kampf mit dem Neuheidentum auf. Unzählige Bücher erschienen, die sich mit Rosenbergs „Mythus des 20. Jahrhunderts" auseinandersetzten. Die katholische Kirche richtete in Köln eine spezielle Abwehrstelle unter Domvikar Teusch ein, die das Neuheidentum mit Flugblättern und Gegenschriften bekämpfte. Die Partei nahm

Mädchen schmückt Führerbild am Erntedankfest 1935.

diesen Kampf durchaus ernst. Als die Bekennende Kirche 1935 eine Kanzelabkündigung gegen die „neue Religion“ erließ, notierte Reichsinnenminister Frick auf seinem Handexemplar: „... ein heimtückischer Angriff auf Staat und Volk, der strafrechtliche Sühne fordert“.[10]

Ab 1935 wurde der Totalitätsanspruch des NS-Staates immer stärker. Unter dem Schlagwort der „Entkonfessionalisierung des öffentlichen Lebens“ sollten Christentum und Kirchen aus der Öffentlichkeit verdrängt und in eine Art Getto gesperrt werden. Die kirchliche Presse wurde einer immer stärker werdenden Zensur unterworfen. Kirchliche Kindergärten wurden teilweise der nationalsozialistischen Volkswohlfahrt (NSV) unterstellt.

Ein großer Kampf erhob sich in weiten Teilen des Reiches um den konfessionellen Charakter der Schule. Vor allem Württemberg wurde eine Art Experimentierfeld nationalsozialistischer Schulpolitik. 1936 schaffte man dort die verfassungsmäßig verbriefte Konfessionsschule ab, gegen den Widerstand vor allem der katholischen Kirche. 1937 ordnete der zuständige Kultminister an, daß das Alte Testament im Religionsunterricht nur noch in sehr eingeschränktem Maße zu unterrichten sei. Ab 1938 versuchte man in Württemberg, den Religionsunterricht durch einen antikirchlichen Weltanschauungsunterricht zu verdrängen. Massiver Widerstand beider Kirchen konnte es verhindern, daß der betreffende Kultminister Erfolg hatte. Ähnliche Entwicklungen gab es auch in Bayern und in Preußen, vor allem in seinen Provinzen des Rheinlandes und Westfalen. Hier setzte man die Eltern über mehrere Jahre hinweg derart massiv unter Druck, daß 1939 praktisch keine Bekenntnisschulen mehr existierten. Es gab aber auch Zeichen mutiger und erfolgreicher Opposition: Als man im Herbst 1936 im Oldenburger Land versuchte, die Kreuze bzw. Lutherbilder aus den Schulen zu entfernen, erhob sich ein Sturm der Entrüstung. Mit Unterschriften, öffentlichen Andachten und Abordnungen aus der Bevölkerung an die Regierung konnte diese zum Einlenken gezwungen werden. Überall wurde für das Kreuz gekämpft, zuweilen auch durch Anbringen von beleuchteten Kreuzen auf Kirchtürmen.

1935 ernannte Hitler Hanns Kerrl zum Reichskirchenminister. Er war die ewigen Auseinandersetzungen in der evangelischen Kirche Deutschlands leid und erhoffte sich von Kerrl eine „Befriedung“. Dieser ernannte einen Reichskirchenausschuß, der die Leitung der Kirche übernehmen sollte. Reichsbischof Müller wurde entmachtet. An der Haltung zu diesem Kirchenausschuß zerbrach die Bekennende Kirche. Ihr gemäßigter Flügel, repräsentiert vor allem von den lutherischen Landeskirchen von Bayern, Hannover und Württemberg, meinte, den Befriedungsversuch Kerrls unterstützen zu können. Der „radikale“ Flügel, hinter dem vor allem die BK-Leitungen in Preußen standen, lehnte die Zusammenarbeit mit den Kirchenausschüssen ab. Vor allem dieser „radikale“ Flügel hatte in der Folgezeit unter den Repressionen des NS-Staates zu leiden. Ab 1935 wurde das Klima zwischen den Kirchen und dem NS-Staat immer rauher. Laut Statistik des Reichskirchenministeriums wurden 1938 folgende Strafmaßnahmen gegen Geistliche der beiden großen Kirchen verhängt:[11]

	Verwarnungen gen	Redeverbote	Aufenthaltsverbote	Schutzhaft	Strafanzeigen	Verurteilungen	Einstellun-
Evang. Geistliche	170	18	61	8	1441	10	2760
Kath. Geistliche	269	19	39	64	815	59	1271
zusammen	439	37	100	72	2256	69	4031

Hauptkampfplatz waren vielfach die Gemeinden, in denen sich etwa der Pfarrer und die zu ihm haltenden Gemeindeglieder mit einem rabiaten Ortsgruppenleiter der NSDAP auseinandersetzen mußten. Besonders infam gingen die Nationalsozialisten mit den katholischen Orden um. Mit Sittlichkeitsprozessen versuchten sie – freilich ohne großen Erfolg –, das Vertrauen der Gemeindeglieder zu den Ordensleuten zu erschüttern.

Die katholische Bischofskonferenz wie auch die Leitung der Bekennenden Kirche setzten sich seit 1934 mit Eingaben an den Staat kritisch zur Wehr. In diesen Eingaben wurden einzelne gegen die Kirchen ergriffene Maßnahmen beklagt. In den Jahren 1936/37 wurde der Ton der kirchlichen Protestschreiben härter. Nun wurde auch nicht mehr nur gegen antikirchliche Maßnahmen protestiert, sondern auch die Verletzung der Menschenrechte durch den NS-Staat allgemein und im einzelnen angeklagt.

Auf evangelischer Seite ist hier vor allem die Denkschrift der „radikalen“ Bekennenden Kirche vom Mai 1936 zu nennen. *Friedrich Weißler*, Jurist jüdischer Abstam-

Aus dem „Stürmer“, 1936

mung und Mitverfasser der Denkschrift, wurde kurz danach ins Konzentrationslager Sachsenhausen eingeliefert und wenig später dort umgebracht. In der Denkschrift heißt es u.a.:

„Wenn hier Blut, Rasse, Volkstum und Ehre den Rang von Ewigkeitswerten erhalten, so wird der evangelische Christ durch das erste Gebot gezwungen, diese Bewertung abzulehnen. Wenn der arische Mensch verherrlicht wird, so bezeugt Gottes Wort die Sündhaftigkeit aller Menschen.
Wenn den Christen im Rahmen der nationalsozialistischen Weltanschauung ein Antisemitismus aufgedrängt wird, der zum Judenhaß verpflichtet, so steht für ihn dagegen das christliche Gebot der Nächstenliebe. Einen besonders schweren Gewissenskonflikt bedeutet es für unsere evangelischen Gemeindeglieder, wenn sie das Eindringen dieser antichristlichen Gedankenwelt bei ihren Kindern, ihrer christlichen Elternpflicht entsprechend, bekämpfen müssen."[12]

Auf Anraten der deutschen Bischöfe entschloß sich 1937 Pius XI., das nationalsozialistische Regime öffentlich anzuklagen. In seiner deutschsprachigen Enzyklika *„Mit brennender Sorge"* griff er die NS-Weltanschauung, den Mythos von Blut und Rasse und die Verherrlichung *eines* Volkes scharf an. Demgegenüber betonte er, die Offenbarung Gottes gelte *allen* Völkern und Nationen. Auch Verletzungen des Konkordates nannte der Papst beim Namen:

„Wenn der von Uns in lauterer Absicht in die deutsche Erde gesenkte Friedensbaum nicht die Früchte gezeitigt hat, die Wir im Interesse Eures Volkes ersehnten, dann wird niemand in der weiten Welt, der Augen hat, zu sehen, und Ohren, zu hören, heute noch sagen können, die Schuld liege auf Seiten der Kirche und ihres Oberhauptes. Der Anschauungsunterricht der vergangenen Jahre klärt die Verantwortlichkeiten. Er enthüllt Machenschaften, die von Anfang an kein anderes Ziel kannten als den Vernichtungskampf. In die Furchen, in die Wir den Samen aufrichtigen Friedens zu pflanzen bemüht waren, streuten andere – wie der inimicus homo der Heiligen Schrift (Matth. 13,25) – die Unkrautkeime des Mißtrauens, des Unfriedens, des Hasses, der Verunglimpfung, der heimlichen und offenen, aus tausend Quellen gespeisten und mit allen Mitteln arbeitenden grundsätzlichen Feindschaft gegen Christus und seine Kirche. Ihnen, und nur ihnen, sowie ihren stillen und lauten Schildhaltern fällt die Verantwortung dafür zu, daß statt des Regenbogens des Friedens am Horizont Deutschlands die Wetterwolke zersetzender Religionskämpfe sichtbar ist.“[13]

Die NS-Regierung empörte sich vor allem darüber, daß die Enzyklika trotz Eingreifens der Sicherheitspolizei an zwei aufeinander folgenden Sonntagen in den Gottesdiensten öffentlich verlesen wurde. Das war nach vierjähriger „Gleichschaltung“ aller gesellschaftlichen Gruppen und ihrer Publikationsorgane etwas Unerhörtes. Die Folge war eine „Eiszeit“ in den diplomatischen Beziehungen. In Berlin ließ man sich vom Vatikan nichts mehr sagen.

1938 brachte der „Anschluß“ Österreichs an das Reich für Hitler erneut einen großen Prestigegewinn in Deutschland. In einer Volksabstimmung am 10. April 1938 ließ er die Deutschen nicht nur über den „Anschluß“ abstimmen, sondern zugleich über seine bisherige Politik. Einzelne Pfarrer kamen in Konflikt, weil sie zwar den „Anschluß“ Österreichs begrüßten, mit Hitlers (Kirchen-)Politik freilich nicht einverstanden waren. Es kam zu einigen Wahlverweigerungen, die von den Nationalsozialisten mit Repressionen beantwortet wurden. Bekannt geworden ist vor allem der Rottenburger *Bischof Sproll*, der als einziger deutscher Bischof nicht an der Abstimmung teilnahm und nach schweren, von der Partei inszenierten Demonstrationen seine Diözese verlassen mußte; bis zum Ende des Weltkrieges mußte er im bayerischen Exil leben.

Zahlreiche Geistliche beider Konfessionen büßten ihre Opposition gegen das Regime mit teilweise mehrjähriger Haft in Konzentrationslagern. In Dachau wurde eigens eine „Priesterbaracke“ eingerichtet.

Schlagzeilen gegen Bischof Sproll aus der NS-Zeitung „Flammenzeichen“

Die Kirchen und die Juden im Dritten Reich

Das Mißverständnis, daß die „jüdische Frage" nicht zum „Proprium" des Christentums gehöre, hinderte letztlich die Kirchen an dem notwendigen, entschiedenen, öffentlichen Eintreten für die verfolgten Schwestern und Brüder im Glauben Abrahams. So wie 1933 beim Boykott jüdischer Geschäfte klare Stellungnahmen ausblieben, so schwiegen die katholischen Bischöfe auch 1935, als die Nürnberger Rassengesetze Ehen zwischen Juden und „Ariern" verboten. Bei der katholischen Abneigung gegen „Mischehen" zwischen Angehörigen verschiedener christlicher Konfessionen waren Ehen zwischen Juden und Christen auch nicht gerne gesehen. Als im November 1938, nach dem Attentat auf den deutschen Diplomaten vom Rath in Paris, in der sog. „Reichskristallnacht" die Synagogen angezündet, jüdische Geschäfte geplündert, jüdische Bürger geschlagen, verletzt, verschleppt und ermordet wurden, sprach kein deutscher Bischof ein Wort des Protestes. Einer der wenigen, die öffentlich für die Verfolgten beteten, war der Berliner *Domprobst Bernhard Lichtenberg*. In seinem berühmt gewordenen Nachtgebet vom 9. November 1938 heißt es: „Laßt uns beten für die verfolgten nichtarischen Christen und für die Juden. Was gestern war, wissen wir, was morgen ist, wissen wir nicht, aber was heute geschehen ist, haben wir erlebt: Draußen brennt der Tempel – das ist auch ein Gotteshaus."

In einer anderen Predigt sagte er über die Juden: „Und sie werden mit Abraham, Isaak und Jakob zu Tische sitzen, und wem das nicht paßt, mag draußen bleiben."[14]

Auf *evangelischer* Seite durchbrach ein einfacher schwäbischer Landpfarrer, *Julius von Jan*, die Mauer der Angst und des Schweigens. In seiner Predigt zum Bußtag 1938 prangerte er den Pogrom öffentlich an:

> Ein Verbrechen ist geschehen in Paris. Der Mörder wird seine gerechte Strafe empfangen, weil er das göttliche Gesetz übertreten hat.
> Wir trauern mit unserm Volk um das Opfer dieser verbrecherischen Tat. Aber wer hätte gedacht, daß dieses eine Verbrechen in Paris bei uns in Deutschland so viele Verbrechen zur Folge haben könnte? Hier haben wir die Quittung bekommen auf den großen Abfall von Gott und Christus, auf das organisierte Antichristentum. Die Leidenschaften sind entfesselt, die Gebote Gottes mißachtet, Gotteshäuser, die andern heilig waren, sind ungestraft niedergebrannt worden, das Eigentum der Fremden geraubt oder zerstört, Männer, die unsrem deutschen Volk treu gedient haben und ihre

Pflicht gewissenhaft erfüllt haben, wurden ins KZ geworfen, bloß weil sie einer andern Rasse angehörten! Mag das Unrecht auch von oben nicht zugegeben werden – das gesunde Volksempfinden fühlt es deutlich, auch wo man nicht darüber zu sprechen wagt.
Und wir als Christen sehen, wie dieses Unrecht unser Volk vor Gott belastet und seine Strafen über Deutschland herbeiziehen muß. Denn es steht geschrieben: Irret euch nicht! Gott läßt seiner nicht spotten. Was der Mensch sät, das wird er auch ernten! Ja, es ist eine entsetzliche Saat des Hasses, die jetzt wieder ausgesät worden ist. Welche entsetzliche Ernte wird daraus erwachsen, wenn Gott unsrem Volk und uns nicht Gnade schenkt zu aufrichtiger Buße.[15]

Warum predigten und beteten so nicht viele? Das hat sicher viele Gründe. Einer geht aus der Reaktion eines katholischen Religionsphilosophen hervor, der von zwei Freunden nach der Reichspogromnacht gebeten wurde, in der Predigt ein Wort zum Pogrom zu sagen. Er wandte sich ab und „meinte, dies sei nicht seine Sache"[16]. Noch fehlte den Kirchen weitgehend die theologische Einsicht, daß der Schlag gegen das Judentum zugleich ein Schlag gegen die Wurzel des Christentums war. Eine neue Sicht meldete sich z.B. in der Eingabe eines Kreises von Münchener Laien an den bayerischen Landesbischof Meiser (1943):

Als Christen können wir es nicht länger ertragen, daß die Kirche in Deutschland zu den Judenverfolgungen schweigt. In der Kirche des Evangeliums sind alle Gemeindeglieder mitverantwortlich für die rechte Ausübung des Predigtamtes. Wir wissen uns deshalb auch für sein Versagen in dieser Sache mitschuldig.
Was uns treibt, ist zunächst das einfache Gebot der Nächstenliebe, wie es Jesus im Gleichnis vom barmherzigen Samariter ausgelegt und dabei ausdrücklich jede Einschränkung auf den Glaubens-, Rassen- oder Volksgenossen abgewehrt hat. Jeder „Nichtarier", ob Jude oder Christ, ist heute in Deutschland der „unter die Mörder Gefallene", und wir sind gefragt, ob wir ihm wie der Priester und Levit oder wie der Samariter begegnen.
Von dieser Entscheidung kann uns keine „Judenfrage" entbinden. Vielmehr hat die Kirche bei diesem Anlaß zugleich zu bezeugen, daß die Judenfrage primär eine evangelische und keine politische Frage ist. Das politisch irreguläre und singuläre Dasein und Sosein der Juden hat nach der Heiligen Schrift seinen alleinigen Grund darin, daß dieses Volk vor Gott als Werkzeug seiner Offenbarung in Beschlag genommen ist ...

Sie [die Kirche] hat dabei insbesondere jenem „christlichen" Antisemitismus in der Gemeinde selbst zu widerstehen, der das Vorgehen der nichtchristlichen Welt gegen die Juden, bzw. die Passivität der Kirche in dieser Sache mit dem „verdienten" Fluch über Israel entschuldigt und die Mahnung des Apostels an uns Heidenchristen vergißt: „Sei nicht stolz, sondern fürchte dich. Hat Gott die natürlichen Zweige nicht verschont, daß er vielleicht dich auch nicht verschone" (Röm. 11,20f).
Dem Staat gegenüber hat die Kirche diese heilsgeschichtliche Bedeutung Israels zu bezeugen und jedem Versuch, die Judenfrage nach einem selbstgemachten politischen Evangelium zu „lösen", d.h. das Judentum zu vernichten, aufs äußerste zu widerstehen als einem Versuch, den Gott des ersten Gebotes zu bekämpfen. Die Kirche muß bekennen, daß sie als das wahre Israel in Schuld und Verheißung *unlösbar* mit dem Judentum verknüpft ist. Sie darf nicht länger versuchen, vor dem gegen Israel gerichteten Angriff sich selbst in Sicherheit zu bringen. Sie muß vielmehr bezeugen, daß mit Israel sie und ihr Herr Jesus Christus selbst bekämpft wird.[17]

Diese Gedanken spielten bei der Hilfe für die verfolgten Juden kaum eine Rolle. Wo geholfen wurde, geschah es im allgemeinen im Hören auf das Gebot der Nächstenliebe. Nachdem in den Anfangsjahren des Dritten Reiches viel versäumt worden war, organisierte sich seit 1935 im „Hilfsausschuß für katholische Nichtarier", der vom Raphaelsverein und dem Caritasverband getragen war, die kirchliche Unterstützung. Solange eine Auswanderung noch möglich war, verhalf der Ausschuß etwa 10-12 000 Juden dazu. Nach der Reichspogromnacht entstand beim Ordinariat in Berlin ebenfalls ein Hilfswerk, das unter der Leitung von *Margarete Sommer* den gehetzten Menschen zu helfen suchte.

Auch nach dem Beginn der Zwangsdeportationen seit dem Herbst 1941 hielten die Mitarbeiter dieses Hilfswerkes noch Kontakt zu den Verschleppten aufrecht – bis keine Antworten auf Briefe oder Päckchen mehr zurückkamen.

Tatkräftig half in diesem Werk Frau *Gertrud Luckner* aus Freiburg mit. Sie kümmerte sich um Geld, Nahrungsmittel, Kleider, vorübergehendes Obdach für verfolgte Juden. Teilweise konnte sie auch Verzögerungen von Deportationen bewirken, indem sie Juden mit Hilfe befreundeter Ärzte in Krankenhäuser einweisen ließ.

Auf *evangelischer* Seite ist das sog. Büro Grüber zu nennen, eine vom Berliner Pfarrer *Heinrich Grüber* organisierte Hilfsstelle für „nichtarische Christen" mit Hauptsitz in Berlin und Außenstellen in den einzelnen Landeskirchen. Hier nahm man sich seelsorgerlich der verzweifelten Menschen an und verhalf ihnen zur Ausreise. Sowohl Gertrud Luckner wie Heinrich Grüber mußten ihren Einsatz für verfolgte Juden mit mehrjähriger KZ-Haft büßen.

Allein, das nationalsozialistische Ausrottungsprogramm war durch solche Hilfsmaßnahmen nicht entscheidend aufzuhalten. Die leitenden Kirchenmänner beider Kirchen erhielten relativ früh Informationen über Art und Ausmaß der sog. „Endlösung der Judenfrage". Geistliche und Gemeindeglieder konnten trotz Verbots ihre Kenntnisse über die Massaker der Einsatzgruppen und die Vergasungen in den Vernichtungslagern nicht bei sich behalten. Von deutscher Seite kam es zu einigen wenigen mutigen Schreiben, Hirtenbriefen und Kanzelabkündigungen. Diskutiert wurde nach dem Krieg vor allem die Haltung des Vatikans. Tatsache ist, daß der Vatikan für verfolgte Juden Papiere für die Auswanderung besorgte und Schiffspassagen finanzierte. Je größer aber der Machtbereich Hitlers wurde, um so schwieriger gestalteten sich die Rettungsbemühungen; in Rußland und im Generalgouvernement versagten sie ganz. Zu einer öffentlichen Anklage der nationalsozialistischen Verbrechen konnte sich der Papst nicht durchringen. Er machte nach 1945 Rücksichtnahme auf die noch verschonten Juden geltend. Eine genaue Anzahl der geretteten Juden ist kaum zu ermitteln. Alle Erfolge von Hilfsmaßnahmen können aber das Ausmaß der Verbrechen nicht relativieren. Die Kirchen tragen deshalb Mitverantwortung daran, daß Deutschland mit dem Verlust seiner Judenheit auf lange Zeit auch seine Ehre verloren hat.

Die Kirchen im Zweiten Weltkrieg

Der Krieg brachte den Kirchen zunächst eine gewisse Atempause. Hitler rief zu einem Burgfrieden zwischen Staat und Kirche auf; alle Kräfte sollten für den Endsieg mobilisiert werden. Doch ließen sich radikale Parteikreise nicht davon abhalten, die Kirchen zu bedrängen. Vielfach gab es Gerüchte, daß nach einem gewonnenen Krieg Hitler mit den Kirchen abrechnen würde. Im neu eroberten Reichsgau Wartheland (auch Warthegau genannt) wurde deutlich, was Hitler mit den Kirchen vorhatte: eine strikte Trennung von Staat und Kirche bei Umwandlung der Kirchen in Vereine, die leicht zu kontrollieren wären.

Am Beginn des Zweiten Weltkrieges mahnten die Bischöfe ihre Gläubigen und die Soldaten zu treuer Pflichterfüllung und erflehten „Gottes Kraft und Christi Trost". Sie hielten ihn offenbar für einen *gerechten* Krieg!

Aufruf der Deutschen Evangelischen Kirche

Seit dem gestrigen Tage steht unser deutsches Volk im Kampf für das Land seiner Väter, damit deutsches Blut zu deutschem Blute heimkehren darf. Die deutsche evangelische Kirche stand immer in treuer Verbundenheit zum Schicksal des deutschen Volkes. Zu den Waffen aus Stahl hat sie unüberwindliche Kräfte aus dem Worte Gottes gereicht: die Zuversicht des Glaubens, daß unser Volk und jeder einzelne in Gottes Hand steht, und die Kraft des Gebetes, die uns in guten und bösen Tagen stark macht. So vereinigen wir uns auch in dieser Stunde mit unserem Volk in der Fürbitte für Führer und Reich, für die gesamte Wehrmacht und alle, die in der Heimat ihren Dienst für das Vaterland tun. Gott helfe uns, daß wir treu erfunden werden, und schenke uns einen Frieden der Gerechtigkeit!

Berlin, den 2. September 1939
Der Leiter
der Deutschen Evangelischen Kirchenkanzlei
Dr. Werner

Der Geistliche Vertrauensrat
der Deutschen Evangelischen Kirche
D. Marahrens, Landesbischof
Schultz, Landesbischof
Dr. Hymmen, komm. Geistlicher Vizepräsident[18]

Gemeinsames Wort der deutschen Bischöfe

In dieser entscheidungsvollen Stunde ermuntern und ermahnen wir unsere katholischen Soldaten, in Gehorsam gegen den Führer, opferwillig unter Hingabe ihrer ganzen Persönlichkeit ihre Pflicht zu tun. Das gläubige Volk rufen wir auf zu heißem Gebet, daß Gottes Vorsehung den ausgebrochenen Krieg zu einem für Vaterland und Volk segensreichen Erfolg und Frieden führen möge.[19]

Aber waren die herkömmlichen Bedingungen eines „gerechten Krieges“ (gerechter Grund – richtige Absicht – rechtmäßige Obrigkeit – rechte Art der Kriegführung) wirklich noch erfüllt? Mußte nicht jeder deutschen Kirchenleitung klar sein, daß der Überfall auf Polen und erst recht der Angriff auf die Sowjetunion 1941 nichts mehr mit einem „Verteidigungskrieg“ zu tun hatten? Statt dessen stimmte der katholische *Feldbischof Franz Josef Rarkowski* (er unterzeichnete seine Briefe lateinisch mit „Franziskus Justus“ = Franz, der Gerechte) in seinem Hirtenwort zum „großen Entscheidungskampf im Osten“ (29. 7. 1941) in die nationalsozialistische Propaganda vom Untermenschen mit ein:

„So ist es keine Übertreibung, wenn ich sage, daß ihr im Osten gleich den deutschen Ordensrittern einer Zeit, die weit hinter uns liegt, eine Aufgabe zu erfüllen habt, die von einmaliger Bedeutung ist und deren Auswirkung für unser Volk, ja für Europa und die ganze Menschheit, heute noch nicht überblickt werden kann. Der bolschewistische Moloch hat immer wieder versucht, sein Haupt zu erheben, um mit einem Massenaufgebot an Menschen und Maschinen der Kulturwelt zu trotzen. Zwar schwebt über diesen Massen ein Idol, genährt von dem bolschewistischen Weltzerstörungstrieb, aber in ihnen lebt kein Glaube. In diesen Wochen, in denen ihr den Massen der bolschewistischen Kampftruppen gegenüberstandet, ist es euch sicherlich in erschütternder Form zum Bewußtsein gekommen, was das dämonische Regime der Barbarei aus diesen Menschen gemacht hat, ein Regime, das den Menschen niemals aus seiner Primitivität in das Stadium innerer Freiheit zu erheben vermag und in fanatischer Verneinung der göttlichen Weltordnung nicht nur die äußere, sondern auch die innere Alternative, ohne die der Mensch in den Bereich des Tierhaften herabsinkt, grausam unterdrückte und zerstörte."[20]

In beiden großen Kirchen gab es auch Kriegsdienstverweigerer, z.B. *Franz Jägerstätter* und *Hermann Stöhr*. Sie wurden mit dem Tod bestraft; ein Recht auf Wehrdienstverweigerung gab es damals nicht. Viele Christen dürften durch den Krieg in einen tiefen Zwiespalt gestürzt worden sein. Auch wenn sie den Nationalsozialismus ablehnten, wollten sie doch gute Soldaten sein und für das Vaterland kämpfen. In einem ähnlichen Zwiespalt sahen sich einzelne Kirchenmänner. So schrieb *Dietrich Bonhoeffer* in einem Brief im Juli 1939: „Die Christen in Deutschland stehen vor der fürchterlichen Alternative, entweder in die Niederlage ihrer Nation einzuwilligen, damit die christliche Zivilisation weiterleben könne, oder in den Sieg und dabei unsere Zivilisation zu zerstören."[21]

Der Freiburger Erzbischof Gröber schilderte 1941 mehrfach seine „furchtbare Zerrissenheit": „Wir können doch nicht den Sieg des Nationalsozialismus erhoffen. Aber darf ich meinem Volk eine Niederlage wünschen und all das Elend, das sie im Gefolge hat?"[22]

Am Anfang des Zweiten Weltkrieges befahl Hitler, geistig und körperlich Behinderte als „lebensunwert" umzubringen. Grundlage hierfür war ein Führerbefehl; Hitler wagte es nicht, mit einem entsprechenden Gesetz an die Öffentlichkeit zu treten. Weit über 100 000 Kranke sind dieser schönfärberisch „Euthanasie" genannten Aktion zum Opfer gefallen. Die Kirchen bekamen es mit den Mordbefehlen unmittelbar zu tun, weil sie zahlreiche Behinderte in ihren Heil- und Pflegeanstalten beherbergten. Gegen die Krankenmorde formierte sich ein stärkerer Widerstand in den Kirchen als gegen die Judenverfolgung. Einzelne Ärzte, Schwestern und Pfarrer versuchten, ihre Kranken zu retten. Bekannt geworden sind das Protestschreiben des württembergischen Landesbischofs Wurm vom Juli 1940 und vor allem die Predigten des

Münsteraner Bischofs von Galen vom August 1941. Am 19. Juli 1940 schrieb Wurm an Reichsinnenminister Frick:

> Wir verstehen deshalb gut, daß die Kreise der Partei, deren Stimme hauptsächlich im „Schwarzen Korps“* zu hören ist, nicht bloß mit dem kirchlichen Christentum, sondern mit jedem Christentum aufräumen wollen, weil es eine Hemmung gegenüber solchen Maßnahmen bedeutet ... Aber immerhin – bis heute steht der Führer und die Partei auf dem Boden des positiven Christentums, das die Barmherzigkeit gegen leidende Volksgenossen und ihre menschenwürdige Behandlung als eine Selbstverständlichkeit betrachtet.[23]

Aus der Predigt von Galens vom 3. 8. 1941

Hier handelt es sich um Menschen, unsere Mitmenschen, unsere Brüder und Schwestern! Arme Menschen, kranke Menschen, unproduktive Menschen meinetwegen! Aber haben sie damit das Recht auf das Leben verwirkt? Hast du, habe ich nur so lange das Recht zu leben, solange wir produktiv sind, solange wir von anderen als produktiv anerkannt werden?
Wenn man den Grundsatz aufstellt und anwendet, daß man den „unproduktiven“ Menschen töten darf, dann wehe uns allen, wenn wir alt und altersschwach werden! Wenn man die unproduktiven Menschen töten darf, dann wehe den Invaliden, die im Produktionsprozeß ihre Kraft, ihre gesunden Knochen eingesetzt, geopfert und eingebüßt haben! ... dann wehe unseren braven Soldaten, die als Schwerkriegsverletzte, als Krüppel, als Invaliden in die Heimat zurückkehren! Wenn einmal zugegeben wird, daß Menschen das Recht haben, „unproduktive“ Mitmenschen zu töten ..., dann ist *grundsätzlich* der *Mord* an allen unproduktiven Menschen ... freigegeben. Dann braucht nur irgendein Geheimerlaß anzuordnen, daß das bei Geisteskranken erprobte Verfahren auch auf andere „Unproduktive“ auszudehnen ist, daß es auch bei den unheilbar Lungenkranken, bei den Altersschwachen, bei den Arbeitsinvaliden**, bei den schwerkriegsverletzten Soldaten anzuwenden sei. Dann ist keiner von uns seines Lebens mehr sicher. Irgendeine Kommission kann ihn auf die Liste der „Unproduktiven“ setzen, die nach ihrem Urteil „lebensunwert“ geworden sind. Und keine Polizei wird ihn schützen und kein Gericht wird seine Ermordung ahnden und den Mörder der verdienten Strafe übergeben![24]

* Zeitung der „Schutzstaffel“ (SS), einem halbmilitärischen „Elite“-Verband der NSDAP.
** nicht „Altersinvaliden“, wie in den meisten offiziellen Publikationen!

Die Predigt von Galens wurde sogleich in vielen Abschriften und geheimen Drucken verbreitet. Ein geheimer Lagebericht des Sicherheitsdienstes der SS (SD) vom 12. März 1942 belegt dies:

„Es hätten sich zum Beispiel viele Volksgenossen geweigert, an der Röntgenreihenuntersuchung teilzunehmen, da sie nach den Hetzpredigten des Bischofs von Münster und des Bischofs von Trier u.a. eine Ausscheidung (Euthanasie) als ‚unproduktive' Menschen befürchteten."[25]

Am 24. August 1941 ließ Hitler die Euthanasie-Aktion offiziell stoppen. Damals waren freilich schon über 70 000 Kranke umgebracht worden. Wahrscheinlich hat der kirchliche Protest zum Stopp mit beigetragen. Nicht vergessen werden darf aber, daß im Geheimen weitergemordet wurde.

Die Kirchen haben als ganze nicht zum *politischen Widerstand* gegen Hitler aufgerufen und haben sich auch nicht an ihm beteiligt. Nicht wenige Christen, Laien und Pfarrer, fanden freilich den Weg in die Widerstandsbewegung gegen Hitler. Der evangelische Theologe *Dietrich Bonhoeffer* erwog schon 1933 Situationen, in denen die Kirche „nicht nur die Opfer unter dem Rad zu verbinden, sondern dem Rad selbst in die Speichen zu fallen" hätte.[26] Als der Unrechtscharakter des NS-Regimes immer deutlicher wurde, zog Bonhoeffer für sich die Konsequenzen und beteiligte sich an der Verschwörung gegen Hitler. Als Mitarbeiter des militärischen Auslandsnachrichtendienstes reiste er ins Ausland, um dort über den deutschen Widerstand zu informieren und die Friedensziele der Alliierten zu erkunden. Bonhoeffer wurde 1943 verhaf-

Jesuitenpater Alfred Delp (1907-1945), links, und der evangelische Pfarrer Dietrich Bonhoeffer (1906-1945), rechts tet und 1945 kurz vor Kriegsende im KZ Flossenbürg ermordet. Der Jesuit *Alfred Delp* beteiligte sich im „*Kreisauer Kreis*" des schlesischen Grafen *Helmuth von Moltke* an Überlegungen für den Wiederaufbau Deutschlands nach dem Krieg. Er wurde im Zusammenhang mit dem 20. Juli 1944 verhaftet und nach einem Prozeß vor dem Volksgerichtshof hingerichtet.

„Tatenloses Abwarten und stumpfes Zuischauen sind keine christlichen Haltungen. Den Christen rufen nicht erst die Erfahrungen am eigenen Leibe, sondern die Erfahrungen am Leibe der Brüder, um derentwillen Christus gelitten hat, zur Tat und zum Mitleiden."

Dietrich Bonhoeffer, 1942[27]

Bei einem Rundgang im Gefängnishof (Berlin-)Tegel wurde Dietrich Bonhoeffer von einem Mitgefangenen gefragt, wie er es als Christ und Theologe verantworten könne, am aktiven Widerstand gegen Hitler teilzunehmen. In der Kürze der Zeit und unter den Augen der Aufseher antwortete er mit einem Bild: „Wenn ein betrunkener Autofahrer mit hoher Geschwindigkeit den Kurfürstendamm herunterrase, könne es nicht seine, des Pfarrers einzige oder vornehmliche Aufgabe sein, die Opfer des Wahnsinnigen zu beerdigen und deren Angehörige zu trösten; wichtiger sei es, dem Betrunkenen das Steuerrad zu entreißen."[28]

In ihren Untersuchungen nach dem gescheiterten Attentat auf Hitler vom 20. Juli stellten die Beamten fest, „daß die konfessionellen Bindungen und kirchlichen Beziehungen in der Verschwörerclique eine *große Rolle* gespielt haben".

Bericht des Chefs der Sicherheitspolizei und des SD Kaltenbrunner an die Parteikanzlei der NSDAP vom 4. 10. 1944 (Auszug)

Betr,: 20. Juli 1944
Die konfessionellen Bindungen und kirchlichen Beziehungen der Verschwörerclique.

In den Untersuchungen zum 20. Juli 1944 stellt sich immer wieder heraus, daß die konfessionellen Bindungen und kirchlichen Beziehungen in der Verschwörerclique eine große Rolle gespielt haben.

1. Ein Teil der Personen, die in die Untersuchung einbezogen werden mußten, gibt an, *gläubige Christen* der evangelischen oder katholischen Konfession zu sein.

2. Ein weiterer Teil hält an den *traditionellen Bindungen* christlich-kirchlicher Art fest.
3. Eine ganze Anzahl der am 20. 7. Beteiligten kommt aus der *politischen Arbeit des Katholizismus* (katholische Aktion, Zentrum, Christliche Gewerkschaften) oder steht in der *Bekenntnisfront.*
4. Bei aller Verschiedenartigkeit der Verhältnisse, das die einzelnen Personen zum Christentum und zur Kirche haben, haben diese konfessionellen Bindugen das *Verhältnis zum Nationalsozialismus* zumindest dahingehend *bestimmt*, daß man dem Nationalsozialismus mit Vorbehalten, kritisch oder ablehnend gegenüberstand.
5. Über alle Unterschiede und Gegensätzlichkeiten hinweg, wie sie im Gesamtkreis der Verschwörung angetroffen werden, bestand eine gewisse Übereinstimmung, daß das *Christentum die sittliche Grundlage des Staates* abgeben sollte, wobei verschiedentlich offen gelassen wurde, ob nicht das Christentum allmählich durch eine andere feste Weltordnung abgelöst werden würde.
6. Viele Bestrebungen liefen darauf hinaus, den nicht-nationalsozialistischen Staat über die Macht der Kirchen auf die Menschen zu befestigen und den *Kirchen jede Möglichkeit zu geben, sich religiös und caritativ zu entfalten.*
7. *Innerhalb der einzelnen Gruppen hat es starke Auseinandersetzungen gegeben, ob man nicht den neuen Staat als christlich in der Weise proklamieren sollte, daß er christliche Politik betreibe.*[29]

Schon während des Zweiten Weltkrieges wurden sich einzelne Christen der ungeheuren Schuld bewußt, die die Deutschen und vor allem auch die Christen in Deutschland im Dritten Reich auf sich geladen haben.

In der evangelischen Kirche Deutschlands war man sich klar, ohne ein Bekenntnis zu dieser Schuld könnte es keinen Neuanfang geben und könnten die Beziehungen zu den Kirchen der ehemaligen „Feinde“ nicht mehr aufgenommen werden. In der *Stuttgarter Schulderklärung* vom 18./19. Oktober 1945 wußten sich darum die Mitglieder des neu gegründeten Rates der Evangelischen Kirche in Deutschland (EKD) „mit unserem Volke, nicht nur in einer großen Gemeinschaft der Leiden…, sondern auch in einer Solidarität der Schuld“. Mit „großem Schmerz“ bekundeten sie: „Durch uns ist unendliches Leid über viele Völker und Länder gebracht worden.“ Und so konnten sie nicht anders, als zu sagen: „… wir klagen uns an, daß wir nicht mutiger bekannt, nicht treuer gebetet, nicht fröhlicher geglaubt und nicht brennender geliebt haben.“

Dieses Schuldbekenntnis ist damals innerhalb und außerhalb der Kirche schwer angefeindet worden. Die einen meinten, die evangelische

Kirche würde sich hier zur Kollektivschuld des deutschen Volkes bekennen; die anderen beklagten, daß mit keinem Wort die Untaten der alliierten Besatzer genannt würden. Und trotzdem hatte dieses Wort eine befreiende Wirkung, die weit über 1945 hinausreichte. Bewegend waren 1945/46 vor allem die Reaktionen der Kirchen der ehemaligen „Feinde". Sie sprachen kein Wort der Selbstrechtfertigung, bekannten vielmehr ihre eigene Schuld und nahmen die deutschen Christen wieder in die ökumenische Gemeinschaft auf. Nicht zuletzt haben diese Kirchen durch großherzige Hilfsaktionen viele Deutsche vor dem Hungertod gerettet.

Die Stuttgarter Erklätung

Der Rat der EKD begrüßt bei seiner Sitzung am 18./19. Oktober 1945 in Stuttgart Vertreter des Oekumenischen Rates der Kirchen: Wir sind für diesem Besuch um so dankbarer, als wir uns mit unserem Volke nicht nur in einer großen Gemeinschaft der Leiden wissen, sondern auch in einer Solidarität der Schuld. Mit großem Schmerz sagen wir: Durch uns ist unendliches Leid über viele Völker und Länder gebracht worden. Was wir unseren Gemeinden oft bezeugt haben, das sprechen wir jetzt im Namen der ganzen Kirche aus: Wohl haben wir lange Jahre hindurch im Namen Jesu Christi gegen den Geist gekämpft, der im nationalsozialistischen Gewaltregiment seinen furchtbaren Ausdruck gefunden hat; aber wir klagen uns an, daß wir nicht mutiger bekannt, nicht treuer gebetet, nicht fröhlicher geglaubt und nicht brennender geliebt haben.

Nun soll in unseren Kirchen ein neuer Anfang gemacht werden. Gegründet auf die Heilige Schrift, mit ganzem Ernst ausgerichtet auf den alleinigen Herrn der Kirche, gehen sie daran, sich von glaubensfremden Einflüssen zu reinigen und sich selber zu ordnen. Wir hoffen zu dem Gott der Gnade und Barmherzigkeit, daß er unsere Kirchen als sein Werkzeug brauchen und ihnen Vollmacht geben wird, sein Wort zu verkündigen und seinem Willen Gehorsam zu schaffen bei uns selbst und bei unserem ganzen Volk.

Daß wir uns bei diesem neuen Anfang mit den anderen Kirchen der ökumenischen Gemeinschaft herzlich verbunden wissen dürfen, erfüllt uns mit tiefer Freude.

Wir hoffen zu Gott, daß durch den gemeinsamen Dienst der Kirchen dem Geist der Gewalt und der Vergeltung, der heute von neuem mächtig werden will, in aller Welt gesteuert werde und der Geist des Friedens und der Liebe zur Herrschaft komme, in dem allein die gequälte Menschheit Genesung finden kann.

So bitten wir in einer Stunde, in der die ganze Welt einen neuen Anfang braucht: ‚Veni, creator spiritus!'

Stuttgart, 18./19. Oktober 1945."[30]

Auch die katholischen Bischöfe äußerten sich bald nach Kriegsende zu den Verbrechen des Nationalsozialismus. In ihrer Erklärung vom 23. August 1945 heißt es:

„Furchtbares ist schon vor dem Kriege in Deutschland und während des Krieges durch Deutsche in den besetzten Ländern geschehen. Wir beklagen es zutiefst: Viele Deutsche, auch aus unseren Reihen, haben sich von den falschen Lehren des Nationalsozialismus betören lassen, sind bei den Verbrechen gegen menschliche Freiheit und menschliche Würde gleichgültig geblieben; viele leisteten durch ihre Haltung den Verbrechen Vorschub, viele sind selber Verbrecher geworden ..."[31]

Diese Erklärung bleibt hinter der Deutlichkeit des Bekenntnisses von Stuttgart zurück. Aber der Hinweis auf weitverbreitete Gleichgültigkeit in der katholischen Kirche gegenüber den Verletzungen der Menschenrechte durch die Nationalsozialisten kennzeichnet treffend die Mentalität zwischen 1933 und 1945. Die Synode der Bistümer in der Bundesrepublik Deutschland hat in ihrer Schlußerklärung „Unsere Hoffnung" von 1975 mit anderen Worten diese Einstellung vieler beschrieben, wenn sie sagt, die Katholiken hätten mit dem Rücken zu den politischen Ereignissen des Dritten Reiches gestanden und sich vornehmlich um ihre eigenen Angelegenheiten gekümmert. Deutlicher als *Konrad Adenauer*, der erste Kanzler der Bundesrepublik Deutschland, aber hat wohl niemand nach 1945 die Verantwortlichkeit auch der Bischöfe und der Kirchenleitung benannt:

„Nach meiner Meinung trägt das deutsche Volk und tragen auch die Bischöfe und der Klerus eine große Schuld an den Vorgängen in den Konzentrationslagern. Richtig ist, daß nachher vielleicht nicht viel mehr zu machen war. Die Schuld liegt früher. Das deutsche Volk, auch Bischöfe und Klerus zum großen Teil, sind auf die nationalsozialistische Agitation eingegangen. Es hat sich fast widerstandslos, ja zum Teil mit Begeisterung ... gleichschalten lassen. Darin liegt seine Schuld. Im übrigen hat man aber auch gewußt – wenn man auch die Vorgänge in den Lagern nicht in ihrem ganzen Ausmaße gekannt hat –, daß die persönliche Freiheit, alle Rechtsgrundsätze, mit Füßen getreten wurden, daß in den Konzentrationslagern große Grausamkeiten verübt wurden, daß die Gestapo, unsere SS und zum Teil auch unsere Truppen in Polen und Rußland mit beispiellosen Grausamkeiten gegen die Zivilbevölkerung vorgingen. Die Judenpogrome 1933 und 1938 geschahen in aller Öffentlichkeit. Die Geiselmorde in Frankreich wurden von uns offiziell bekannt gegeben. Man kann also wirklich nicht behaupten, daß die Öffentlichkeit nicht gewußt habe, daß die nationalsozialistische Regierung und die Heeresleitung ständig aus Grundsatz gegen das

Naturrecht, gegen die Haager Konvention und gegen die einfachsten Gebote der Menschlichkeit verstießen. Ich glaube, daß, wenn die Bischöfe alle miteinander an einem bestimmten Tage öffentlich von den Kanzeln aus dagegen Stellung genommen hätten, sie vieles hätten verhüten können. Das ist nicht geschehen und dafür gibt es keine Entschuldigung. Wenn die Bischöfe dadurch ins Gefängnis oder in Konzentrationslager gekommen wären, so wäre das kein Schade, im Gegenteil. Alles das ist nicht geschehen und darum schweigt man am besten."[32]

Wie für die evangelische Kirche gilt auch für die katholische Kirche, daß es vor allem die Kirchen der ehemaligen Feindländer waren, die den Deutschen die Hand zur Versöhnung entgegenstreckten: Besonders ist hier hervorzuheben das Angebot der polnischen katholischen Bischöfe, die während des Zweiten Vatikanischen Konzils den deutschen Bischöfen Vergebung gewährten.

XXV. Auf dem Weg zur Einheit: Die Ökumenische Bewegung

Der sog. Stammbaum der Kirchen zeigt, daß die bisherige Geschichte der Kirche auch eine Geschichte der Spaltungen war. Bei solchen Spaltungen spielten persönliche Schuld, kollektives Versagen und Machtfragen eine Rolle. Meistens war es aber doch das Ringen um Wahrheit, das zu Trennungen führte. Ein wichtiger Grund für die Trennungen liegt wohl darin, daß sich die Christenheit in ihrem Auftrag an *alle* Menschen gewiesen weiß und das Evangelium *in immer neuer Form* weiterzugeben hat.

Daraus ergibt sich jene Spannung, die der Evangelische Erwachsenenkatechismus so formuliert hat:

„Um ihres Auftrages willen, der sie an die Welt verweist, sind die Christen zur Einheit verpflichtet. Aber um eben dieses Auftrages willen können sie das Evangelium nicht in gleichbleibender und einförmiger Gestalt weitergeben. Sie müssen es in vielfältigen und immer neuen Formen verkündigen, auch wenn das die bestehende Einheit in Frage zu stellen droht. Darum erscheint die Geschichte der Ausbreitung des

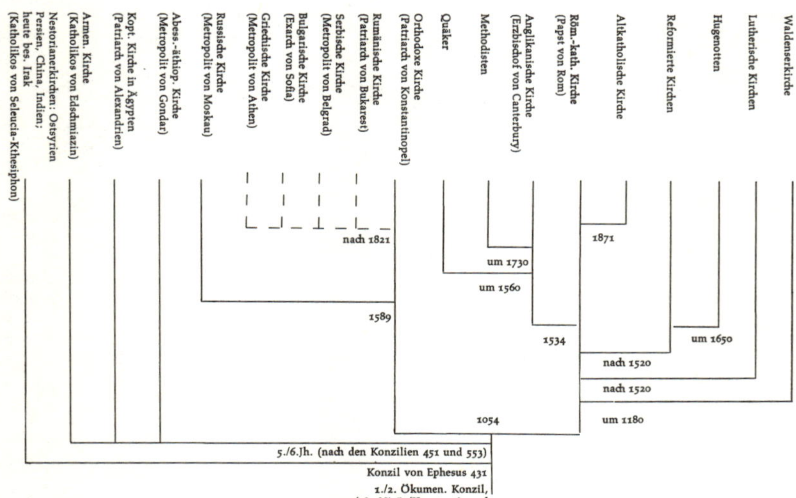

„Stammbaum“ der Kirchen

Evangeliums in Raum und Zeit zugleich als eine Geschichte der Gefährdung christlicher Einheit. An dem Willen zur Einheit im Glauben, aber auch an dem Ernst der Wahrheitsfrage darf nichts abgemarktet werden."[1]

Das 19. Jahrhundert bedeutet für die sichtbare Einheit der Christen so etwas wie eine Wende. Auf der einen Seite sind Züge eines sich verhärtenden Konfessionalismus zu beobachten. Jede Konfession besann sich neu auf ihre Besonderheit. Mit der Dogmatisierung der Unfehlbarkeit des Papstes 1870 etwa grenzte sich die römisch-katholische Kirche gegen die anderen christlichen Kirchen ab. Auch ließ das 19. Jahrhundert erneut eine Fülle von Freikirchen und Sondergemeinschaften entstehen, wie Adventisten, Mormonen, Zeugen Jehovas, Pfingstkirchen usw.

Auf der anderen Seite wuchs im Bereich der Kirchen auch die Bereitschaft zur Einigung. In einigen deutschen Landeskirchen schlossen sich Lutheraner und Reformierte zu sog. *Unionen* zusammen. Das hatte sicher einerseits politische Gründe, doch spielen auch kirchlich-theologische eine gewichtige Rolle. Dabei unterscheidet man Verwaltungsunionen, wie z.B. in Preußen, bei denen Lutheraner und Reformierte sich unter einer gemeinsamen Verwaltung zusammenfanden, und Bekenntnisunionen, wo sich Lutheraner und Reformierte auf der Grundlage eines neuen Bekenntnisses trafen (s.o. S. 316).

Weiter schlossen sich Kirchen gleichen Bekenntnisses *weltweit* zusammen, z.B. die Reformierten zum Reformierten Weltbund 1877. Überkonfessionelle Vereinigungen entstanden, wie der Christliche Verein Junger Männer (CVJM), der sich 1855 in Paris zusammenfand. 1895 wurde in Schweden der Christliche Studentenweltbund gegründet. Sein erster Generalsekretär war der Amerikaner John R. Mott. Dieser Bund war einer der großen Motoren für die ökumenische Bewegung. Diese begann im eigentlichen Sinne mit der Weltmissionskonferenz in Edinburgh 1910. Waren es anfangs nur einzelne Persönlichkeiten, so beteiligten sich später immer stärker auch die Kirchen an diesem Prozeß. Die ökumenische Bewegung kann man vielleicht als das „wichtigste neue Element in der Kirchengeschichte des 20. Jahrhunderts"[2] bezeichnen.

Von Edinburgh (1910) bis Amsterdam (1948)

Es ist verständlich, daß gerade von der Mission der Anstoß zur Einheit ausging, empfand man doch auf den Missionsfeldern in Afrika und Asien die Zersplitterung der Christenheit als besonders schmerzlich. 1335 Delegierte der verschiedenen Missionsgesellschaften kamen für 10 Tage in Edinburgh zusammen, darunter nur 17 einheimische Vertreter

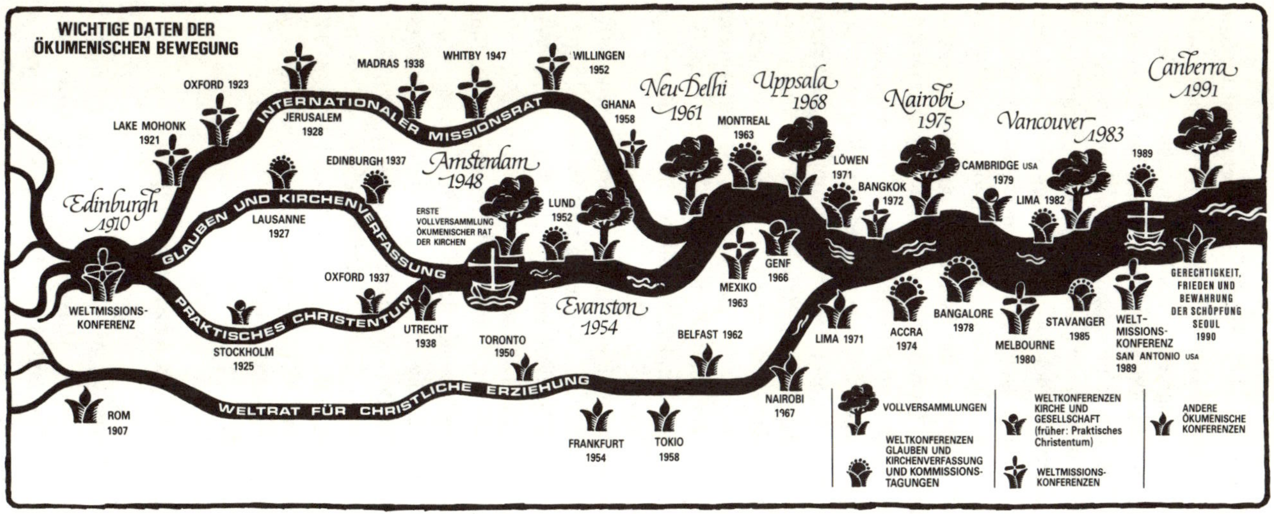

Der Weg der Ökumene von 1910 bis heute

aus den Missionsländern. Versammelt waren Protestanten; die Orthodoxen und die Katholiken hatten keine Einladung bekommen. In Edinburgh war ein starker Wille zur Zusammenarbeit zu spüren. Alle strittigen theologischen Fragen und Probleme der Kirchenordnung hatte man freilich bewußt ausgeklammert. Es sollte „von der Konferenz keine Meinungsäußerung über irgendeinen Gegenstand erstrebt werden, der eine Frage der Ordnung oder Lehre betrifft, über die zwischen den Konferenzteilnehmern unterschiedliche Auffassungen bestehen"[3].

Man beschloß, einen Fortsetzungsausschuß einzusetzen. Daraus entstand der *Internationale Missionsrat*, einer der drei großen Hauptströme der ökumenischen Bewegung.

Ein Teilnehmer von Edinburgh, Bischof Brent von der amerikanischen „Protestant Episcopal Church" (anglikanisch), kam begeistert von Edinburgh zurück. Nach seiner Meinung konnte die Einheit der Christenheit freilich nur durch eine Verständigung über die Lehrunterschiede erreicht werden. Er schlug eine Weltkonferenz über Fragen des Glaubens und der Kirchenverfassung (*Faith and Order*) vor. Nach langen Vorarbeiten gelang es, sie 1927 nach Lausanne einzuberufen. Vertreter von 108 protestantischen Kirchen kamen zusammen. Man beriet sich über Fragen des Glaubensbekenntnisses, über Ämter und Sakramente wie über Wesen, Auftrag und Einheit der Kirche überhaupt. Die Bewegung für Glaube und Kirchenverfassung wurde zum zweiten großen Strom der Ökumene. Es erwies sich bald, daß diese Bewegung eine besonders schwierige Thematik hatte. Sie mußte mit dem jahrhundertealten Ballast der kirchlichen Tradition fertig werden.

Der dritte Hauptstrom der ökumenischen Bewegung entstand aus der christlichen Friedens- und Sozialarbeit. Kurz vor Ausbruch des Ersten Weltkrieges, am 1. August 1914, wurde in Konstanz der „Weltbund für internationale Freundschaftsarbeit der Kirchen" gegründet. Auf seiner ersten Nachkriegstagung regte der schwedische Erzbischof Nathan Söderblom (1866-

Der schwedische Erzbischof Nathan Söderblom war einer der frühen Pioniere der Ökumene.

1931), einer der ganz großen Pioniere der Ökumene, die Gründung der Bewegung für Praktisches Christentum (*Life and Work*) an.

Diese Bewegung bereitete die Weltkirchenkonferenz von Stockholm 1925 vor. Zum ersten Mal kamen hier offizielle Vertreter aller großen christlichen Denominationen, mit Ausnahme der römisch-katholischen Kirche, zusammen. Behandelt wurde die Stellung der Kirche zu wirtschaftlichen und industriellen sowie sozialen und ethischen Problemen. Man schuf einen Fortsetzungsausschuß dieser Konferenz. Aus ihm ging 1930 der „Ökumenische Rat für Praktisches Christentum" hervor.

Immer wieder wurden seit 1918 Einladungen auch an die römisch-katholische Kirche verschickt. Zur großen Enttäuschung der ökumenischen Pioniere blieb die katholische Kirche zunächst sehr reserviert. In der Enzyklika „Mortalium animos" (1928) verbot Papst Pius XI. allen Katholiken Unterstützung und Mitarbeit bei der ökumenischen Bewegung. Er sah nur einen verheißungsvollen Weg: „Es gibt nämlich keinen anderen Weg, die Vereinigung aller Christen herbeizuführen, als den, die Rückkehr aller getrennten Brüder zur einen wahren Kirche Christi zu fördern, von der sie sich ja einst unseligerweise getrennt haben."[4] Es gab aber schon damals Katholiken, die ökumenisch eingestellt waren. So nahm z.B. der katholische Priester Max Joseph Metzger 1927 trotz des römischen Verbots an der Lausanner Konferenz teil. Die offizielle Haltung der katholischen Kirche änderte sich freilich erst mit Papst Johannes XXIII. (1958-1963).

Von Anfang an waren auch deutsche Delegierte Teilnehmer bei den ökumenischen Konferenzen. Schwierig wurde die Situation für die deutschen Kirchen im Dritten Reich. Welche Kirche sollte von der Ökumene anerkannt werden, die offizielle staatsloyale Deutsche Evangelische Kirche oder die Bekennende Kirche (s.o. S. 335ff)? Der Ökumenische Rat für Praktisches Christentum unter seinem Präsidenten, Bischof Bell von Chichester, unterstützte vor allem die Bekennende Kirche. 1937 durfte schließlich auf Anordnung des NS-Staates kein deutscher Delegierter (mit Ausnahme solcher von Freikirchen) die Weltkonferenzen von Oxford (Praktisches Christentum) und Edinburgh (Glaube und Kirchenverfassung) besuchen.

Von Amsterdam nach Neu-Delhi (1961)

Auf der ersten Vollversammlung in *Amsterdam 1948* wurde der *Ökumenische Rat der Kirchen* (ÖRK) endgültig konstituiert. Er gab sich eine Grundlage, die von der 3. Vollversammlung in Neu-Delhi so erweitert und präzisiert wurde: „Der Ökumenische Rat der Kirchen ist eine Gemeinschaft von Kirchen, die den Herrn Jesus Christus gemäß der Heiligen Schrift als Gott und Heiland bekennen und darum gemeinsam zu erfüllen trachten, wozu sie berufen sind, zur Ehre Gottes, des Vaters und des Sohnes und des Heiligen Geistes."[5] Mitglieder des ÖRK können keine Personen, sondern nur Kirchen sein, und zwar nur solche, die die christologischen und trinitarischen Grundentscheidungen der Alten Kirche anerkennen.

Von Anfang an war die Frage, wie sich der ÖRK denn nun theologisch verstehe. In Abwehr anderer Auffassungen wurde 1950 festgestellt: „Der Weltrat der Kirchen ist nicht und darf niemals werden eine Superkirche. Er ist keine Superkirche. Er ist nicht die Weltkirche. Er ist auch nicht die Una Sancta, von der die Bekenntnisse sprechen ..."[6]

Als Sitz des ÖRK wurde Genf bestimmt. Der ÖRK hat ein sechsköpfiges Präsidium, einen Zentralausschuß mit 90 Mitgliedern, der seinerseits einen Exekutivausschuß wählt. Alle 7 Jahre findet eine Vollversammlung statt. Zum Generalsekretär wurde 1948 der Holländer Willem Visser't Hooft bestimmt.

Ganz in der Tradition der Weltbewegung für Praktisches Christentum beschäftigte sich Amsterdam zentral mit der Weltverantwortung der Christen. In Sektion IV „Die Kirche und die internationale Unordnung" kam es zu heftigen Auseinandersetzungen nach den Referaten des amerikanischen Außenministers John Foster Dulles und des tschechischen Theologen Joseph Hromadka. Amsterdam prägte das Leitbild der „verantwortlichen Gesellschaft", das für den ÖRK lang bestimmend war. Sie wurde definiert als „eine solche, in der die Freiheit die Freiheit von Menschen ist, die sich für Gerechtigkeit und öffentliche Ordnung verantwortlich wissen und in der jene, die politische Autorität oder wirtschaftliche Macht besitzen, Gott und den Menschen ... für ihre Ausübung verantwortlich sind."[7]

Von Neu-Delhi bis heute

Auf der 3. Weltkonferenz, die 1961 in Neu-Delhi stattfand, schloß sich auch der Internationale Missionsrat dem ÖRK an. Alle drei Hauptströme der Ökumene sind nun vereinigt. Ab 1959 änderte sich die bisher stark ablehnende Haltung der katholischen Kirche zur Ökumene. Das lag nicht zuletzt an dem 1958 gewählten Papst Johannes XXIII. Im Januar 1959 kündigte er ein weltweites Konzil an. Es fand von 1962 bis 1965 in Rom statt. Zur Aufgabe des Konzils sagte Johannes XXIII.: „Wir sind alle an der Trennung mitschuldig ... Wir wollen keinen historischen Prozeß aufziehen. Wir wollen nicht aufzuzeigen suchen, wer recht oder wer unrecht hatte. Die Verantwortung ist geteilt. Wir wollen nur sagen: Kommen wir zusammen, machen wir den Spaltungen ein Ende."[8]

Dies war eine ökumenische Öffnung, die niemand erwartet hatte. Der Papst lud auch Vertreter der anderen Kirchen als Beobachter zum Konzil ein. Das Zweite Vatikanische Konzil ging in mehreren Texten auf die ökumenische Bewegung ein. Da wird z. B. festgestellt:

„Unter dem Wehen der Gnade des Heiligen Geistes gibt es heute in vielen Ländern auf der Erde Bestrebungen, durch Gebet, Wort und Werk zu jener Fülle der Einheit zu gelangen, die Jesus Christus will. Daher mahnt dieses Heilige Konzil alle katholischen Gläubigen, daß sie, die Zeichen der Zeit erkennend, mit Eifer am ökumenischen Werk teilnehmen."

Dies erfordere zunächst Aufrichtigkeit im Umgang miteinander. Dann gehöre dazu der offene Dialog über die Unterschiede. Von da aus sei es kein weiter Schritt zur Zusammenarbeit in Sachen des Gemeinwohls sowie der Erneuerung und Reform der Kirche.

Durch all dies wird die Einheit gefördert, „so daß ... allmählich die Hindernisse, die sich der völligen kirchlichen Gemeinschaft entgegenstellen, überwunden und alle Christen zur selben Eucharistiefeier, zur Einheit der einen und einzigen Kirche versammelt werden, die Christus seiner Kirche vom Anfang an geschenkt hat, eine Einheit, die nach unserem Glauben unverlierbar in der katholischen Kirche besteht, und die, wie wir hoffen, immer mehr wachsen wird bis zur Vollendung der Zeiten"[9].

Hierdurch wurden viele Arten ökumenischer Zusammenarbeit möglich, auch wenn das Verständnis christlicher Einheit sich nicht grundsätzlich geändert hat.

An Pfingsten 1960 gründete der Vatikan das *„Sekretariat zur Förderung der Einheit"*. Unter seinem Leiter, dem deutschen Kurienkardinal *Augustin Bea*, entwickelte es intensive ökumenische Aktivitäten. Seit dem Konzil nehmen katholische Beobachter an vielen ökumenischen Konferenzen teil.

Ab Mitte der 60er Jahre kamen zunehmend neue Themen auf die Tagesordnung der ökumenischen Konferenzen. Immer stärker drängte sich z. B. die Frage nach dem Verhältnis der reichen Industrieländer und der armen Entwicklungsländer in den Vordergrund. Das rührte nicht zuletzt davon her, daß die Zahl der Delegierten aus der Dritten Welt immer größer wurde. Auf der Genfer Weltkonferenz für Praktisches Christentum 1966 kam schon die Hälfte aller Teilnehmer aus Afrika,

Der katholische Kurienkardinal Augustin Bea (links), erster Leiter des 1960 geschaffenen „Sekretariats zur Förderung der Einheit", besuchte 1965 den Weltrat der Kirchen in Genf. Er wurde empfangen von Generalsekretär Willem Visser t'Hooft (Mitte) und Marc Boegner, einem Präsidenten des Weltrats.

Asien und Lateinamerika. Sie forderten grundlegendere Veränderungen der Gesellschaft als bisher:

„Als Christen müssen wir uns für die Umwandlung der Gesellschaft einsetzen. In der Vergangenheit haben wir das gewöhnlich in aller Stille durch Bemühungen um soziale Erneuerung getan, indem wir in den und durch die vorhandenen Institutionen ihren Bestimmungen gemäß gearbeitet haben. Heute beziehen viele von denen, die sich dem Dienst Christi und ihres Nächsten widmen, eine radikalere und revolutionärere Stellung. Sie leugnen keineswegs den Wert von Tradition und sozialer Ordnung, sind aber auf der Suche nach einer neuen Strategie, mit deren Hilfe grundlegende Änderungen in der Gesellschaft ohne zu großen Zeitverlust herbeigeführt werden können. Möglicherweise wird in Zukunft die Spannung zwischen diesen beiden Lagern einen wichtigen Platz im Leben der christlichen Gemeinschaft einnehmen. Zum gegenwärtigen Zeitpunkt ist es wichtig, daß wir die tiefe Verankerung dieser radikalen Position in der christlichen Tradition erkennen und ihr einen berechtigten Platz im Leben der Kirche und in der gegenwärtigen Diskussion über die soziale Verantwortlichkeit einräumen ..."[10]

1968 fand die *4. Vollversammlung des ÖRK* in *Uppsala* statt. Es war die Zeit der weltweiten Studentenproteste und des Vietnamkriegs. Uppsala stellte sich den Forderungen von Genf. Ein wichtiges Thema war die zunehmende Rassendiskriminierung. 1969 rief der ÖRK ein „Programm zur Bekämpfung des Rassismus“ ins Leben. Dieses Programm sorgte für heftige Auseinandersetzungen in den Gliedkirchen, z.B. in den Kirchen der Evangelischen Kirche in Deutschland (EKD), weil auch Befreiungsbewegungen humanitär unterstützt wurden, die Waffengewalt anwandten.

Die starke Zuwendung zu den neuen Themen ergab in der Ökumene „eine spürbare Spannung zwischen der vertikalen und der horizontalen Interpretation des Evangeliums, d.h. zwischen dem erlösenden Handeln Gottes in Jesus Christus am einzelnen und dem Dienst der Kirche an der menschlichen Gesellschaft“[11]. In vielen Kirchen entstanden Gruppen bibel- und bekenntnisorientierter Christen. Vertreter dieser Gruppen trafen sich 1974 auf dem Lausanner Weltkongreß.

Die Kirchen der Dritten Welt sind z.T. unglücklich über diese Polarisierungen. So schrieb die äthiopische Mekane-Yesus-Kirche 1972:

„Der bisherige Nachdruck in der Mission der Kirche lag auf der Verkündigung des Evangeliums mit Worten. Alle anderen Tätigkeiten auf dem erzieherischen, medizinischen oder technischen Gebiet wurden als zweitrangig betrachtet oder als Mittel zum Zweck. Der Nachdruck heute liegt auf sozialer Tätigkeit, auf Entwicklung der Gemeinschaft und Befreiung von unmenschlichen Verhältnissen und auf der Mitarbeit am Aufbau der Nation. Die Verkündigung des Evangeliums ist ein Nebenergebnis geworden.

Diese zwei extremen Positionen sind in gleicher Weise schädlich für die örtlichen Kirchen in den Entwicklungsländern, die es als ihre Verpflichtung ansehen, dem ganzen Menschen zu dienen.“[12]

Auf der *5. Weltkirchenkonferenz*, die *1975* zum ersten Mal auf afrikanischem Boden, und zwar in *Nairobi* stattfand, wurde schließlich eine Zielbestimmung für die erstrebte Einheit der christlichen Kirchen gegeben. In Änderung der Verfassung des ÖRK wurde als eine Aufgabe herausgestellt, „die Kirchen aufzurufen zu dem Ziel der sichtbaren Einheit in einem Glauben und der einen eucharistischen Gemeinschaft, die ihren Ausdruck im Gottesdienst und im gemeinsamen Leben in Christus findet, und auf diese Einheit zuzugehen, damit die Welt glaube“[13]. Neben die Aufgaben, für Frieden und Gerechtigkeit einzutreten, stellte Nairobi die Aufgabe der Bewahrung der Schöpfung. Themen wie christlicher Lebensstil und Umweltschutz wurden verhandelt; auch wies man in Nairobi auf die Notwendigkeit hin, die biblische Schöpfungstheologie wiederzuentdecken.

Das Streben nach der „sichtbaren Einheit im einen Glauben und der

einen eucharistischen Gemeinschaft“ macht eine Verständigung über die Lehrunterschiede nötig. 1981 legte die Kommission für Glauben und Kirchenverfassung den Kirchen sog. *Konvergenztexte* über „Taufe, Eucharistie und Amt“ vor. 120 Glieder verschiedenster christlicher Kirchen, darunter auch zehn römisch-katholische, zeigten auf, wie nahe sich die Kirchen in diesen umstrittenen Fragen schon gekommen sind. Einigkeit bestand im Verständnis der Taufe. Auch über das Verständnis der Eucharistie kam man sich näher. Vieles blieb offen bei dem Verständnis des Amts, so z.B., wie das Problem der apostolischen Nachfolge zu verstehen sei. Das besonders brisante Thema „Papsttum/ Petrusamt“ wurde bewußt ausgeklammert.

Die Lima-Texte wurden unterdessen von vielen Kirchen angenommen; manche konnten ihnen freilich nicht beipflichten.

Gleichsam ein Nebenprodukt der Kommissionsarbeit von Lima war die Zusammenstellung einer neuen Gottesdienstliturgie, in deren Mittelpunkt die Eucharistie steht. Liturgische Texte der Orthodoxen, Katholiken und Protestanten gingen in diese sog. *Lima-Liturgie* ein. Auf der 6. Weltkirchenkonferenz in Vancouver 1983 fand ein großer Gottesdienst nach der Lima-Liturgie statt.

Vancouver war die bisher größte ökumenische Vollversammlung. Mehr als 3000 Teilnehmer, darunter 847 Delegierte aus 304 Mitgliedsländern und über 20 Vertreter der römisch-katholischen Kirche nahmen

Auf der Weltkonferenz von Vancouver 1983 wurde das Abendmahl nach der Lima-Liturgie gefeiert, einer neu geschaffenen Liturgie mit Elementen aus der römisch-katholischen und orthodoxen Tradition sowie aus der der evangelischen Kirchen und Freikirchen.

an ihr teil. Auch in Vancouver standen die Themen Frieden, Gerechtigkeit und Bewahrung der Schöpfung auf der Tagesordnung. Aufsehen erregte die klare Position zu den Atomwaffen. Im Jahr 1983, in dem in Westeuropa neue Mittelstreckenraketen aufgestellt wurden, wurde nicht nur der Einsatz, sondern bereits „die Herstellung und Stationierung" von Atomwaffen „als ein Verbrechen gegen die Menschheit" verurteilt.[14]

Der Konziliare Prozeß

Die ÖRK-Vollversammlung von Vancouver lud die Kirchen der Welt ein, an einem „*konziliaren Prozeß*" teilzunehmen. Dieser sollte einen Bundesschluß für *Gerechtigkeit, Frieden und Bewahrung der Schöpfung* vorbereiten. Geplant war dafür eine Konferenz. Parallel dazu rief der Deutsche Evangelische Kirchentag 1985 in Düsseldorf zu einem Konzil des Friedens auf. Der Physiker und Philosoph Carl Friedrich von Weizsäcker hatte diesen Aufruf formuliert. Er griff damit einen Vorschlag auf, den Dietrich Bonhoeffer (1934) auf der ökumenischen Konferenz von Fanö (Dänemark) gemacht hatte. Bonhoeffer hatte sich und seinem Auditorium in einer Morgenandacht die Frage gestellt: „Wie wird Friede? Wer ruft zum Frieden, daß die Welt es hört, zu hören gezwungen ist?" und folgende Antwort gegeben: „Nur das eine große ökumenische Konzil der Heiligen Kirche Christi aus aller Welt kann es so sagen, daß die Welt zähneknirschend das Wort vom Frieden vernehmen muß und die Völker froh werden, weil die Kirche Christi ihren Söhnen im Namen Christi die Waffen aus der Hand nimmt und ihnen den Krieg verbietet und den Frieden Christi ausruft über die rasende Welt."[15]

In ähnlicher Weise rief 1939 – nach dem Ausbruch des Zweiten Weltkriegs – der 1944 hingerichtete Priester Max Joseph Metzger in einem Brief an Papst Pius XII. die Christen zur Einheit auf und verlangte die Einberufung eines *allgemeinen Konzils*, das der neugeeinten Kirche das neue Gesicht zu geben berufen wäre; denn: „Die Not der Zeit – und durch sie spricht Gott zu uns – verlangt gebieterisch die letzten Anstrengungen, um die *Zerrissenheit der christlichen Kirche zu überwinden*, um das Friedensreich Christi wirksam zu machen in der ganzen Welt."[16]

Aufruf auf dem 21. Deutschen Evangelischen Kirchentag 1985

Wir bitten die Kirchen der Welt, ein Konzil des Friedens zu berufen.

Der Friede ist heute Bedingung des Überlebens der Menschheit. Es ist nicht gesichert.

Auf einem ökumenischen Konzil, das um des Friedens willen berufen wird, müssen die christlichen Kirchen in gemeinsamer Verantwortung ein Wort sagen, das die Menschheit nicht überhören kann. Die Zeit drängt.

Wir bitten die Kirchenleitungen, alles zu tun, damit das Konzil so rasch wie möglich zusammentritt.

Wir bitten die Gemeinden, dem Aufruf zu einem Konzil durch ihre ausdrückliche Unterstützung Kraft zu verleihen.[17]

So sehr zu begrüßen war, daß zwei Initiativen entstanden waren, so sehr war zu befürchten, daß man sich zersplittert. Auch wurde schnell klar, daß der Begriff des Konzils Schwierigkeiten machte; er hat nämlich für römisch-katholische und orthodoxe Christen eine festgeprägte Bedeutung. So beschloß man schließlich ein gemeinsames Vorgehen und einigte sich auf einen gemeinsamen Fahrplan. Auf das Wort „Konzil" wurde verzichtet.

1988 trafen sich die Vertreter der verschiedenen Kirchen zunächst einmal auf nationaler Ebene. In der Bundesrepublik Deutschland fanden Treffen in Königstein und Stuttgart statt. 1989 kamen die Delegierten der Kirchen der Kontinente zusammen. Die europäische Versammlung fand in *Basel* statt. Und vom 6. bis 12. März 1990 trafen sich die Vertreter der Kirchen auf Weltebene, und zwar in *Seoul* (Korea). Bei allen diesen Treffen gab man Erklärungen zu den drängenden Weltproblemen ab. Die römisch-katholische Kirche arbeitete auf nationaler und kontinentaler Ebene voll mit. In Seoul war sie nur mit einer kleinen Delegation von Beobachtern vertreten. Auch wenn die Weltkonferenz von Seoul die Erwartungen nicht ganz erfüllte – viele hatten auf ein vollmächtiges Wort gehofft, das die Kirchen in aller Welt in bezug auf Gerechtigkeit, Friede und Bewahrung der Schöpfung verpflichten sollte –, so kann jetzt schon gesagt werden: Allein die Tatsache, daß sich die meisten christlichen Kirchen auf den Weg gemacht haben, ist ein großer Fortschritt in der Ökumene, den niemand so schnell erwartet hat.

Vielleicht ist überhaupt der Prozeß als solcher wichtiger als ein formuliertes Ergebnis. Dieser Prozeß wird auch in Zukunft weitergehen. Er „stellt enorme Anforderungen an die Kirchen und ihre Glieder. Sie werden neu lernen müssen, aufeinander zu hören, den Streit um das Erkennen der Wahrheit auszuhalten und sich der Verheißung anzuvertrauen, daß es letztlich nicht die Einsicht der Sachverständigen, sondern der Geist Gottes ist, der sie in die volle Wahrheit führt. Sie müssen lernen, konzilsfähig zu werden, Bundesgenossenschaft einzuüben, auch mit fremden Partnern."[18] (K. Raiser, seit 1992 Generalsekretär des ÖRK).

Mit diesem Plakat wurde zur Konferenz nach Seoul im März 1990 eingeladen, Schluß- und neuer Ausgangspunkt für den konziliaren Prozeß für Gerechtigkeit, Frieden und Bewahrung der Schöpfung.

Anmerkungen

Kapitel I

1 Bibliothek der Kirchenväter: Apostolische Väter, S.150; F. Rupprecht/H.-U. Perels/F. Traudisch, Medienbaukasten Bibel, Die frühe Kirche, Gelnhausen/Freiburg 1978, S.54.

2 A. Läpple, Kirchengeschichte. Der Weg Christi durch die Jahrhunderte, München [5]1976, S. 13/14.

Kapitel II

1 W. Post, Art. „Christenverfolgung“, in: K. Rahner (Hg.), Herders Theologisches Taschenlexikon, Bd. 2, 1972, S. 7.

2 H. Kühner, Tabus der Kirchengeschichte, Zürich, o.J., S. 104.

3 K. Gross, Art. „Christenverfolgung“, in: LThK, Bd. 1, [2]1958, Sp. 1117.

4 Plinius Secundus, epistula X, 96 u. 97; H. Gutschera/J. Thierfelder, Brennpunkte der Kirchengeschichte, Paderborn 1976, S. 18.

5 Tertullian, Apologeticum 40,2; H. Gutschera/J. Thierfelder, aaO., S. 23.

6 Tertullian, Apologeticum 50,12; H.A. Obermann u.a. (Hg.), Kirchen- und Theologiegeschichte in Quellen, Bd. I, Neukirchen-Vluyn 1977, S. 63.

7 Cassius Dio, Röm. Geschichte 52,36; H.A. Obermann u.a. (Hg.), aaO., S. 88.

8 H. Angermeyer, Dokumente der Kirchengeschichte, Rothenburg o.d.Tbr., o.J., Nr. 10.

9 Eusebius, Kirchengeschichte 6,41; H.A. Obermann u.a. (Hg.), aaO., S. 88f.

10 H. Jedin (Hg.), Handbuch der Kirchengeschichte, Bd. I, Freiburg i.Br. 1985, S. 379.

11 A. Franzen, Kleine Kirchengeschichte, Freiburg i.Br. [2]1968, S. 61.

12 H. Jedin (Hg.), aaO., S.442, und E. Paul/F.P. Sonntag, Kirchengeschichts-Unterricht, Zürich-Einsiedeln-Köln 1971, S. 107.

13 Lactantius, Von den Todesarten der Verfolger 13; H. Gutschera/J. Thierfelder, aaO., S. 21.

14 Eusebius, Kirchengeschichte 8; H. Angermeyer, aaO., Nr. 15, und O. Köhler, Kleine Glaubensgeschichte, Freiburg i.Br. 1982, S. 100.
15 Hieronymus, Vita s. Malchi 1; H. Jedin (Hg.), aaO., Bd. II/1, S. 92.
16 H. Kühner, aaO., S. 105.
17 Eusebius, Kirchengeschichte 10; F.W. Kantzenbach, Christentum in der Gesellschaft, Bd. I, Hamburg 1975, S. 96.
18 Eusebius, Vita Const. I,41; R. Hernegger, Macht ohne Auftrag, Olten u. Freiburg i.Br. 1963, S. 189.
19 A. Franzen, aaO., S. 74.
20 W. Dirks, in: A. Läpple, Report der Kirchengeschichte, München 1968, S. 79.
21 M.L. King, Kraft zum Lieben, Konstanz 1968, S. 22ff.

Kapitel III

1 H. Chadwick, Die Kirche in der antiken Welt, Berlin-New York 1972, S. 180.
2 B. Kötting, in: Kirche und Synagoge, Bd. I, Stuttgart 1968, S. 146.
3 Cod. Theod. 16,1,2; H.A. Obermann u.a. (Hg.), Kirchen- und Theologiegeschichte in Quellen, Bd. I, Neukirchen-Vluyn 1977, S. 179.
4 Erlaß der Kaiser Arcadius und Honorius; M. Stupperich u.a., Zweitausend Jahre Christentum, Bd. I, Göttingen 1984, S.41.
5 Sokrates, Kirchengeschichte 7,15; H.A. Obermann u.a. (Hg.), aaO., S. 196.
6 H. Schuster u.a. (Hg.), Quellenbuch zur Kirchengeschichte, Bd. I/II, Frankfurt a.M.-Berlin-München [8]1971, S. 32f.
7 Sanctus Ambrosius, hg. vom Collegium Ambrosianum, Stuttgart-Bad Cannstatt 1974, S. 44.
8 Ambrosius, ep. 40; ep. 17,12; Sermo c. Auxentium 36; R. Hernegger, Macht ohne Auftrag, Olten u. Freiburg i.Br. 1963, S. 406f, und Sanctus Ambrosius, aaO., S. 43.
9 Ambrosius, ep. 41; R. Kottje/B. Moeller (Hg.), Ökumenische Kirchengeschichte, Bd. I, Mainz/München [5]1989, S. 149.
10 Gelasius, ep. 12,2; H. Gutschera/J. Thierfelder, Brennpunkte der Kirchengeschichte, Paderborn 1976, S. 49.
11 B. Guggenberger/E. Biser; Publik-Forum Nr. 24, 1989, S. 34 u. 38.
12 Gregor von Nyssa, Über die Gottheit des Sohnes und des Hl. Geistes; H.A. Obermann u.a. (Hg.), aaO., S. 182f.
13 Excerpta ex Theodoto 78; H. Jedin (Hg.), Handbuch der Kirchengeschichte, Bd. I, Freiburg i.Br. 1985, S. 215.

14 O. Köhler, Kleine Glaubensgeschichte, Freiburg i.Br. 1982, S. 93f.
15 W. Kasper, Einführung in den Glauben, Mainz ³1973, S. 149.
16 H. Küng, Christ sein, München 1974, S. 439.

Kapitel IV

1 G. Stemberger (Hg.), 2000 Jahre Christentum, Herrsching 1983, S. 107.
2 G. Stemberger, aaO., S. 111.
3 G. Stemberger, aaO., S. 189.
4 R. Kottje/B. Moeller (Hg.), Ökumenische Kirchengeschichte, Bd. I, Mainz ⁵1989, S. 223.
5 G. Stemberger, aaO., S. 247-250.
6 R. Kottje/B. Moeller, Ökumenische Kirchengeschichte, Bd. II, Mainz ⁵1989, S. 62f.
7 K.S. Frank, Grundzüge der Geschichte des christlichen Mönchtums, Darmstadt 1981, S. 61f.
8 H. Angermeyer, Dokumente der Kirchengeschichte, Rothenburg o.d. Tauber, o.J., Nr. 46 (K 20).

Kapitel V

1 H. Küng, Existiert Gott?, München 1978, S. 92.
2 Conf. VIII,8,19; Augustinus, Confessiones – Bekenntnisse (lat.-dt.), hrsg. v. J. Bernhart, München ⁴1980, S. 397.
3 Conf. VIII,12,29; Aurelius Augustinus, Bekenntnisse, München 1982, eingeleitet und übertragen von W. Thimme, S. 214f.
4 Conf. IX,10,24, aaO., S. 236f.
5 Conf. I,1,1, aaO., S. 31.
6 G. Ruhbach/J. Sudbrack (Hg.), Große Mystiker, München 1984, S. 65f.
7 Augustinus, Gegen Parmenianus 2,14,32; R. Kottje/B. Moeller (Hg.), Ökumenische Kirchengeschichte, Bd. I, Mainz ⁵1989, S. 141.
8 H. Jedin (Hg.), Handbuch der Kirchengeschichte, Bd. II/1, Freiburg i.Br. 1985, S. 146 u. 151.
9 O. Köhler, Kleine Glaubensgeschichte, Freiburg i.Br. 1982, S. 102.
10 Ep. 185,6,23; H. Jedin (Hg.), aaO., S. 161.
11 Ep. 93 und 185; R. Kottje/B. Moeller (Hg.), aaO., S. 142.
12 A. Franzen, Kleine Kirchengeschichte, Freiburg i.Br. ²1968, S. 96.

13 W. Nigg, Das Buch der Ketzer, Zürich [5]1970, S. 109.

14 De civitate Dei 15,1; H. Schuster u.a. (Hg.), Quellenbuch zur Kirchengeschichte, Bd. I/II, Frankfurt a.M. – Berlin-München [8]1971, S. 42.

15 De civitate Dei 5,17; H. Gutschera/J. Thierfelder, Brennpunkte der Kirchengeschichte, Paderborn 1976, S. 49.

16 De civitate Dei 20,7; H. Gutschera/J. Thierfelder, aaO., S. 48.

17 J. Lortz, Geschichte der Kirche, Bd. I, Münster/Westf. [21]1962, S. 8, Anm. 3.

18 Konradsblatt (Wochenzeitung für das Erzbistum Freiburg), 72. Jg. (1988), Nr. 6 vom 7.2., S. 16/17.

Kapitel VI

1 H. Schuster u.a., Quellenbuch zur Kirchengeschichte, I/II, Frankfurt a.M. [8]1971, S. 51.

2 G. Haendler, Die abendländische Kirche im Zeitalter der Völkerwanderung, Berlin (Ost) [2]1983, S. 31.

3 AaO., S. 30.

4 AaO., S. 38.

5 K.D. Schmidt, Die Bekehrung der Germanen zum Christentum, Göttingen 1930, Bd. II, S. 111, Anm. 5.

6 G. Haendler, aaO., S. 145.

7 A. Läpple, Report der Kirchengeschichte, München 1968, S. 128.

8 R. Mokrosch/H. Walz (Hg.), Kirchen- und Theologiegeschichte in Quellen, Bd. II: Mittelalter, Neukirchen-Vluyn 1979, S. 3.

9 R. Mokrosch/H. Walz, aaO., S. 23f.

10 K. Düwel, Die Bekehrung auf Island. Vorgeschichte und Verlauf, in: Die Kirche des früheren Mittelalters, 1. Halbband, hg. von K. Schäferdiek, München 1978, S.249-275, hier S. 266f.

11 AaO., S. 272

Kapitel VII

1 F. Kempf, in: H. Jedin, Handbuch der Kirchengeschichte, Bd. III/1, Freiburg-Basel-Wien 1973, S. 298.

2 C.-R. Brühl, Fodrum, Gistrum, Servitium Regis. Studien zu den wirtschaftlichen Grundlagen des Königtums im Frankenreich und in den fränkischen Nachfolgestaaten Deutschland, Frankreich und Ita-

lien. 2 Bde, Köln-Wien 1968; nach H.-D. Schmid, Fragen an die Geschichte 2. Geschichtliches Arbeitsbuch für die Sekundarstufe I im gymnasialen Bereich, Frankfurt a.M. 1977, S. 31.

3 Anonymus Haserensis, Monumenta Germaniae Scriptores VII, 260; nach H.D. Schmid, Fragen an die Geschichte 2, aaO., S. 31.

4 C. Mirbt, Quellen zur Geschichte des Papsttums, [4]1924, S. 146; H. Schuster u.a., Quellenbuch zur Kirchengeschichte, Bd. I/II, Frankfurt a.M.-Berlin-München [8]1971, S. 60.

5 Geschichte in Quellen, Bd. II (Mittelalter), München (Bayerischer Schulbuchverlag) 1970, S. 300.

Kapitel VIII

1 J. Peylo, Leben zum Lob Gottes. Die orthodoxen Kirchen, Eine Diaserie mit 24 Farbdias, Beiheft, Stuttgart-München 1988, S. 46/47.

2 A. Kallis, in: R. Kottje/B. Moeller (Hg.), Ökumenische Kirchengeschichte, Bd. I, Mainz-München [5]1989, S. 229.

3 B. Kötting, in: AaO., S. 171.

4 I. Reißner (Schriftleitung), Das Heilige Rußland. 1000 Jahre Russisch-orthodoxe Kirche, Freiburg-Basel-Wien 1987, S. 15f.

5 AaO., S. 129.

6 Imerologion – Iera Metropolis Germanias, Bonn 1979, S. 14 und Bonn 1980, S. 15f, hier zit. nach: N. Thon, Quellenbuch zur Geschichte der Orthodoxen Kirche (SOPHIA: Quellen östlicher Theologie, Band 23), Trier 1983, S. 567f.

Kapitel IX

1 Wilhelm von Tyrus, Historia rerum in partibus transmarinis gestarum 1,14ff; W. Lautemann/M. Schlenke (Hg.), Geschichte in Quellen, Bd. II, München 1970, S. 366f.

2 Ebd.

3 Extrait de la chronique intitulée Kamil-Altevarykh par Ibn-Alatyr; Recueil des historiens des croisades, Tome I, Paris 1872, S. 198f (Eigenübersetzung).

4 O. Köhler, Kleine Glaubensgeschichte, Freiburg i.Br. 1982, S. 233.

5 Fulcher von Chartres; R. Pernoud (Hg.), Die Kreuzzüge in Augenzeugenberichten, München [2]1972, S. 125.

6 A. Waas, Geschichte der Kreuzzüge, Bd. II, Freiburg i.Br. 1956, S. 38 u. 275.

7 Les Croisades. La Documentation Photographique, Nr. 5-278, Paris 1967, S. 8 (Eigenübersetzung).

8 Jakob von Vitry; R. Pernoud (Hg.), aaO., S. 279.

9 Chronik des Ekkehard von Aura, 1096; W. Lautemann/M. Schlenke (Hg.), aaO., S. 368.

10 W. Hug u.a. (Hg.), Menschen in ihrer Zeit 2, Stuttgart 1970, S. 85.

11 A. Franzen, Kleine Kirchengeschichte, Freiburg i.Br. [2]1968, S. 204f.

12 Caesarius von Heisterbach, Dialog über die Wunder 5,21; J. Leuschner, Die Kirche des Mittelalters, Stuttgart [3]1972, S. 22f.

13 R. Huch, Friedrich von Spee und die Hexenprozesse (1931); H. u. U. Halbfas (Hg.), Das Menschenhaus, Düsseldorf 1972, S. 159ff.

14 J.-F. Ritter (Hg.), Cautio Criminalis, dubium XX, ratio XVI, München 1982, S. 96.

Kapitel X

1 R. Mokrosch/H. Walz (Hg.), Kirchen- und Theologiegeschichte in Quellen, Bd. II: Mittelalter, Neukirchen-Vluyn 1979, S. 188f.

2 G. Stemberger (Hg.), 2000 Jahre Christentum, Herrsching 1983, S. 338f.

3 E. Werner/M. Erbstößer, Ketzer und Heilige. Das religiöse Leben im Hochmittelalter, Berlin (Ost) 1986, S. 321.

4 R. Mokrosch/H. Walz, aaO., S. 117.

5 M.v. Galli, Gelebte Zukunft: Franz von Assisi, Luzern-Frankfurt a.M. 1970, S. 56.

6 G. Stemberger, aaO., S. 329.

7 G. Stemberger, aaO., S. 331.

8 E. Werner/M. Erbstößer, aaO., S. 369.

9 R. Mokrosch/H. Walz, aaO., S. 125.

Kapitel XI

1 Summa contra gentiles III,50; aus: F. Cali, Das Gesetz der Gotik. Eine Studie über gotische Architektur, München 1963, S. 31.

2 Bildtext nach U. Becker (Hg.), Die erste Enzyklopädie aus Freiburg um 1495. Die Bilder der „Margarita Philosophica" des Gregorius Reisch, Prior der Kartause, Freiburg 1970, S. 10.

3 R. Kottje/B. Moeller (Hg.), Ökumenische Kirchengeschichte, Bd. II, Mainz-München [4]1988, S. 159.
4 M.-D. Chenu, Thomas von Aquin in Selbstzeugnissen und Bilddokumenten, rororo-Bildmonographie 45, Reinbek 1981, S. 170.
5 M.-D. Chenu, aaO., S. 37 (Quodlibetum IV Art. 16).
6 M.-D. Chenu, Das Werk des heiligen Thomas von Aquin, Heidelberg/Graz 1960 (Deutsche Thomasausgabe, Ergänzungsband 2), S. 352.
7 Pot. 5,10 ad 5; J. Pieper, Hinführung zu Thomas von Aquin. Zwölf Vorlesungen, Freiburg-Basel-Wien 1967, S. 110.
8 Summa Theol. III, 31,4 zu 3.
9 W. Nigg, Vom Geheimnis der Mönche, 1953, zit. nach: M.-D. Chenu, Thomas von Aquin, aaO., S. 171.
10 B. Welte, in: H.J. Schultz (Hg.), Wer ist das eigentlich – Gott? München 1969, S. 151/52.
11 Summa contra gentiles II,24,4; aus: F. Cali, Das Gesetz der Gotik, aaO., S. 35.
12 Summa Theol. I,89,1; aus: F. Cali, Das Gesetz der Gotik, aaO., S. 115.
13 Summa contra gentiles III,44; aus: F. Cali, Das Gesetz der Gotik, aaO., S. 149.
14 Summa contra gentiles III,62; aus: F. Cali, Das Gesetz der Gotik, aaO., S. 135.

Kapitel XII

1 U. Eco, Der Name der Rose, München-Wien 1982, S. 307f u. 318.
2 Scivias; G. Ruhbach/J. Sudbrack (Hg.), Große Mystiker, München 1984, S. 135.
3 Briefwechsel; aaO., S. 133.
4 AaO., S. 162.
5 AaO., S. 168.
6 J. Lortz, Geschichte der Kirche, Bd. I, Münster/Westf. [21]1962, S. 459.
7 G. Stemberger (Hg.), 2000 Jahre Christentum, Erlangen 1989, S. 349f.
8 Thomas von Kempen, Nachfolge Christi, Frankfurt a.M. u. Hamburg 1957, Buch 1, Kap. 1; 1,7; 2,12.
9 Aus der Chronik des Konrad Stolle; J. Leuschner, Die Kirche des Mittelalters, Stuttgart [3]1972, S. 43ff.

10 Fritsche Closeners Straßburger Chronik; H.A. Obermann u.a. (Hg.), Kirchen- und Theologiegeschichte in Quellen, Bd. II, Neukirchen-Vluyn [2]1986, S. 227f.
11 AaO., S. 231f.
12 Chronicon Moguntinum; aaO., S. 197.
13 AaO., S. 199.

Kapitel XIII

1 W. Jentsch u.a. (Hg.), Evangelischer Erwachsenenkatechismus, Gütersloh [2]1975, S. 947.
2 H. Gutschera/J. Thierfelder, Brennpunkte der Kirchengeschichte, Paderborn, 1976, S. 129; H. Fausel, D. Martin Luther. Leben und Werk 1483 bis 1521, Siebenstern-Tb 65, München und Hamburg 1963, S. 42.
3 M. Stupperich u.a., Zweitausend Jahre Christentum, Bd. I, Göttingen 1984, S. 199; H. Lilje, Martin Luther, rororo-Bildmonographie 98, Reinbek 1965, S. 67ff.
4 H. Fausel, aaO., S. 89 u. 94.
5 Luther, ausgewählt von K.G. Steck, Fischer-Tb 76, Frankfurt 1955, S. 75f.
6 M. Rang, Die Kirche in Vergangenheit und Gegenwart, Göttingen [2]1976, S.121; H. Fausel, aaO., S. 165.
7 A. Läpple, Kirchengeschichte in Dokumenten, Düsseldorf [3]1969, S. 227f.
8 H. Gutschera/J. Thierfelder, aaO., S. 135.
9 R. Stupperich, Die Reformation in Deutschland, dtv.-Tb 3203, München 1972, S. 193.
10 Entwurf. Religionspädagogische Mitteilungen 4/1976, S. 43; H. Junghans (Hg.), Die Reformation in Augenzeugenberichten, dtv-Tb 887, München 1973, S. 290f.
11 R. Stupperich, aaO., S. 188.
12 AaO., S. 92.
13 AaO., S. 94.
14 H. Obermann, Kirchen- und Theologiegeschichte in Quellen, Bd. III: Die Kirche im Zeitalter der Reformation, Neukirchen-Vluyn 1981, S. 168.
15 R. Stupperich, aaO., S. 59.
16 B. Moeller, in: R. Kottje/B. Moeller, Ökumenische Kirchengeschichte, Bd. II, Mainz [4]1988, S. 345.

17 W.F. Dankbaar, Calvin. Sein Weg und Werk, Siebenstern-Tb 192, Hamburg 1976, S. 120.

18 E.K. Sturm, Geschichte der Reformation im Unterricht. Handbücherei für den Religionsunterricht 19, Gütersloh 1975, S. 118.

19 H. Schmidt u.a., Das neue Kirchenbuch Religion 9/10, Stuttgart/ Frankfurt a.M. 1988, S. 225; W.F. Dankbar, Calvin. Sein Weg und Werk, Siebenstern-Tb 192, Hamburg 1976, S. 120.

20 J. Staedtke, Johannes Calvin. Erkenntnis und Gestaltung, Göttingen-Zürich-Frankfurt 1969, S. 9.

21 W.P. Fuchs, „Karl V.“, in: RGG^{3}, Bd. 3, 1959, S. 1152ff, hier 1152.

Kapitel XIV

1 Instruktion Hadrians VI.; Germanisches Nationalmuseum Nürnberg, Martin Luther und die Reformation in Deutschland, Ausstellungskatalog 1983, S. 445, Nr. 615.

2 H. Jedin, Geschichte des Konzils von Trient, 1, 1951^{2}, S. 175; R. Kottje/B. Moeller (Hg.), Ökumenische Kirchengeschichte, Bd. II, Mainz-München ^{4}1988, S. 325f.

3 H. Rabe, Katholische Reform und Gegenreformation (Quellen- und Arbeitshefte für den Geschichtsunterricht 4249), 1960, S. 7f; H. Gutschera/J. Thierfelder, Lehrerkommentar Brennpunkte der Kirchengeschichte, Paderborn 1978, S. 137.

4 J. Feiner/L. Vischer (Hg.), Neues Glaubensbuch. Der gemeinsame christliche Glaube, Freiburg-Basel-Wien ^{18}1988, S. 554.

5 H. Jedin, Kleine Konziliengeschichte, Freiburg-Basel-Wien ^{7}1966, S. 102.

6 Bildtext aus: A. Haidacher, Geschichte der Päpste in Bildern. Eine Dokumentation zur Papstgeschichte von Ludwig Frhr. v. Pastor, Heidelberg 1965, S. 356.

7 Konstitutionen des Jesuitenordens, 1541/56; H.A. Oberman, Kirchen- und Theologiegeschichte in Quellen, Bd. III: Die Kirche im Zeitalter der Reformation, Neukirchen-Vluyn 1981, S. 199.

Kapitel XV

1 K.D. Schmidt, Grundriß der Kirchengeschichte, Göttingen ^{4}1963, S. 530.

2 Nach F. Ferroli, The Jesuits in Malabar, Bangalore 1939,Bd. I, S. 92 (Übersetzung R. Wagner).

3 G. Stemberger (Hg.), 2000 Jahre Christentum, Herrsching 1983, S. 461.
4 A. Läpple, Report der Kirchengeschichte, München 1958, S. 264f.
5 E. Beyreuther, Geschichte des Pietismus, Stuttgart 1978, S.209.
6 AaO., S. 208.
7 H.-W. Gensichen, Mission heute. Zustand und Zukunft, in: Evangelischer Erzieher 30 (1978), S. 73.
8 G. Franz, Jesus kommt nach Akropong, Stuttgart 1976, S. 33.
9 Nach H.J. Margull/J. Freytag (Hg.), Keine Einbahnstraße. Von der Westmission zur Weltmission, Korntal [2]1973, S. 7f.

Kapitel XVI

1 Friedrich von Logau; H. Schuster u.a. (Hg.), Quellenbuch zur Kirchengeschichte, Bd. I/II, Frankfurt a.M.-Berlin-München [8]1971, S. 141.
2 Ebd.
3 A. Läpple, Kirchengeschichte in Dokumenten, Düsseldorf [3]1969, S. 280f.
4 Evangelisches Kirchengesangbuch, Stuttgart [31]1982, Nr. 392.
5 A. Läpple, aaO., S. 285.
6 M. Pfliegler, Dokumente zur Geschichte der Kirche, Innsbruck 1938, S. 256.
7 Mémorial; H. Gutschera/J. Thierfelder, Brennpunkte der Kirchengeschichte, Paderborn 1976, S. 170.
8 Le Mystère de Jésus; Pascal, Pensées, Paris (Hachette) 1950, S. 184.
9 Pensées, Fragment 264; H. Gutschera/J. Thierfelder, aaO.
10 Pensées, Fragment 84; aaO.
11 Die Wette; H.A. Obermann u.a. (Hg.), Kirchen- und Theologiegeschichte in Quellen, Bd, IV/1, Neukirchen-Vluyn [2]1985, S. 15ff.
12 Theodor Beza; A. Franzen, Kleine Kirchengeschichte, Freiburg i.Br. [2]1968, S. 314.
13 H.A. Obermann u.a. (Hg.), aaO., S. 24f.
14 Evangelisches Kirchengesangbuch, aaO., Nr. 294.
15 Gottfried Arnold; H.A. Obermann u.a. (Hg.), aaO., S. 62.
16 Ebd.
17 Angelus Silesius; B. Moser (Hg.), Große Gestalten des Glaubens, München 1982, S. 463.
18 Gotteslob, Stuttgart 1975, Nr. 558; vgl. auch Evangelisches Kirchengesangbuch, aaO., Nr. 254.
19 B. Moser (Hg.), aaO., S. 466 u. 469.

Kapitel XVII

1 M. Schmidt, Pietismus, in: RGG^3, Bd. 5, Tübingen 1961, Sp. 374.
2 M. Schmidt, Pietismus, Urban-Tb, Stuttgart 1972, S. 18f.
3 M. Stupperich u.a., Zweitausend Jahre Christentum, Bd. II. 1. Göttingen 1984, S. 32.
4 M. Schmidt, aaO., S. 64.
5 AaO., S. 77.
6 AaO., S. 170.
7 E. Beyreuther, aaO., S. 170.
8 M. Schmidt, aaO., S. 95.
9 M. Rang, Die Kirche in Vergangenheit und Gegenwart, Göttingen ^{2}1971, S. 196.
10 E. Beyreuther, aaO., S. 226.
11 M. Schmidt, aaO., S. 109.
12 AaO., S. 113.
13 M. Brecht, Bengel, Johann Albrecht (1687-1752), in: TRE, Bd. V, S. 583-589, hier S. 588.
14 J. Trautwein, Religiosität und Sozialstruktur, Stuttgart 1972, S. 61.
15 M. Schmidt, aaO., S. 11.

Kapitel XVIII

1 Kant, Was ist Aufklärung? (1784); H. Schuster u.a. (Hg.), Quellenbuch zur Kirchengeschichte, Bd. I/II, Frankfurt a.M.-Berlin-München ^{8}1971, S. 152.
2 H.-J. Schoeps (Hg.), Zeitgeist der Aufklärung, Paderborn 1972, S. 103.
3 AaO., S. 19f.
4 G.E. Lessing, Gesammelte Werke, hg. von P. Rilla, Bd. 8, Berlin-Weimar ^{2}1968, S. 27.
5 Abhandlung von freier Untersuchung des Canon; H.A. Obermann u.a. (Hg.), Kirchen- und Theologiegeschichte in Quellen, Bd. IV/1, Neukirchen-Vluyn ^{2}1985, S. 128.
6 Vom Betrug der Jünger Jesu; H. Schuster u.a. (Hg.), aaO., S. 161.
7 R. Krause, Die Predigt der späten deutschen Aufklärung (1770-1805), Stuttgart 1965, S. 95.
8 F.W. Kantzenbach, Christentum in der Gesellschaft, Bd. II, Hamburg 1976, S. 240.
9 Chr. Fr. Ludewig; Allgemeine Deutsche Bibliothek 12/1, 1770, S. 46.

10 J.M. Schröckh, Abbildung und Lebensbeschreibung D. Martin Luthers, Leipzig 1773, S. 50.
11 Vorrede zu den Vernünftigen Gedanken von Gott, der Welt und der Seele des Menschen, auch allen Dingen überhaupt (1719); H. Schuster u.a. (Hg.), aaO., S. 157.
12 Goethe. Werke hg. von E.v.d. Hellen, Bd. 13, Stuttgart u. Berlin o.J., S. 103.
13 E. Friedell, Aufklärung und Revolution, München 1961, S. 78.
14 O. Jäger, Weltgeschichte, Bd. 4, Bielefeld u. Leipzig [2]1894, S. 94 u. 101.
15 H. Kühner, Neues Papstlexikon, Frankfurt a.M. u. Hamburg 1965, S. 153.

Kapitel XIX

1 H. Döring, Grundkurs ökumenischer Information, Meitingen-Freising 1978, S. 5f.
2 H.J. Reimers, Die evangelischen Freikirchen von den Anfängen bis zur Gegenwart, in: H. Sproll/J. Thierfelder (Hg.), Die Religionsgemeinschaften in Baden-Württemberg, Stuttgart 1984, S. 158.
3 C.E. Sommer (Hg.), Der Methodismus (Die Kirchen der Welt, Bd. 6), Stuttgart 1968, S. 11.
4 H. Schuster u.a. (Hg.), Quellenbuch zur Kirchengeschichte, Bd. I/II, Frankfurt a.M.-Berlin-München [8]1971, S. 151f.
5 G. Stemberger (Hg.), 2000 Jahre Christentum, Erlangen 1989, S. 537f.

Kapitel XX

1 J.N. Sepp, Görres und seine Zeitgenossen 1776-1848, Nördlingen 1878, S. 45.
2 E. Heinen, Staatliche Macht und Katholizismus, Bd. I, Paderborn 1976, S. 26, 28f, 31f.
3 Nach A. Läpple, Report der Kirchengeschichte, München 1968, S. 289.
4 F. Keinemann, Schicksale eines Wormser Domherrn nach der Säkularisation, in: Archiv für mittelrheinische Kirchengeschichte 22 (1970), S. 207-209.
5 Aus einer Sendung des Schulfunks – SDR, SWF, SR –: Bildersturm

in drei Jahrtausenden: „Setzt die Hacke an die Dome. Der Einbruch der Aufklärung in die alte Welt“, 17. 2. 1978.
6 Ebd. Der Bericht S. 277f ist weitgehend aus der Schulfunksendung übernommen.
7 J. de Maistre, Vom Papste, 1. Band, übersetzt von M. Lieber, hg. von J. Bernhart, München 1923, S. 23, 25.
8 Theologische Quartalschrift Tübingen, 1822, S. 683 (4. Quartalheft).
9 J. Görres, Athanasius, Regensburg 1838, 3. Ausgabe, S. 1f.
10 K. Schatz, Zwischen Säkularisation und Zweitem Vatikanum. Der Weg des deutschen Katholizismus im 19. und 20. Jahrhundert, Frankfurt a.M. 1986, S. 92-94.

Kapitel XXI

1 O.v. Nell-Breuning, Art. „Soziale Frage“, in: LThK², Bd. 9, 1964, Sp. 906.
2 Der Entwicklungsdienst der Kirche – ein Beitrag für Frieden und Gerechtigkeit in der Welt, hrsg. vom Rat der Evangelischen Kirche in Deutschland, Gütersloh 1973, S. 19.
3 K. Goebel/G. Voigt, Die kleine mühselige Welt des jungen Hermann Enters, hg. vom Berg. Geschichtsverein, Abt. Wuppertal. Beiträge zur Geschichte und Heimatkunde des Wuppertals 18, Wuppertal 1979, S. 30-65; F. Goedeking/V. Göhrum, Soziale Gerechtigkeit. Oberstufe Religion 5, Stuttgart 1980, S. 6-8.
4 Regulativ vom 9. März 1839 über die Beschäftigung jugendlicher Arbeiter in Fabriken, in: Gesetzes-Sammlung für die Königlichen Preußischen Staaten, Berlin 1839, S. 156f.
5 H. Grebing, Geschichte der deutschen Arbeiterbewegung, dtv-Tb 647, München ⁸1977, S. 26.
6 U. Schulz (Hg.), Die Deutsche Arbeiterbewegung 1848-1919 in Augenzeugenberichten, dtv-Tb 1219, München 1976, S. 28f.
7 K. Marx, Die Frühschriften, hg. von S. Landshut, Stuttgart 1964, S. 525ff.
8 H. Grebing, aaO., S. 36f.
9 Ebd.
10 G. Brakelmann, Die soziale Frage des 19. Jahrhunderts, Bielefeld 1975, S. 122.
11 G. Brakelmann, Kirche und Sozialismus im 19. Jahrhundert, Witten 1966, S. 98.
12 H. Schuster u.a., Quellenbuch zur Kirchengeschichte, Bd. III, Frankfurt a.M. ⁶1971, S. 89.

13 Th. Nipperdey, Religion im Umbruch. Deutschland 1870-1918, Beck'sche Reihe 363, München 1988, S. 118.

14 G. Brakelmann, Die soziale Frage des 19. Jahrhunderts, Bielefeld 1975, S. 89f.

15 AaO., S. 206.

16 H. Grebing, aaO., S. 84.

17 Christliche Erneuerung der menschlichen Gesellschaft. Die Sozialenzykliken der Päpste, Aschaffenburg 1962, S. 13ff.

18 O.v. Nell-Breuning, Art. „Gewerkschaftsstreit", in: C. Andresen/G. Denzler (Hg.), Wörterbuch der Kirchengeschichte, München 1982, S. 241.

19 L. Bertsch (Hg.), Beschlüsse der Gemeinsamen Synode der Bistümer in der Bundesrepublik Deutschland, Freiburg 1977, S. 327.

20 H.-H. Schrey, in: RGG^3, Bd. 3, 1959, Sp. 1203.

21 H. Grebing, aaO., S. 84.

22 H.-W. Krumwiede, Geschichte des Christentums, Bd. III: Neuzeit: 17. bis 20. Jahrhundert, Stuttgart 1977, S. 177.

23 H. Kupisch (Hg.), Quellen zur Geschichte des deutschen Protestantismus von 1871-1945, Siebenstern-TB 41/42, München 1965, S. 74.

24 G. Brakelmann, aaO., S. 186.

25 G. Kretschmar, Der Evangelisch-Soziale Kongreß. Der Protestantismus und die soziale Frage, Stuttgart 1972, S. 21.

26 E. Kähler, in: R. Kottje/B. Moeller, Ökumenische Kirchengeschichte, Bd. 3, Mainz ^{4}1989, S. 236.

27 Sie müssen! Ein offenes Wort an die christliche Gesellschaft von H. Kutter, Jena 1910, S. 51f.

28 Vgl. Anm. 26.

29 L. Ragaz, Christentum und Sozialismus, in: Ders., Von Christus zu Marx, von Marx zu Christus, Wernigerode 1929, S. 149ff, hier S. 179f und 202.

Kapitel XXII

1 Historisch-Politische Blätter für das katholische Deutschland 61 (1868), S. 681f.

2 Anzeigeblatt für die Erzdiözese Freiburg IX (1865), Nr. 2.

3 Konstitution des Zweiten Vatikanischen Konzils über die Kirche „Lumen Gentium", Nr. 16; K. Rahner/H. Vorgrimler (Hg.), Kleines Konzilskompendium, Freiburg-Basel-Wien ^{3}1967, S. 141.

4 K. Schatz, Das „noch nicht fertige" Dogma. Zur Rezeption und

Nachinterpretation des Ersten Vatikanums, in: L. Bertsch/M. Kehl (Hg.), Zur Sache. Theologische Streitfragen im „Fall Küng“, Würzburg 1980, S. 105.

5 H.J. Pottmeyer, Unfehlbarkeit und Souveränität. Die päpstliche Unfehlbarkeit im System der ultramontanen Ekklesiologie des 19. Jahrhunderts, Mainz 1975, S. 113.

6 J. Neuner/H. Roos (Hg.), Der Glaube der Kirche in den Urkunden der Lehrverkündigung, Regensburg [7]1965, Nr. 325, S. 201 ([8]1971, Nr. 479, S. 329).

7 Neuner-Roos, aaO., Nr. 388, S.244 (Nr. 454, S. 303).

8 Neuner-Roos, aaO., Nr. 385, S.243 (Nr. 451, S. 301).

9 E.R. Huber, Deutsche Verfassungsgeschichte seit 1789, Band 4, Stuttgart 1969, S. 686; E. Heinen, Staatliche Macht und Katholizismus in Deutschland, II. Band: 1867 bis 1914, Paderborn 1979, S. 26.

10 Schulthess, Europäischer Geschichtskalender 12 (1871), S. 176; E. Heinen, Staatliche Macht, aaO., S. 25.

11 Die Vorgeschichte des Kulturkampfes. Quellenveröffentlichungen aus dem deutschen Zentralarchiv, bearbeitet von A. Constabel, Berlin 1956, S. 105ff; H. Schmid, Fragen an die Geschichte 3, Frankfurt a.M. 1976, S. 234.

12 G. Franz, Kulturkampf. Staat und katholische Kirche in Mitteleuropa von der Säkularisation bis zum Abschluß des preußischen Kulturkampfes, München 1954, S. 9f.

13 Vier geistliche Kriegslieder nach bekannten kirchlichen Melodien. Hrsg. vom Cäcilienverein der Diözese Augsburg, Dillingen.

Kapitel XXIII

1 H. Erbacher (Hg.), Vereinigte Evangelische Landeskirche in Baden 1821-1971, Karlsruhe 1971, S. 12.

2 K.D. Schmidt, Grundriß der Kirchengeschichte, Göttingen [4]1963, S. 489.

3 K. Scholder, Die Kirchen und das Dritte Reich, Bd. 1, Frankfurt a.M.-Berlin-Wien 1977, S. 37f.

4 H.-W. Krumwiede u.a., Kirchen- und Theologiegeschichte in Quellen, Neuzeit I, Neukirchen 1979, S. 188f.

5 G. Schäfer, Die Evangelische Landeskirche in Württemberg von den Anfängen bis zur Zeit nach dem Zweiten Weltkrieg, in: H. Sproll/J. Thierfelder (Hg.), Die Religionsgemeinschaften in Baden-Württemberg, Stuttgart 1984, S. 136-157, hier S. 153f.

6 K. Scholder, aaO., S. 3.

7 G.A. Benrath, Die Evangelische Landeskirche in Baden von den Anfängen bis zur Zeit nach dem Zweiten Weltkrieg, in: H. Sproll//J. Thierfelder (Hg.), Die Religionsgemeinschaften in Baden-Württemberg, Stuttgart 1984, S. 115ff, hier S. 127.

8 K. Barth, Evangelische Theologie im 19. Jahrhundert, in: Ders., Die Protestantische Theologie im 19. Jahrhundert, Bd. 2, Siebenstern-Tb 178, S. 572-590, hier S. 589.

9 F.D. Schleiermacher, Über die Religion. Reden an die Gebildeten unter ihren Verächtern, Hamburg 1958, S. 1.

10 AaO., S. 20.

11 AaO., S. 31.

12 F.D. Schleiermacher, Der christliche Glaube nach den Grundsätzen der evangelischen Kirche im Zusammenhang dargestellt, Bd. 1, Berlin ^{2}1830, S. 24, 173, 188 u.ö. (12-14 in heutiger Schreibweise).

13 AaO., S. 108.

14 AaO., Bd. 2, Berlin ^{2}1831, S. 43.

15 R. Kottje/B. Moeller, Ökumenische Kirchengeschichte, Bd. 3, Mainz ^{4}1989, S. 97.

16 G. Graff (Hg.), Unterwegs zur mündigen Gemeinde, Stuttgart 1982, S. 139.

17 H. Zimmer, Auf dem Altar des Vaterlandes. Religion und Patriotismus in der deutschen Kriegslyrik des 19. Jahrhunderts, Frankfurt a.M. 1971, S. 137.

18 K. Kupisch, Kirchengeschichte, Bd. V, Urban-Tb 172, Stuttgart 1975, S. 52.

19 Ebd.

20 K.D. Schmidt, aaO., S. 502.

21 Ebd.

Kapitel XXIV

1 Pastorale Anweisungen des bayerischen Episkopates vom 10. 2. 1931; Kundgebung der Bischöfe der Kölner Kirchenprovinz vom 5. 3. 1931; B. Stasiewski (Bearb.), Akten deutscher Bischöfe über die Lage der Kirche 1933-1945, Bd. I: 1933-1934, Mainz 1968, S. 807, 815f.

2 E. Röhm/J. Thierfelder, Evangelische Kirche zwischen Kreuz und Hakenkreuz. Bilder und Texte einer Ausstellung, Stuttgart ^{4}1990, S. 25 (Nr. 15).

3 Aus der Regierungserklärung des Reichskanzlers vom 23. 3. 1933; B. Stasiewski, Akten deutscher Bischöfe, Bd. I, aaO., S. 15, Anm. 1.
4 B. Stasiewski, Akten, Bd. I, aaO., Nr. 14a, S. 30-32.
5 H. Müller, Katholische Kirche und Nationalsozialismus. Dokumente 1930-1935, München 1963, S. 86. (Taschenbuchausgabe dtv, München 1965, S. 99).
6 AaO., S. 207 (Taschenbuchausgabe S. 213); E. Keller, Conrad Gröber, 1872-1948. Erzbischof in schwerer Zeit, Freiburg-Basel-Wien, S. 149.
7 H. Müller, Katholische Kirche, aaO., S. 207 (Tb. S. 213).
8 GV bl. 1933, S. 47ff.; H. Schmidt, u. a. Das neue Kursbuch Religion 9/10, Stuttgart/Frankfurt, S. 51.
9 E. Röhm/J. Thierfelder, Evangelische Kirche zwischen Kreuz und Hakenkreuz, aaO., S. 58.
10 AaO., S. 75.
11 AaO., S. 84.
12 Denkschrift der Vorläufigen Leitung der DEK vom 28. 5. 1936; H. Gutschera/J. Thierfelder, Brennpunkte der Kirchengeschichte, Paderborn 1976, S. 230.
13 Enzyklika „Mit brennender Sorge" vom 14. 3. 1937, zeitgenössischer Druck. Textkritischer Druck bei: D. Albrecht (Bearb.), Der Notenwechsel zwischen dem Heiligen Stuhl und der deutschen Reichsregierung, Band I: Von der Ratifizierung des Reichskonkordats bis zur Enzyklika „Mit brennender Sorge", Mainz 1965, S. 404-443, hier: S. 406f.
14 Nachtgebet von Bernhard Lichtenberg am 9. 11. 1938; E.L. Ehrlich, Katholische Kirche und Judentum zur Zeit des Nationalsozialismus – eine geschichtliche Erfahrung und eine Herausforderung an uns, in: Freiburger Rundbrief Jg. 35/36 (1983/84), S. 40.
15 E. Röhm/J. Thierfelder, Evangelische Kirche zwischen Kreuz und Hakenkreuz, aaO., S. 128.
16 Vgl. Anm. 14.
17 Der ungekündigte Bund. Neue Begegnung von Juden und christlicher Gemeinde. Im Auftrag der Arbeitsgemeinschaft Juden und Christen beim Deutschen Evangelischen Kirchentag, hrsg. von D. Goldschmidt und H.J. Kraus, Stuttgart 1962, S. 243.
18 E. Röhm/J. Thierfelder, Evangelische Kirche zwischen Kreuz und Hakenkreuz, aaO., S. 113.
19 Martinus-Blatt vom 17. 9. 1939; G. Lewy, Die katholische Kirche und das Dritte Reich, München 1965, S. 249. F. Strobel, Christliche Bewährung. Dokumente des Widerstandes der katholischen Kirche

in Deutschland 1933-1945, Olten 1946, S. 268; H. Missalla, „Für Volk und Vaterland“, in: Concilium 19 (1983), S. 279.

20 Pax Christi, 31. Jg. (1979), Heft 3/4 (Mai/August), S. 17/18.

21 E. Röhm/J. Thierfelder, Evangelische Kirche zwischen Kreuz und Hakenkreuz, aaO., S. 115.

22 A. Beer, Erzbischof Dr. Conrad Gröber. Ein Lebensbild, Konstanz 1958, S. 87; J. Maier, Schulkampf in Baden 1933-1945, Mainz 1983, S. 189; E. Keller, Conrad Gröber, aaO., S. 246.

23 H. Gutschera/J. Thierfelder, Brennpunkte der Kirchengeschichte, aaO., S. 231.

24 P. Löffler (Bearb.), Bischof Clemens August Graf von Galen. Akten, Briefe und Predigten 1933-1946, Band II: !939-1946, Mainz 1988, S. 878.

25 H. Boberach (Bearb.), Berichte des SD und der Gestapo über Kirchen und Kirchenvolk in Deutschland 1934-1944, Mainz 1971, S. 629.

26 E. Röhm/J. Thierfelder, Evangelische Kirche zwischen Kreuz und Hakenkreuz, aaO., S. 144.

27 D. Bonhoeffer, Widerstand und Ergebung. Briefe und Aufzeichnungen aus der Haft, hrsg. von E. Bethge, München 1958, S. 27; H. Gutschera/J. Thierfelder, Brennpunkte der Kirchengeschichte, aaO., S. 236.

28 O. Dudzus, Dem Rad in die Speichen fallen, in: Begegnungen mit Dietrich Bonhoeffer. Ein Almanach, hrsg. von W.-D. Zimmermann, München 1964, S. 66; H. Gutschera/J. Thierfelder, Brennpunkte der Kirchengeschichte, aaO., S. 236.

29 E. Röhm/J. Thierfelder, Evangelische Kirche zwischen Kreuz und Hakenkreuz, aaO., S. 149.

30 AaO., S. 152.

31 L. Volk (Bearb.), Akten deutscher Bischöfe über die Lage der Kirche 1933-1945, Band VI: 1943-1945, Mainz 1985, S. 689.

32 Konrad Adenauer in einem Brief vom 23.2.1946 an den Bonner Pastor Bernhard Custodis: K. Adenauer, Briefe 1945-1947 (= Rhöndorfer Ausgabe), Berlin 1983, S. 172f.

Kapitel XXV

1 W. Jentsch u.a. (Hg.), Evangelischer Erwachsenenkatechismus, Gütersloh ^{2}1975, S. 948.

2 R. Kottje/B. Moeller, Ökumenische Kirchengeschichte, Bd. III, Mainz ^{3}1983, S. 345.

3 R. Rouse/S.C. Neill, Geschichte der Ökumenischen Bewegung 1517-1948, 1. Teil, Göttingen 1957, S. 492.
4 F. Hasselhoff/H. Krüger (Hg.), Ökumene in Schule und Gemeinde, Stuttgart 1971, S. 127.
5 AaO., S. 223.
6 A. Läpple, Report der Kirchengeschichte, München 1968, S. 362.
7 F. Hasselhoff/H. Krüger, aaO., S. 320.
8 Johannes XXIII. Leben und Werke. Eine Dokumentation, hg. von „Herder-Korrespondenz“,Freiburg i.Br. [2]1964(Herder-Tb 165), S. 24.
9 F. Hasselhoff/H. Krüger, aaO., S. 130.
10 H. Krüger, Ökumenischer Katechismus, Frankfurt a.M. 1985, S. 64.
11 AaO., S. 30.
12 J. Thierfelder, Es begann in Tranquebar, in: Evangelischer Erzieher 30 (1978), S. 119.
13 H. Krüger, aaO., S. 32.
14 Auf dem Weg zu einem Konzil des Friedens. Texte und Dokumente, hrsg. von Aktion Sühnezeichen/Friedensdienste, Berlin [2]1986, S. 26.
15 D. Bonhoeffer, Ges. Schriften, hrsg. von E. Bethge, 1. Bd., München 1958, S. 219.
16 R. Feneberg/R. Öhlschläger (Hg), Max Josef Metzger. Auf dem Weg zu einem Friedenskonzil, Akademie der Diözese Rottenburg, Stuttgart 1987, S. 80 u. 76.
17 Auf dem Weg zu einem Konzil des Friedens. Texte und Dokumente, hg. von Aktion Sühnezeichen/Friedensdienste, Berlin [2]1986, S. 12.
18 Auf dem Weg zu einem Konzil des Friedens, aaO., S. 35.

Bildnachweis

S. 13: Bildarchiv Foto Marburg
S. 18: Museum von Aquileja
S. 23: Bildarchiv Foto Marburg (l.); Foto: Günter Besserer (Entwurf und Gestaltung: B. Reißfelder, Osterburken; r.)
S. 26: Castello Museum, Tripolis
S. 34: Bibliothèque Nationale, Paris
S.36/37: Alinari, Fratelli, Florenz
S. 38: Arbeitsfolien Religion Teil 2: Kirchengeschichte, Calwer Verlag Stuttgart – Kösel Verlag, München 1989 (o.)
S. 43: Mosaik in der Kapelle S. Vittore in Ciel d'Oro in Mailand (um 470)
S. 50: Foto Tiroler Volkskunstmuseum (r.)
S. 56: Musées Nationaux, Paris (r.)
S. 58: Biblioteca Apostolica Vaticana
S. 64: Luftbild Brugger GmbH, Stuttgart Nr. 2/42375c (o.); © Konrad Theiss Verlag, Stuttgart, aus: Unser Land Baden-Württemberg, Stuttgart 1986 (u.)
S. 70: Fresko in der päpstlichen Bibliothek des Lateran
S. 77: Augustinus-Statue in Angelbachtal von Jürgen Goertz. Foto: Gregor Krumpholz
S. 81: Foto: National Museum of Ireland
S. 85: Rheinisches Landesmuseum, Bonn
S. 88: Isländische Handschrift Snorri-Edda, Universitätsbibliothek Uppsala
S. 89: Grabstein aus Niederdollendorf. Rheinisches Landesmuseum, Bonn
S. 91: M. u. A. Stupperich/J. Ohlemacher, Zweitausend Jahre Christentum I, Verlag Vandenhoeck & Ruprecht, Göttingen 1984, S. 88
S. 92: Petrus als Spender der geistlichen und weltlichen Gewalt. Historia-Foto, Hamburg (Nr. 43 670)
S. 106: © 1963 by Benziger Verlag AG, Zürich
S. 108: Joachim Maier, privat
S. 109: © 1971 by Benziger Verlag AG, Zürich
S. 113: Joachim Maier, privat
S. 115: Tobias Leineweber, privat
S. 117: The British Library, London
S. 122: Edinburgh University Library
S. 124: Holzschnitt aus der Improbatio alcorani, Barcelona 1500

S. 125: Foto: Arnulf Gutknecht, 7025 Plattenhardt
S. 126: Foto: Joachim Maier, privat
S. 127: Nach einer Miniatur der Diebold Schilling-Chronik. © by Benziger Verlag AG, Zürich
S. 129: © Museo del Prado, Madrid (Derechos Reservados)
S. 135: Fresko von Giotto. Unterkirche von S. Francesco, Assisi
S. 141: Fresko von Giotto. Oberkirche von S. Francesco, Assisi
S. 145: Kunsthistorisches Museum, Wien
S. 146: Stadtgeschichtliche Museen, Nürnberg
S. 148: Aus: Gregor Reisch, Margarita philosophica. Basel: Michael Furter u. Johann Schott 1508. © Universitätsbibliothek, Freiburg i. Br.
S. 152: Carlo Crivelli, The Virgin and Child and Saints („The Demidoff Altarpiece"; Cat No 788). Detail: St. Thomas Aquinas. © The National Gallery, London
S. 160: „Die wahre Dreiheit in der wahren Einheit", aus: Hildegard von Bingen, Wisse die Wege. Scivias, Otto Müller Verlag, Salzburg, 8. Aufl. 1987
S. 164: Holzschnitt aus der Weltchronik von H. Schedel, Nürnberg (1493)
S. 168: Holzschnitt aus der Weltchronik von H. Schedel, Nürnberg (1493)
S. 169: Holzschnitt aus L'Art de bien vivre et bien mourire, Paris 1493
S. 176: Germanisches Nationalmuseum Nürnberg (K 868)
S. 178: Germanische Nationalmuseum Nürnberg (Gm 220/221)
S. 179: Titelholzschnitt der Flugschrift „On Aplas von Rom kan man wol selig werden" (Signatur: 4° Th. H. 1700 –1–). Staats- und Stadtbibliothek Augsburg
S. 184: Aus: E. Röhm/J. Thierfelder, Kirche – Staat – Politik, Materialheft, Calwer Verlag, Stuttgart 1983, S. 15 (u.)
S. 187: Öffentliche Bibliothek der Universität Basel (F K V 32, letzte Seite)
S. 189: Abendmahlsgottesdienst im Fraumünster von D. Herrliberger, 1752. Aus der Grafischen Sammlung der Zentralbibliothek Zürich
S. 190: Hessisches Staatsarchiv Marburg (Best. 3, Nr. 245)
S. 191: Bibliothèque publique et universitaire de Genève; Foto: François Martin, Genève
S. 199: Staatliche Münzsammlung München
S. 201: Germanisches Nationalmuseum Nürnberg (HB 24938)
S. 203: Bildarchiv Preußischer Kulturbesitz, Berlin

S. 207: Archivum Romanum Societas Iesu, Roma

S. 208: Museum für Kunst und Geschichte, CH–1700 Freiburg; Foto: Jean-Christophe Aeby, Museum für Kunst und Geschichte, CH–1700 Freiburg

S. 210: Titelblatt der Erstausgabe. Rom, Biblioteca Angelica

S. 213: KNA, Frankfurt

S. 214: Stich des 17. Jhs. Rom, Institutum Historicum SJ; Foto: Frank Plate, Frankfurt

S. 220: Aus: Gustav Franz, Jesus kommt nach Akropong, Materialheft, Calwer Verlag, Stuttgart 1976, S. 53

S. 231: KNA, Frankfurt

S. 243: Grundriß des Hallischen Waisenhauses. Württembergische Landesbibliothek, Stuttgart

S. 245: Kupferstich aus dem Zeremonienbüchlein „Kurze, zuverlässige Nachricht…", 1757. Abb. aus: H.-C. Hahn/H. Reichel, Zinzendorf und die Herrnhuter Brüder, Hamburg 1977, S. 345. Friedrich Wittig Verlag, Hamburg

S. 246: Titelblatt des ersten Losungsbuches, 1731. Abb. aus: H.-C. Hahn/H. Reichel (Hg.), Zinzendorf und die Herrnhuter Brüder, Hamburg 1977, S. 193. Friedrich Wittig Verlag, Hamburg

S. 247: Landeskirchliches Archiv Stuttgart (Best. A 26/464,i)

S. 253: Archiv für Kunst und Geschichte, Berlin

S. 255: Württembergische Landesbibliothek, Stuttgart

S. 259: Archiv für Kunst und Geschichte, Berlin

S. 265: Aus: Ökumenische Mitteilungen 1989, S. 13. Arbeitsgemeinschaft Christlicher Kirchen in Baden-Württemberg, Stuttgart

S. 266: Keystone Pressedienst GmbH, Hamburg

S. 272: Westfälisches Landesmuseum für Kunst und Kulturgeschichte (Inv. Nr. K 75-57 LM)

S. 276: Stadtarchiv Karlsruhe (8/PBS XV 1150)

S. 279: Titelblatt des Buches „Du Pape" von J. de Maistre, Brüssel 1844

S. 281: Westfälisches Landesmuseum für Kunst und Kulturgeschichte (Inv. Nr. 67-382 LM)

S. 286: Ullstein Bilderdienst, Berlin

S. 290: KNA, Frankfurt

S. 307: „Die Eröffnung des Konzils in der St. Peterskirche zu Rom", Holzschnitt in: Ueber Land und Meer. Allgemeine illustrirte Zeitung, 12. Jahrgang, Heft 17, Stuttgart 1870, S. 324-325. Germanisches Nationalmuseum Nürnberg (Sig. 2°L 2705) (r.); Historia-Foto, Hamburg (Nr. 44 840) (l.)

S. 310: Bildarchiv Preußischer Kulturbesitz, Berlin
S. 323: Wehrgeschichtliches Museum, Rastatt
S. 331: Bildarchiv Preußischer Kulturbesitz, Berlin
S. 332: Süddeutscher Verlag, Bilderdienst, München
S. 335: EZA: EOK Gen. XII/16 II
S. 336: Landesbildstelle Berlin
S. 338: Ullstein Bilderdienst Berlin
S. 350: KNA, Frankfurt (l.); Chr. Kaiser Verlag, München (r.)
S. 356: Entnommen aus: Gert Otto, Sachkunde Religion 1. Bibel – Kirche – Theologie, W. Kohlhammer: Stuttgart u.ö. [7]1984, S. 173
S. 358: World Council of Churches, Genf
S. 359: Sächsische Landesbibliothek. Abteilung Deutsche Fotothek, Dresden
S. 365: World Council of Churches, Genf. Foto: Peter Williams
S. 368: World Council of Churches, Genf